企业绩效评价标准值
2025

国务院国资委考核分配局 编

扫描二维码
获取配套数字资源

正版授权码
扫码验证

中国财经出版传媒集团
经济科学出版社
Economic Science Press
·北京·

图书在版编目（CIP）数据

企业绩效评价标准值. 2025 / 国务院国资委考核分配局编. -- 北京：经济科学出版社，2025.7. -- ISBN 978 - 7 - 5218 - 7183 - 8

Ⅰ. F279.241 - 65

中国国家版本馆 CIP 数据核字第 2025KS3468 号

责任编辑：杨金月
责任校对：郑淑艳
责任印制：范　艳

企业绩效评价标准值
2025

QIYE JIXIAO PINGJIA BIAOZHUNZHI
2025
国务院国资委考核分配局　编
经济科学出版社出版、发行　新华书店经销
社址：北京市海淀区阜成路甲 28 号　邮编：100142
总编部电话：010 - 88191217　发行部电话：010 - 88191522
网址：www.esp.com.cn
电子邮箱：esp@esp.com.cn
天猫网店：经济科学出版社旗舰店
网址：http://jjkxcbs.tmall.com
北京联兴盛业印刷股份有限公司印装
787×1092　16 开　25.5 印张　450000 字
2025 年 7 月第 1 版　2025 年 7 月第 1 次印刷
ISBN 978 - 7 - 5218 - 7183 - 8　定价：99.00 元
（图书出现印装问题，本社负责调换。电话：010 - 88191545）
（版权所有　侵权必究　打击盗版　举报热线：010 - 88191661
QQ：2242791300　营销中心电话：010 - 88191537
电子邮箱：dbts@esp.com.cn）

出版说明

为引导企业加强行业对标分析，提升经营发展质量，更好落实国有资产保值增值责任，国务院国资委依法履行企业出资人职责，于2006年印发《中央企业综合绩效评价管理暂行办法》（国资委令第14号），建立中央企业绩效评价制度。此后，国务院国资委每年编制发布《企业绩效评价标准值》（以下简称《标准值》），组织开展中央企业绩效评价，中央企业和地方国资委也对所属企业参照开展绩效评价工作，有力推动企业高质量发展。

2025年，国务院国资委根据有关规定及实际工作需要，利用全国国有企业经营数据、国家统计部门有关资料等，结合对2024年度国民经济各行业运行情况的客观分析，运用数理统计方法，编制形成2025年版《标准值》。2025年版《标准值》包含盈利回报、资产运营、风险防控、持续发展4个维度16项指标，以及8项补充指标。共涵盖10个行业大类、48个行业中类和107个行业小类，部分行业细分为大、中、小等规模类型。为满足国际对标工作需要，同步收录19个行业2024年企业绩效评价国际标准值。

为强化企业绩效评价工作应用，2025年版《标准值》丰富"企业绩效评价工作应用实例"板块内容，选编国家电网有限公司、中国华能集团有限公司、中国铝业集团有限公司、中国中车集团有限公司、中国海洋石油集团有限公司5家企业案例，供广大读者参考借鉴。首次提供"一书一码"配套数字资源，提高数据查阅便捷性，读者可根据需要扫码获取。

下一步，国务院国资委将结合实际，持续优化绩效评价体系，强化绩效评价工作应用，更好推动国有资本和国有企业做强做优做大，增强核心功能，提升核心竞争力，加快建设世界一流企业。

编者
二〇二五年七月

目 录

第一部分 企业绩效评价国内标准值（2025）

全国国有企业 ·· 3
一、工业 ··· 7
 （一）煤炭工业 ·· 11
 （二）石油石化工业 ·· 15
  1. 石油和天然气开采业 ··· 19
  2. 石油加工及炼焦业 ·· 23
 （三）冶金工业 ·· 27
  1. 黑色金属矿采选业 ·· 31
  2. 有色金属矿采选业 ·· 32
  3. 黑色金属冶炼业 ··· 33
  4. 有色金属冶炼业 ··· 34
 （四）建材工业 ·· 35
  1. 建筑用矿石采选业 ·· 39
  2. 水泥及石膏制造业 ·· 40
  3. 水泥及石膏制品业 ·· 44
  4. 砖瓦、石材等建筑材料制造业 ·· 45
  5. 平板玻璃制品业 ··· 46
  6. 结构性金属制品制造业 ·· 47
  7. 建筑、安全用金属制品制造业 ·· 48
 （五）化学工业 ·· 49
  1. 基础化学原料制造业 ··· 53
  2. 肥料制造业 ··· 57
  3. 农药制造业 ··· 58
  4. 日用化学产品制造业 ··· 59
  5. 化学纤维制造业 ··· 60

  6. 橡胶制品业 …………………………………………… 61
  7. 塑料制品业 …………………………………………… 62
（六）森林工业 ……………………………………………………… 63
（七）食品工业 ……………………………………………………… 64
  1. 农副食品加工业 ……………………………………… 68
  2. 食品制造业 …………………………………………… 69
（八）纺织工业 ……………………………………………………… 70
  1. 棉化纤纺织业 ………………………………………… 74
  2. 毛纺织业 ……………………………………………… 75
  3. 麻纺织业 ……………………………………………… 76
  4. 丝绢纺织业 …………………………………………… 77
（九）医药工业 ……………………………………………………… 78
  1. 化学药品制造业 ……………………………………… 82
  2. 中药材及中成药加工业 ……………………………… 83
（十）机械工业 ……………………………………………………… 84
  1. 金属制品业 …………………………………………… 88
    金属工具制造业 …………………………………… 89
  2. 通用设备制造业 ……………………………………… 90
    （1）锅炉及原动设备制造业 ……………………… 94
    （2）金属加工机械制造业 ………………………… 95
    （3）其他通用设备制造业 ………………………… 96
    （4）轴承制造业 …………………………………… 97
  3. 专用设备制造业 ……………………………………… 98
    （1）冶金矿山建筑设备制造业 …………………… 102
      ①矿山机械制造业 …………………………… 103
      ②建筑工程用机械制造业 …………………… 104
      ③冶金专用设备制造业 ……………………… 105
    （2）化工、木材、非金属加工设备制造业 ……… 106
    （3）轻纺设备制造业 ……………………………… 107
    （4）电子和电工机械专用设备制造业 …………… 108
    （5）农林牧渔专用机械制造业 …………………… 109
    （6）医疗仪器设备制造业 ………………………… 110
  4. 交通运输设备制造业 ………………………………… 111
    （1）汽车制造业 …………………………………… 115
      ①汽车整车制造业 …………………………… 119
      ②汽车零部件及配件制造业 ………………… 120

（2）	铁路运输设备制造业 ……………………………	121
（3）	船舶制造业 ………………………………………	122
（4）	摩托车制造业 ……………………………………	126
5. 电气机械和器材制造业…………………………………		127
（1）	电机制造业 ………………………………………	131
（2）	输配电及控制设备制造业 ………………………	132
（3）	电工器材制造业 …………………………………	133
（4）	家用电力器具制造业 ……………………………	134
（5）	照明器具制造业 …………………………………	135
6. 仪器仪表制造业……………………………………………		136
（1）	通用仪器仪表制造业 ……………………………	140
（2）	专用仪器仪表制造业 ……………………………	141
（3）	钟表制造业 ………………………………………	142

（十一）电子工业 ……………………………………………… 143
　　　　1. 计算机制造业 ………………………………………… 147
　　　　2. 通信设备制造业 ……………………………………… 148
　　　　3. 广播电视设备制造业 ………………………………… 149
　　　　4. 家用影视设备制造业 ………………………………… 150
　　　　5. 电子元、器件制造业 ………………………………… 151

（十二）电力热力燃气工业 …………………………………… 152
　　　　1. 电力生产业 …………………………………………… 156
　　　　　（1）火力发电业 ……………………………………… 160
　　　　　（2）水力发电业 ……………………………………… 164
　　　　　（3）风力发电业 ……………………………………… 168
　　　　　（4）太阳能发电业 …………………………………… 172
　　　　2. 电力供应业 …………………………………………… 176
　　　　3. 热力生产和供应业 …………………………………… 180
　　　　4. 燃气生产和供应业 …………………………………… 181

（十三）水生产与供应业 ……………………………………… 182
　　　　1. 自来水生产和供应业 ………………………………… 183
　　　　2. 污水处理及其再生利用业 …………………………… 184

（十四）轻工业 ………………………………………………… 185
　　　　1. 采盐业 ………………………………………………… 189
　　　　2. 酒、饮料和精制茶制造业 …………………………… 190
　　　　　（1）白酒制造业 ……………………………………… 194
　　　　　（2）啤酒制造业 ……………………………………… 195

3

（3）精制茶加工业 ……………………………………	196
3. 纺织服装服饰业 ……………………………………	197
4. 皮革毛皮羽绒及其制品业 …………………………	198
5. 家具制造业 …………………………………………	199
6. 造纸及纸制品业 ……………………………………	200
7. 印刷和记录媒介复制业 ……………………………	201
8. 文教体育用品制造业 ………………………………	202
9. 工艺品及其他制造业 ………………………………	203
（十五）其他工业 …………………………………………	204
二、建筑业 ……………………………………………………	208
（一）房屋和土木工程建筑业 ……………………………	212
1. 房屋建筑业 …………………………………………	216
2. 土木工程建筑业 ……………………………………	220
（二）建筑安装业 …………………………………………	221
（三）建筑装饰业 …………………………………………	225
三、交通运输仓储及邮政业 …………………………………	226
（一）铁路运输业 …………………………………………	230
（二）道路运输业 …………………………………………	231
高速公路 …………………………………………	235
（三）城市公共交通业 ……………………………………	236
1. 公共电汽车客运业 …………………………………	237
2. 城市轨道交通业 ……………………………………	238
（四）水上运输业 …………………………………………	239
港口业 ……………………………………………	243
（五）航空运输业 …………………………………………	244
机场 ………………………………………………	245
（六）仓储业 ………………………………………………	249
四、信息技术服务业 …………………………………………	253
（一）电信业 ………………………………………………	257
（二）软件和信息技术服务业 ……………………………	258
五、批发和零售业 ……………………………………………	259
（一）商业贸易 ……………………………………………	263
1. 食品、饮料及烟草制品批发与零售 ………………	267
2. 纺织、服装及日用品批发与零售 …………………	268
3. 文化、体育用品及器材批发与零售 ………………	269

         4. 医药及医疗器材批发与零售 ·················· 270
         5. 综合零售 ································ 271
    （二）物资贸易 ································ 272
         1. 矿产品、建材及化工产品批发 ·················· 276
         2. 机械设备、五金及电子产品批发 ················ 277
         3. 汽车、摩托车、燃料及零配件专门零售 ············ 278
    （三）粮食业 ·································· 279
         1. 粮油批发与零售 ·························· 283
         2. 粮油仓储 ······························ 284

六、住宿和餐饮业 ······································ 285
    （一）住宿业 ·································· 289
    （二）餐饮业 ·································· 293

七、房地产业 ··· 294
    （一）房地产开发经营业 ························· 298
    （二）物业管理业 ······························ 302

八、社会服务业 ······································· 303
    （一）投资公司 ································ 307
    （二）信息咨询服务业 ··························· 308
    （三）人力资源服务业 ··························· 309
    （四）大旅游 ·································· 310
    （五）科研设计企业 ···························· 314
         工程管理服务业 ······························ 315
    （六）地质勘查业 ······························ 316
    （七）公共设施管理业 ··························· 317
    （八）汽车维修与维护服务业 ······················ 318

九、文化、体育和娱乐业 ································ 319
    （一）出版业 ·································· 320
    （二）广播电影电视业 ··························· 321
    （三）文化艺术业 ······························ 322

十、农林牧渔业 ······································· 323
    （一）农业 ···································· 327
    （二）林业 ···································· 331
    （三）畜牧业 ·································· 332
    （四）渔业 ···································· 333

5

第二部分　企业绩效评价国际标准值（2024）

一、石油石化工业 ·· 337
二、黑色金属冶炼 ·· 338
三、有色金属业 ·· 339
四、煤炭工业 ·· 340
五、电力生产业 ·· 341
六、电力供应业 ·· 342
七、通信业 ·· 343
八、商贸业 ·· 344
九、航空航天 ·· 345
十、船舶工业 ·· 346
十一、航空运输业 ·· 347
十二、水上运输业 ·· 348
十三、建筑业 ·· 349
十四、汽车工业 ·· 350
十五、化学工业 ·· 351
十六、机电设备制造业 ·· 352
十七、通信设备制造业 ·· 353
十八、建材工业 ·· 354
十九、医药工业 ·· 355

第三部分　企业绩效评价工作应用实例

构建"智驱·精效"绩效评价体系　赋能高质量发展
　　——国家电网有限公司 ··· 359
构建分层分类绩效评价体系　引领创建世界一流现代化清洁能源企业
　　——中国华能集团有限公司 ····································· 363
突出实用实效　聚焦价值创造　以数智化绩效评价赋能高质量穿透监管
　　——中国铝业集团有限公司 ····································· 369
创新绩效评价管理　打造大国重器名片
　　——中国中车集团有限公司 ····································· 374
覆盖全级次　贯通全过程　以绩效评价推动基层企业精益管理
　　——中国海洋石油集团有限公司 ································· 379

第四部分 附 录

附录一 企业绩效评价指标计算公式 …………………………………… 387
附录二 企业绩效评价行业基本分类与代码对照表 …………………… 389

第一部分

企业绩效评价国内标准值（2025）

全国国有企业

范围：全行业

项目	优秀值	良好值	中等值	较低值	较差值
一、盈利回报指标					
净资产收益率（%）	11.0	7.0	4.9	0.5	-6.5
营业收入利润率（%）	15.0	9.5	5.2	-2.1	-9.3
总资产报酬率（%）	7.4	5.2	3.6	0.2	-6.7
盈余现金保障倍数	8.0	4.2	2.0	-1.1	-3.7
二、资产运营指标					
总资产周转率（次）	1.2	0.7	0.3	0.2	0.1
应收账款周转率（次）	21.0	12.1	7.5	3.3	1.6
流动资产周转率（次）	1.8	1.0	0.6	0.2	0.1
两金占流动资产比重（%）	8.2	22.7	36.0	45.9	56.3
三、风险防控指标					
资产负债率（%）	49.8	55.2	64.8	74.8	89.8
现金流动负债比率（%）	19.4	12.5	5.3	-7.8	-15.0
带息负债比率（%）	19.0	30.5	45.6	64.9	77.9
已获利息倍数	5.6	4.2	2.9	0.8	-2.0
四、持续发展指标					
研发经费投入强度（%）	3.9	2.9	2.4	1.9	1.1
全员劳动生产率（万元/人）	60.6	49.0	43.0	23.6	10.6
经济增加值率（%）	7.7	3.1	-1.1	-2.9	-8.5
国有资本保值增值率（%）	110.5	106.9	104.0	99.6	89.8
五、补充指标					
营业现金比率（%）	18.9	11.6	7.8	0.1	-15.0
国有资本回报率（%）	10.4	6.9	4.3	-0.5	-11.0
EBITDA率（%）	24.2	14.1	6.9	0.7	-3.0
百元收入支付的成本费用（元）	90.9	94.2	96.6	100.1	106.2
存货周转率（次）	15.5	7.0	2.0	0.7	0.2
速动比率	1.4	1.0	0.8	0.7	0.5
利润总额增长率（%）	17.5	8.0	0.4	-13.1	-23.9
营业总收入增长率（%）	17.7	10.2	1.3	-8.8	-18.8

全国国有企业

范围：大型企业

项　　目	优秀值	良好值	中等值	较低值	较差值
一、盈利回报指标					
净资产收益率（%）	12.7	8.2	5.9	1.7	-3.9
营业收入利润率（%）	15.3	9.8	5.5	0.1	-4.9
总资产报酬率（%）	8.5	6.4	4.1	1.3	-5.0
盈余现金保障倍数	8.2	4.5	2.0	0.7	-2.8
二、资产运营指标					
总资产周转率（次）	1.0	0.6	0.3	0.2	0.1
应收账款周转率（次）	21.1	14.0	8.6	4.1	2.0
流动资产周转率（次）	1.3	0.9	0.8	0.4	0.1
两金占流动资产比重（%）	9.5	21.1	34.0	44.7	53.4
三、风险防控指标					
资产负债率（%）	49.8	55.2	64.8	74.8	89.8
现金流动负债比率（%）	19.4	12.6	6.6	-7.4	-13.5
带息负债比率（%）	22.1	31.5	46.8	67.0	79.7
已获利息倍数	6.8	4.3	3.2	1.4	-1.6
四、持续发展指标					
研发经费投入强度（%）	4.5	3.3	2.9	2.4	1.8
全员劳动生产率（万元/人）	66.6	54.7	48.5	29.9	17.6
经济增加值率（%）	7.8	3.6	-0.6	-2.9	-8.9
国有资本保值增值率（%）	112.3	109.0	105.0	100.5	95.3
五、补充指标					
营业现金比率（%）	16.9	11.3	8.2	0.1	-7.0
国有资本回报率（%）	12.0	8.3	5.2	1.1	-7.3
EBITDA率（%）	24.5	14.5	7.2	1.8	-2.5
百元收入支付的成本费用（元）	90.7	93.9	96.1	99.2	104.3
存货周转率（次）	13.7	7.3	2.7	1.1	0.2
速动比率	1.4	1.2	0.8	0.6	0.4
利润总额增长率（%）	17.2	8.5	1.2	-11.1	-21.9
营业总收入增长率（%）	17.0	9.4	0.6	-8.9	-19.8

全国国有企业

范围：中型企业

项　　目	优秀值	良好值	中等值	较低值	较差值
一、盈利回报指标					
净资产收益率（%）	11.1	6.8	4.6	-3.0	-6.0
营业收入利润率（%）	14.9	8.4	4.3	-2.8	-9.5
总资产报酬率（%）	5.2	2.7	0.9	-2.8	-8.2
盈余现金保障倍数	8.1	3.5	1.2	-1.4	-5.7
二、资产运营指标					
总资产周转率（次）	1.0	0.5	0.3	0.2	0.1
应收账款周转率（次）	19.0	11.5	3.9	1.9	0.7
流动资产周转率（次）	2.0	1.0	0.3	0.2	0.1
两金占流动资产比重（%）	8.2	17.8	34.8	43.9	53.7
三、风险防控指标					
资产负债率（%）	48.5	54.0	63.5	73.5	88.5
现金流动负债比率（%）	12.9	5.8	1.7	-8.1	-15.2
带息负债比率（%）	23.0	34.2	48.2	68.5	80.4
已获利息倍数	7.2	4.2	2.2	1.1	-0.5
四、持续发展指标					
研发经费投入强度（%）	3.4	2.6	2.3	1.9	1.2
全员劳动生产率（万元/人）	57.1	44.6	38.2	20.7	9.3
经济增加值率（%）	1.5	-0.5	-2.0	-4.0	-7.2
国有资本保值增值率（%）	110.5	107.2	103.7	99.5	92.9
五、补充指标					
营业现金比率（%）	23.1	13.6	5.7	-2.0	-16.8
国有资本回报率（%）	10.6	7.1	4.0	-0.1	-9.9
EBITDA率（%）	21.5	14.8	6.0	0.5	-1.9
百元收入支付的成本费用（元）	94.6	96.3	97.9	111.0	121.7
存货周转率（次）	13.1	6.7	0.5	0.2	0.1
速动比率	1.4	1.0	0.8	0.7	0.5
利润总额增长率（%）	18.3	7.6	-1.2	-16.6	-27.7
营业总收入增长率（%）	27.1	18.4	10.0	-6.4	-18.0

全国国有企业

范围：小型企业

项　　目	优秀值	良好值	中等值	较低值	较差值
一、盈利回报指标					
净资产收益率（%）	8.0	4.9	3.3	-3.5	-8.0
营业收入利润率（%）	12.6	5.7	2.1	-11.0	-27.8
总资产报酬率（%）	3.9	2.1	0.7	-1.4	-7.9
盈余现金保障倍数	6.7	3.0	1.1	-1.5	-5.5
二、资产运营指标					
总资产周转率（次）	1.3	0.7	0.3	0.2	0.1
应收账款周转率（次）	17.1	9.4	3.3	1.0	0.1
流动资产周转率（次）	1.8	0.8	0.3	0.2	0.1
两金占流动资产比重（%）	8.4	27.8	38.6	49.8	60.7
三、风险防控指标					
资产负债率（%）	48.2	53.7	63.4	73.2	88.2
现金流动负债比率（%）	12.6	4.8	1.5	-7.8	-17.2
带息负债比率（%）	17.2	30.4	43.6	62.7	77.0
已获利息倍数	5.4	2.5	1.3	-0.8	-2.8
四、持续发展指标					
研发经费投入强度（%）	2.3	2.1	1.8	1.4	0.8
全员劳动生产率（万元/人）	56.7	43.3	36.5	18.7	6.9
经济增加值率（%）	-0.1	-2.1	-3.0	-5.8	-8.0
国有资本保值增值率（%）	107.4	105.2	102.4	96.6	88.6
五、补充指标					
营业现金比率（%）	24.3	15.2	4.8	-1.8	-14.6
国有资本回报率（%）	7.6	4.9	2.9	-3.9	-12.6
EBITDA率（%）	19.3	12.2	3.7	-1.5	-7.0
百元收入支付的成本费用（元）	98.3	101.0	103.1	123.6	142.8
存货周转率（次）	16.8	5.7	0.5	0.2	0.1
速动比率	1.8	1.5	1.1	0.8	0.6
利润总额增长率（%）	28.5	10.0	-2.6	-17.2	-27.3
营业总收入增长率（%）	23.8	16.2	7.3	-6.4	-17.1

工业

范围：全行业

项　　　　目	优秀值	良好值	中等值	较低值	较差值
一、盈利回报指标					
净资产收益率（%）	13.2	9.3	6.2	-0.5	-10.7
营业收入利润率（%）	16.2	9.8	4.8	-1.5	-9.2
总资产报酬率（%）	7.9	5.5	4.3	-0.1	-3.9
盈余现金保障倍数	5.3	2.8	1.1	0.3	-2.2
二、资产运营指标					
总资产周转率（次）	0.9	0.6	0.4	0.2	0.1
应收账款周转率（次）	18.2	9.0	4.8	2.2	0.7
流动资产周转率（次）	1.9	1.6	1.2	0.5	0.2
两金占流动资产比重（%）	10.2	21.3	31.7	43.7	53.7
三、风险防控指标					
资产负债率（%）	48.0	53.0	58.0	68.0	83.0
现金流动负债比率（%）	27.4	14.4	8.3	-3.4	-13.0
带息负债比率（%）	27.8	37.6	50.6	63.3	76.5
已获利息倍数	9.1	5.1	2.5	1.4	-1.3
四、持续发展指标					
研发经费投入强度（%）	4.0	2.8	2.2	1.9	0.9
全员劳动生产率（万元/人）	70.6	49.8	28.9	19.0	9.2
经济增加值率（%）	10.1	4.9	0.3	-3.6	-5.3
国有资本保值增值率（%）	111.6	107.2	104.5	98.6	90.7
五、补充指标					
营业现金比率（%）	44.8	25.2	5.8	1.3	-3.2
国有资本回报率（%）	11.7	8.3	5.6	-0.3	-9.3
EBITDA率（%）	24.6	14.4	6.4	-0.6	-6.4
百元收入支付的成本费用（元）	82.2	90.6	95.9	102.8	112.2
存货周转率（次）	19.5	12.3	7.0	4.7	3.1
速动比率	1.5	1.2	0.9	0.7	0.4
利润总额增长率（%）	19.1	11.0	-4.6	-20.3	-29.7
营业总收入增长率（%）	19.2	13.1	1.8	-10.4	-20.5

工业

范围：大型企业

项　　目	优秀值	良好值	中等值	较低值	较差值
一、盈利回报指标					
净资产收益率（%）	14.0	10.2	6.5	0.7	-7.0
营业收入利润率（%）	16.4	10.0	5.1	-1.3	-7.6
总资产报酬率（%）	8.7	6.0	4.5	0.7	-4.7
盈余现金保障倍数	5.3	3.0	1.2	0.3	-2.0
二、资产运营指标					
总资产周转率（次）	0.9	0.7	0.5	0.3	0.1
应收账款周转率（次）	21.6	14.1	6.6	3.2	1.1
流动资产周转率（次）	2.8	2.0	1.4	0.8	0.3
两金占流动资产比重（%）	11.0	21.9	31.6	40.9	50.4
三、风险防控指标					
资产负债率（%）	48.2	53.2	58.2	68.2	83.2
现金流动负债比率（%）	27.5	17.2	9.8	1.1	-13.0
带息负债比率（%）	28.8	39.2	50.4	60.2	72.8
已获利息倍数	12.9	6.9	3.3	2.1	-0.1
四、持续发展指标					
研发经费投入强度（%）	4.0	3.1	2.5	2.0	1.1
全员劳动生产率（万元/人）	86.9	63.1	39.2	27.8	16.4
经济增加值率（%）	9.8	5.6	0.5	-3.2	-5.4
国有资本保值增值率（%）	109.8	106.2	103.9	98.7	93.7
五、补充指标					
营业现金比率（%）	27.8	16.7	5.5	1.7	-2.2
国有资本回报率（%）	12.1	8.7	5.5	0.3	-6.3
EBITDA率（%）	25.1	15.6	6.8	0.1	-5.2
百元收入支付的成本费用（元）	86.6	92.6	95.7	101.9	106.9
存货周转率（次）	19.4	12.2	7.0	4.8	3.2
速动比率	1.4	1.2	0.8	0.6	0.4
利润总额增长率（%）	18.2	9.4	-4.4	-19.7	-27.9
营业总收入增长率（%）	17.9	11.5	0.8	-10.0	-19.1

工业

范围：中型企业

项 目	优秀值	良好值	中等值	较低值	较差值
一、盈利回报指标					
净资产收益率（%）	14.6	10.3	6.0	-0.7	-11.2
营业收入利润率（%）	15.3	9.5	4.2	-0.6	-9.2
总资产报酬率（%）	8.1	5.5	3.1	0.2	-3.8
盈余现金保障倍数	5.6	3.0	1.0	-0.9	-3.4
二、资产运营指标					
总资产周转率（次）	1.0	0.7	0.4	0.2	0.1
应收账款周转率（次）	22.0	11.3	4.2	1.8	0.4
流动资产周转率（次）	2.3	1.7	1.1	0.6	0.3
两金占流动资产比重（%）	9.3	21.0	35.1	54.6	64.3
三、风险防控指标					
资产负债率（%）	47.1	52.1	57.1	67.1	82.1
现金流动负债比率（%）	29.4	16.2	6.7	-4.9	-11.0
带息负债比率（%）	23.1	34.3	45.8	66.6	80.2
已获利息倍数	10.3	5.5	2.6	1.3	-1.1
四、持续发展指标					
研发经费投入强度（%）	3.4	2.4	1.8	1.5	0.7
全员劳动生产率（万元/人）	68.9	49.9	30.9	21.7	12.6
经济增加值率（%）	12.0	6.7	0.5	-3.3	-5.2
国有资本保值增值率（%）	112.3	108.4	104.6	98.3	90.2
五、补充指标					
营业现金比率（%）	32.3	19.1	5.8	1.0	-3.9
国有资本回报率（%）	13.1	9.3	5.6	-0.3	-9.5
EBITDA率（%）	24.5	14.0	5.8	-1.6	-6.9
百元收入支付的成本费用（元）	85.3	92.1	95.5	103.3	112.1
存货周转率（次）	32.5	16.9	6.9	4.6	3.0
速动比率	1.5	1.3	0.9	0.7	0.5
利润总额增长率（%）	16.5	8.1	-6.5	-24.1	-46.3
营业总收入增长率（%）	17.9	12.3	2.4	-8.8	-17.4

工业

范围：小型企业

项　　目	优秀值	良好值	中等值	较低值	较差值
一、盈利回报指标					
净资产收益率（%）	11.4	8.2	5.4	-1.8	-13.7
营业收入利润率（%）	16.1	11.2	4.5	-1.6	-9.2
总资产报酬率（%）	7.1	4.6	2.9	-1.3	-7.2
盈余现金保障倍数	5.3	2.7	1.1	-0.3	-1.4
二、资产运营指标					
总资产周转率（次）	0.9	0.6	0.3	0.2	0.1
应收账款周转率（次）	16.5	8.6	3.5	1.8	0.8
流动资产周转率（次）	1.8	1.3	0.8	0.3	0.2
两金占流动资产比重（%）	4.9	22.0	32.2	51.9	61.8
三、风险防控指标					
资产负债率（%）	48.8	53.8	58.8	68.8	83.8
现金流动负债比率（%）	26.7	13.6	5.5	-5.4	-13.3
带息负债比率（%）	33.2	45.6	56.5	69.5	82.9
已获利息倍数	8.7	5.1	2.5	1.4	-1.6
四、持续发展指标					
研发经费投入强度（%）	2.7	2.3	2.0	1.5	0.8
全员劳动生产率（万元/人）	67.9	47.6	27.3	18.0	8.8
经济增加值率（%）	10.2	4.7	0.1	-3.7	-5.2
国有资本保值增值率（%）	109.1	105.9	103.4	97.9	90.0
五、补充指标					
营业现金比率（%）	45.0	25.3	5.6	1.0	-3.6
国有资本回报率（%）	10.1	7.3	4.9	-1.5	-11.9
EBITDA率（%）	25.9	16.1	6.2	-0.8	-5.0
百元收入支付的成本费用（元）	81.3	90.0	96.4	103.7	116.4
存货周转率（次）	20.5	13.2	7.7	5.5	3.8
速动比率	1.6	1.3	1.0	0.7	0.5
利润总额增长率（%）	23.8	15.1	0.2	-15.8	-36.6
营业总收入增长率（%）	22.0	14.8	2.1	-10.6	-20.9

煤炭工业

范围：全行业

项 目	优秀值	良好值	中等值	较低值	较差值
一、盈利回报指标					
净资产收益率（%）	18.8	13.8	10.4	4.8	-1.2
营业收入利润率（%）	25.3	17.3	12.0	6.7	-3.8
总资产报酬率（%）	11.8	7.6	6.2	1.3	-1.0
盈余现金保障倍数	5.5	2.5	0.6	-0.2	-1.4
二、资产运营指标					
总资产周转率（次）	0.7	0.5	0.3	0.2	0.1
应收账款周转率（次）	13.7	8.7	6.2	2.0	1.1
流动资产周转率（次）	1.8	1.2	0.8	0.4	0.2
两金占流动资产比重（%）	11.5	21.3	31.5	41.2	50.3
三、风险防控指标					
资产负债率（%）	48.2	53.2	58.2	68.2	83.2
现金流动负债比率（%）	24.2	17.6	10.9	1.3	-11.0
带息负债比率（%）	33.1	42.1	49.2	60.0	73.6
已获利息倍数	8.8	5.4	2.6	1.3	-0.8
四、持续发展指标					
研发经费投入强度（%）	2.1	1.7	1.5	1.1	0.7
全员劳动生产率（万元/人）	72.3	62.0	51.8	31.2	10.6
经济增加值率（%）	14.2	8.3	3.3	-2.7	-4.9
国有资本保值增值率（%）	114.3	107.8	103.2	101.6	97.5
五、补充指标					
营业现金比率（%）	29.4	16.8	4.2	1.3	-1.6
国有资本回报率（%）	12.2	7.7	4.6	-0.2	-3.0
EBITDA率（%）	31.3	23.9	13.7	0.6	-7.3
百元收入支付的成本费用（元）	72.9	83.0	89.2	102.7	109.8
存货周转率（次）	27.7	22.0	18.1	13.6	9.7
速动比率	1.1	0.9	0.7	0.4	0.2
利润总额增长率（%）	0.8	-9.2	-22.2	-32.5	-41.6
营业总收入增长率（%）	8.2	-1.9	-10.4	-18.3	-26.1

煤炭工业

范围：大型企业

项　　目	优秀值	良好值	中等值	较低值	较差值
一、盈利回报指标					
净资产收益率（%）	18.8	13.8	10.5	4.9	-2.8
营业收入利润率（%）	32.1	22.8	15.5	7.8	-0.5
总资产报酬率（%）	11.5	7.9	6.1	1.0	-2.4
盈余现金保障倍数	5.4	2.7	0.9	-0.2	-1.2
二、资产运营指标					
总资产周转率（次）	0.6	0.5	0.3	0.2	0.1
应收账款周转率（次）	16.8	12.2	8.5	4.7	1.8
流动资产周转率（次）	2.0	1.3	0.8	0.4	0.2
两金占流动资产比重（%）	4.0	12.6	21.9	31.4	39.4
三、风险防控指标					
资产负债率（%）	48.0	53.0	58.0	68.0	83.0
现金流动负债比率（%）	39.1	23.6	12.9	2.8	-10.2
带息负债比率（%）	42.1	50.1	57.6	68.6	81.9
已获利息倍数	10.9	7.6	3.8	2.2	0.7
四、持续发展指标					
研发经费投入强度（%）	2.1	1.8	1.6	1.2	0.7
全员劳动生产率（万元/人）	89.2	71.7	54.2	36.1	18.0
经济增加值率（%）	14.2	8.4	3.3	-2.3	-4.7
国有资本保值增值率（%）	114.5	107.5	103.1	100.1	94.0
五、补充指标					
营业现金比率（%）	34.3	25.9	17.5	8.8	0.0
国有资本回报率（%）	16.4	12.1	9.1	4.2	-2.5
EBITDA率（%）	41.7	35.7	28.0	19.3	10.2
百元收入支付的成本费用（元）	69.2	78.5	86.2	98.7	107.6
存货周转率（次）	29.1	19.5	16.8	14.2	10.7
速动比率	1.4	1.2	0.9	0.6	0.3
利润总额增长率（%）	0.9	-9.0	-25.9	-32.2	-36.5
营业总收入增长率（%）	3.9	-3.8	-10.7	-20.0	-26.7

煤炭工业

范围：中型企业

项　　　目	优秀值	良好值	中等值	较低值	较差值
一、盈利回报指标					
净资产收益率（%）	19.1	13.9	8.9	1.7	-0.7
营业收入利润率（%）	32.9	23.3	16.5	10.1	1.3
总资产报酬率（%）	12.3	8.8	7.1	2.3	0.3
盈余现金保障倍数	1.6	1.1	0.8	-0.5	-2.0
二、资产运营指标					
总资产周转率（次）	0.7	0.5	0.4	0.2	0.1
应收账款周转率（次）	13.0	8.9	6.7	3.1	0.9
流动资产周转率（次）	3.1	2.2	1.0	0.7	0.3
两金占流动资产比重（%）	15.2	23.5	34.6	44.3	54.3
三、风险防控指标					
资产负债率（%）	49.6	54.6	59.6	69.6	84.6
现金流动负债比率（%）	23.1	8.3	3.1	-1.0	-7.0
带息负债比率（%）	35.0	45.3	56.5	67.1	80.8
已获利息倍数	9.0	5.5	2.1	0.8	-1.0
四、持续发展指标					
研发经费投入强度（%）	3.3	1.9	1.4	1.1	0.7
全员劳动生产率（万元/人）	69.0	58.4	47.9	29.7	11.6
经济增加值率（%）	11.9	6.6	1.6	-2.4	-5.2
国有资本保值增值率（%）	111.3	108.1	104.9	103.0	98.0
五、补充指标					
营业现金比率（%）	30.6	20.1	9.6	3.6	-2.4
国有资本回报率（%）	16.5	11.9	7.5	1.3	-0.8
EBITDA率（%）	33.5	27.4	18.6	5.8	-1.2
百元收入支付的成本费用（元）	67.9	78.2	84.4	102.7	121.0
存货周转率（次）	27.7	23.5	17.4	13.5	9.3
速动比率	1.1	0.8	0.6	0.2	0.1
利润总额增长率（%）	0.6	-11.7	-28.7	-39.7	-47.0
营业总收入增长率（%）	13.4	3.1	-8.9	-20.4	-26.1

煤炭工业

范围：小型企业

项　　目	优秀值	良好值	中等值	较低值	较差值
一、盈利回报指标					
净资产收益率（%）	16.4	11.4	8.5	3.1	-4.4
营业收入利润率（%）	15.4	5.7	2.7	-1.7	-8.7
总资产报酬率（%）	9.7	7.6	5.9	1.7	-2.7
盈余现金保障倍数	5.6	2.0	0.4	-0.2	-2.2
二、资产运营指标					
总资产周转率（次）	0.9	0.5	0.3	0.2	0.1
应收账款周转率（次）	13.0	8.4	6.2	2.0	0.3
流动资产周转率（次）	1.7	1.1	0.8	0.4	0.2
两金占流动资产比重（%）	0.9	7.6	18.7	27.6	40.7
三、风险防控指标					
资产负债率（%）	48.8	53.8	58.8	68.8	83.8
现金流动负债比率（%）	16.4	7.8	0.4	-6.7	-17.9
带息负债比率（%）	26.8	37.0	47.9	57.1	71.0
已获利息倍数	5.4	2.8	1.6	-0.6	-2.9
四、持续发展指标					
研发经费投入强度（%）	0.9	0.7	0.6	0.3	0.1
全员劳动生产率（万元/人）	63.4	46.9	30.4	16.3	2.2
经济增加值率（%）	10.6	2.8	-1.4	-5.3	-8.9
国有资本保值增值率（%）	107.4	102.8	100.6	97.5	89.1
五、补充指标					
营业现金比率（%）	18.7	9.7	0.8	-0.8	-2.4
国有资本回报率（%）	7.9	3.6	1.0	-3.7	-10.3
EBITDA率（%）	28.9	19.0	7.1	-5.5	-15.2
百元收入支付的成本费用（元）	81.2	89.8	99.1	112.5	120.7
存货周转率（次）	23.4	21.0	19.5	14.5	9.8
速动比率	1.1	0.9	0.7	0.3	0.1
利润总额增长率（%）	6.8	-1.3	-15.2	-25.7	-36.1
营业总收入增长率（%）	16.8	7.2	-3.2	-9.2	-18.1

石油石化工业

范围：全行业

项　目	优秀值	良好值	中等值	较低值	较差值
一、盈利回报指标					
净资产收益率（%）	12.2	9.6	7.6	3.5	-1.2
营业收入利润率（%）	13.8	7.5	4.8	-1.2	-5.1
总资产报酬率（%）	6.1	4.9	3.9	0.3	-1.1
盈余现金保障倍数	3.2	2.3	1.4	0.1	-1.4
二、资产运营指标					
总资产周转率（次）	1.3	0.9	0.5	0.3	0.1
应收账款周转率（次）	25.2	21.0	16.9	8.5	1.8
流动资产周转率（次）	3.1	2.4	1.8	0.9	0.1
两金占流动资产比重（%）	9.1	18.3	32.6	42.1	50.1
三、风险防控指标					
资产负债率（%）	46.1	53.2	56.1	66.1	81.1
现金流动负债比率（%）	24.2	12.3	3.5	-4.6	-20.5
带息负债比率（%）	25.2	31.8	42.1	56.0	62.6
已获利息倍数	12.8	10.1	6.0	4.1	1.0
四、持续发展指标					
研发经费投入强度（%）	1.6	1.2	0.9	0.5	0.1
全员劳动生产率（万元/人）	111.9	89.9	67.9	40.0	12.0
经济增加值率（%）	11.3	6.2	1.1	-3.3	-5.2
国有资本保值增值率（%）	109.5	107.8	106.6	103.8	100.6
五、补充指标					
营业现金比率（%）	32.0	17.8	3.5	0.0	-3.5
国有资本回报率（%）	11.3	9.0	7.4	4.0	-0.1
EBITDA率（%）	23.5	17.6	6.4	-1.2	-5.5
百元收入支付的成本费用（元）	85.2	92.6	95.1	103.2	109.5
存货周转率（次）	25.9	19.5	14.7	10.9	7.6
速动比率	1.4	1.0	0.8	0.6	0.5
利润总额增长率（%）	17.3	9.5	-0.6	-16.8	-34.8
营业总收入增长率（%）	20.0	13.0	2.1	-11.1	-20.1

石油石化工业

范围：大型企业

项　　目	优秀值	良好值	中等值	较低值	较差值
一、盈利回报指标					
净资产收益率（%）	12.7	10.0	8.0	3.9	-1.2
营业收入利润率（%）	17.3	11.0	8.7	2.4	-1.5
总资产报酬率（%）	6.2	5.4	4.0	0.4	-1.0
盈余现金保障倍数	3.5	2.4	1.8	-0.1	-1.5
二、资产运营指标					
总资产周转率（次）	2.0	1.3	0.6	0.4	0.2
应收账款周转率（次）	37.4	27.1	23.8	17.9	11.8
流动资产周转率（次）	6.6	4.0	2.1	1.1	0.5
两金占流动资产比重（%）	1.1	13.8	21.1	30.4	43.4
三、风险防控指标					
资产负债率（%）	46.0	51.0	56.0	66.0	81.0
现金流动负债比率（%）	35.1	21.8	6.9	-2.5	-23.1
带息负债比率（%）	16.7	27.0	39.6	53.0	59.0
已获利息倍数	13.9	11.1	5.9	2.9	1.0
四、持续发展指标					
研发经费投入强度（%）	1.6	1.2	0.9	0.5	0.1
全员劳动生产率（万元/人）	151.5	115.9	80.3	54.4	28.5
经济增加值率（%）	11.3	7.1	2.2	-1.7	-4.1
国有资本保值增值率（%）	111.2	109.5	107.1	104.4	101.4
五、补充指标					
营业现金比率（%）	35.1	19.9	4.8	2.4	0.0
国有资本回报率（%）	11.8	9.5	7.7	4.2	0.1
EBITDA率（%）	25.2	21.6	10.5	2.5	-4.4
百元收入支付的成本费用（元）	87.3	94.0	97.2	103.7	108.4
存货周转率（次）	25.7	21.4	14.7	12.5	9.0
速动比率	1.2	1.0	0.8	0.6	0.3
利润总额增长率（%）	20.7	16.3	3.8	-9.1	-36.8
营业总收入增长率（%）	16.8	10.5	-1.2	-13.4	-20.1

石油石化工业

范围：中型企业

项　　目	优秀值	良好值	中等值	较低值	较差值
一、盈利回报指标					
净资产收益率（%）	11.3	8.9	6.8	2.8	-3.1
营业收入利润率（%）	13.2	7.4	2.8	-1.8	-7.1
总资产报酬率（%）	6.6	4.9	3.5	-0.7	-2.2
盈余现金保障倍数	3.2	2.2	1.0	0.1	-1.1
二、资产运营指标					
总资产周转率（次）	2.1	1.5	0.6	0.3	0.1
应收账款周转率（次）	25.3	21.6	17.7	13.7	8.7
流动资产周转率（次）	4.0	2.8	1.1	0.6	0.1
两金占流动资产比重（%）	4.3	13.4	27.4	44.0	53.6
三、风险防控指标					
资产负债率（%）	46.0	53.3	56.0	66.0	81.0
现金流动负债比率（%）	22.0	11.2	2.3	-9.4	-26.7
带息负债比率（%）	20.7	31.5	41.3	52.2	63.1
已获利息倍数	11.0	6.9	4.1	0.6	-1.4
四、持续发展指标					
研发经费投入强度（%）	1.6	1.2	1.0	0.7	0.5
全员劳动生产率（万元/人）	91.7	67.2	42.8	21.1	-0.5
经济增加值率（%）	11.2	6.0	1.2	-3.7	-6.6
国有资本保值增值率（%）	110.1	107.6	105.9	102.9	97.3
五、补充指标					
营业现金比率（%）	24.8	13.8	2.8	-1.3	-5.5
国有资本回报率（%）	10.8	8.7	6.8	3.3	-1.8
EBITDA率（%）	27.7	14.3	5.1	-1.3	-5.6
百元收入支付的成本费用（元）	89.6	94.4	96.7	103.5	110.8
存货周转率（次）	29.8	19.0	11.4	8.6	5.4
速动比率	1.4	1.0	0.8	0.6	0.5
利润总额增长率（%）	17.5	7.0	-1.8	-18.1	-36.4
营业总收入增长率（%）	15.2	7.2	-4.0	-16.9	-27.8

石油石化工业

范围：小型企业

项　　目	优秀值	良好值	中等值	较低值	较差值
一、盈利回报指标					
净资产收益率（%）	12.8	10.0	6.4	2.0	-4.0
营业收入利润率（%）	14.6	8.3	5.0	-2.4	-12.0
总资产报酬率（%）	4.4	2.6	0.4	-1.7	-3.6
盈余现金保障倍数	3.9	2.7	1.6	-0.3	-1.7
二、资产运营指标					
总资产周转率（次）	1.0	0.7	0.4	0.2	0.1
应收账款周转率（次）	15.6	12.8	8.9	4.1	1.5
流动资产周转率（次）	2.9	2.3	1.5	0.6	0.1
两金占流动资产比重（%）	9.5	19.0	45.9	57.0	66.3
三、风险防控指标					
资产负债率（%）	47.1	52.1	57.1	67.1	82.1
现金流动负债比率（%）	22.1	11.5	1.2	-9.9	-19.9
带息负债比率（%）	27.8	37.1	48.8	60.4	76.2
已获利息倍数	11.5	9.3	6.7	4.5	1.1
四、持续发展指标					
研发经费投入强度（%）	1.1	0.7	0.6	0.4	0.3
全员劳动生产率（万元/人）	89.1	64.5	39.9	26.2	12.5
经济增加值率（%）	11.5	5.9	-0.3	-2.1	-3.3
国有资本保值增值率（%）	108.3	106.3	105.5	100.6	95.9
五、补充指标					
营业现金比率（%）	33.4	20.8	8.3	0.3	-7.7
国有资本回报率（%）	11.6	9.2	6.0	2.2	0.1
EBITDA率（%）	23.0	17.0	7.0	1.8	-3.0
百元收入支付的成本费用（元）	82.6	86.7	90.2	96.5	101.4
存货周转率（次）	26.3	22.6	16.0	13.3	10.2
速动比率	1.2	1.0	0.7	0.5	0.2
利润总额增长率（%）	11.6	7.7	0.6	-7.8	-15.0
营业总收入增长率（%）	29.4	19.7	8.2	1.9	-3.2

石油和天然气开采业

范围：全行业

项　　目	优秀值	良好值	中等值	较低值	较差值
一、盈利回报指标					
净资产收益率（%）	16.3	11.7	8.4	2.5	-5.0
营业收入利润率（%）	32.5	25.9	18.7	9.9	3.2
总资产报酬率（%）	8.7	6.4	4.4	0.2	-4.5
盈余现金保障倍数	3.6	2.3	1.3	-0.5	-1.7
二、资产运营指标					
总资产周转率（次）	0.8	0.6	0.4	0.2	0.1
应收账款周转率（次）	19.9	14.5	9.8	4.3	1.1
流动资产周转率（次）	2.1	1.3	0.9	0.6	0.2
两金占流动资产比重（%）	1.3	6.7	15.8	23.9	45.8
三、风险防控指标					
资产负债率（%）	46.0	51.0	56.0	66.0	81.0
现金流动负债比率（%）	24.0	14.9	7.8	-5.2	-32.0
带息负债比率（%）	21.6	31.6	41.0	51.7	65.4
已获利息倍数	17.6	11.8	8.7	6.3	2.3
四、持续发展指标					
研发经费投入强度（%）	2.1	1.7	1.4	1.1	0.4
全员劳动生产率（万元/人）	116.6	94.0	71.4	47.4	23.4
经济增加值率（%）	9.0	5.3	2.8	-1.8	-4.8
国有资本保值增值率（%）	114.0	110.3	107.5	99.7	92.6
五、补充指标					
营业现金比率（%）	50.3	32.4	14.5	7.3	0.0
国有资本回报率（%）	16.0	12.3	8.6	3.4	-4.9
EBITDA率（%）	52.4	34.9	20.6	13.0	8.8
百元收入支付的成本费用（元）	73.2	81.8	90.5	98.7	105.6
存货周转率（次）	71.5	47.6	35.2	27.8	23.1
速动比率	1.6	1.2	0.7	0.5	0.4
利润总额增长率（%）	36.7	26.0	14.2	2.1	-12.2
营业总收入增长率（%）	12.6	6.2	2.4	-6.2	-10.4

石油和天然气开采业

范围：大型企业

项　　目	优秀值	良好值	中等值	较低值	较差值
一、盈利回报指标					
净资产收益率（%）	16.2	11.6	9.2	4.2	-6.8
营业收入利润率（%）	37.7	28.5	22.9	13.2	7.4
总资产报酬率（%）	9.9	6.7	4.8	1.1	-2.2
盈余现金保障倍数	4.5	2.6	1.7	0.1	-1.7
二、资产运营指标					
总资产周转率（次）	0.8	0.6	0.4	0.3	0.1
应收账款周转率（次）	28.6	18.0	12.6	5.9	1.8
流动资产周转率（次）	2.6	1.8	1.3	0.7	0.4
两金占流动资产比重（%）	6.4	10.4	18.4	39.5	53.9
三、风险防控指标					
资产负债率（%）	39.8	50.8	55.8	65.8	80.8
现金流动负债比率（%）	41.5	22.7	12.6	-1.3	-24.3
带息负债比率（%）	19.0	28.9	37.9	51.2	65.3
已获利息倍数	17.4	14.0	10.0	6.4	2.8
四、持续发展指标					
研发经费投入强度（%）	2.9	2.5	1.9	1.5	0.7
全员劳动生产率（万元/人）	136.9	106.3	75.7	58.2	40.7
经济增加值率（%）	8.8	5.2	3.9	-1.5	-4.4
国有资本保值增值率（%）	114.0	110.7	108.3	101.0	95.7
五、补充指标					
营业现金比率（%）	57.8	41.3	24.7	14.1	3.5
国有资本回报率（%）	15.3	11.3	9.2	4.8	-4.8
EBITDA率（%）	55.7	39.2	24.9	18.5	14.5
百元收入支付的成本费用（元）	65.1	71.5	80.1	89.0	93.4
存货周转率（次）	57.3	40.9	31.4	27.4	23.0
速动比率	1.7	1.3	0.8	0.6	0.5
利润总额增长率（%）	35.4	28.9	17.3	4.8	-9.5
营业总收入增长率（%）	15.3	10.7	2.0	-2.2	-10.4

石油和天然气开采业

范围：中型企业

项　　目	优秀值	良好值	中等值	较低值	较差值
一、盈利回报指标					
净资产收益率（%）	19.4	14.2	8.5	2.4	-1.4
营业收入利润率（%）	25.4	19.1	12.1	5.7	-1.8
总资产报酬率（%）	11.3	7.0	4.6	0.4	-1.4
盈余现金保障倍数	3.6	2.0	0.3	0.0	-0.1
二、资产运营指标					
总资产周转率（次）	0.8	0.5	0.3	0.2	0.1
应收账款周转率（次）	19.6	12.2	7.5	4.8	2.6
流动资产周转率（次）	2.9	2.4	1.3	0.9	0.6
两金占流动资产比重（%）	3.9	10.0	15.7	30.1	43.8
三、风险防控指标					
资产负债率（%）	42.0	51.0	56.0	66.0	81.0
现金流动负债比率（%）	26.2	19.1	8.2	-3.3	-32.0
带息负债比率（%）	24.8	34.9	43.7	51.5	61.0
已获利息倍数	21.9	9.8	7.6	4.9	0.6
四、持续发展指标					
研发经费投入强度（%）	1.5	0.9	0.6	0.5	0.2
全员劳动生产率（万元/人）	136.5	105.6	74.7	46.7	18.8
经济增加值率（%）	10.5	5.4	2.7	-2.0	-5.0
国有资本保值增值率（%）	116.7	111.6	107.6	100.0	93.4
五、补充指标					
营业现金比率（%）	58.5	35.9	13.2	8.0	2.8
国有资本回报率（%）	18.0	13.5	8.5	3.1	-2.7
EBITDA率（%）	39.4	23.5	13.9	7.3	1.0
百元收入支付的成本费用（元）	61.9	78.0	88.2	95.5	99.1
存货周转率（次）	85.9	59.3	46.8	35.6	21.0
速动比率	1.2	0.9	0.6	0.5	0.4
利润总额增长率（%）	33.1	19.5	3.0	-9.2	-16.8
营业总收入增长率（%）	8.6	4.0	-0.7	-8.2	-12.7

石油和天然气开采业

范围：小型企业

项　　目	优秀值	良好值	中等值	较低值	较差值
一、盈利回报指标					
净资产收益率（%）	16.2	13.7	8.3	-3.7	-8.5
营业收入利润率（%）	33.4	20.2	7.8	1.0	-11.1
总资产报酬率（%）	7.9	5.5	1.6	-3.5	-5.8
盈余现金保障倍数	4.2	2.7	1.7	-0.5	-2.5
二、资产运营指标					
总资产周转率（次）	0.9	0.7	0.4	0.3	0.1
应收账款周转率（次）	25.4	16.2	10.2	3.4	0.5
流动资产周转率（次）	1.7	1.3	0.9	0.4	0.2
两金占流动资产比重（%）	0.3	5.7	17.1	23.7	44.2
三、风险防控指标					
资产负债率（%）	46.3	51.3	56.3	66.2	81.3
现金流动负债比率（%）	23.8	14.6	2.6	-20.3	-31.8
带息负债比率（%）	29.0	38.6	49.6	65.7	78.1
已获利息倍数	17.6	14.7	11.4	7.6	4.6
四、持续发展指标					
研发经费投入强度（%）	1.4	0.9	0.7	0.6	0.3
全员劳动生产率（万元/人）	100.2	76.0	51.8	37.5	23.3
经济增加值率（%）	12.4	7.9	0.4	-1.0	-5.0
国有资本保值增值率（%）	113.2	110.3	107.4	98.9	92.4
五、补充指标					
营业现金比率（%）	47.2	31.4	15.6	3.3	-8.9
国有资本回报率（%）	16.0	13.7	9.0	0.7	-5.7
EBITDA率（%）	39.2	25.4	9.5	5.0	-2.3
百元收入支付的成本费用（元）	78.7	89.6	96.6	104.2	111.6
存货周转率（次）	73.5	54.8	46.9	39.8	31.7
速动比率	1.4	1.0	0.5	0.4	0.3
利润总额增长率（%）	37.3	20.3	1.2	-12.8	-27.4
营业总收入增长率（%）	35.5	26.9	10.9	5.2	-3.5

石油加工及炼焦业

范围：全行业

项　　　目	优秀值	良好值	中等值	较低值	较差值
一、盈利回报指标					
净资产收益率（%）	10.4	6.6	1.9	-5.8	-12.1
营业收入利润率（%）	6.6	3.5	0.7	-3.3	-7.8
总资产报酬率（%）	6.6	3.6	1.7	-2.7	-8.5
盈余现金保障倍数	3.0	2.0	1.2	-0.4	-2.7
二、资产运营指标					
总资产周转率（次）	2.2	1.6	1.1	0.4	0.1
应收账款周转率（次）	37.4	28.7	19.3	9.4	2.5
流动资产周转率（次）	3.4	2.2	1.3	0.5	0.2
两金占流动资产比重（%）	5.7	23.8	34.8	41.3	49.6
三、风险防控指标					
资产负债率（%）	48.0	53.0	58.0	68.0	83.0
现金流动负债比率（%）	14.4	7.2	0.8	-13.2	-22.9
带息负债比率（%）	22.6	32.1	43.4	54.1	61.2
已获利息倍数	7.9	5.9	2.1	-0.1	-2.0
四、持续发展指标					
研发经费投入强度（%）	1.4	1.2	1.0	0.8	0.5
全员劳动生产率（万元/人）	109.9	89.1	68.3	35.8	3.3
经济增加值率（%）	8.9	2.6	-2.2	-6.2	-9.4
国有资本保值增值率（%）	109.8	106.1	101.3	94.5	88.3
五、补充指标					
营业现金比率（%）	9.3	5.2	1.0	-2.2	-5.3
国有资本回报率（%）	9.5	6.2	2.0	-4.9	-10.4
EBITDA率（%）	14.2	9.5	3.6	-0.3	-3.7
百元收入支付的成本费用（元）	94.4	97.5	99.5	104.4	109.5
存货周转率（次）	27.3	19.0	11.6	7.9	5.1
速动比率	1.3	1.1	0.7	0.5	0.4
利润总额增长率（%）	22.0	1.3	-9.9	-30.1	-51.7
营业总收入增长率（%）	16.4	9.5	-1.0	-14.5	-23.3

石油加工及炼焦业

范围：大型企业

项　　目	优秀值	良好值	中等值	较低值	较差值
一、盈利回报指标					
净资产收益率（%）	11.8	8.0	2.1	-5.8	-12.2
营业收入利润率（%）	9.7	4.2	0.8	-1.3	-6.2
总资产报酬率（%）	7.4	4.7	2.0	-1.5	-6.8
盈余现金保障倍数	4.0	2.7	1.8	0.3	-2.7
二、资产运营指标					
总资产周转率（次）	3.0	2.5	1.7	1.1	0.6
应收账款周转率（次）	49.8	41.6	31.9	24.3	18.0
流动资产周转率（次）	5.0	3.3	1.8	1.1	0.6
两金占流动资产比重（%）	15.2	33.7	43.8	45.9	52.8
三、风险防控指标					
资产负债率（%）	48.0	53.0	58.0	68.0	83.0
现金流动负债比率（%）	30.5	17.9	6.2	-9.3	-17.0
带息负债比率（%）	22.1	31.4	43.3	53.5	60.2
已获利息倍数	11.2	8.4	2.3	0.6	-1.3
四、持续发展指标					
研发经费投入强度（%）	1.4	1.1	1.0	0.8	0.3
全员劳动生产率（万元/人）	153.4	119.2	85.0	54.1	23.2
经济增加值率（%）	9.0	4.7	-2.2	-5.1	-8.7
国有资本保值增值率（%）	110.7	106.9	102.6	97.8	93.3
五、补充指标					
营业现金比率（%）	7.6	5.1	2.6	0.8	-1.0
国有资本回报率（%）	10.4	7.1	1.9	-5.0	-10.6
EBITDA率（%）	13.4	8.5	3.7	0.3	-4.3
百元收入支付的成本费用（元）	91.2	95.5	99.4	103.1	108.6
存货周转率（次）	22.6	18.7	13.9	11.1	8.2
速动比率	1.4	1.1	0.6	0.4	0.3
利润总额增长率（%）	16.5	3.2	-14.6	-34.2	-50.5
营业总收入增长率（%）	15.6	9.0	-1.4	-9.7	-16.2

石油加工及炼焦业

范围：中型企业

项目	优秀值	良好值	中等值	较低值	较差值
一、盈利回报指标					
净资产收益率（%）	8.5	5.9	2.1	-5.8	-12.2
营业收入利润率（%）	8.0	3.8	0.5	-1.7	-6.3
总资产报酬率（%）	6.6	4.0	1.5	-1.8	-8.6
盈余现金保障倍数	2.8	1.7	1.2	-0.8	-2.7
二、资产运营指标					
总资产周转率（次）	2.3	1.8	1.1	0.4	0.1
应收账款周转率（次）	72.8	41.4	15.9	8.7	2.3
流动资产周转率（次）	3.4	2.4	1.5	0.8	0.4
两金占流动资产比重（%）	10.2	20.0	38.6	48.9	56.6
三、风险防控指标					
资产负债率（%）	47.9	52.9	57.9	67.9	82.9
现金流动负债比率（%）	11.6	7.1	0.0	-13.4	-23.9
带息负债比率（%）	23.6	33.0	44.3	52.8	62.2
已获利息倍数	7.4	4.5	0.3	-1.1	-3.2
四、持续发展指标					
研发经费投入强度（%）	1.6	1.2	1.1	0.9	0.7
全员劳动生产率（万元/人）	82.3	55.2	28.1	11.8	-4.5
经济增加值率（%）	8.6	2.1	-2.3	-6.8	-10.9
国有资本保值增值率（%）	108.7	104.7	101.2	93.6	84.2
五、补充指标					
营业现金比率（%）	10.1	5.7	1.2	-3.4	-8.0
国有资本回报率（%）	7.9	5.5	2.2	-4.7	-10.3
EBITDA率（%）	14.3	8.7	2.1	-1.5	-3.3
百元收入支付的成本费用（元）	94.7	98.6	100.1	105.9	110.9
存货周转率（次）	26.5	17.9	9.8	7.0	4.9
速动比率	1.2	0.9	0.6	0.4	0.3
利润总额增长率（%）	21.2	-6.4	-39.4	-49.9	-61.3
营业总收入增长率（%）	11.9	3.2	-8.5	-14.7	-20.8

石油加工及炼焦业

范围：小型企业

项　　目	优秀值	良好值	中等值	较低值	较差值
一、盈利回报指标					
净资产收益率（%）	8.9	3.8	1.8	-5.5	-11.5
营业收入利润率（%）	4.3	3.0	0.8	-4.5	-8.3
总资产报酬率（%）	4.6	2.7	1.4	-3.0	-8.3
盈余现金保障倍数	4.7	2.8	0.3	-1.5	-3.6
二、资产运营指标					
总资产周转率（次）	1.7	1.2	0.6	0.3	0.1
应收账款周转率（次）	30.1	21.4	11.2	7.5	4.4
流动资产周转率（次）	3.9	2.2	1.1	0.5	0.2
两金占流动资产比重（%）	0.3	18.3	33.8	40.1	48.4
三、风险防控指标					
资产负债率（%）	48.3	53.3	58.3	68.3	83.3
现金流动负债比率（%）	15.2	8.4	0.0	-8.1	-18.3
带息负债比率（%）	27.5	37.2	45.9	59.2	80.8
已获利息倍数	5.0	4.1	2.3	-0.4	-3.1
四、持续发展指标					
研发经费投入强度（%）	0.8	0.6	0.4	0.3	0.2
全员劳动生产率（万元/人）	74.5	55.0	35.5	21.3	7.0
经济增加值率（%）	10.3	3.0	-0.7	-4.6	-7.5
国有资本保值增值率（%）	113.2	107.5	101.2	96.8	92.1
五、补充指标					
营业现金比率（%）	11.6	6.0	0.4	-3.6	-7.6
国有资本回报率（%）	8.3	3.8	2.1	-4.3	-9.6
EBITDA率（%）	14.1	9.9	2.8	-0.6	-3.3
百元收入支付的成本费用（元）	93.4	97.4	99.7	106.2	111.2
存货周转率（次）	40.8	26.3	11.9	6.8	3.8
速动比率	1.4	1.1	0.8	0.7	0.5
利润总额增长率（%）	82.2	49.8	-0.1	-29.0	-46.7
营业总收入增长率（%）	57.6	20.3	1.8	-13.8	-23.5

冶金工业

范围：全行业

项　　　目	优秀值	良好值	中等值	较低值	较差值
一、盈利回报指标					
净资产收益率（%）	14.3	9.5	4.7	-2.7	-14.3
营业收入利润率（%）	10.3	6.5	3.6	0.8	-5.2
总资产报酬率（%）	7.6	5.1	3.5	-0.4	-5.6
盈余现金保障倍数	2.9	1.6	1.0	-0.2	-2.1
二、资产运营指标					
总资产周转率（次）	1.6	1.1	0.7	0.3	0.1
应收账款周转率（次）	24.0	19.8	13.8	6.7	2.3
流动资产周转率（次）	3.6	2.5	2.1	0.8	0.2
两金占流动资产比重（%）	25.7	33.1	39.3	51.4	62.4
三、风险防控指标					
资产负债率（%）	48.0	53.0	58.0	68.0	83.0
现金流动负债比率（%）	11.9	9.6	8.4	-0.3	-6.0
带息负债比率（%）	27.5	37.7	52.2	61.2	72.8
已获利息倍数	5.7	3.4	2.6	0.8	-1.0
四、持续发展指标					
研发经费投入强度（%）	2.8	2.2	1.8	1.2	0.7
全员劳动生产率（万元/人）	74.1	53.3	32.5	20.7	8.9
经济增加值率（%）	8.6	3.3	-0.2	-5.8	-8.4
国有资本保值增值率（%）	116.8	110.4	105.3	98.5	91.5
五、补充指标					
营业现金比率（%）	17.6	10.3	3.0	-0.7	-4.3
国有资本回报率（%）	13.1	8.6	4.8	-2.9	-14.0
EBITDA率（%）	23.9	13.5	5.2	0.8	-4.4
百元收入支付的成本费用（元）	90.6	95.7	98.2	102.8	110.4
存货周转率（次）	17.0	12.1	8.4	4.7	2.4
速动比率	1.3	0.9	0.7	0.6	0.5
利润总额增长率（%）	21.5	15.9	4.2	-6.4	-19.7
营业总收入增长率（%）	28.2	16.8	4.1	-10.7	-22.2

冶金工业

范围：大型企业

项目	优秀值	良好值	中等值	较低值	较差值
一、盈利回报指标					
净资产收益率（%）	14.2	9.4	4.6	-0.8	-12.0
营业收入利润率（%）	10.3	6.5	3.8	1.5	-2.4
总资产报酬率（%）	7.5	5.2	3.4	1.1	-5.3
盈余现金保障倍数	3.1	2.0	1.1	0.2	-1.8
二、资产运营指标					
总资产周转率（次）	1.5	1.1	0.7	0.4	0.1
应收账款周转率（次）	32.8	24.4	15.8	11.0	5.0
流动资产周转率（次）	4.4	3.3	2.0	1.1	0.5
两金占流动资产比重（%）	23.3	30.1	34.5	43.7	51.5
三、风险防控指标					
资产负债率（%）	48.0	53.0	58.0	68.0	83.0
现金流动负债比率（%）	12.0	9.7	8.8	-0.6	-5.9
带息负债比率（%）	32.7	43.3	53.5	67.6	74.4
已获利息倍数	10.1	5.6	3.1	1.4	0.5
四、持续发展指标					
研发经费投入强度（%）	3.6	2.9	2.0	1.2	0.3
全员劳动生产率（万元/人）	96.4	69.4	42.3	30.9	19.5
经济增加值率（%）	8.5	4.8	0.4	-3.5	-5.9
国有资本保值增值率（%）	117.0	110.8	105.4	100.2	93.3
五、补充指标					
营业现金比率（%）	17.6	11.0	4.3	1.0	-2.3
国有资本回报率（%）	13.2	9.0	4.8	0.0	-9.8
EBITDA率（%）	25.4	15.5	7.1	3.3	-2.4
百元收入支付的成本费用（元）	90.6	95.4	98.5	102.9	105.2
存货周转率（次）	17.0	13.5	9.4	6.9	5.0
速动比率	1.3	0.8	0.7	0.6	0.5
利润总额增长率（%）	27.5	20.2	5.5	-3.1	-7.0
营业总收入增长率（%）	27.1	16.1	1.3	-7.9	-17.2

冶金工业

范围：中型企业

项　　目	优秀值	良好值	中等值	较低值	较差值
一、盈利回报指标					
净资产收益率（%）	15.1	12.0	7.9	-0.5	-13.9
营业收入利润率（%）	9.0	6.0	4.2	-0.2	-4.0
总资产报酬率（%）	8.2	6.5	5.3	2.3	-3.6
盈余现金保障倍数	2.9	1.9	1.0	-0.1	-2.5
二、资产运营指标					
总资产周转率（次）	2.0	1.4	0.8	0.5	0.3
应收账款周转率（次）	32.7	24.4	13.7	8.0	4.1
流动资产周转率（次）	4.3	3.2	2.7	1.5	0.7
两金占流动资产比重（%）	25.9	35.8	45.9	58.7	66.3
三、风险防控指标					
资产负债率（%）	47.1	52.1	57.1	67.1	82.1
现金流动负债比率（%）	7.5	4.9	4.0	-1.5	-9.5
带息负债比率（%）	22.9	35.5	49.5	56.4	64.2
已获利息倍数	5.3	3.2	2.4	0.7	-1.2
四、持续发展指标					
研发经费投入强度（%）	3.3	2.2	1.6	1.0	0.7
全员劳动生产率（万元/人）	63.7	51.0	38.3	24.4	10.5
经济增加值率（%）	11.5	6.1	0.5	-4.9	-7.7
国有资本保值增值率（%）	114.8	109.1	104.3	95.9	88.3
五、补充指标					
营业现金比率（%）	20.3	11.6	3.0	-0.4	-3.7
国有资本回报率（%）	10.6	7.9	4.3	-3.1	-14.8
EBITDA率（%）	26.0	16.8	5.2	1.4	-2.8
百元收入支付的成本费用（元）	85.6	93.2	97.3	102.2	110.6
存货周转率（次）	14.9	12.2	8.4	4.5	2.4
速动比率	1.3	0.9	0.7	0.6	0.5
利润总额增长率（%）	21.2	13.6	-2.3	-10.2	-17.9
营业总收入增长率（%）	29.5	20.6	4.5	-9.4	-19.0

冶金工业

范围：小型企业

项　　目	优秀值	良好值	中等值	较低值	较差值
一、盈利回报指标					
净资产收益率（%）	15.6	9.6	4.8	-3.4	-15.2
营业收入利润率（%）	5.4	2.6	2.1	-2.8	-6.6
总资产报酬率（%）	7.2	4.4	2.8	-1.5	-6.5
盈余现金保障倍数	2.9	1.6	0.8	-0.4	-2.5
二、资产运营指标					
总资产周转率（次）	2.0	1.2	0.7	0.3	0.1
应收账款周转率（次）	22.4	13.1	8.8	4.3	1.5
流动资产周转率（次）	2.7	1.8	1.2	0.4	0.2
两金占流动资产比重（%）	3.4	17.3	32.5	45.7	55.5
三、风险防控指标					
资产负债率（%）	49.4	54.4	59.4	69.4	84.4
现金流动负债比率（%）	8.1	5.5	4.7	-0.2	-9.6
带息负债比率（%）	26.6	41.5	53.5	58.9	67.2
已获利息倍数	9.1	5.1	2.6	0.9	-0.6
四、持续发展指标					
研发经费投入强度（%）	2.0	1.6	1.4	0.9	0.4
全员劳动生产率（万元/人）	68.1	48.1	28.1	17.8	7.5
经济增加值率（%）	8.7	2.9	-1.3	-6.3	-8.9
国有资本保值增值率（%）	112.2	107.2	104.0	97.9	91.0
五、补充指标					
营业现金比率（%）	13.6	7.8	2.0	-2.8	-7.6
国有资本回报率（%）	14.0	8.7	4.5	-2.7	-13.0
EBITDA率（%）	22.4	12.4	4.2	0.8	-5.5
百元收入支付的成本费用（元）	89.8	96.1	98.2	102.8	108.5
存货周转率（次）	18.0	11.4	8.7	3.7	1.4
速动比率	1.4	0.9	0.8	0.7	0.5
利润总额增长率（%）	25.5	13.9	-4.3	-13.1	-23.4
营业总收入增长率（%）	29.2	18.1	2.8	-12.5	-26.3

黑色金属矿采选业

范围：全行业

项　　目	优秀值	良好值	中等值	较低值	较差值
一、盈利回报指标					
净资产收益率（%）	16.8	12.2	5.5	1.3	-6.9
营业收入利润率（%）	17.2	12.4	5.3	-0.5	-8.8
总资产报酬率（%）	8.4	4.8	2.5	-1.0	-6.8
盈余现金保障倍数	1.8	1.2	0.9	-0.2	-1.2
二、资产运营指标					
总资产周转率（次）	0.6	0.5	0.3	0.2	0.1
应收账款周转率（次）	21.3	13.0	7.0	3.7	1.6
流动资产周转率（次）	2.6	1.7	1.1	0.6	0.2
两金占流动资产比重（%）	10.2	26.9	37.8	43.9	65.0
三、风险防控指标					
资产负债率（%）	48.0	53.0	58.0	68.0	83.0
现金流动负债比率（%）	24.7	17.7	10.8	3.6	-5.3
带息负债比率（%）	31.2	43.5	50.0	60.5	77.3
已获利息倍数	5.5	4.3	3.1	0.3	-1.0
四、持续发展指标					
研发经费投入强度（%）	3.3	2.5	2.0	1.0	0.4
全员劳动生产率（万元/人）	83.0	67.6	52.2	28.9	5.6
经济增加值率（%）	14.8	6.5	0.1	-6.1	-8.1
国有资本保值增值率（%）	112.3	107.7	104.6	98.4	91.1
五、补充指标					
营业现金比率（%）	29.5	18.2	6.8	1.2	-4.4
国有资本回报率（%）	15.1	11.1	5.3	1.5	-5.6
EBITDA率（%）	40.7	29.8	16.0	7.0	-2.4
百元收入支付的成本费用（元）	72.7	83.2	91.6	105.5	115.8
存货周转率（次）	19.1	14.5	10.2	5.6	3.0
速动比率	1.3	1.1	0.8	0.6	0.4
利润总额增长率（%）	28.1	11.4	-2.9	-22.0	-33.8
营业总收入增长率（%）	32.6	20.2	2.6	-18.6	-30.6

有色金属矿采选业

范围：全行业

项　　目	优秀值	良好值	中等值	较低值	较差值
一、盈利回报指标					
净资产收益率（%）	16.6	10.5	5.3	-1.7	-6.4
营业收入利润率（%）	19.2	14.0	8.9	0.7	-7.0
总资产报酬率（%）	10.1	6.3	4.2	-0.2	-5.5
盈余现金保障倍数	2.5	1.6	1.1	-0.4	-3.3
二、资产运营指标					
总资产周转率（次）	0.7	0.5	0.4	0.2	0.1
应收账款周转率（次）	27.2	18.9	10.8	4.2	0.6
流动资产周转率（次）	2.7	2.2	1.5	0.7	0.3
两金占流动资产比重（%）	7.5	17.9	24.9	34.1	43.2
三、风险防控指标					
资产负债率（%）	47.8	52.8	57.8	67.8	82.8
现金流动负债比率（%）	22.4	14.9	5.7	-2.0	-6.9
带息负债比率（%）	41.0	49.1	57.7	69.4	83.3
已获利息倍数	8.5	5.1	3.3	0.6	-1.2
四、持续发展指标					
研发经费投入强度（%）	2.3	1.6	1.4	1.0	0.7
全员劳动生产率（万元/人）	89.5	62.8	36.1	24.4	12.7
经济增加值率（%）	9.9	4.2	0.3	-5.3	-8.0
国有资本保值增值率（%）	117.6	112.4	107.0	100.9	95.3
五、补充指标					
营业现金比率（%）	38.8	24.3	9.9	3.8	-2.3
国有资本回报率（%）	15.3	9.9	5.3	-0.8	-4.9
EBITDA率（%）	38.6	27.2	10.7	5.6	-1.8
百元收入支付的成本费用（元）	78.1	87.5	93.4	102.7	105.7
存货周转率（次）	16.9	10.8	6.5	2.9	1.1
速动比率	1.3	1.0	0.8	0.7	0.5
利润总额增长率（%）	38.3	27.6	17.3	-3.8	-15.4
营业总收入增长率（%）	31.5	21.1	8.9	-12.2	-24.3

黑色金属冶炼业

范围：全行业

项　　目	优秀值	良好值	中等值	较低值	较差值
一、盈利回报指标					
净资产收益率（%）	5.0	3.4	1.2	-4.4	-9.4
营业收入利润率（%）	3.9	1.8	0.3	-3.5	-7.4
总资产报酬率（%）	5.0	3.3	1.2	-1.8	-6.3
盈余现金保障倍数	2.8	1.7	1.2	-0.2	-1.1
二、资产运营指标					
总资产周转率（次）	2.1	1.6	0.9	0.6	0.2
应收账款周转率（次）	45.3	34.2	16.0	7.5	2.4
流动资产周转率（次）	4.4	3.2	2.0	0.9	0.2
两金占流动资产比重（%）	25.4	29.9	35.7	46.7	55.0
三、风险防控指标					
资产负债率（%）	48.1	53.1	58.1	68.1	83.1
现金流动负债比率（%）	10.6	5.3	2.7	-4.9	-7.7
带息负债比率（%）	21.3	35.6	48.4	58.9	73.6
已获利息倍数	5.3	2.6	1.8	-0.2	-1.4
四、持续发展指标					
研发经费投入强度（%）	4.5	3.0	2.3	1.5	1.2
全员劳动生产率（万元/人）	77.9	60.9	43.9	25.8	7.8
经济增加值率（%）	3.4	-0.9	-3.3	-8.8	-11.2
国有资本保值增值率（%）	105.1	103.2	100.8	95.3	89.7
五、补充指标					
营业现金比率（%）	6.2	4.1	1.9	-0.5	-2.9
国有资本回报率（%）	4.1	3.0	1.1	-3.8	-8.2
EBITDA率（%）	9.2	6.1	2.2	-0.5	-3.7
百元收入支付的成本费用（元）	96.3	98.6	99.8	102.4	105.9
存货周转率（次）	18.1	14.4	10.4	7.3	4.9
速动比率	1.2	0.8	0.6	0.5	0.4
利润总额增长率（%）	10.2	-0.7	-19.9	-27.8	-34.1
营业总收入增长率（%）	16.0	7.2	-6.9	-20.0	-27.7

有色金属冶炼业

范围：全行业

项　　目	优秀值	良好值	中等值	较低值	较差值
一、盈利回报指标					
净资产收益率（％）	13.3	9.1	6.0	0.0	-6.2
营业收入利润率（％）	9.2	4.9	1.8	-2.7	-9.2
总资产报酬率（％）	10.2	7.4	5.4	1.4	-3.5
盈余现金保障倍数	2.8	1.5	0.8	-0.6	-2.1
二、资产运营指标					
总资产周转率（次）	2.3	1.7	1.2	0.6	0.2
应收账款周转率（次）	28.4	19.1	14.2	7.8	3.6
流动资产周转率（次）	4.8	3.6	3.2	1.6	0.7
两金占流动资产比重（％）	34.1	41.4	50.4	58.9	67.4
三、风险防控指标					
资产负债率（％）	47.4	52.4	57.4	67.4	82.4
现金流动负债比率（％）	17.7	13.3	7.1	-1.4	-7.0
带息负债比率（％）	38.1	46.7	56.0	67.7	82.8
已获利息倍数	6.1	4.2	2.1	0.0	-1.1
四、持续发展指标					
研发经费投入强度（％）	2.8	2.1	1.4	0.8	0.5
全员劳动生产率（万元/人）	59.7	51.0	42.3	25.6	8.9
经济增加值率（％）	10.8	6.0	1.2	-3.7	-6.0
国有资本保值增值率（％）	111.8	107.9	105.1	99.9	95.7
五、补充指标					
营业现金比率（％）	9.3	5.6	1.9	-2.2	-6.2
国有资本回报率（％）	12.7	9.0	6.2	1.0	-4.4
EBITDA率（％）	13.7	9.0	5.0	0.8	-2.2
百元收入支付的成本费用（元）	94.1	96.7	99.6	101.9	107.0
存货周转率（次）	15.3	10.7	7.6	4.5	2.5
速动比率	1.2	0.9	0.7	0.5	0.4
利润总额增长率（％）	34.7	26.6	15.2	7.1	-2.2
营业总收入增长率（％）	43.7	32.8	16.1	5.1	-5.2

建材工业

范围：全行业

项 目	优秀值	良好值	中等值	较低值	较差值
一、盈利回报指标					
净资产收益率（%）	6.3	4.0	2.7	-5.8	-15.0
营业收入利润率（%）	7.1	5.0	4.2	-2.2	-7.7
总资产报酬率（%）	6.2	3.9	2.1	-3.0	-9.7
盈余现金保障倍数	1.6	1.0	0.6	-0.6	-1.7
二、资产运营指标					
总资产周转率（次）	0.9	0.7	0.4	0.2	0.1
应收账款周转率（次）	7.1	4.3	3.2	1.5	0.6
流动资产周转率（次）	1.7	1.2	0.7	0.4	0.2
两金占流动资产比重（%）	24.6	32.7	46.3	56.0	66.8
三、风险防控指标					
资产负债率（%）	48.4	53.4	58.4	68.4	83.4
现金流动负债比率（%）	14.7	8.2	4.0	-3.7	-10.5
带息负债比率（%）	25.2	40.7	45.7	57.3	72.8
已获利息倍数	3.2	2.9	2.5	0.0	-1.5
四、持续发展指标					
研发经费投入强度（%）	3.0	2.4	2.1	1.7	1.2
全员劳动生产率（万元/人）	58.1	51.2	44.3	26.6	8.9
经济增加值率（%）	12.4	6.5	-1.6	-7.7	-11.0
国有资本保值增值率（%）	112.9	106.9	103.7	96.5	89.0
五、补充指标					
营业现金比率（%）	18.0	9.5	1.0	-2.7	-6.8
国有资本回报率（%）	5.6	3.6	2.7	-4.8	-12.7
EBITDA率（%）	22.8	17.6	10.5	1.1	-6.8
百元收入支付的成本费用（元）	89.4	94.9	97.9	105.9	112.2
存货周转率（次）	10.8	7.5	4.9	4.0	2.3
速动比率	1.5	1.2	1.0	0.8	0.6
利润总额增长率（%）	0.8	-20.2	-39.5	-44.5	-54.9
营业总收入增长率（%）	18.0	4.4	-12.1	-21.3	-32.9

建材工业

范围：大型企业

项　　目	优秀值	良好值	中等值	较低值	较差值
一、盈利回报指标					
净资产收益率（%）	9.4	6.0	3.5	-5.4	-14.9
营业收入利润率（%）	18.3	13.8	7.7	1.0	-7.6
总资产报酬率（%）	7.4	5.0	3.0	-1.9	-6.6
盈余现金保障倍数	1.6	1.2	0.6	-0.5	-2.0
二、资产运营指标					
总资产周转率（次）	0.7	0.5	0.3	0.2	0.1
应收账款周转率（次）	9.1	5.5	4.7	1.7	0.3
流动资产周转率（次）	1.5	1.2	0.6	0.4	0.2
两金占流动资产比重（%）	26.5	32.0	45.0	54.5	61.5
三、风险防控指标					
资产负债率（%）	48.4	53.4	58.4	68.4	83.4
现金流动负债比率（%）	16.3	11.8	4.9	-4.4	-13.6
带息负债比率（%）	34.9	46.4	54.5	67.3	77.2
已获利息倍数	5.6	4.7	3.9	2.7	1.2
四、持续发展指标					
研发经费投入强度（%）	3.9	3.1	2.9	2.3	1.9
全员劳动生产率（万元/人）	73.8	62.5	51.2	35.5	19.9
经济增加值率（%）	13.6	8.2	-1.4	-4.9	-8.4
国有资本保值增值率（%）	119.3	109.2	103.8	97.3	91.8
五、补充指标					
营业现金比率（%）	18.0	10.2	2.5	-2.2	-6.9
国有资本回报率（%）	8.7	5.8	3.6	-4.2	-12.6
EBITDA率（%）	23.5	17.9	12.5	1.3	-6.7
百元收入支付的成本费用（元）	89.0	93.6	95.7	104.8	107.9
存货周转率（次）	8.7	7.3	4.8	3.9	2.2
速动比率	1.3	1.1	0.8	0.8	0.6
利润总额增长率（%）	-1.2	-16.8	-37.1	-44.2	-56.3
营业总收入增长率（%）	14.3	3.8	-12.2	-19.5	-25.6

建材工业

范围：中型企业

项　　目	优秀值	良好值	中等值	较低值	较差值
一、盈利回报指标					
净资产收益率（%）	9.4	5.3	2.3	-5.9	-14.9
营业收入利润率（%）	13.5	7.7	1.9	-5.5	-8.8
总资产报酬率（%）	6.1	3.5	1.8	-3.5	-10.1
盈余现金保障倍数	2.4	1.4	0.7	-0.3	-1.4
二、资产运营指标					
总资产周转率（次）	0.8	0.6	0.4	0.2	0.1
应收账款周转率（次）	6.9	4.5	3.4	1.6	0.6
流动资产周转率（次）	2.8	2.0	1.1	0.6	0.3
两金占流动资产比重（%）	16.9	28.8	40.4	47.1	58.0
三、风险防控指标					
资产负债率（%）	48.5	53.5	58.5	68.5	83.5
现金流动负债比率（%）	19.0	11.5	2.9	-2.9	-10.6
带息负债比率（%）	24.2	34.2	43.4	59.3	76.8
已获利息倍数	4.3	3.4	2.0	0.2	-0.9
四、持续发展指标					
研发经费投入强度（%）	3.1	2.3	1.8	1.5	1.1
全员劳动生产率（万元/人）	56.5	44.9	33.3	21.7	10.1
经济增加值率（%）	12.0	6.5	-1.9	-8.0	-11.4
国有资本保值增值率（%）	112.0	105.9	102.8	97.1	89.9
五、补充指标					
营业现金比率（%）	19.8	11.4	3.0	-1.3	-5.6
国有资本回报率（%）	8.5	4.9	2.3	-4.9	-12.8
EBITDA率（%）	23.1	16.7	7.7	0.4	-11.5
百元收入支付的成本费用（元）	88.9	95.5	99.6	108.0	113.0
存货周转率（次）	15.2	11.6	8.3	5.2	3.0
速动比率	1.4	1.2	0.8	0.6	0.4
利润总额增长率（%）	2.5	-14.0	-38.4	-46.2	-56.4
营业总收入增长率（%）	14.4	3.2	-11.2	-21.7	-29.8

建材工业

范围：小型企业

项　　目	优秀值	良好值	中等值	较低值	较差值
一、盈利回报指标					
净资产收益率（%）	5.9	3.5	1.8	-5.2	-18.5
营业收入利润率（%）	6.6	4.2	2.1	-4.8	-10.7
总资产报酬率（%）	5.6	3.4	1.5	-3.3	-11.3
盈余现金保障倍数	2.0	0.8	0.2	-1.0	-2.1
二、资产运营指标					
总资产周转率（次）	1.0	0.8	0.4	0.2	0.1
应收账款周转率（次）	5.9	4.3	2.0	1.0	0.5
流动资产周转率（次）	1.6	1.2	0.7	0.4	0.2
两金占流动资产比重（%）	29.2	44.8	54.8	67.2	73.4
三、风险防控指标					
资产负债率（%）	48.3	53.3	58.3	68.3	83.3
现金流动负债比率（%）	14.6	5.2	2.5	-4.8	-10.3
带息负债比率（%）	19.7	31.5	40.5	54.9	69.8
已获利息倍数	2.7	2.3	1.7	-0.4	-2.9
四、持续发展指标					
研发经费投入强度（%）	1.7	1.1	0.8	0.7	0.4
全员劳动生产率（万元/人）	59.1	47.0	34.9	21.9	8.8
经济增加值率（%）	13.5	6.2	-2.6	-8.2	-10.6
国有资本保值增值率（%）	106.9	102.9	101.0	96.4	87.5
五、补充指标					
营业现金比率（%）	17.0	8.9	0.9	-2.8	-6.4
国有资本回报率（%）	5.5	3.2	1.9	-4.3	-15.9
EBITDA率（%）	15.2	9.6	3.7	-1.9	-12.4
百元收入支付的成本费用（元）	91.2	95.9	99.1	105.3	110.6
存货周转率（次）	13.8	8.4	5.6	4.3	2.4
速动比率	1.6	1.3	1.0	0.8	0.5
利润总额增长率（%）	-1.0	-22.3	-41.0	-44.9	-51.6
营业总收入增长率（%）	25.0	10.5	-9.5	-21.7	-33.9

建筑用矿石采选业

范围：全行业

项　　目	优秀值	良好值	中等值	较低值	较差值
一、盈利回报指标					
净资产收益率（%）	13.9	5.8	1.4	-4.2	-8.6
营业收入利润率（%）	15.3	7.1	1.9	-6.9	-15.7
总资产报酬率（%）	7.0	4.1	1.3	-2.0	-7.5
盈余现金保障倍数	2.5	1.4	0.6	-0.7	-2.6
二、资产运营指标					
总资产周转率（次）	0.7	0.5	0.3	0.2	0.1
应收账款周转率（次）	10.5	7.5	3.3	1.3	0.2
流动资产周转率（次）	1.3	0.8	0.5	0.3	0.2
两金占流动资产比重（%）	18.9	21.6	23.5	44.3	56.5
三、风险防控指标					
资产负债率（%）	48.3	53.3	58.3	68.3	83.3
现金流动负债比率（%）	12.8	6.8	1.0	-10.4	-16.5
带息负债比率（%）	36.1	38.4	45.2	64.6	75.5
已获利息倍数	5.3	3.9	1.4	-0.6	-2.1
四、持续发展指标					
研发经费投入强度（%）	1.6	1.2	0.9	0.6	0.3
全员劳动生产率（万元/人）	76.3	58.6	41.0	20.6	0.3
经济增加值率（%）	19.1	7.7	-2.7	-6.7	-10.0
国有资本保值增值率（%）	111.5	105.6	101.2	97.0	90.4
五、补充指标					
营业现金比率（%）	34.3	18.9	3.4	-5.1	-13.6
国有资本回报率（%）	12.4	5.3	1.4	-3.5	-7.4
EBITDA率（%）	34.7	25.0	8.4	1.9	-10.9
百元收入支付的成本费用（元）	76.1	86.1	96.2	106.5	125.2
存货周转率（次）	14.8	9.0	4.7	2.3	0.8
速动比率	1.8	1.5	1.0	0.8	0.5
利润总额增长率（%）	-10.2	-16.0	-26.0	-34.5	-48.6
营业总收入增长率（%）	17.0	6.0	-2.4	-11.1	-17.5

水泥及石膏制造业

范围：全行业

项　　目	优秀值	良好值	中等值	较低值	较差值
一、盈利回报指标					
净资产收益率（％）	8.4	5.0	2.8	-6.8	-16.1
营业收入利润率（％）	16.2	11.6	7.3	-2.0	-11.8
总资产报酬率（％）	7.1	4.8	2.5	-4.1	-11.0
盈余现金保障倍数	2.6	1.8	1.0	-0.4	-1.4
二、资产运营指标					
总资产周转率（次）	0.9	0.7	0.4	0.2	0.1
应收账款周转率（次）	14.9	10.3	8.1	3.8	1.2
流动资产周转率（次）	4.3	3.3	1.4	1.0	0.6
两金占流动资产比重（％）	11.3	19.1	30.8	40.7	52.8
三、风险防控指标					
资产负债率（％）	48.1	53.1	58.1	68.1	83.1
现金流动负债比率（％）	21.0	13.9	7.0	-0.4	-5.4
带息负债比率（％）	35.5	45.4	52.8	72.2	84.8
已获利息倍数	6.5	4.7	3.0	0.9	-1.1
四、持续发展指标					
研发经费投入强度（％）	2.8	2.4	2.2	2.0	1.7
全员劳动生产率（万元/人）	57.1	51.8	46.4	28.7	11.0
经济增加值率（％）	13.2	6.5	-2.2	-8.7	-12.4
国有资本保值增值率（％）	107.4	104.3	102.1	93.5	85.1
五、补充指标					
营业现金比率（％）	20.0	11.4	2.9	0.5	-1.9
国有资本回报率（％）	7.8	4.8	2.9	-5.6	-13.7
EBITDA率（％）	29.0	21.5	14.1	3.9	-4.4
百元收入支付的成本费用（元）	87.8	94.1	97.8	107.3	111.4
存货周转率（次）	18.2	12.4	9.0	6.2	4.3
速动比率	1.3	1.1	0.8	0.6	0.4
利润总额增长率（％）	8.7	-6.9	-24.2	-32.0	-44.5
营业总收入增长率（％）	2.4	-4.7	-16.1	-27.2	-34.9

水泥及石膏制造业

范围：大型企业

项 目	优秀值	良好值	中等值	较低值	较差值
一、盈利回报指标					
净资产收益率（%）	10.3	6.3	3.1	-6.3	-15.7
营业收入利润率（%）	19.2	15.0	12.4	4.2	-4.3
总资产报酬率（%）	7.3	5.1	3.0	-3.7	-7.4
盈余现金保障倍数	2.0	1.4	0.9	-0.1	-1.4
二、资产运营指标					
总资产周转率（次）	0.6	0.4	0.3	0.2	0.1
应收账款周转率（次）	22.4	18.4	13.7	8.7	4.6
流动资产周转率（次）	2.3	1.6	0.7	0.5	0.2
两金占流动资产比重（%）	15.2	22.9	35.5	44.5	51.7
三、风险防控指标					
资产负债率（%）	44.1	53.1	58.1	68.1	83.1
现金流动负债比率（%）	22.5	16.2	8.4	-1.9	-7.1
带息负债比率（%）	39.2	48.5	52.4	71.5	84.0
已获利息倍数	6.9	5.2	3.9	2.9	1.0
四、持续发展指标					
研发经费投入强度（%）	3.7	3.0	2.3	2.0	1.7
全员劳动生产率（万元/人）	102.6	77.5	52.3	40.5	28.7
经济增加值率（%）	3.4	0.4	-2.1	-4.5	-10.3
国有资本保值增值率（%）	108.4	105.4	103.3	95.7	86.6
五、补充指标					
营业现金比率（%）	21.2	15.2	9.2	4.6	0.0
国有资本回报率（%）	9.4	5.9	3.1	-5.1	-13.4
EBITDA率（%）	37.2	26.4	17.5	11.3	0.6
百元收入支付的成本费用（元）	87.1	90.8	94.8	102.5	107.4
存货周转率（次）	12.8	11.7	9.5	6.8	5.1
速动比率	1.7	1.6	1.3	1.1	0.9
利润总额增长率（%）	5.8	-12.3	-30.6	-39.9	-51.4
营业总收入增长率（%）	-2.3	-8.1	-17.7	-26.6	-31.3

水泥及石膏制造业

范围：中型企业

项　　　目	优秀值	良好值	中等值	较低值	较差值
一、盈利回报指标					
净资产收益率（%）	8.7	4.9	1.8	-7.7	-16.4
营业收入利润率（%）	12.3	8.3	1.2	-9.2	-20.9
总资产报酬率（%）	5.7	4.0	1.2	-4.2	-9.7
盈余现金保障倍数	2.7	1.9	1.3	0.2	-1.9
二、资产运营指标					
总资产周转率（次）	0.8	0.7	0.4	0.3	0.2
应收账款周转率（次）	16.6	11.8	8.0	4.6	2.2
流动资产周转率（次）	4.4	3.4	1.6	1.3	0.9
两金占流动资产比重（%）	5.3	15.5	24.1	33.8	47.1
三、风险防控指标					
资产负债率（%）	47.5	52.5	57.5	67.5	82.5
现金流动负债比率（%）	23.0	15.5	5.2	-3.5	-8.9
带息负债比率（%）	32.1	41.4	55.2	75.5	89.2
已获利息倍数	6.1	4.0	2.2	-0.7	-2.8
四、持续发展指标					
研发经费投入强度（%）	2.8	2.3	2.0	1.8	1.7
全员劳动生产率（万元/人）	58.2	48.3	38.4	25.9	13.5
经济增加值率（%）	13.3	6.6	-2.3	-8.6	-12.8
国有资本保值增值率（%）	107.6	104.3	100.9	92.3	83.6
五、补充指标					
营业现金比率（%）	21.3	13.9	6.6	2.6	-1.4
国有资本回报率（%）	8.5	5.1	2.4	-5.9	-13.6
EBITDA率（%）	27.7	21.7	11.5	3.7	-8.5
百元收入支付的成本费用（元）	90.4	95.7	100.6	112.0	117.6
存货周转率（次）	16.0	12.7	8.3	6.1	4.4
速动比率	1.2	1.0	0.6	0.4	0.2
利润总额增长率（%）	9.9	-4.6	-19.0	-25.8	-37.9
营业总收入增长率（%）	3.1	-4.1	-15.3	-23.6	-31.1

水泥及石膏制造业

范围：小型企业

项　　目	优秀值	良好值	中等值	较低值	较差值
一、盈利回报指标					
净资产收益率（%）	7.1	5.0	1.3	-8.8	-20.0
营业收入利润率（%）	10.9	6.7	0.1	-7.1	-17.0
总资产报酬率（%）	6.7	4.6	1.0	-4.0	-12.4
盈余现金保障倍数	2.0	1.2	0.5	-1.5	-3.4
二、资产运营指标					
总资产周转率（次）	1.2	0.9	0.5	0.3	0.1
应收账款周转率（次）	14.6	8.5	4.6	2.2	0.8
流动资产周转率（次）	4.1	3.0	1.4	0.9	0.5
两金占流动资产比重（%）	6.5	22.8	38.7	46.6	58.9
三、风险防控指标					
资产负债率（%）	48.4	53.4	58.4	68.4	83.9
现金流动负债比率（%）	18.6	9.0	4.2	0.4	-4.5
带息负债比率（%）	34.9	43.8	53.4	75.2	86.6
已获利息倍数	4.4	2.6	1.1	-1.4	-2.9
四、持续发展指标					
研发经费投入强度（%）	2.1	1.7	1.4	1.3	1.0
全员劳动生产率（万元/人）	52.0	44.3	36.6	23.4	10.2
经济增加值率（%）	9.9	3.8	-2.8	-10.3	-13.2
国有资本保值增值率（%）	105.2	102.5	100.3	91.3	84.5
五、补充指标					
营业现金比率（%）	18.4	9.7	1.0	-0.8	-2.5
国有资本回报率（%）	5.8	3.9	1.4	-7.4	-17.3
EBITDA率（%）	12.3	7.6	1.7	-5.3	-14.2
百元收入支付的成本费用（元）	94.0	97.8	101.0	107.3	112.6
存货周转率（次）	21.4	15.2	10.4	6.6	4.2
速动比率	1.1	0.9	0.6	0.4	0.2
利润总额增长率（%）	4.7	-18.5	-37.8	-43.1	-52.4
营业总收入增长率（%）	2.0	-7.5	-20.1	-32.7	-41.0

水泥及石膏制品业

范围：全行业

项　　目	优秀值	良好值	中等值	较低值	较差值
一、盈利回报指标					
净资产收益率（%）	9.1	5.8	4.0	-5.8	-14.8
营业收入利润率（%）	12.9	9.4	5.2	-1.6	-5.7
总资产报酬率（%）	8.1	4.5	2.6	-2.6	-10.4
盈余现金保障倍数	1.7	1.0	0.3	-0.9	-2.3
二、资产运营指标					
总资产周转率（次）	0.9	0.7	0.4	0.3	0.1
应收账款周转率（次）	2.8	1.9	1.1	0.7	0.3
流动资产周转率（次）	1.2	0.9	0.6	0.4	0.2
两金占流动资产比重（%）	44.8	54.7	65.8	77.1	88.4
三、风险防控指标					
资产负债率（%）	48.8	53.8	58.8	68.8	83.8
现金流动负债比率（%）	13.0	5.5	1.9	-6.4	-13.5
带息负债比率（%）	21.3	32.1	38.7	53.0	64.3
已获利息倍数	6.2	4.5	2.8	0.0	-1.7
四、持续发展指标					
研发经费投入强度（%）	1.6	1.4	1.1	0.8	0.5
全员劳动生产率（万元/人）	60.1	52.0	43.8	26.5	9.1
经济增加值率（%）	12.9	6.4	-1.1	-9.6	-14.0
国有资本保值增值率（%）	111.2	107.6	103.2	96.3	89.4
五、补充指标					
营业现金比率（%）	14.9	8.3	1.7	-3.5	-8.8
国有资本回报率（%）	8.5	5.6	4.1	-4.5	-12.4
EBITDA率（%）	15.2	11.9	8.9	-2.4	-11.7
百元收入支付的成本费用（元）	92.4	94.9	97.0	103.9	107.1
存货周转率（次）	19.1	12.8	10.3	6.4	3.5
速动比率	1.6	1.4	1.1	0.8	0.6
利润总额增长率（%）	3.5	-14.0	-33.5	-42.4	-54.7
营业总收入增长率（%）	11.2	1.3	-9.8	-23.7	-34.7

砖瓦、石材等建筑材料制造业

范围：全行业

项　　目	优秀值	良好值	中等值	较低值	较差值
一、盈利回报指标					
净资产收益率（%）	11.9	5.4	1.8	-5.0	-13.6
营业收入利润率（%）	6.8	4.1	2.0	-5.7	-15.4
总资产报酬率（%）	5.1	2.8	1.2	-2.8	-7.8
盈余现金保障倍数	1.9	0.8	0.2	-1.0	-2.1
二、资产运营指标					
总资产周转率（次）	0.9	0.6	0.3	0.2	0.1
应收账款周转率（次）	7.6	4.1	1.9	1.2	0.7
流动资产周转率（次）	1.1	0.9	0.6	0.3	0.2
两金占流动资产比重（%）	28.4	43.4	57.8	68.8	82.0
三、风险防控指标					
资产负债率（%）	48.8	53.8	58.8	68.8	83.8
现金流动负债比率（%）	10.2	6.6	3.7	-3.4	-11.9
带息负债比率（%）	39.3	45.8	50.2	65.5	78.3
已获利息倍数	4.6	3.2	1.4	-0.7	-2.3
四、持续发展指标					
研发经费投入强度（%）	1.7	1.5	1.4	1.2	1.1
全员劳动生产率（万元/人）	65.5	53.3	41.0	22.9	4.8
经济增加值率（%）	8.3	2.7	-2.3	-7.4	-12.1
国有资本保值增值率（%）	109.1	105.3	101.3	96.2	86.0
五、补充指标					
营业现金比率（%）	14.8	8.8	2.8	-1.7	-6.1
国有资本回报率（%）	10.2	4.5	1.4	-4.6	-12.2
EBITDA率（%）	16.7	10.9	6.9	-1.6	-11.7
百元收入支付的成本费用（元）	93.2	97.5	98.9	106.1	114.7
存货周转率（次）	13.9	9.2	6.4	3.1	0.9
速动比率	1.6	1.2	0.9	0.6	0.5
利润总额增长率（%）	-3.6	-16.8	-29.5	-51.6	-59.2
营业总收入增长率（%）	23.8	11.1	-1.1	-19.5	-30.5

平板玻璃制品业

范围：全行业

项　　目	优秀值	良好值	中等值	较低值	较差值
一、盈利回报指标					
净资产收益率（%）	11.0	5.9	-0.2	-8.1	-19.2
营业收入利润率（%）	7.6	3.5	0.7	-6.1	-15.3
总资产报酬率（%）	7.7	4.8	1.3	-2.3	-9.5
盈余现金保障倍数	2.4	1.2	0.4	-1.3	-4.9
二、资产运营指标					
总资产周转率（次）	0.6	0.4	0.3	0.2	0.1
应收账款周转率（次）	18.3	10.8	4.8	3.5	2.5
流动资产周转率（次）	2.2	1.5	0.9	0.5	0.2
两金占流动资产比重（%）	21.1	27.0	33.9	50.0	61.4
三、风险防控指标					
资产负债率（%）	48.8	53.8	58.8	68.8	83.8
现金流动负债比率（%）	11.5	5.4	1.1	-7.5	-14.8
带息负债比率（%）	17.2	29.8	45.8	59.2	71.0
已获利息倍数	4.4	2.6	1.3	0.5	-0.2
四、持续发展指标					
研发经费投入强度（%）	3.5	3.2	3.0	2.7	2.1
全员劳动生产率（万元/人）	50.2	39.8	29.3	14.2	-1.0
经济增加值率（%）	7.4	3.5	-2.4	-7.2	-11.6
国有资本保值增值率（%）	109.3	105.0	100.5	96.9	90.2
五、补充指标					
营业现金比率（%）	26.4	16.1	5.7	-1.8	-9.3
国有资本回报率（%）	11.6	7.1	1.7	-5.2	-14.9
EBITDA率（%）	18.9	12.8	7.5	4.8	-1.2
百元收入支付的成本费用（元）	92.0	95.4	99.8	104.5	111.9
存货周转率（次）	9.8	8.4	6.7	5.4	3.8
速动比率	1.1	0.7	0.5	0.3	0.2
利润总额增长率（%）	-34.2	-41.5	-58.7	-66.6	-82.0
营业总收入增长率（%）	14.6	1.8	-13.0	-19.8	-38.8

结构性金属制品制造业

范围：全行业

项　　目	优秀值	良好值	中等值	较低值	较差值
一、盈利回报指标					
净资产收益率（%）	6.8	4.3	2.3	-3.5	-9.9
营业收入利润率（%）	4.0	2.4	0.7	-3.0	-8.8
总资产报酬率（%）	4.0	2.4	1.3	-0.6	-4.1
盈余现金保障倍数	3.9	1.2	0.3	-1.9	-3.7
二、资产运营指标					
总资产周转率（次）	1.1	0.9	0.5	0.2	0.1
应收账款周转率（次）	8.0	4.9	2.2	1.1	0.5
流动资产周转率（次）	1.7	1.1	0.7	0.4	0.1
两金占流动资产比重（%）	42.9	47.8	53.1	58.0	69.6
三、风险防控指标					
资产负债率（%）	49.2	54.2	59.2	69.2	84.2
现金流动负债比率（%）	5.7	3.1	0.1	-6.7	-12.7
带息负债比率（%）	12.7	23.1	27.3	42.4	54.3
已获利息倍数	5.4	3.7	1.8	0.4	-2.0
四、持续发展指标					
研发经费投入强度（%）	2.2	1.6	1.1	0.8	0.4
全员劳动生产率（万元/人）	46.0	35.5	25.0	15.6	6.1
经济增加值率（%）	8.8	4.2	-1.1	-5.8	-9.8
国有资本保值增值率（%）	109.2	105.0	101.8	97.3	89.6
五、补充指标					
营业现金比率（%）	10.4	5.4	0.4	-2.8	-6.1
国有资本回报率（%）	6.3	4.1	2.4	-2.7	-8.3
EBITDA率（%）	10.8	5.8	2.3	-1.2	-11.1
百元收入支付的成本费用（元）	96.0	98.3	99.6	102.1	108.3
存货周转率（次）	8.7	7.1	5.3	2.5	1.1
速动比率	1.7	1.3	0.9	0.6	0.4
利润总额增长率（%）	21.0	7.8	-2.1	-22.4	-39.4
营业总收入增长率（%）	19.0	12.1	2.4	-15.4	-30.2

建筑、安全用金属制品制造业

范围：全行业

项　　目	优秀值	良好值	中等值	较低值	较差值
一、盈利回报指标					
净资产收益率（%）	11.0	5.1	1.6	-4.8	-13.8
营业收入利润率（%）	9.2	5.5	1.0	-6.4	-13.5
总资产报酬率（%）	8.0	4.3	1.3	-2.9	-9.6
盈余现金保障倍数	5.0	1.9	0.6	-1.8	-8.2
二、资产运营指标					
总资产周转率（次）	1.5	0.9	0.6	0.4	0.2
应收账款周转率（次）	9.8	4.8	2.6	1.6	0.8
流动资产周转率（次）	2.0	1.4	0.9	0.6	0.4
两金占流动资产比重（%）	35.0	43.2	52.0	59.3	70.7
三、风险防控指标					
资产负债率（%）	49.0	54.0	59.0	69.0	84.0
现金流动负债比率（%）	16.9	5.9	0.7	-7.0	-11.0
带息负债比率（%）	27.1	34.2	47.8	60.5	70.8
已获利息倍数	4.3	2.6	1.2	-0.7	-1.8
四、持续发展指标					
研发经费投入强度（%）	2.1	1.6	1.1	0.8	0.5
全员劳动生产率（万元/人）	54.4	40.0	25.6	19.1	12.5
经济增加值率（%）	5.1	0.2	-2.8	-7.3	-14.9
国有资本保值增值率（%）	110.8	106.4	103.0	97.4	92.0
五、补充指标					
营业现金比率（%）	12.2	6.3	0.4	-0.7	-1.8
国有资本回报率（%）	10.0	4.8	1.7	-3.9	-11.8
EBITDA率（%）	10.1	6.6	2.6	-4.6	-12.2
百元收入支付的成本费用（元）	93.8	95.9	98.7	102.7	109.5
存货周转率（次）	10.8	7.5	5.5	2.4	0.8
速动比率	1.7	1.4	1.1	0.9	0.8
利润总额增长率（%）	21.8	7.5	-2.1	-15.6	-31.6
营业总收入增长率（%）	21.8	8.7	2.4	-12.6	-26.3

化学工业

范围：全行业

项 目	优秀值	良好值	中等值	较低值	较差值
一、盈利回报指标					
净资产收益率（%）	15.9	8.9	4.7	-4.2	-11.4
营业收入利润率（%）	14.6	8.5	3.9	-0.5	-8.3
总资产报酬率（%）	8.2	5.4	3.2	-0.7	-3.2
盈余现金保障倍数	2.5	1.5	1.0	-0.3	-1.6
二、资产运营指标					
总资产周转率（次）	1.2	1.0	0.6	0.4	0.2
应收账款周转率（次）	15.3	11.3	8.0	4.8	2.6
流动资产周转率（次）	2.4	1.8	1.2	0.6	0.2
两金占流动资产比重（%）	14.3	23.1	33.0	46.7	56.6
三、风险防控指标					
资产负债率（%）	47.0	53.3	58.3	71.5	82.7
现金流动负债比率（%）	24.4	13.7	6.4	-1.4	-6.4
带息负债比率（%）	25.9	35.6	51.9	61.5	72.6
已获利息倍数	7.2	4.3	2.3	0.7	-1.4
四、持续发展指标					
研发经费投入强度（%）	3.4	2.7	2.1	1.4	0.7
全员劳动生产率（万元/人）	64.5	51.7	38.9	24.1	9.3
经济增加值率（%）	12.6	6.2	-0.3	-5.3	-7.9
国有资本保值增值率（%）	112.1	107.9	103.8	98.1	91.0
五、补充指标					
营业现金比率（%）	18.2	11.8	5.4	0.5	-4.5
国有资本回报率（%）	14.5	8.3	4.7	-3.2	-9.5
EBITDA率（%）	24.2	16.6	8.0	2.2	-5.6
百元收入支付的成本费用（元）	89.2	93.7	97.3	104.5	112.4
存货周转率（次）	15.8	10.4	7.2	4.5	2.7
速动比率	1.5	1.1	0.8	0.6	0.4
利润总额增长率（%）	8.1	1.0	-8.6	-20.9	-32.6
营业总收入增长率（%）	26.8	16.2	4.2	-7.1	-17.7

化学工业

范围：大型企业

项　　目	优秀值	良好值	中等值	较低值	较差值
一、盈利回报指标					
净资产收益率（%）	15.1	9.1	5.7	-0.6	-8.0
营业收入利润率（%）	14.7	9.9	4.5	-0.4	-4.7
总资产报酬率（%）	10.1	6.8	3.9	1.7	0.4
盈余现金保障倍数	3.7	2.4	1.2	0.4	-1.7
二、资产运营指标					
总资产周转率（次）	1.1	0.9	0.6	0.4	0.2
应收账款周转率（次）	21.5	17.2	12.8	8.5	5.6
流动资产周转率（次）	3.5	2.8	2.0	1.5	1.0
两金占流动资产比重（%）	20.5	27.3	33.6	43.9	54.8
三、风险防控指标					
资产负债率（%）	48.4	53.4	58.4	72.9	82.6
现金流动负债比率（%）	27.6	20.3	9.2	-0.2	-3.4
带息负债比率（%）	25.8	35.4	48.2	63.2	72.5
已获利息倍数	11.6	6.9	4.1	2.5	0.9
四、持续发展指标					
研发经费投入强度（%）	3.3	2.7	2.2	1.7	1.1
全员劳动生产率（万元/人）	84.3	70.7	57.1	36.8	16.5
经济增加值率（%）	11.7	5.5	0.5	-4.0	-6.6
国有资本保值增值率（%）	111.9	108.8	104.6	100.6	96.9
五、补充指标					
营业现金比率（%）	16.8	11.6	6.3	1.9	-2.6
国有资本回报率（%）	13.9	8.6	5.6	0.0	-6.4
EBITDA率（%）	24.4	18.7	10.8	6.1	-1.8
百元收入支付的成本费用（元）	89.9	93.7	97.2	104.2	109.8
存货周转率（次）	18.6	15.5	10.7	8.7	6.7
速动比率	1.2	1.0	0.7	0.6	0.4
利润总额增长率（%）	12.8	4.8	-7.4	-18.1	-27.0
营业总收入增长率（%）	30.1	19.7	6.5	-0.5	-7.2

化学工业

范围：中型企业

项　　目	优秀值	良好值	中等值	较低值	较差值
一、盈利回报指标					
净资产收益率（%）	15.2	7.9	3.7	-4.4	-13.8
营业收入利润率（%）	13.8	7.8	1.8	-2.3	-8.4
总资产报酬率（%）	7.7	4.9	2.0	-1.7	-7.6
盈余现金保障倍数	2.7	1.8	1.0	0.1	-1.1
二、资产运营指标					
总资产周转率（次）	1.3	1.0	0.6	0.3	0.2
应收账款周转率（次）	17.8	13.6	10.2	6.3	3.6
流动资产周转率（次）	3.0	2.4	1.7	1.0	0.6
两金占流动资产比重（%）	17.5	27.3	37.5	47.6	57.5
三、风险防控指标					
资产负债率（%）	48.2	53.2	58.2	71.3	83.2
现金流动负债比率（%）	28.3	17.6	7.3	1.0	-4.1
带息负债比率（%）	29.7	45.8	57.2	64.0	76.2
已获利息倍数	7.1	4.9	2.2	0.7	-1.3
四、持续发展指标					
研发经费投入强度（%）	4.0	3.2	2.2	1.7	1.0
全员劳动生产率（万元/人）	62.0	48.6	35.2	22.7	10.3
经济增加值率（%）	13.8	7.5	-0.6	-5.2	-8.4
国有资本保值增值率（%）	112.8	107.1	103.2	96.5	90.1
五、补充指标					
营业现金比率（%）	18.8	12.2	5.6	0.9	-3.9
国有资本回报率（%）	13.7	7.4	3.7	-3.5	-11.7
EBITDA率（%）	24.3	17.7	8.8	2.9	-5.7
百元收入支付的成本费用（元）	89.3	94.6	98.5	105.0	112.9
存货周转率（次）	17.2	12.9	8.3	5.3	3.4
速动比率	1.4	1.1	0.7	0.5	0.3
利润总额增长率（%）	-0.2	-5.5	-14.6	-26.6	-35.0
营业总收入增长率（%）	24.7	14.6	3.0	-7.4	-16.6

化学工业

范围：小型企业

项　　目	优秀值	良好值	中等值	较低值	较差值
一、盈利回报指标					
净资产收益率（%）	16.5	10.0	4.1	-3.4	-11.8
营业收入利润率（%）	15.9	10.1	4.4	-0.7	-8.9
总资产报酬率（%）	6.8	4.2	1.6	-0.8	-4.8
盈余现金保障倍数	2.1	1.4	0.7	-0.8	-1.5
二、资产运营指标					
总资产周转率（次）	1.3	1.0	0.5	0.2	0.1
应收账款周转率（次）	13.8	9.8	6.2	3.6	1.9
流动资产周转率（次）	2.4	1.8	1.1	0.5	0.1
两金占流动资产比重（%）	11.3	22.6	32.5	45.5	56.2
三、风险防控指标					
资产负债率（%）	44.9	53.9	58.9	68.9	83.9
现金流动负债比率（%）	16.8	9.7	2.6	-4.5	-11.2
带息负债比率（%）	26.5	36.0	52.6	61.4	75.2
已获利息倍数	4.5	3.6	1.7	0.6	-2.1
四、持续发展指标					
研发经费投入强度（%）	1.8	1.3	1.0	0.4	0.1
全员劳动生产率（万元/人）	63.3	52.5	41.6	25.2	8.8
经济增加值率（%）	13.1	7.2	-1.7	-5.4	-7.8
国有资本保值增值率（%）	111.8	107.2	103.2	97.5	91.5
五、补充指标					
营业现金比率（%）	18.4	10.8	3.3	-1.1	-5.5
国有资本回报率（%）	14.6	9.0	3.8	-2.8	-10.2
EBITDA率（%）	24.0	16.2	7.4	2.1	-2.0
百元收入支付的成本费用（元）	89.1	94.7	98.2	103.8	114.1
存货周转率（次）	15.6	10.3	6.5	4.3	2.7
速动比率	1.9	1.5	1.1	0.9	0.7
利润总额增长率（%）	7.9	-1.3	-9.1	-26.7	-38.6
营业总收入增长率（%）	27.2	18.0	6.5	-10.9	-22.6

基础化学原料制造业

范围：全行业

项　　目	优秀值	良好值	中等值	较低值	较差值
一、盈利回报指标					
净资产收益率（%）	14.0	7.5	3.9	-3.1	-10.5
营业收入利润率（%）	12.5	6.9	2.8	-4.2	-11.1
总资产报酬率（%）	7.8	4.6	2.2	-2.2	-6.6
盈余现金保障倍数	3.2	2.2	1.3	0.3	-1.3
二、资产运营指标					
总资产周转率（次）	1.1	0.8	0.6	0.3	0.1
应收账款周转率（次）	26.4	17.6	11.5	8.6	5.4
流动资产周转率（次）	3.5	2.6	1.8	1.1	0.4
两金占流动资产比重（%）	3.0	16.2	24.6	33.2	51.4
三、风险防控指标					
资产负债率（%）	48.6	53.6	58.6	68.6	83.6
现金流动负债比率（%）	23.8	13.1	4.7	-3.2	-7.2
带息负债比率（%）	23.6	35.2	54.7	64.4	74.7
已获利息倍数	9.1	4.5	2.1	0.8	-1.1
四、持续发展指标					
研发经费投入强度（%）	2.9	2.3	1.8	1.1	0.4
全员劳动生产率（万元/人）	84.7	71.4	58.0	33.7	9.3
经济增加值率（%）	11.4	4.7	-1.0	-6.2	-8.6
国有资本保值增值率（%）	112.8	106.8	103.0	97.1	91.2
五、补充指标					
营业现金比率（%）	21.5	14.1	7.6	2.0	-3.7
国有资本回报率（%）	12.8	7.2	4.0	-2.2	-8.7
EBITDA率（%）	25.5	18.6	9.0	2.3	-6.1
百元收入支付的成本费用（元）	87.5	94.2	98.3	106.1	118.0
存货周转率（次）	23.8	16.8	12.7	9.1	6.4
速动比率	1.5	1.1	0.8	0.6	0.4
利润总额增长率（%）	25.2	9.4	-7.1	-14.7	-42.8
营业总收入增长率（%）	30.3	18.9	4.2	-6.7	-17.8

基础化学原料制造业

范围：大型企业

项　　目	优秀值	良好值	中等值	较低值	较差值
一、盈利回报指标					
净资产收益率（％）	12.3	7.6	4.6	-1.3	-9.3
营业收入利润率（％）	14.0	6.7	2.9	-3.5	-8.8
总资产报酬率（％）	7.3	4.8	2.6	-1.1	-3.5
盈余现金保障倍数	3.5	2.4	1.4	0.4	-0.5
二、资产运营指标					
总资产周转率（次）	1.0	0.8	0.6	0.3	0.1
应收账款周转率（次）	49.2	30.8	13.7	12.0	8.7
流动资产周转率（次）	3.2	2.4	1.6	0.7	0.2
两金占流动资产比重（％）	4.9	16.5	24.3	32.8	49.5
三、风险防控指标					
资产负债率（％）	48.0	53.0	58.0	68.0	83.0
现金流动负债比率（％）	25.9	20.0	9.7	-0.2	-4.4
带息负债比率（％）	26.7	38.3	55.0	63.7	72.8
已获利息倍数	12.5	6.8	2.9	0.8	0.0
四、持续发展指标					
研发经费投入强度（％）	3.0	2.4	1.8	1.2	0.4
全员劳动生产率（万元/人）	110.2	89.8	69.3	47.6	26.0
经济增加值率（％）	9.6	2.8	-0.3	-6.3	-8.6
国有资本保值增值率（％）	112.9	107.9	103.7	99.3	94.0
五、补充指标					
营业现金比率（％）	17.3	12.6	7.9	3.8	-0.3
国有资本回报率（％）	11.2	7.1	4.5	-0.7	-7.7
EBITDA率（％）	25.3	18.5	9.4	3.1	-6.2
百元收入支付的成本费用（元）	89.7	94.9	98.9	107.2	112.8
存货周转率（次）	26.3	20.4	15.8	13.5	11.5
速动比率	1.3	1.0	0.7	0.6	0.3
利润总额增长率（％）	27.0	14.1	-5.7	-10.0	-29.0
营业总收入增长率（％）	30.4	20.7	4.5	-3.4	-8.9

基础化学原料制造业

范围：中型企业

项　　目	优秀值	良好值	中等值	较低值	较差值
一、盈利回报指标					
净资产收益率（%）	16.4	9.2	2.9	-3.0	-9.8
营业收入利润率（%）	10.7	6.9	1.1	-5.8	-11.0
总资产报酬率（%）	8.5	4.8	1.3	-1.5	-6.2
盈余现金保障倍数	3.0	2.3	1.2	0.1	-1.9
二、资产运营指标					
总资产周转率（次）	1.2	1.0	0.6	0.3	0.1
应收账款周转率（次）	29.8	21.5	11.7	9.0	6.6
流动资产周转率（次）	3.7	3.0	2.0	1.1	0.5
两金占流动资产比重（%）	5.5	19.1	35.9	44.7	56.0
三、风险防控指标					
资产负债率（%）	48.3	53.3	58.3	68.3	83.3
现金流动负债比率（%）	27.7	17.5	7.7	0.9	-4.9
带息负债比率（%）	20.6	30.2	51.7	65.3	79.1
已获利息倍数	7.4	4.1	1.2	0.1	-1.9
四、持续发展指标					
研发经费投入强度（%）	1.8	1.6	1.4	0.9	0.6
全员劳动生产率（万元/人）	78.4	59.4	40.4	24.0	7.7
经济增加值率（%）	13.0	7.0	-1.6	-5.8	-8.8
国有资本保值增值率（%）	114.0	108.9	102.5	97.1	91.2
五、补充指标					
营业现金比率（%）	17.6	11.6	5.6	1.7	-2.2
国有资本回报率（%）	14.0	7.8	2.2	-3.0	-8.9
EBITDA率（%）	23.8	17.0	8.2	2.2	-7.2
百元收入支付的成本费用（元）	89.0	95.0	99.5	107.5	119.6
存货周转率（次）	23.6	18.6	13.0	9.1	6.2
速动比率	1.2	1.0	0.7	0.5	0.3
利润总额增长率（%）	3.4	-8.7	-24.9	-33.7	-54.5
营业总收入增长率（%）	26.6	14.1	2.4	-9.7	-19.7

基础化学原料制造业

范围：小型企业

项　　目	优秀值	良好值	中等值	较低值	较差值
一、盈利回报指标					
净资产收益率（%）	14.5	7.1	3.0	-3.6	-10.6
营业收入利润率（%）	14.6	8.5	2.8	-2.2	-11.4
总资产报酬率（%）	7.0	3.7	1.1	-3.2	-9.4
盈余现金保障倍数	2.6	1.6	1.1	-0.3	-2.7
二、资产运营指标					
总资产周转率（次）	1.4	1.1	0.6	0.3	0.1
应收账款周转率（次）	24.7	16.5	9.9	7.6	4.9
流动资产周转率（次）	3.2	2.3	1.2	0.7	0.2
两金占流动资产比重（%）	0.5	16.1	27.4	35.3	49.2
三、风险防控指标					
资产负债率（%）	48.9	53.9	58.9	68.9	83.9
现金流动负债比率（%）	16.4	8.3	0.3	-7.5	-16.0
带息负债比率（%）	32.5	42.0	45.8	58.3	67.7
已获利息倍数	8.6	4.8	1.3	0.4	-1.5
四、持续发展指标					
研发经费投入强度（%）	1.7	1.1	0.8	0.5	0.2
全员劳动生产率（万元/人）	89.7	68.9	48.1	28.5	9.0
经济增加值率（%）	14.2	6.3	-2.5	-6.3	-8.3
国有资本保值增值率（%）	111.0	104.9	102.2	94.4	89.8
五、补充指标					
营业现金比率（%）	22.7	14.3	5.8	0.2	-5.5
国有资本回报率（%）	13.1	6.6	3.0	-2.8	-8.9
EBITDA率（%）	26.4	20.1	8.4	2.7	-0.3
百元收入支付的成本费用（元）	84.8	92.2	97.5	103.5	115.8
存货周转率（次）	25.3	16.6	11.8	8.5	5.7
速动比率	1.9	1.4	1.0	0.8	0.6
利润总额增长率（%）	20.2	4.4	-13.0	-21.3	-32.9
营业总收入增长率（%）	28.9	15.9	0.1	-14.3	-27.2

肥料制造业

范围：全行业

项　　目	优秀值	良好值	中等值	较低值	较差值
一、盈利回报指标					
净资产收益率（%）	21.5	15.7	10.1	3.0	-4.8
营业收入利润率（%）	17.2	13.3	7.8	-0.1	-7.8
总资产报酬率（%）	9.2	6.5	2.4	-1.2	-3.9
盈余现金保障倍数	2.9	1.9	1.0	-0.4	-2.4
二、资产运营指标					
总资产周转率（次）	1.1	0.9	0.6	0.3	0.1
应收账款周转率（次）	23.0	17.9	13.1	6.4	1.1
流动资产周转率（次）	3.0	2.2	1.6	0.8	0.2
两金占流动资产比重（%）	7.2	17.6	23.8	32.2	53.0
三、风险防控指标					
资产负债率（%）	48.8	53.8	58.8	68.8	83.8
现金流动负债比率（%）	16.9	10.3	5.6	-1.4	-5.5
带息负债比率（%）	19.3	32.0	49.4	62.9	76.4
已获利息倍数	8.2	5.5	3.6	1.1	-0.8
四、持续发展指标					
研发经费投入强度（%）	2.2	1.8	1.3	1.0	0.8
全员劳动生产率（万元/人）	71.9	59.0	46.2	28.6	11.0
经济增加值率（%）	12.8	7.3	1.9	-5.8	-8.5
国有资本保值增值率（%）	120.0	114.5	109.1	102.4	96.6
五、补充指标					
营业现金比率（%）	17.9	13.8	9.7	3.7	-2.3
国有资本回报率（%）	18.8	13.7	8.8	2.5	-4.3
EBITDA率（%）	25.0	18.5	9.5	1.6	-5.6
百元收入支付的成本费用（元）	88.3	93.8	99.2	105.4	123.4
存货周转率（次）	14.7	11.3	8.0	5.0	3.1
速动比率	1.1	0.9	0.6	0.4	0.2
利润总额增长率（%）	-16.2	-28.6	-33.7	-43.7	-56.8
营业总收入增长率（%）	16.3	6.4	-6.2	-19.1	-36.6

农药制造业

范围：全行业

项　　目	优秀值	良好值	中等值	较低值	较差值
一、盈利回报指标					
净资产收益率（%）	11.3	8.4	4.0	-2.9	-10.4
营业收入利润率（%）	15.5	9.3	5.6	-0.2	-12.0
总资产报酬率（%）	7.9	5.2	2.6	-2.0	-6.8
盈余现金保障倍数	3.3	1.7	0.8	-0.3	-3.0
二、资产运营指标					
总资产周转率（次）	1.2	0.9	0.5	0.4	0.1
应收账款周转率（次）	21.6	16.0	6.7	5.6	4.2
流动资产周转率（次）	2.3	1.9	1.1	0.6	0.3
两金占流动资产比重（%）	15.8	31.1	49.3	58.3	62.1
三、风险防控指标					
资产负债率（%）	41.3	50.3	58.3	67.6	83.3
现金流动负债比率（%）	21.1	15.6	8.6	1.9	-4.5
带息负债比率（%）	27.3	38.7	50.2	58.2	71.6
已获利息倍数	10.6	9.0	7.0	5.3	2.0
四、持续发展指标					
研发经费投入强度（%）	3.4	3.1	2.8	2.2	1.7
全员劳动生产率（万元/人）	45.2	42.0	38.9	24.5	10.2
经济增加值率（%）	15.7	11.8	0.1	-2.5	-5.8
国有资本保值增值率（%）	110.5	108.0	104.8	98.8	92.2
五、补充指标					
营业现金比率（%）	20.4	12.0	3.6	1.8	-0.1
国有资本回报率（%）	10.6	8.1	4.2	-1.8	-8.4
EBITDA率（%）	26.9	19.9	14.7	7.0	2.0
百元收入支付的成本费用（元）	87.2	90.3	95.7	102.9	115.1
存货周转率（次）	7.9	6.7	5.0	3.3	2.4
速动比率	1.4	1.1	0.9	0.8	0.6
利润总额增长率（%）	27.0	8.3	-6.9	-21.3	-28.5
营业总收入增长率（%）	26.7	15.0	3.5	-14.3	-24.1

日用化学产品制造业

范围：全行业

项　　目	优秀值	良好值	中等值	较低值	较差值
一、盈利回报指标					
净资产收益率（%）	15.0	7.8	4.9	-2.4	-7.3
营业收入利润率（%）	9.5	5.3	2.7	-7.1	-17.3
总资产报酬率（%）	6.3	3.8	2.5	-2.2	-5.8
盈余现金保障倍数	2.1	1.6	0.7	-0.2	-2.4
二、资产运营指标					
总资产周转率（次）	1.3	1.0	0.7	0.4	0.2
应收账款周转率（次）	17.2	10.9	7.5	5.1	3.7
流动资产周转率（次）	2.0	1.7	1.2	0.6	0.3
两金占流动资产比重（%）	22.4	33.3	39.8	53.8	61.7
三、风险防控指标					
资产负债率（%）	48.0	53.0	58.0	68.0	83.0
现金流动负债比率（%）	15.4	5.1	2.4	-4.2	-12.2
带息负债比率（%）	24.9	33.2	43.9	54.9	70.7
已获利息倍数	2.2	0.0	-1.6	-5.3	-9.9
四、持续发展指标					
研发经费投入强度（%）	1.6	1.3	1.1	0.5	0.4
全员劳动生产率（万元/人）	35.7	28.5	21.4	12.3	3.2
经济增加值率（%）	7.5	1.8	-3.7	-8.5	-14.4
国有资本保值增值率（%）	112.3	107.3	102.0	97.6	92.3
五、补充指标					
营业现金比率（%）	11.3	6.6	2.0	0.2	-1.6
国有资本回报率（%）	13.0	6.7	4.2	-1.4	-6.5
EBITDA率（%）	18.3	9.0	4.4	-3.5	-14.6
百元收入支付的成本费用（元）	92.6	95.8	99.4	105.4	113.0
存货周转率（次）	9.8	7.1	4.8	2.8	1.8
速动比率	1.8	1.4	1.1	0.8	0.6
利润总额增长率（%）	31.0	20.8	8.7	2.0	-6.6
营业总收入增长率（%）	30.7	21.6	7.8	-6.6	-15.2

化学纤维制造业

范围：全行业

项　　目	优秀值	良好值	中等值	较低值	较差值
一、盈利回报指标					
净资产收益率（%）	9.6	5.5	2.0	-5.5	-13.6
营业收入利润率（%）	12.2	8.4	3.1	-3.6	-12.2
总资产报酬率（%）	6.0	3.6	1.5	-1.8	-5.4
盈余现金保障倍数	1.0	0.7	0.2	-1.4	-3.3
二、资产运营指标					
总资产周转率（次）	0.6	0.4	0.3	0.2	0.1
应收账款周转率（次）	25.2	16.2	8.2	4.3	1.3
流动资产周转率（次）	2.0	1.5	1.2	0.6	0.2
两金占流动资产比重（%）	17.7	23.1	29.0	43.7	56.2
三、风险防控指标					
资产负债率（%）	49.0	54.0	59.0	69.0	84.0
现金流动负债比率（%）	12.2	6.4	0.8	-5.6	-9.4
带息负债比率（%）	7.9	20.5	37.7	43.7	54.8
已获利息倍数	4.2	2.5	0.6	-1.5	-3.2
四、持续发展指标					
研发经费投入强度（%）	1.6	1.3	1.1	0.6	0.5
全员劳动生产率（万元/人）	39.0	31.5	24.1	11.6	-0.8
经济增加值率（%）	4.9	-0.5	-3.6	-9.2	-13.4
国有资本保值增值率（%）	107.5	104.2	101.9	96.6	89.2
五、补充指标					
营业现金比率（%）	26.2	13.8	1.5	-3.2	-7.8
国有资本回报率（%）	9.5	5.9	2.8	-3.8	-10.9
EBITDA率（%）	32.6	22.7	8.2	3.4	-5.7
百元收入支付的成本费用（元）	87.2	93.2	100.3	107.6	117.7
存货周转率（次）	9.0	6.3	4.8	2.5	0.9
速动比率	1.0	0.7	0.5	0.3	0.2
利润总额增长率（%）	64.3	50.2	33.6	15.3	-27.2
营业总收入增长率（%）	32.4	19.4	5.6	-9.8	-22.9

橡胶制品业

范围：全行业

项　　目	优秀值	良好值	中等值	较低值	较差值
一、盈利回报指标					
净资产收益率（%）	13.7	7.5	4.1	-0.2	-6.1
营业收入利润率（%）	6.2	3.5	1.8	-2.7	-10.8
总资产报酬率（%）	6.4	4.1	2.5	0.0	-3.9
盈余现金保障倍数	8.0	3.8	1.2	-0.9	-3.2
二、资产运营指标					
总资产周转率（次）	1.6	1.2	0.7	0.4	0.2
应收账款周转率（次）	9.5	6.8	5.2	2.5	1.0
流动资产周转率（次）	2.1	1.6	1.1	0.5	0.3
两金占流动资产比重（%）	28.3	34.2	38.8	51.9	62.6
三、风险防控指标					
资产负债率（%）	48.9	53.9	58.9	68.9	83.9
现金流动负债比率（%）	12.1	5.9	4.1	-2.5	-7.7
带息负债比率（%）	15.7	32.7	52.9	57.0	64.7
已获利息倍数	6.8	5.0	3.2	1.0	-1.1
四、持续发展指标					
研发经费投入强度（%）	3.2	2.7	2.1	1.7	1.5
全员劳动生产率（万元/人）	43.3	33.5	23.7	17.6	11.5
经济增加值率（%）	12.0	5.9	1.4	-2.9	-5.2
国有资本保值增值率（%）	110.2	107.1	103.3	97.0	92.9
五、补充指标					
营业现金比率（%）	12.6	7.4	2.3	-1.6	-5.5
国有资本回报率（%）	12.5	7.1	4.1	0.3	-4.9
EBITDA率（%）	16.9	8.5	3.4	-0.1	-3.6
百元收入支付的成本费用（元）	94.8	97.5	99.2	103.8	110.4
存货周转率（次）	9.0	7.0	5.1	3.8	2.7
速动比率	1.4	1.0	0.7	0.5	0.3
利润总额增长率（%）	19.0	8.9	1.6	-11.9	-20.6
营业总收入增长率（%）	22.9	13.8	5.9	-6.1	-15.4

塑料制品业

范围：全行业

项　　目	优秀值	良好值	中等值	较低值	较差值
一、盈利回报指标					
净资产收益率（％）	11.0	5.8	3.6	-3.4	-11.2
营业收入利润率（％）	8.0	4.7	3.3	-3.8	-11.6
总资产报酬率（％）	5.5	3.3	2.5	-2.6	-7.6
盈余现金保障倍数	2.7	1.5	0.9	-0.2	-1.6
二、资产运营指标					
总资产周转率（次）	1.1	0.9	0.7	0.3	0.1
应收账款周转率（次）	9.7	6.3	3.9	2.0	0.7
流动资产周转率（次）	1.8	1.4	1.1	0.6	0.2
两金占流动资产比重（％）	21.1	31.6	44.2	52.1	63.0
三、风险防控指标					
资产负债率（％）	44.0	53.0	58.0	67.3	83.0
现金流动负债比率（％）	19.0	8.2	4.2	-4.2	-10.9
带息负债比率（％）	16.3	25.9	41.2	53.5	69.3
已获利息倍数	5.9	3.9	2.0	-0.8	-4.6
四、持续发展指标					
研发经费投入强度（％）	2.5	2.0	1.5	1.2	1.0
全员劳动生产率（万元／人）	35.7	30.1	24.5	15.9	7.3
经济增加值率（％）	8.0	3.6	-0.1	-6.9	-11.4
国有资本保值增值率（％）	108.9	104.9	102.7	96.5	90.6
五、补充指标					
营业现金比率（％）	16.0	9.9	3.8	0.0	-3.8
国有资本回报率（％）	10.4	5.8	3.8	-2.3	-9.1
EBITDA率（％）	16.3	12.0	7.5	-0.2	-7.5
百元收入支付的成本费用（元）	93.6	96.7	99.6	107.5	111.5
存货周转率（次）	8.2	5.8	4.7	2.5	1.4
速动比率	2.2	1.6	1.3	1.1	0.9
利润总额增长率（％）	16.6	4.6	-6.1	-20.3	-31.4
营业总收入增长率（％）	23.7	15.9	4.4	-11.1	-22.0

森林工业

范围：全行业

项　　　目	优秀值	良好值	中等值	较低值	较差值
一、盈利回报指标					
净资产收益率（%）	6.2	2.9	0.0	-7.7	-12.6
营业收入利润率（%）	-0.5	-3.3	-5.8	-10.8	-19.2
总资产报酬率（%）	4.4	1.7	0.0	-2.6	-6.0
盈余现金保障倍数	6.4	3.2	0.3	-2.0	-4.4
二、资产运营指标					
总资产周转率（次）	1.2	0.6	0.3	0.2	0.1
应收账款周转率（次）	15.8	10.9	7.8	4.4	1.2
流动资产周转率（次）	2.0	1.3	0.8	0.3	0.1
两金占流动资产比重（%）	3.1	32.8	45.9	53.6	61.5
三、风险防控指标					
资产负债率（%）	48.6	53.6	58.6	68.6	83.6
现金流动负债比率（%）	12.4	6.1	0.0	-4.5	-7.8
带息负债比率（%）	32.4	45.1	59.7	70.1	80.6
已获利息倍数	3.5	1.5	-0.1	-2.5	-7.1
四、持续发展指标					
研发经费投入强度（%）	1.7	1.5	1.4	1.2	1.0
全员劳动生产率（万元/人）	24.7	18.8	13.0	5.9	-1.2
经济增加值率（%）	0.7	-1.5	-5.3	-11.0	-17.5
国有资本保值增值率（%）	100.8	99.7	99.2	87.9	82.5
五、补充指标					
营业现金比率（%）	14.1	7.1	0.0	-5.4	-10.8
国有资本回报率（%）	5.4	2.5	0.0	-6.7	-11.1
EBITDA率（%）	15.6	10.1	3.0	-4.4	-11.0
百元收入支付的成本费用（元）	98.4	100.8	104.2	109.8	120.5
存货周转率（次）	9.4	5.6	3.3	2.2	1.3
速动比率	1.1	0.9	0.8	0.6	0.6
利润总额增长率（%）	9.6	-2.8	-12.3	-21.7	-73.9
营业总收入增长率（%）	11.4	3.8	-1.1	-14.0	-23.9

食品工业

范围：全行业

项　　目	优秀值	良好值	中等值	较低值	较差值
一、盈利回报指标					
净资产收益率（%）	13.8	8.9	4.6	-2.3	-6.0
营业收入利润率（%）	10.3	5.7	1.7	-4.9	-14.9
总资产报酬率（%）	6.3	4.3	2.9	-2.2	-5.3
盈余现金保障倍数	2.7	1.4	0.6	-1.0	-2.7
二、资产运营指标					
总资产周转率（次）	1.9	1.3	0.9	0.3	0.1
应收账款周转率（次）	29.7	20.8	11.7	5.8	2.2
流动资产周转率（次）	3.3	2.3	1.8	0.8	0.2
两金占流动资产比重（%）	10.2	26.8	38.7	45.4	58.5
三、风险防控指标					
资产负债率（%）	48.4	53.4	58.4	68.4	83.4
现金流动负债比率（%）	14.0	5.7	0.3	-7.9	-16.1
带息负债比率（%）	9.5	22.1	41.7	53.5	66.9
已获利息倍数	7.4	4.6	2.2	-0.4	-3.0
四、持续发展指标					
研发经费投入强度（%）	1.2	0.8	0.6	0.4	0.3
全员劳动生产率（万元/人）	31.9	25.2	18.6	10.3	2.1
经济增加值率（%）	8.6	4.2	-0.8	-6.7	-11.2
国有资本保值增值率（%）	111.9	108.3	103.0	100.4	95.5
五、补充指标					
营业现金比率（%）	12.6	6.7	0.8	-2.5	-5.7
国有资本回报率（%）	11.8	7.7	3.7	-2.0	-5.6
EBITDA率（%）	14.8	9.1	4.5	-0.5	-7.0
百元收入支付的成本费用（元）	91.9	95.8	98.7	103.5	111.7
存货周转率（次）	17.4	11.2	6.3	3.4	1.6
速动比率	1.1	1.0	0.7	0.5	0.4
利润总额增长率（%）	25.8	15.3	5.4	-5.5	-14.0
营业总收入增长率（%）	19.7	7.7	-0.2	-15.1	-25.7

食品工业

范围：大型企业

项　　目	优秀值	良好值	中等值	较低值	较差值
一、盈利回报指标					
净资产收益率（%）	15.4	10.6	6.2	2.7	-4.6
营业收入利润率（%）	14.3	9.2	4.0	0.2	-3.7
总资产报酬率（%）	9.6	7.3	4.3	1.9	-3.0
盈余现金保障倍数	2.5	1.6	0.8	-0.5	-1.5
二、资产运营指标					
总资产周转率（次）	1.7	1.1	0.9	0.5	0.3
应收账款周转率（次）	29.7	23.7	19.0	14.3	8.8
流动资产周转率（次）	3.2	2.3	1.6	1.0	0.6
两金占流动资产比重（%）	24.0	33.3	37.5	42.8	54.3
三、风险防控指标					
资产负债率（%）	48.3	53.3	58.3	68.0	83.3
现金流动负债比率（%）	18.2	10.6	4.7	-1.4	-6.6
带息负债比率（%）	12.1	23.1	49.0	60.2	70.9
已获利息倍数	12.1	7.2	3.4	1.6	-0.2
四、持续发展指标					
研发经费投入强度（%）	1.2	0.9	0.6	0.4	0.2
全员劳动生产率（万元/人）	41.8	35.6	29.5	17.3	5.1
经济增加值率（%）	9.6	6.1	1.4	-2.0	-7.0
国有资本保值增值率（%）	114.9	110.5	105.3	101.5	96.0
五、补充指标					
营业现金比率（%）	9.8	6.3	2.8	-1.3	-5.5
国有资本回报率（%）	13.6	9.4	5.5	2.5	-3.9
EBITDA率（%）	21.5	16.0	6.4	3.5	-1.8
百元收入支付的成本费用（元）	90.7	95.6	97.8	102.5	107.5
存货周转率（次）	18.5	14.3	8.0	5.9	4.4
速动比率	1.3	1.1	0.9	0.7	0.5
利润总额增长率（%）	32.1	19.0	5.9	-5.4	-13.9
营业总收入增长率（%）	19.5	11.1	0.6	-10.3	-16.8

食品工业

范围：中型企业

项　　目	优秀值	良好值	中等值	较低值	较差值
一、盈利回报指标					
净资产收益率（%）	13.2	7.0	2.7	-4.5	-11.0
营业收入利润率（%）	6.5	3.4	0.7	-3.5	-11.1
总资产报酬率（%）	6.5	3.5	1.9	-2.4	-5.1
盈余现金保障倍数	3.1	1.5	0.6	-0.8	-2.1
二、资产运营指标					
总资产周转率（次）	1.7	1.2	1.0	0.5	0.1
应收账款周转率（次）	26.8	16.8	10.2	5.6	2.4
流动资产周转率（次）	3.1	2.4	2.0	1.0	0.4
两金占流动资产比重（%）	17.8	33.3	41.5	47.7	56.7
三、风险防控指标					
资产负债率（%）	49.5	54.5	59.5	69.5	84.5
现金流动负债比率（%）	18.1	8.2	1.7	-8.1	-16.1
带息负债比率（%）	5.1	20.4	37.6	50.5	65.0
已获利息倍数	9.2	5.1	1.7	-0.3	-3.1
四、持续发展指标					
研发经费投入强度（%）	0.9	0.8	0.7	0.6	0.5
全员劳动生产率（万元/人）	34.5	26.9	19.4	13.3	7.2
经济增加值率（%）	7.6	3.3	-1.5	-6.9	-11.0
国有资本保值增值率（%）	114.5	109.2	102.7	99.1	94.7
五、补充指标					
营业现金比率（%）	12.5	6.8	1.2	-4.4	-9.9
国有资本回报率（%）	11.8	6.4	2.6	-3.7	-9.4
EBITDA率（%）	10.9	7.3	2.3	-1.2	-5.9
百元收入支付的成本费用（元）	92.8	96.8	99.3	103.7	111.2
存货周转率（次）	17.4	11.6	5.9	3.6	2.0
速动比率	1.1	1.0	0.7	0.6	0.4
利润总额增长率（%）	10.2	1.5	-8.9	-16.5	-23.6
营业总收入增长率（%）	23.0	10.2	-0.7	-15.9	-27.1

食品工业

范围：小型企业

项　　目	优秀值	良好值	中等值	较低值	较差值
一、盈利回报指标					
净资产收益率（%）	12.3	8.1	3.2	-4.0	-12.0
营业收入利润率（%）	3.5	1.8	0.1	-5.9	-14.9
总资产报酬率（%）	4.1	1.8	1.1	-3.9	-7.3
盈余现金保障倍数	3.0	1.3	0.4	-1.2	-3.2
二、资产运营指标					
总资产周转率（次）	2.1	1.4	1.1	0.3	0.1
应收账款周转率（次）	21.4	14.8	10.4	5.4	2.2
流动资产周转率（次）	3.8	2.6	2.1	0.8	0.2
两金占流动资产比重（%）	4.0	22.0	41.9	51.9	61.4
三、风险防控指标					
资产负债率（%）	48.4	53.4	58.4	68.4	83.4
现金流动负债比率（%）	13.7	4.5	0.3	-7.5	-12.3
带息负债比率（%）	12.1	21.1	41.1	55.8	70.6
已获利息倍数	5.9	3.4	1.6	-0.5	-2.7
四、持续发展指标					
研发经费投入强度（%）	0.7	0.6	0.5	0.4	0.3
全员劳动生产率（万元/人）	31.6	24.7	17.7	9.9	2.1
经济增加值率（%）	7.1	2.9	-1.7	-7.7	-13.2
国有资本保值增值率（%）	109.4	105.8	102.3	96.9	90.3
五、补充指标					
营业现金比率（%）	12.8	6.7	0.7	-1.7	-4.1
国有资本回报率（%）	11.3	7.6	3.3	-2.2	-10.1
EBITDA率（%）	12.3	6.6	2.5	-1.5	-9.0
百元收入支付的成本费用（元）	95.0	98.0	100.3	105.3	114.9
存货周转率（次）	17.5	11.2	5.8	3.0	1.3
速动比率	1.2	1.0	0.7	0.5	0.4
利润总额增长率（%）	1.6	-8.3	-19.7	-27.4	-34.6
营业总收入增长率（%）	21.6	6.2	-1.5	-15.3	-25.8

农副食品加工业

范围：全行业

项目	优秀值	良好值	中等值	较低值	较差值
一、盈利回报指标					
净资产收益率（%）	9.5	5.9	1.8	-4.8	-11.5
营业收入利润率（%）	3.3	1.7	0.8	-3.8	-12.0
总资产报酬率（%）	4.9	2.5	1.8	-3.0	-5.6
盈余现金保障倍数	1.9	1.0	0.3	-1.5	-3.5
二、资产运营指标					
总资产周转率（次）	2.8	1.6	0.7	0.3	0.1
应收账款周转率（次）	25.3	19.2	15.2	6.8	1.7
流动资产周转率（次）	3.8	2.6	2.1	0.9	0.2
两金占流动资产比重（%）	10.4	25.5	40.4	47.0	60.1
三、风险防控指标					
资产负债率（%）	49.1	54.1	59.1	69.1	84.1
现金流动负债比率（%）	13.9	4.5	0.0	-6.4	-12.1
带息负债比率（%）	13.4	26.0	39.9	55.6	65.6
已获利息倍数	8.4	4.2	1.7	-1.2	-3.0
四、持续发展指标					
研发经费投入强度（%）	0.8	0.6	0.3	0.2	0.1
全员劳动生产率（万元/人）	28.2	24.0	19.7	10.4	1.0
经济增加值率（%）	8.6	1.4	-2.5	-8.2	-12.0
国有资本保值增值率（%）	108.4	104.9	101.7	97.3	91.0
五、补充指标					
营业现金比率（%）	11.7	5.8	0.0	-3.0	-6.1
国有资本回报率（%）	8.5	5.4	1.8	-4.0	-9.8
EBITDA率（%）	11.1	6.2	2.4	-1.5	-9.8
百元收入支付的成本费用（元）	94.1	97.3	99.8	103.5	111.6
存货周转率（次）	15.4	10.4	6.2	3.0	1.2
速动比率	1.1	0.9	0.7	0.6	0.4
利润总额增长率（%）	11.4	6.1	-0.2	-12.8	-31.0
营业总收入增长率（%）	7.0	2.6	-3.0	-23.0	-34.8

食品制造业

范围：全行业

项　　　目	优秀值	良好值	中等值	较低值	较差值
一、盈利回报指标					
净资产收益率（%）	14.9	10.1	5.4	-2.3	-10.9
营业收入利润率（%）	9.7	7.1	5.5	2.1	-6.8
总资产报酬率（%）	7.8	5.4	4.4	-2.1	-5.9
盈余现金保障倍数	2.2	1.4	0.7	-0.5	-1.9
二、资产运营指标					
总资产周转率（次）	1.2	1.0	0.6	0.3	0.1
应收账款周转率（次）	19.5	14.1	7.9	4.5	2.6
流动资产周转率（次）	2.4	2.0	1.3	0.7	0.2
两金占流动资产比重（%）	8.6	20.6	32.8	41.1	55.8
三、风险防控指标					
资产负债率（%）	48.0	53.0	58.0	68.0	83.0
现金流动负债比率（%）	16.9	8.2	4.2	-7.1	-14.4
带息负债比率（%）	12.8	23.7	41.1	51.1	65.7
已获利息倍数	6.8	4.4	2.5	-0.3	-4.8
四、持续发展指标					
研发经费投入强度（%）	0.9	0.8	0.7	0.5	0.4
全员劳动生产率（万元/人）	35.8	27.3	18.8	12.2	5.7
经济增加值率（%）	10.3	4.8	1.0	-5.9	-12.5
国有资本保值增值率（%）	114.2	110.1	103.7	96.6	90.9
五、补充指标					
营业现金比率（%）	14.4	9.3	4.2	-0.2	-4.5
国有资本回报率（%）	12.2	8.0	3.8	-2.7	-10.4
EBITDA率（%）	18.2	13.8	10.3	0.8	-15.1
百元收入支付的成本费用（元）	89.4	92.9	97.4	104.5	115.2
存货周转率（次）	13.6	9.0	6.2	5.1	3.6
速动比率	1.4	1.1	0.9	0.6	0.5
利润总额增长率（%）	22.5	13.7	6.3	-6.2	-16.3
营业总收入增长率（%）	23.7	15.0	4.9	-7.3	-20.2

纺织工业

范围：全行业

项　　　目	优秀值	良好值	中等值	较低值	较差值
一、盈利回报指标					
净资产收益率（%）	7.6	3.9	0.8	-3.3	-7.6
营业收入利润率（%）	8.6	3.6	0.1	-4.8	-13.5
总资产报酬率（%）	3.4	1.6	0.7	-1.9	-4.5
盈余现金保障倍数	2.5	1.5	0.3	-1.4	-3.8
二、资产运营指标					
总资产周转率（次）	1.0	0.7	0.4	0.2	0.1
应收账款周转率（次）	20.6	13.6	7.9	4.3	1.9
流动资产周转率（次）	1.6	1.2	0.9	0.5	0.1
两金占流动资产比重（%）	14.4	23.3	32.5	48.0	57.3
三、风险防控指标					
资产负债率（%）	48.5	53.5	58.5	68.5	83.5
现金流动负债比率（%）	11.3	4.1	-0.1	-6.1	-11.0
带息负债比率（%）	6.2	18.3	34.8	49.5	59.8
已获利息倍数	4.0	2.3	1.1	-0.6	-2.2
四、持续发展指标					
研发经费投入强度（%）	2.6	2.3	2.1	1.8	1.5
全员劳动生产率（万元/人）	24.1	17.8	11.6	7.3	3.0
经济增加值率（%）	2.6	-1.6	-3.5	-7.2	-9.4
国有资本保值增值率（%）	108.4	103.6	100.7	96.2	92.0
五、补充指标					
营业现金比率（%）	12.0	6.0	0.0	-4.2	-8.4
国有资本回报率（%）	6.8	3.6	0.8	-2.7	-6.5
EBITDA率（%）	13.7	8.2	1.6	-2.7	-9.5
百元收入支付的成本费用（元）	95.2	99.3	101.4	108.9	117.4
存货周转率（次）	8.9	7.1	4.4	2.2	1.0
速动比率	1.3	1.1	0.8	0.6	0.5
利润总额增长率（%）	37.6	19.0	7.5	-8.9	-21.9
营业总收入增长率（%）	19.6	11.4	4.0	-4.7	-12.4

纺织工业

范围：大型企业

项　　目	优秀值	良好值	中等值	较低值	较差值
一、盈利回报指标					
净资产收益率（%）	6.4	3.7	1.3	-2.2	-5.0
营业收入利润率（%）	5.7	3.6	0.9	-1.6	-5.5
总资产报酬率（%）	2.7	2.3	1.7	-0.6	-3.0
盈余现金保障倍数	2.2	1.3	0.5	-1.6	-4.0
二、资产运营指标					
总资产周转率（次）	1.0	0.8	0.6	0.3	0.1
应收账款周转率（次）	20.3	14.3	8.3	5.0	3.6
流动资产周转率（次）	1.6	1.5	1.3	0.8	0.3
两金占流动资产比重（%）	26.4	33.5	39.7	51.6	55.8
三、风险防控指标					
资产负债率（%）	48.6	53.6	58.6	68.6	83.6
现金流动负债比率（%）	11.9	4.9	-0.2	-6.4	-10.4
带息负债比率（%）	10.6	22.2	38.8	52.4	63.9
已获利息倍数	3.2	2.0	0.9	0.0	-1.6
四、持续发展指标					
研发经费投入强度（%）	3.0	2.6	2.3	1.8	1.2
全员劳动生产率（万元/人）	19.4	16.5	13.6	9.8	6.0
经济增加值率（%）	1.4	-0.3	-1.8	-5.0	-7.2
国有资本保值增值率（%）	109.9	106.8	104.6	99.2	95.4
五、补充指标					
营业现金比率（%）	4.4	2.0	-0.5	-2.5	-4.5
国有资本回报率（%）	5.7	3.4	1.3	-1.7	-4.3
EBITDA率（%）	13.4	8.1	2.5	-0.6	-5.8
百元收入支付的成本费用（元）	98.8	101.0	102.3	107.0	113.1
存货周转率（次）	11.8	8.9	5.7	3.9	2.8
速动比率	1.3	1.0	0.8	0.6	0.5
利润总额增长率（%）	48.0	22.3	8.2	-18.9	-63.4
营业总收入增长率（%）	22.1	12.3	6.9	-1.5	-7.4

纺织工业

范围：中型企业

项　　目	优秀值	良好值	中等值	较低值	较差值
一、盈利回报指标					
净资产收益率（%）	8.1	4.2	0.2	-3.7	-8.2
营业收入利润率（%）	7.3	2.8	-0.2	-4.7	-11.5
总资产报酬率（%）	4.0	1.4	0.1	-2.4	-5.9
盈余现金保障倍数	3.9	2.1	1.1	-0.9	-3.6
二、资产运营指标					
总资产周转率（次）	1.2	0.8	0.5	0.2	0.1
应收账款周转率（次）	35.6	22.6	11.2	6.2	3.4
流动资产周转率（次）	2.6	1.9	1.1	0.6	0.2
两金占流动资产比重（%）	17.6	32.4	44.1	50.8	57.7
三、风险防控指标					
资产负债率（%）	48.0	53.0	58.0	68.0	83.0
现金流动负债比率（%）	10.9	5.1	0.0	-5.6	-10.1
带息负债比率（%）	16.3	28.7	45.1	57.8	68.5
已获利息倍数	2.2	0.7	-0.2	-1.4	-3.1
四、持续发展指标					
研发经费投入强度（%）	2.3	2.0	1.8	1.6	1.5
全员劳动生产率（万元/人）	24.5	17.2	10.0	7.1	4.2
经济增加值率（%）	1.3	-2.2	-5.5	-8.1	-10.3
国有资本保值增值率（%）	106.0	101.8	99.3	94.7	89.7
五、补充指标					
营业现金比率（%）	16.3	8.3	0.3	-4.2	-8.6
国有资本回报率（%）	7.0	3.6	0.1	-3.3	-7.3
EBITDA率（%）	11.8	7.1	1.4	-3.0	-7.1
百元收入支付的成本费用（元）	98.7	101.6	102.9	111.3	119.0
存货周转率（次）	8.2	5.9	4.0	2.6	1.7
速动比率	1.3	1.1	0.8	0.7	0.6
利润总额增长率（%）	3.8	-11.5	-21.5	-30.2	-35.9
营业总收入增长率（%）	23.3	10.5	0.5	-9.8	-17.4

纺织工业

范围：小型企业

项　　　目	优秀值	良好值	中等值	较低值	较差值
一、盈利回报指标					
净资产收益率（%）	10.6	6.5	3.1	-1.3	-4.2
营业收入利润率（%）	9.6	4.9	0.0	-5.3	-13.8
总资产报酬率（%）	4.0	2.5	1.1	-1.1	-3.5
盈余现金保障倍数	1.8	1.0	0.0	-2.0	-4.7
二、资产运营指标					
总资产周转率（次）	0.9	0.7	0.3	0.2	0.1
应收账款周转率（次）	18.7	13.0	6.3	2.8	1.2
流动资产周转率（次）	1.7	1.2	0.6	0.3	0.1
两金占流动资产比重（%）	0.6	11.0	24.4	38.3	50.7
三、风险防控指标					
资产负债率（%）	48.7	53.7	58.7	68.7	83.7
现金流动负债比率（%）	12.5	3.9	-0.1	-6.6	-11.9
带息负债比率（%）	1.1	12.9	32.1	44.8	55.1
已获利息倍数	7.2	3.6	2.1	0.4	-0.6
四、持续发展指标					
研发经费投入强度（%）	1.4	1.1	1.0	0.8	0.5
全员劳动生产率（万元/人）	26.1	19.5	12.9	8.0	3.0
经济增加值率（%）	7.2	0.8	-2.7	-5.3	-7.1
国有资本保值增值率（%）	108.8	105.2	102.2	98.7	92.1
五、补充指标					
营业现金比率（%）	10.9	5.5	0.0	-7.0	-14.0
国有资本回报率（%）	9.6	6.0	3.0	-0.3	-3.4
EBITDA率（%）	15.1	8.3	1.6	-2.4	-10.0
百元收入支付的成本费用（元）	91.4	96.0	99.9	106.0	113.8
存货周转率（次）	11.1	8.1	3.8	2.1	0.9
速动比率	1.5	1.2	0.9	0.7	0.5
利润总额增长率（%）	23.9	10.3	0.4	-8.5	-20.8
营业总收入增长率（%）	18.0	9.2	1.6	-10.8	-19.0

棉化纤纺织业

范围：全行业

项　　　目	优秀值	良好值	中等值	较低值	较差值
一、盈利回报指标					
净资产收益率（%）	6.8	3.8	0.4	-3.1	-7.0
营业收入利润率（%）	9.4	4.0	-0.7	-6.0	-12.9
总资产报酬率（%）	3.3	1.3	0.4	-2.0	-4.3
盈余现金保障倍数	3.6	1.5	0.5	-1.9	-4.8
二、资产运营指标					
总资产周转率（次）	0.9	0.5	0.4	0.2	0.1
应收账款周转率（次）	20.7	12.8	7.6	3.3	1.2
流动资产周转率（次）	1.6	1.2	0.9	0.5	0.1
两金占流动资产比重（%）	12.6	20.3	31.4	46.7	57.1
三、风险防控指标					
资产负债率（%）	48.7	53.7	58.7	68.7	83.7
现金流动负债比率（%）	6.8	2.4	0.0	-3.5	-11.3
带息负债比率（%）	6.7	20.9	35.6	47.0	56.9
已获利息倍数	3.6	1.9	0.7	-0.3	-2.0
四、持续发展指标					
研发经费投入强度（%）	2.4	2.2	2.0	1.8	1.6
全员劳动生产率（万元/人）	19.3	14.6	9.9	6.0	2.2
经济增加值率（%）	1.0	-1.7	-3.6	-6.9	-8.4
国有资本保值增值率（%）	107.6	104.2	100.3	96.0	91.9
五、补充指标					
营业现金比率（%）	11.7	5.8	0.0	-3.6	-7.2
国有资本回报率（%）	6.0	3.4	0.4	-2.7	-6.1
EBITDA率（%）	18.1	9.2	0.8	-4.2	-14.4
百元收入支付的成本费用（元）	96.9	100.5	102.8	110.0	125.0
存货周转率（次）	8.9	6.9	4.7	3.0	1.6
速动比率	1.2	1.0	0.7	0.6	0.4
利润总额增长率（%）	19.7	1.3	-10.0	-21.0	-26.9
营业总收入增长率（%）	23.1	12.9	4.4	-4.3	-12.3

毛纺织业

范围：全行业

项　　　目	优秀值	良好值	中等值	较低值	较差值
一、盈利回报指标					
净资产收益率（%）	9.2	5.6	3.1	-1.1	-5.6
营业收入利润率（%）	10.8	5.1	2.2	-5.5	-14.6
总资产报酬率（%）	6.7	4.9	2.6	-0.3	-2.8
盈余现金保障倍数	5.7	2.0	0.3	-2.6	-6.0
二、资产运营指标					
总资产周转率（次）	0.6	0.4	0.3	0.2	0.1
应收账款周转率（次）	11.6	7.0	4.8	3.2	1.6
流动资产周转率（次）	1.7	0.9	0.4	0.3	0.2
两金占流动资产比重（%）	20.4	35.9	43.0	51.4	61.3
三、风险防控指标					
资产负债率（%）	48.3	53.3	58.3	67.6	83.3
现金流动负债比率（%）	13.5	5.8	1.0	-4.3	-10.2
带息负债比率（%）	7.9	20.0	29.9	37.2	49.4
已获利息倍数	5.1	3.7	2.3	0.2	-1.8
四、持续发展指标					
研发经费投入强度（%）	2.6	2.4	2.2	1.9	1.5
全员劳动生产率（万元/人）	22.1	17.8	13.5	8.6	3.8
经济增加值率（%）	2.8	0.2	-3.2	-4.9	-7.4
国有资本保值增值率（%）	107.3	104.0	101.6	98.8	95.4
五、补充指标					
营业现金比率（%）	17.3	9.4	1.4	-2.8	-7.0
国有资本回报率（%）	7.7	4.5	2.3	-1.4	-5.3
EBITDA率（%）	18.6	9.4	4.9	-2.5	-10.8
百元收入支付的成本费用（元）	93.2	96.4	100.2	108.1	117.1
存货周转率（次）	5.4	2.9	2.0	1.4	0.8
速动比率	1.0	0.8	0.6	0.4	0.3
利润总额增长率（%）	14.6	9.4	5.0	-0.4	-7.6
营业总收入增长率（%）	15.8	10.2	5.5	0.2	-7.3

麻纺织业

范围：全行业

项　　目	优秀值	良好值	中等值	较低值	较差值
一、盈利回报指标					
净资产收益率（%）	7.5	3.4	0.9	-5.9	-10.1
营业收入利润率（%）	8.3	3.4	0.3	-5.9	-15.2
总资产报酬率（%）	3.7	2.4	0.6	-3.1	-7.1
盈余现金保障倍数	9.6	6.2	3.7	1.6	-1.6
二、资产运营指标					
总资产周转率（次）	0.7	0.6	0.4	0.2	0.1
应收账款周转率（次）	17.7	13.9	10.8	8.6	7.1
流动资产周转率（次）	2.2	1.7	1.1	0.8	0.5
两金占流动资产比重（%）	16.6	23.1	32.6	47.4	61.4
三、风险防控指标					
资产负债率（%）	48.4	53.4	58.4	68.4	83.4
现金流动负债比率（%）	10.4	7.3	2.7	1.0	-3.7
带息负债比率（%）	10.2	25.0	38.2	44.5	53.1
已获利息倍数	2.4	1.5	0.3	-1.9	-4.0
四、持续发展指标					
研发经费投入强度（%）	2.9	2.6	2.5	2.2	1.9
全员劳动生产率（万元/人）	15.0	12.1	9.2	8.0	6.7
经济增加值率（%）	1.7	-2.2	-4.1	-7.3	-11.8
国有资本保值增值率（%）	101.1	98.4	95.7	90.7	86.0
五、补充指标					
营业现金比率（%）	8.9	8.4	7.9	-8.4	-24.6
国有资本回报率（%）	2.3	-1.3	-3.5	-9.5	-13.2
EBITDA率（%）	9.6	5.9	-1.4	-6.2	-16.0
百元收入支付的成本费用（元）	105.6	106.4	108.3	121.7	141.3
存货周转率（次）	6.7	4.5	2.9	1.7	1.3
速动比率	1.2	0.9	0.7	0.6	0.2
利润总额增长率（%）	37.6	25.5	15.9	7.1	1.3
营业总收入增长率（%）	31.8	22.8	17.9	8.0	2.2

丝绢纺织业

范围：全行业

项　　目	优秀值	良好值	中等值	较低值	较差值
一、盈利回报指标					
净资产收益率（%）	7.0	2.9	0.2	-4.9	-11.8
营业收入利润率（%）	9.2	4.8	0.1	-5.3	-12.4
总资产报酬率（%）	3.8	2.4	0.7	-1.7	-4.4
盈余现金保障倍数	6.2	3.6	0.7	-1.4	-6.0
二、资产运营指标					
总资产周转率（次）	0.9	0.8	0.5	0.3	0.1
应收账款周转率（次）	22.0	15.4	11.9	8.7	7.0
流动资产周转率（次）	2.6	1.7	1.0	0.5	0.2
两金占流动资产比重（%）	22.4	44.6	54.6	69.4	76.7
三、风险防控指标					
资产负债率（%）	48.4	53.4	58.4	68.4	83.4
现金流动负债比率（%）	9.9	5.1	1.6	-3.6	-8.5
带息负债比率（%）	15.3	27.6	46.3	53.5	68.1
已获利息倍数	3.5	2.1	1.1	-0.6	-2.5
四、持续发展指标					
研发经费投入强度（%）	3.5	3.2	3.1	2.8	2.3
全员劳动生产率（万元/人）	26.5	17.6	8.7	8.0	7.2
经济增加值率（%）	1.6	-1.2	-4.4	-9.7	-15.9
国有资本保值增值率（%）	107.3	102.7	99.9	94.3	86.7
五、补充指标					
营业现金比率（%）	15.7	7.8	0.0	-7.4	-14.8
国有资本回报率（%）	6.8	3.2	0.8	-3.7	-9.7
EBITDA率（%）	27.2	9.1	1.7	-2.0	-7.2
百元收入支付的成本费用（元）	96.6	100.4	102.0	105.7	114.9
存货周转率（次）	7.8	4.2	1.5	1.2	1.1
速动比率	1.2	0.9	0.7	0.5	0.3
利润总额增长率（%）	14.5	1.4	-7.4	-15.1	-19.7
营业总收入增长率（%）	16.6	12.0	5.7	-5.5	-11.4

医药工业

范围：全行业

项　　目	优秀值	良好值	中等值	较低值	较差值
一、盈利回报指标					
净资产收益率（%）	15.0	8.9	5.0	-3.0	-9.3
营业收入利润率（%）	22.5	14.0	8.1	0.4	-5.1
总资产报酬率（%）	9.2	5.5	4.0	-1.1	-5.3
盈余现金保障倍数	1.9	1.1	0.6	-0.4	-2.1
二、资产运营指标					
总资产周转率（次）	0.9	0.7	0.5	0.3	0.1
应收账款周转率（次）	14.1	9.0	4.1	3.1	1.9
流动资产周转率（次）	1.4	1.1	0.9	0.5	0.2
两金占流动资产比重（%）	33.2	40.0	44.1	51.7	62.4
三、风险防控指标					
资产负债率（%）	48.0	53.0	58.0	67.3	83.0
现金流动负债比率（%）	21.3	13.2	3.8	-6.3	-11.9
带息负债比率（%）	5.9	20.9	33.5	44.5	55.1
已获利息倍数	7.9	6.0	3.4	1.3	-0.9
四、持续发展指标					
研发经费投入强度（%）	7.1	4.2	3.2	2.7	1.8
全员劳动生产率（万元/人）	48.1	41.0	33.8	21.4	9.1
经济增加值率（%）	12.2	6.1	2.0	-6.4	-12.8
国有资本保值增值率（%）	117.7	110.6	105.5	98.1	93.7
五、补充指标					
营业现金比率（%）	15.5	11.3	7.1	0.3	-6.5
国有资本回报率（%）	13.5	8.8	7.2	0.1	-7.4
EBITDA率（%）	27.5	18.8	10.2	3.2	-9.1
百元收入支付的成本费用（元）	84.1	89.8	97.1	102.5	109.5
存货周转率（次）	5.8	4.1	2.4	1.5	0.9
速动比率	1.7	1.5	1.3	1.0	0.9
利润总额增长率（%）	21.6	11.6	-1.1	-6.3	-12.2
营业总收入增长率（%）	23.4	10.9	0.0	-10.5	-19.9

医药工业

范围：大型企业

项　　目	优秀值	良好值	中等值	较低值	较差值
一、盈利回报指标					
净资产收益率（%）	17.1	12.7	8.6	2.0	-9.2
营业收入利润率（%）	30.9	21.4	14.1	7.4	-0.9
总资产报酬率（%）	12.0	8.2	4.6	1.4	-2.7
盈余现金保障倍数	1.2	1.0	0.6	-0.2	-2.1
二、资产运营指标					
总资产周转率（次）	0.7	0.5	0.4	0.2	0.1
应收账款周转率（次）	13.2	10.9	5.7	4.5	3.4
流动资产周转率（次）	1.3	1.1	0.7	0.4	0.2
两金占流动资产比重（%）	39.3	47.1	50.4	52.2	56.7
三、风险防控指标					
资产负债率（%）	48.0	53.0	58.0	67.3	83.0
现金流动负债比率（%）	26.8	18.1	9.3	4.1	-3.6
带息负债比率（%）	5.9	20.8	33.4	45.9	53.8
已获利息倍数	15.1	12.3	7.2	6.5	4.5
四、持续发展指标					
研发经费投入强度（%）	7.9	5.9	4.4	3.9	3.3
全员劳动生产率（万元/人）	70.0	61.8	53.5	39.5	25.6
经济增加值率（%）	15.4	11.1	5.4	0.8	-7.0
国有资本保值增值率（%）	119.9	115.0	110.3	104.2	98.4
五、补充指标					
营业现金比率（%）	27.9	20.7	13.4	6.7	0.0
国有资本回报率（%）	14.8	10.8	7.2	1.5	-8.3
EBITDA率（%）	34.0	26.3	15.9	12.6	8.2
百元收入支付的成本费用（元）	76.1	83.8	90.8	95.9	98.9
存货周转率（次）	3.9	3.2	2.4	1.4	0.8
速动比率	1.7	1.4	1.2	0.9	0.8
利润总额增长率（%）	15.6	6.2	-3.6	-11.5	-20.7
营业总收入增长率（%）	13.6	6.0	-3.3	-9.3	-13.2

医药工业

范围：中型企业

项　　目	优秀值	良好值	中等值	较低值	较差值
一、盈利回报指标					
净资产收益率（%）	16.0	10.5	6.9	-2.6	-9.2
营业收入利润率（%）	22.7	12.8	7.3	-0.7	-10.5
总资产报酬率（%）	10.2	6.5	3.5	-1.4	-5.9
盈余现金保障倍数	1.8	1.1	0.6	-0.3	-1.6
二、资产运营指标					
总资产周转率（次）	1.0	0.8	0.5	0.3	0.2
应收账款周转率（次）	11.3	8.0	4.6	3.0	1.9
流动资产周转率（次）	1.4	1.2	0.9	0.6	0.4
两金占流动资产比重（%）	16.9	24.9	38.4	45.3	55.7
三、风险防控指标					
资产负债率（%）	48.0	53.0	58.0	67.3	83.0
现金流动负债比率（%）	29.7	16.7	5.2	-0.2	-7.4
带息负债比率（%）	5.6	21.2	34.8	44.4	56.1
已获利息倍数	10.5	8.4	4.9	3.0	-0.4
四、持续发展指标					
研发经费投入强度（%）	7.0	5.1	4.2	3.3	2.1
全员劳动生产率（万元/人）	51.0	44.6	38.2	25.9	13.5
经济增加值率（%）	15.8	10.1	2.7	-3.7	-11.4
国有资本保值增值率（%）	117.2	112.6	106.0	99.3	93.8
五、补充指标					
营业现金比率（%）	15.7	10.6	5.4	2.4	-0.7
国有资本回报率（%）	14.9	10.1	7.0	-1.4	-7.2
EBITDA率（%）	28.8	21.4	13.4	3.8	-8.7
百元收入支付的成本费用（元）	81.2	86.6	94.5	101.2	107.0
存货周转率（次）	4.3	3.6	2.4	1.8	1.4
速动比率	1.9	1.5	1.3	1.1	0.9
利润总额增长率（%）	14.5	7.3	-4.1	-13.3	-23.8
营业总收入增长率（%）	19.0	7.5	-0.2	-11.7	-20.4

医药工业

范围：小型企业

项　　目	优秀值	良好值	中等值	较低值	较差值
一、盈利回报指标					
净资产收益率（%）	14.8	8.7	4.4	-3.9	-13.5
营业收入利润率（%）	13.6	9.1	6.4	-0.2	-8.0
总资产报酬率（%）	8.4	4.5	3.1	0.1	-4.3
盈余现金保障倍数	2.2	1.0	0.2	-0.8	-2.2
二、资产运营指标					
总资产周转率（次）	1.2	0.9	0.6	0.3	0.2
应收账款周转率（次）	14.4	9.7	4.0	3.0	1.9
流动资产周转率（次）	2.3	1.7	0.8	0.7	0.4
两金占流动资产比重（%）	24.9	31.1	40.8	49.7	67.2
三、风险防控指标					
资产负债率（%）	48.0	53.0	58.0	67.3	83.0
现金流动负债比率（%）	16.7	7.8	0.0	-7.8	-14.8
带息负债比率（%）	8.3	21.1	37.2	45.4	55.9
已获利息倍数	4.6	2.5	1.5	-1.3	-7.4
四、持续发展指标					
研发经费投入强度（%）	7.2	4.1	3.2	2.7	1.8
全员劳动生产率（万元/人）	40.5	32.6	24.8	15.6	6.4
经济增加值率（%）	11.3	5.8	0.1	-6.4	-18.7
国有资本保值增值率（%）	114.4	109.1	103.5	98.1	91.5
五、补充指标					
营业现金比率（%）	11.8	6.8	1.9	-4.5	-10.8
国有资本回报率（%）	13.4	8.1	4.3	-3.0	-11.4
EBITDA率（%）	21.6	15.0	8.1	2.0	-12.6
百元收入支付的成本费用（元）	86.0	92.5	97.8	103.9	112.4
存货周转率（次）	12.3	6.1	2.8	1.8	1.1
速动比率	1.7	1.5	1.3	1.1	0.9
利润总额增长率（%）	22.7	14.8	3.9	0.2	-8.0
营业总收入增长率（%）	32.1	19.1	5.6	-2.8	-13.9

化学药品制造业

范围：全行业

项　　目	优秀值	良好值	中等值	较低值	较差值
一、盈利回报指标					
净资产收益率（%）	15.1	10.6	8.4	0.7	-6.0
营业收入利润率（%）	24.3	16.5	7.6	2.6	-12.1
总资产报酬率（%）	10.5	6.7	4.6	-0.3	-5.9
盈余现金保障倍数	2.3	1.3	0.7	-0.6	-1.9
二、资产运营指标					
总资产周转率（次）	0.9	0.7	0.4	0.2	0.1
应收账款周转率（次）	10.5	8.2	5.2	3.5	2.3
流动资产周转率（次）	1.4	1.2	0.9	0.4	0.2
两金占流动资产比重（%）	38.5	44.1	46.8	51.7	69.2
三、风险防控指标					
资产负债率（%）	48.6	53.6	58.6	67.9	83.6
现金流动负债比率（%）	23.6	14.4	8.3	1.7	-5.0
带息负债比率（%）	12.5	22.9	34.5	47.9	60.8
已获利息倍数	9.6	7.1	5.2	2.2	0.0
四、持续发展指标					
研发经费投入强度（%）	6.4	4.9	4.1	3.6	2.8
全员劳动生产率（万元/人）	60.2	45.5	30.8	21.9	13.0
经济增加值率（%）	15.6	9.1	4.4	-2.6	-10.6
国有资本保值增值率（%）	116.5	112.0	107.5	101.3	96.7
五、补充指标					
营业现金比率（%）	16.7	12.6	8.5	4.2	-0.1
国有资本回报率（%）	14.6	10.6	8.7	2.0	-3.9
EBITDA率（%）	29.1	20.5	9.3	6.0	-4.8
百元收入支付的成本费用（元）	76.8	82.3	90.5	95.0	101.3
存货周转率（次）	5.9	4.1	2.9	2.2	1.6
速动比率	1.6	1.4	1.0	0.9	0.7
利润总额增长率（%）	22.1	12.8	1.6	-6.3	-14.8
营业总收入增长率（%）	18.8	7.8	0.0	-13.9	-22.5

中药材及中成药加工业

范围：全行业

项 目	优秀值	良好值	中等值	较低值	较差值
一、盈利回报指标					
净资产收益率（%）	15.3	11.0	9.2	0.4	-6.2
营业收入利润率（%）	15.7	11.3	8.5	-0.7	-9.8
总资产报酬率（%）	8.8	6.7	5.4	0.4	-4.0
盈余现金保障倍数	2.1	1.3	0.8	-0.7	-2.1
二、资产运营指标					
总资产周转率（次）	0.9	0.7	0.5	0.3	0.2
应收账款周转率（次）	9.9	6.2	3.5	2.6	1.8
流动资产周转率（次）	1.4	1.2	0.9	0.5	0.3
两金占流动资产比重（%）	33.2	39.4	47.1	55.6	68.1
三、风险防控指标					
资产负债率（%）	48.0	53.0	58.0	67.8	83.0
现金流动负债比率（%）	24.7	14.4	10.1	-0.4	-8.7
带息负债比率（%）	8.3	14.6	30.6	48.8	64.7
已获利息倍数	10.9	8.5	6.5	3.0	0.8
四、持续发展指标					
研发经费投入强度（%）	4.3	3.5	3.0	2.5	1.6
全员劳动生产率（万元/人）	48.1	35.8	23.5	16.0	8.6
经济增加值率（%）	12.5	7.8	3.4	-4.2	-10.4
国有资本保值增值率（%）	118.6	112.5	108.3	99.9	94.7
五、补充指标					
营业现金比率（%）	13.9	9.8	5.7	-0.4	-6.6
国有资本回报率（%）	14.7	10.8	9.3	1.6	-4.2
EBITDA率（%）	20.8	15.4	10.2	3.4	-10.4
百元收入支付的成本费用（元）	82.1	86.7	90.9	98.6	102.3
存货周转率（次）	3.9	3.1	2.2	1.5	0.9
速动比率	1.4	1.2	1.1	0.9	0.7
利润总额增长率（%）	17.2	9.0	-0.7	-9.3	-17.6
营业总收入增长率（%）	31.8	13.6	1.1	-8.1	-15.6

机械工业

范围：全行业

项　　　　目	优秀值	良好值	中等值	较低值	较差值
一、盈利回报指标					
净资产收益率（%）	15.6	10.5	5.5	-0.2	-9.5
营业收入利润率（%）	9.4	5.9	3.9	-1.4	-8.1
总资产报酬率（%）	6.0	4.2	3.1	-0.6	-8.3
盈余现金保障倍数	2.7	1.2	0.5	-1.0	-2.5
二、资产运营指标					
总资产周转率（次）	1.0	0.7	0.5	0.3	0.1
应收账款周转率（次）	8.4	5.5	3.7	1.9	1.1
流动资产周转率（次）	1.5	1.1	0.9	0.5	0.2
两金占流动资产比重（%）	32.4	39.8	49.4	65.6	74.2
三、风险防控指标					
资产负债率（%）	48.2	53.2	58.2	68.2	83.2
现金流动负债比率（%）	14.1	5.9	3.6	-3.8	-10.2
带息负债比率（%）	6.3	17.4	25.3	38.5	59.7
已获利息倍数	8.8	6.6	3.2	1.7	-0.1
四、持续发展指标					
研发经费投入强度（%）	6.4	4.4	3.4	2.5	1.7
全员劳动生产率（万元/人）	56.7	45.9	35.1	23.6	12.0
经济增加值率（%）	12.2	6.6	1.0	-4.6	-13.5
国有资本保值增值率（%）	116.4	109.4	103.5	97.4	90.6
五、补充指标					
营业现金比率（%）	13.3	7.5	1.7	-3.7	-9.2
国有资本回报率（%）	13.4	9.0	4.5	-0.2	-7.5
EBITDA率（%）	14.5	9.3	5.6	-0.2	-7.3
百元收入支付的成本费用（元）	92.6	95.9	97.5	103.9	112.9
存货周转率（次）	10.2	6.5	3.8	2.5	1.6
速动比率	1.3	1.1	1.0	0.9	0.7
利润总额增长率（%）	7.4	-1.7	-8.0	-13.0	-18.7
营业总收入增长率（%）	24.5	14.4	1.5	-7.7	-14.8

机械工业

范围：大型企业

项　　目	优秀值	良好值	中等值	较低值	较差值
一、盈利回报指标					
净资产收益率（%）	12.8	9.5	6.4	0.3	-9.4
营业收入利润率（%）	9.8	6.5	4.8	-0.1	-7.8
总资产报酬率（%）	5.2	4.3	3.5	0.3	-4.9
盈余现金保障倍数	3.1	1.7	0.7	-0.7	-1.7
二、资产运营指标					
总资产周转率（次）	0.9	0.7	0.5	0.3	0.2
应收账款周转率（次）	10.6	6.6	4.2	2.5	1.5
流动资产周转率（次）	1.4	1.1	0.9	0.6	0.4
两金占流动资产比重（%）	29.6	36.7	44.8	58.8	65.0
三、风险防控指标					
资产负债率（%）	49.2	54.2	59.2	69.2	84.2
现金流动负债比率（%）	17.3	10.2	3.7	-3.7	-10.2
带息负债比率（%）	5.9	16.1	23.3	36.6	57.3
已获利息倍数	8.6	6.6	4.0	2.3	1.4
四、持续发展指标					
研发经费投入强度（%）	7.4	5.3	3.7	2.5	1.8
全员劳动生产率（万元/人）	64.9	50.1	35.2	27.4	19.6
经济增加值率（%）	9.5	6.0	1.3	-3.9	-13.6
国有资本保值增值率（%）	112.2	107.9	103.3	98.5	92.8
五、补充指标					
营业现金比率（%）	11.9	7.7	3.4	-2.8	-9.0
国有资本回报率（%）	12.1	9.2	6.4	1.1	-7.4
EBITDA率（%）	13.6	9.9	6.4	1.8	-5.2
百元收入支付的成本费用（元）	93.3	95.8	97.2	102.5	106.1
存货周转率（次）	9.2	6.4	4.1	2.7	1.7
速动比率	1.4	1.2	1.0	0.9	0.7
利润总额增长率（%）	5.5	-3.3	-8.7	-16.8	-22.0
营业总收入增长率（%）	22.7	14.2	0.6	-6.0	-14.6

机械工业

范围：中型企业

项 目	优秀值	良好值	中等值	较低值	较差值
一、盈利回报指标					
净资产收益率（%）	14.0	8.9	4.7	-1.5	-10.1
营业收入利润率（%）	8.8	5.4	3.3	-1.1	-8.6
总资产报酬率（%）	6.3	4.0	2.4	-0.2	-5.2
盈余现金保障倍数	2.6	1.1	0.6	-1.1	-3.2
二、资产运营指标					
总资产周转率（次）	1.1	0.8	0.5	0.3	0.2
应收账款周转率（次）	9.0	5.9	3.2	2.1	1.3
流动资产周转率（次）	1.6	1.2	0.9	0.6	0.4
两金占流动资产比重（%）	36.1	46.1	55.4	67.7	73.3
三、风险防控指标					
资产负债率（%）	47.9	52.9	57.9	67.9	82.9
现金流动负债比率（%）	8.5	4.5	2.0	-5.7	-10.7
带息负债比率（%）	14.8	23.9	29.2	46.1	69.2
已获利息倍数	12.1	6.6	2.8	1.7	-0.4
四、持续发展指标					
研发经费投入强度（%）	4.4	3.9	3.4	2.4	1.2
全员劳动生产率（万元/人）	55.4	43.4	31.3	22.6	13.9
经济增加值率（%）	13.4	8.3	1.2	-4.7	-13.1
国有资本保值增值率（%）	116.5	109.5	103.9	97.2	91.5
五、补充指标					
营业现金比率（%）	12.1	7.2	2.2	-3.5	-9.2
国有资本回报率（%）	13.0	8.5	4.8	-0.6	-8.2
EBITDA率（%）	12.8	8.5	5.0	0.2	-5.7
百元收入支付的成本费用（元）	93.0	96.2	98.4	103.8	110.4
存货周转率（次）	10.1	6.8	3.7	2.5	1.6
速动比率	1.3	1.1	1.0	0.9	0.8
利润总额增长率（%）	6.8	-4.0	-7.8	-17.3	-24.3
营业总收入增长率（%）	25.1	15.7	2.2	-6.8	-16.6

机械工业

范围：小型企业

项　　　目	优秀值	良好值	中等值	较低值	较差值
一、盈利回报指标					
净资产收益率（％）	16.9	10.6	3.9	-2.4	-12.4
营业收入利润率（％）	9.2	5.8	2.3	-3.6	-11.2
总资产报酬率（％）	7.8	5.0	2.6	-0.8	-9.1
盈余现金保障倍数	2.6	1.1	0.4	-1.0	-2.6
二、资产运营指标					
总资产周转率（次）	1.2	0.9	0.4	0.3	0.1
应收账款周转率（次）	8.4	5.4	2.9	1.9	1.1
流动资产周转率（次）	1.6	1.2	0.8	0.5	0.2
两金占流动资产比重（％）	26.4	34.8	47.8	67.6	75.7
三、风险防控指标					
资产负债率（％）	48.0	53.0	58.0	68.0	83.0
现金流动负债比率（％）	16.0	7.7	2.3	-4.9	-10.0
带息负债比率（％）	13.0	20.8	25.6	47.8	72.4
已获利息倍数	10.8	6.7	2.9	1.6	-0.8
四、持续发展指标					
研发经费投入强度（％）	3.8	3.1	2.5	1.9	1.1
全员劳动生产率（万元/人）	54.5	42.2	30.0	20.4	10.8
经济增加值率（％）	17.1	10.0	-0.2	-5.1	-14.1
国有资本保值增值率（％）	111.4	107.2	103.0	97.0	89.2
五、补充指标					
营业现金比率（％）	13.4	7.4	1.4	-3.7	-8.8
国有资本回报率（％）	15.0	9.6	3.6	-1.9	-10.7
EBITDA率（％）	16.2	9.8	3.9	-0.3	-7.5
百元收入支付的成本费用（元）	91.6	95.5	98.4	104.5	116.7
存货周转率（次）	11.6	7.2	3.7	2.4	1.6
速动比率	1.4	1.1	1.0	0.9	0.7
利润总额增长率（％）	15.1	4.9	-0.1	-4.8	-10.6
营业总收入增长率（％）	24.0	15.0	2.0	-8.0	-15.0

金属制品业

范围：全行业

项　　目	优秀值	良好值	中等值	较低值	较差值
一、盈利回报指标					
净资产收益率（%）	11.4	6.1	3.2	-3.5	-13.7
营业收入利润率（%）	7.5	3.7	1.4	-3.6	-12.9
总资产报酬率（%）	6.5	3.2	2.1	-2.2	-8.8
盈余现金保障倍数	2.6	1.6	0.7	-0.4	-1.5
二、资产运营指标					
总资产周转率（次）	1.3	0.9	0.7	0.4	0.2
应收账款周转率（次）	9.5	5.8	4.2	2.2	1.0
流动资产周转率（次）	1.7	1.3	1.1	0.6	0.2
两金占流动资产比重（%）	33.7	45.2	50.7	58.4	67.1
三、风险防控指标					
资产负债率（%）	48.0	53.0	58.0	68.0	83.0
现金流动负债比率（%）	12.3	6.7	2.9	-7.7	-14.2
带息负债比率（%）	12.9	23.6	34.8	48.2	66.8
已获利息倍数	15.0	6.8	2.4	-1.5	-3.7
四、持续发展指标					
研发经费投入强度（%）	3.7	2.6	1.8	1.3	0.5
全员劳动生产率（万元/人）	50.7	38.9	27.0	18.3	9.5
经济增加值率（%）	10.7	4.3	-0.4	-4.0	-9.0
国有资本保值增值率（%）	113.2	107.5	102.8	99.0	91.2
五、补充指标					
营业现金比率（%）	11.2	6.4	1.6	-2.2	-6.0
国有资本回报率（%）	10.3	5.6	3.1	-2.8	-11.8
EBITDA率（%）	12.3	8.3	3.6	-0.2	-3.3
百元收入支付的成本费用（元）	94.6	97.5	99.0	103.4	108.8
存货周转率（次）	10.2	7.2	5.7	2.6	1.0
速动比率	1.6	1.2	1.0	0.7	0.5
利润总额增长率（%）	13.5	5.8	-2.1	-10.3	-20.1
营业总收入增长率（%）	16.6	9.7	2.4	-11.3	-21.6

金属工具制造业

范围：全行业

项　　目	优秀值	良好值	中等值	较低值	较差值
一、盈利回报指标					
净资产收益率（%）	10.5	7.4	3.2	-1.5	-6.9
营业收入利润率（%）	20.7	10.2	2.9	-5.0	-16.0
总资产报酬率（%）	5.1	3.8	2.1	-0.3	-4.4
盈余现金保障倍数	4.4	2.5	0.7	-0.6	-2.2
二、资产运营指标					
总资产周转率（次）	1.0	0.7	0.4	0.3	0.1
应收账款周转率（次）	9.3	6.6	3.6	2.6	1.7
流动资产周转率（次）	2.1	1.5	0.9	0.5	0.3
两金占流动资产比重（%）	44.3	50.8	58.4	66.2	77.1
三、风险防控指标					
资产负债率（%）	48.3	53.3	58.3	67.6	83.3
现金流动负债比率（%）	12.2	7.1	2.9	-3.0	-7.0
带息负债比率（%）	14.5	24.4	36.3	50.4	70.5
已获利息倍数	5.1	3.9	2.4	1.1	-2.3
四、持续发展指标					
研发经费投入强度（%）	6.7	5.0	4.2	2.1	0.9
全员劳动生产率（万元/人）	37.4	28.5	19.5	16.1	12.8
经济增加值率（%）	5.9	2.2	-1.3	-5.6	-10.5
国有资本保值增值率（%）	108.5	105.0	102.3	97.3	91.3
五、补充指标					
营业现金比率（%）	10.6	6.9	3.3	-3.7	-10.6
国有资本回报率（%）	9.6	6.8	3.1	-1.0	-5.7
EBITDA率（%）	16.1	8.5	4.5	-1.3	-8.7
百元收入支付的成本费用（元）	93.6	96.1	98.4	102.0	109.6
存货周转率（次）	6.2	4.0	2.3	1.4	0.8
速动比率	1.2	0.9	0.7	0.5	0.4
利润总额增长率（%）	9.2	1.6	-4.6	-12.3	-27.0
营业总收入增长率（%）	17.0	8.7	2.5	-7.3	-13.3

通用设备制造业

范围：全行业

项　　目	优秀值	良好值	中等值	较低值	较差值
一、盈利回报指标					
净资产收益率（%）	13.9	9.2	4.7	-2.0	-10.8
营业收入利润率（%）	8.1	5.6	4.0	-0.4	-10.3
总资产报酬率（%）	5.8	4.0	2.8	-0.6	-6.3
盈余现金保障倍数	2.4	1.4	0.5	-1.0	-2.6
二、资产运营指标					
总资产周转率（次）	1.0	0.7	0.5	0.3	0.1
应收账款周转率（次）	7.1	4.7	2.9	1.6	1.0
流动资产周转率（次）	1.3	1.0	0.7	0.4	0.2
两金占流动资产比重（%）	34.5	41.3	51.3	63.9	70.2
三、风险防控指标					
资产负债率（%）	48.9	53.9	58.9	68.9	83.9
现金流动负债比率（%）	9.5	5.6	1.9	-6.2	-11.0
带息负债比率（%）	0.4	9.5	22.9	35.7	53.1
已获利息倍数	6.0	5.0	2.9	1.3	-1.5
四、持续发展指标					
研发经费投入强度（%）	5.8	4.9	4.1	3.3	2.0
全员劳动生产率（万元/人）	46.0	37.1	28.2	19.0	9.8
经济增加值（%）	13.0	6.6	1.1	-4.1	-9.5
国有资本保值增值率（%）	113.5	108.7	103.8	97.8	91.4
五、补充指标					
营业现金比率（%）	11.5	6.5	1.4	-3.1	-7.5
国有资本回报率（%）	12.3	8.6	4.2	-1.2	-9.4
EBITDA率（%）	14.6	10.3	5.6	-0.5	-9.8
百元收入支付的成本费用（元）	93.6	96.3	98.3	104.6	114.1
存货周转率（次）	6.7	4.4	2.8	1.8	1.2
速动比率	1.5	1.3	1.0	0.8	0.5
利润总额增长率（%）	19.0	9.6	0.7	-11.5	-20.1
营业总收入增长率（%）	15.5	8.9	2.5	-6.9	-17.7

通用设备制造业

范围：大型企业

项　　目	优秀值	良好值	中等值	较低值	较差值
一、盈利回报指标					
净资产收益率（%）	11.3	9.1	5.4	-0.9	-11.9
营业收入利润率（%）	8.3	6.5	4.8	1.3	-5.7
总资产报酬率（%）	4.7	3.8	2.9	0.0	-5.2
盈余现金保障倍数	2.5	1.5	0.5	-1.0	-3.0
二、资产运营指标					
总资产周转率（次）	0.8	0.6	0.5	0.3	0.2
应收账款周转率（次）	8.2	5.4	3.3	1.9	1.1
流动资产周转率（次）	1.2	1.0	0.7	0.5	0.3
两金占流动资产比重（%）	31.6	36.7	46.0	56.5	61.3
三、风险防控指标					
资产负债率（%）	49.4	54.4	59.4	69.4	84.4
现金流动负债比率（%）	14.7	9.3	2.1	-6.2	-14.0
带息负债比率（%）	0.1	7.5	19.8	35.3	52.7
已获利息倍数	9.5	7.8	6.3	4.0	1.6
四、持续发展指标					
研发经费投入强度（%）	6.1	4.8	4.2	3.3	2.0
全员劳动生产率（万元/人）	57.7	46.3	34.8	26.4	18.1
经济增加值率（%）	8.9	6.1	2.8	-1.8	-10.1
国有资本保值增值率（%）	112.3	107.7	104.5	99.2	93.9
五、补充指标					
营业现金比率（%）	10.4	6.1	1.8	-0.5	-2.9
国有资本回报率（%）	11.0	9.1	5.8	0.3	-9.4
EBITDA率（%）	14.7	10.5	6.5	2.5	-2.9
百元收入支付的成本费用（元）	95.3	97.1	98.4	103.0	107.0
存货周转率（次）	5.3	4.0	2.9	1.8	1.2
速动比率	1.5	1.3	1.0	0.8	0.6
利润总额增长率（%）	19.9	11.5	2.6	-7.0	-15.1
营业总收入增长率（%）	13.9	8.4	2.0	-6.7	-17.6

通用设备制造业

范围：中型企业

项　　目	优秀值	良好值	中等值	较低值	较差值
一、盈利回报指标					
净资产收益率（%）	13.6	9.0	4.1	-2.2	-8.9
营业收入利润率（%）	7.4	5.2	2.6	-2.5	-8.2
总资产报酬率（%）	5.8	4.1	2.3	-1.1	-6.8
盈余现金保障倍数	2.8	1.7	0.8	-0.5	-2.1
二、资产运营指标					
总资产周转率（次）	0.9	0.7	0.5	0.3	0.2
应收账款周转率（次）	7.7	5.2	2.8	2.0	1.3
流动资产周转率（次）	1.2	1.0	0.7	0.5	0.4
两金占流动资产比重（%）	36.5	46.4	56.3	66.5	70.7
三、风险防控指标					
资产负债率（%）	48.3	53.3	58.3	68.3	83.3
现金流动负债比率（%）	9.2	4.7	1.3	-5.3	-9.5
带息负债比率（%）	4.6	17.3	28.9	39.1	53.3
已获利息倍数	7.1	4.5	2.9	1.1	-1.7
四、持续发展指标					
研发经费投入强度（%）	6.6	5.3	4.1	3.0	1.3
全员劳动生产率（万元/人）	45.9	35.7	25.6	19.3	13.1
经济增加值率（%）	13.0	7.3	0.3	-3.6	-9.1
国有资本保值增值率（%）	114.3	109.6	103.4	98.6	92.5
五、补充指标					
营业现金比率（%）	12.0	6.8	1.6	-3.1	-7.8
国有资本回报率（%）	12.6	8.5	4.2	-1.3	-7.2
EBITDA率（%）	12.2	8.6	4.2	0.4	-6.4
百元收入支付的成本费用（元）	92.1	94.7	97.7	102.6	111.1
存货周转率（次）	5.8	4.1	2.5	1.8	1.3
速动比率	1.4	1.2	1.0	0.7	0.6
利润总额增长率（%）	18.9	8.6	-0.8	-14.9	-23.8
营业总收入增长率（%）	18.1	11.3	3.8	-8.8	-19.3

通用设备制造业

范围：小型企业

项目	优秀值	良好值	中等值	较低值	较差值
一、盈利回报指标					
净资产收益率（%）	19.1	13.0	7.3	0.9	-8.3
营业收入利润率（%）	7.9	5.0	1.7	-3.2	-11.1
总资产报酬率（%）	6.8	4.1	2.2	0.6	-7.6
盈余现金保障倍数	2.2	1.1	0.4	-0.6	-2.1
二、资产运营指标					
总资产周转率（次）	1.0	0.8	0.5	0.3	0.1
应收账款周转率（次）	6.2	4.6	2.7	1.5	0.8
流动资产周转率（次）	1.3	1.0	0.7	0.4	0.2
两金占流动资产比重（%）	27.9	42.7	52.7	68.8	75.3
三、风险防控指标					
资产负债率（%）	49.1	54.1	59.1	69.1	84.1
现金流动负债比率（%）	12.4	5.0	0.6	-4.8	-11.0
带息负债比率（%）	5.3	17.8	30.2	39.9	54.0
已获利息倍数	5.0	4.0	2.3	0.8	-2.3
四、持续发展指标					
研发经费投入强度（%）	4.3	3.0	1.9	1.5	1.1
全员劳动生产率（万元/人）	45.1	34.0	22.9	15.7	8.4
经济增加值率（%）	16.3	10.0	0.4	-4.2	-9.6
国有资本保值增值率（%）	111.8	107.1	103.2	97.5	89.4
五、补充指标					
营业现金比率（%）	11.2	6.2	1.2	-2.7	-6.7
国有资本回报率（%）	15.8	10.5	5.5	-0.2	-8.2
EBITDA率（%）	12.7	8.0	3.3	-3.2	-14.1
百元收入支付的成本费用（元）	91.3	95.2	98.4	106.1	119.8
存货周转率（次）	8.3	5.3	2.9	1.8	1.2
速动比率	1.6	1.3	1.0	0.7	0.5
利润总额增长率（%）	20.7	12.1	3.1	-4.5	-13.6
营业总收入增长率（%）	29.4	17.7	6.6	-7.2	-17.3

锅炉及原动设备制造业

范围：全行业

项　　目	优秀值	良好值	中等值	较低值	较差值
一、盈利回报指标					
净资产收益率（%）	12.0	8.8	6.8	-0.5	-7.5
营业收入利润率（%）	7.4	5.4	3.5	0.3	-6.1
总资产报酬率（%）	4.9	3.9	2.5	0.2	-4.7
盈余现金保障倍数	2.5	1.5	0.6	-1.7	-5.4
二、资产运营指标					
总资产周转率（次）	0.9	0.7	0.5	0.3	0.1
应收账款周转率（次）	7.2	4.2	3.4	1.5	0.8
流动资产周转率（次）	1.1	0.9	0.7	0.3	0.2
两金占流动资产比重（%）	29.2	38.1	48.0	56.9	64.4
三、风险防控指标					
资产负债率（%）	49.0	54.0	59.0	69.0	84.0
现金流动负债比率（%）	9.6	7.1	4.0	-3.9	-10.4
带息负债比率（%）	1.9	6.0	15.4	27.5	45.6
已获利息倍数	11.3	8.4	5.3	2.3	1.1
四、持续发展指标					
研发经费投入强度（%）	5.8	5.1	4.6	3.7	2.9
全员劳动生产率（万元/人）	61.1	45.0	28.9	22.6	16.3
经济增加值率（%）	10.6	6.6	2.8	-4.5	-13.1
国有资本保值增值率（%）	113.9	109.8	105.9	100.2	94.9
五、补充指标					
营业现金比率（%）	12.4	7.8	3.2	-1.5	-6.1
国有资本回报率（%）	11.5	8.7	6.9	0.5	-5.6
EBITDA率（%）	13.4	9.2	5.4	0.5	-14.3
百元收入支付的成本费用（元）	94.2	97.1	98.9	102.2	109.6
存货周转率（次）	6.2	4.6	2.9	1.8	1.2
速动比率	1.5	1.2	1.0	0.8	0.6
利润总额增长率（%）	18.9	10.5	2.8	-6.5	-11.5
营业总收入增长率（%）	27.2	19.6	11.8	0.8	-11.7

金属加工机械制造业

范围：全行业

项　　　目	优秀值	良好值	中等值	较低值	较差值
一、盈利回报指标					
净资产收益率（%）	10.0	5.1	2.0	-2.9	-10.9
营业收入利润率（%）	6.8	3.2	0.7	-2.9	-11.4
总资产报酬率（%）	5.4	3.4	1.7	-0.9	-4.2
盈余现金保障倍数	2.0	1.3	0.3	-0.8	-4.2
二、资产运营指标					
总资产周转率（次）	1.0	0.7	0.4	0.3	0.1
应收账款周转率（次）	10.1	6.0	3.1	1.8	0.9
流动资产周转率（次）	1.3	1.1	0.7	0.4	0.2
两金占流动资产比重（%）	35.7	43.6	53.5	61.6	67.9
三、风险防控指标					
资产负债率（%）	46.9	51.9	56.9	66.9	81.9
现金流动负债比率（%）	4.6	2.6	0.3	-5.4	-11.5
带息负债比率（%）	7.4	20.8	31.7	42.7	58.2
已获利息倍数	6.7	3.9	2.3	-1.0	-3.8
四、持续发展指标					
研发经费投入强度（%）	6.6	5.5	3.5	2.6	0.9
全员劳动生产率（万元/人）	33.5	26.5	19.5	13.7	7.8
经济增加值率（%）	11.1	4.9	-1.3	-6.3	-10.3
国有资本保值增值率（%）	112.9	106.8	101.2	95.6	90.4
五、补充指标					
营业现金比率（%）	8.9	4.7	0.4	-3.7	-7.7
国有资本回报率（%）	9.1	4.8	2.1	-2.2	-9.2
EBITDA率（%）	14.7	9.4	5.0	-2.8	-12.8
百元收入支付的成本费用（元）	96.1	98.1	100.6	106.5	117.1
存货周转率（次）	5.5	3.8	2.0	1.2	0.6
速动比率	1.4	1.3	0.8	0.6	0.5
利润总额增长率（%）	4.1	-2.5	-13.4	-32.6	-42.5
营业总收入增长率（%）	14.9	8.1	0.4	-10.1	-21.3

其他通用设备制造业

范围：全行业

项　　目	优秀值	良好值	中等值	较低值	较差值
一、盈利回报指标					
净资产收益率（%）	15.6	11.3	7.9	1.0	-5.1
营业收入利润率（%）	12.0	8.0	4.5	0.7	-7.4
总资产报酬率（%）	6.9	5.1	3.9	0.4	-4.8
盈余现金保障倍数	2.9	1.4	0.7	-0.3	-1.9
二、资产运营指标					
总资产周转率（次）	0.9	0.8	0.6	0.3	0.1
应收账款周转率（次）	6.3	4.2	2.9	1.3	0.6
流动资产周转率（次）	1.2	1.0	0.8	0.4	0.2
两金占流动资产比重（%）	36.4	42.1	47.9	62.5	70.0
三、风险防控指标					
资产负债率（%）	47.1	52.1	57.1	67.1	82.1
现金流动负债比率（%）	15.4	7.2	3.8	-2.8	-7.6
带息负债比率（%）	5.4	19.5	33.0	44.9	63.3
已获利息倍数	8.7	6.8	4.7	2.3	-1.0
四、持续发展指标					
研发经费投入强度（%）	5.5	4.5	4.0	2.9	1.3
全员劳动生产率（万元/人）	54.3	42.8	31.3	22.6	14.0
经济增加值率（%）	15.5	9.1	2.6	-2.8	-6.7
国有资本保值增值率（%）	113.1	109.9	106.3	102.6	96.4
五、补充指标					
营业现金比率（%）	12.5	7.6	2.6	-1.2	-5.0
国有资本回报率（%）	13.5	9.7	6.7	0.7	-4.7
EBITDA率（%）	15.4	10.8	6.5	-0.5	-8.4
百元收入支付的成本费用（元）	91.8	93.6	96.1	102.1	109.4
存货周转率（次）	5.9	4.0	2.9	1.7	1.1
速动比率	1.6	1.4	1.0	0.8	0.6
利润总额增长率（%）	22.4	12.5	1.7	-10.9	-21.0
营业总收入增长率（%）	23.3	12.7	4.7	-9.1	-21.1

轴承制造业

范围：全行业

项　　目	优秀值	良好值	中等值	较低值	较差值
一、盈利回报指标					
净资产收益率（%）	14.9	9.0	3.7	-1.7	-6.6
营业收入利润率（%）	17.1	10.4	3.2	-1.4	-9.8
总资产报酬率（%）	5.9	3.5	1.4	-1.6	-4.4
盈余现金保障倍数	5.3	2.5	0.7	-1.2	-3.1
二、资产运营指标					
总资产周转率（次）	0.8	0.6	0.4	0.2	0.1
应收账款周转率（次）	6.7	5.1	2.7	2.1	1.3
流动资产周转率（次）	1.2	1.0	0.7	0.4	0.2
两金占流动资产比重（%）	44.3	50.1	55.9	63.6	73.0
三、风险防控指标					
资产负债率（%）	48.4	53.4	58.4	68.4	83.4
现金流动负债比率（%）	11.6	7.6	4.1	0.2	-4.3
带息负债比率（%）	0.5	21.8	37.5	45.0	54.1
已获利息倍数	6.7	4.8	3.3	2.3	0.9
四、持续发展指标					
研发经费投入强度（%）	4.9	4.5	3.9	3.3	2.0
全员劳动生产率（万元/人）	44.2	30.8	17.4	10.5	3.6
经济增加值率（%）	15.3	10.1	2.1	-2.4	-7.8
国有资本保值增值率（%）	113.8	107.8	102.9	99.6	93.6
五、补充指标					
营业现金比率（%）	15.3	9.7	4.2	0.6	-2.9
国有资本回报率（%）	14.4	9.2	4.6	1.4	-4.5
EBITDA率（%）	22.4	13.1	4.8	0.9	-3.6
百元收入支付的成本费用（元）	87.2	91.5	97.1	102.6	108.9
存货周转率（次）	5.2	3.4	2.4	1.5	0.9
速动比率	1.5	1.4	1.0	0.7	0.6
利润总额增长率（%）	37.5	20.5	9.8	-1.6	-8.8
营业总收入增长率（%）	20.3	13.3	8.1	-5.2	-12.6

专用设备制造业

范围：全行业

项　　　目	优秀值	良好值	中等值	较低值	较差值
一、盈利回报指标					
净资产收益率（%）	14.3	8.3	4.5	-0.5	-7.9
营业收入利润率（%）	8.7	5.5	2.9	-1.4	-8.3
总资产报酬率（%）	5.4	3.4	2.2	-0.1	-4.3
盈余现金保障倍数	3.0	1.3	0.5	-0.9	-3.2
二、资产运营指标					
总资产周转率（次）	1.0	0.8	0.5	0.3	0.2
应收账款周转率（次）	6.7	4.5	2.5	1.5	0.9
流动资产周转率（次）	1.3	1.0	0.7	0.5	0.3
两金占流动资产比重（%）	36.4	46.4	52.0	63.5	69.6
三、风险防控指标					
资产负债率（%）	49.2	54.2	59.2	69.2	84.2
现金流动负债比率（%）	10.1	4.0	0.8	-5.6	-11.5
带息负债比率（%）	7.0	19.3	30.3	42.2	60.0
已获利息倍数	8.9	5.4	2.4	0.9	-1.6
四、持续发展指标					
研发经费投入强度（%）	5.9	4.8	3.9	2.7	0.6
全员劳动生产率（万元/人）	54.6	42.9	31.2	21.7	12.3
经济增加值率（%）	15.4	8.3	1.1	-2.9	-8.1
国有资本保值增值率（%）	112.2	107.5	103.7	100.3	94.1
五、补充指标					
营业现金比率（%）	11.8	6.6	1.4	-4.5	-10.3
国有资本回报率（%）	12.9	7.7	4.3	0.0	-6.6
EBITDA率（%）	15.6	10.8	6.1	0.1	-6.9
百元收入支付的成本费用（元）	91.0	94.6	97.3	103.2	111.6
存货周转率（次）	6.6	4.5	2.6	1.8	1.2
速动比率	1.6	1.3	0.9	0.7	0.5
利润总额增长率（%）	20.2	11.2	1.1	-13.4	-23.0
营业总收入增长率（%）	21.3	12.0	2.1	-12.1	-21.3

专用设备制造业

范围：大型企业

项　　目	优秀值	良好值	中等值	较低值	较差值
一、盈利回报指标					
净资产收益率（%）	10.9	6.4	4.4	-1.2	-9.4
营业收入利润率（%）	8.7	5.0	3.6	-0.5	-3.9
总资产报酬率（%）	4.1	3.2	2.6	0.2	-2.5
盈余现金保障倍数	3.0	2.2	0.7	-0.9	-3.1
二、资产运营指标					
总资产周转率（次）	0.8	0.6	0.5	0.3	0.2
应收账款周转率（次）	6.7	4.5	2.5	1.6	1.0
流动资产周转率（次）	1.1	0.9	0.7	0.5	0.4
两金占流动资产比重（%）	36.7	46.5	51.7	58.7	64.4
三、风险防控指标					
资产负债率（%）	49.7	54.7	59.7	69.7	84.7
现金流动负债比率（%）	13.3	6.8	2.2	-5.1	-9.9
带息负债比率（%）	16.5	29.3	39.7	51.5	64.0
已获利息倍数	5.6	4.0	2.5	1.6	0.7
四、持续发展指标					
研发经费投入强度（%）	6.8	5.4	4.0	2.7	0.5
全员劳动生产率（万元/人）	60.3	45.8	31.3	24.2	17.2
经济增加值率（%）	9.8	6.2	0.9	-2.8	-7.5
国有资本保值增值率（%）	114.5	110.2	103.5	100.4	95.7
五、补充指标					
营业现金比率（%）	11.2	6.6	2.1	-3.4	-9.0
国有资本回报率（%）	9.8	5.8	4.1	-0.8	-8.0
EBITDA率（%）	13.5	9.4	5.3	0.7	-4.6
百元收入支付的成本费用（元）	92.1	95.4	98.5	102.3	106.5
存货周转率（次）	5.5	4.4	2.3	1.7	1.3
速动比率	1.3	1.2	0.9	0.7	0.6
利润总额增长率（%）	18.6	10.2	2.9	-8.6	-20.2
营业总收入增长率（%）	21.5	15.0	6.3	-3.3	-11.0

专用设备制造业

范围：中型企业

项　　　　目	优秀值	良好值	中等值	较低值	较差值
一、盈利回报指标					
净资产收益率（%）	12.2	7.8	4.8	-0.4	-7.8
营业收入利润率（%）	7.4	5.0	2.3	-1.2	-8.0
总资产报酬率（%）	5.4	3.8	2.0	0.1	-3.4
盈余现金保障倍数	2.7	1.5	0.6	-0.9	-3.2
二、资产运营指标					
总资产周转率（次）	0.9	0.8	0.5	0.4	0.2
应收账款周转率（次）	6.8	4.8	2.6	1.8	1.2
流动资产周转率（次）	1.4	1.1	0.8	0.5	0.3
两金占流动资产比重（%）	35.6	45.0	55.4	69.2	75.6
三、风险防控指标					
资产负债率（%）	49.0	54.0	59.0	69.0	84.0
现金流动负债比率（%）	10.3	4.8	1.3	-4.8	-9.4
带息负债比率（%）	8.0	19.0	30.1	42.1	59.8
已获利息倍数	10.0	5.8	2.6	1.4	0.4
四、持续发展指标					
研发经费投入强度（%）	6.3	5.5	3.8	2.8	1.5
全员劳动生产率（万元/人）	55.5	41.5	27.6	20.5	13.5
经济增加值率（%）	14.6	8.2	1.7	-2.2	-9.6
国有资本保值增值率（%）	113.6	109.8	103.9	100.0	94.5
五、补充指标					
营业现金比率（%）	11.6	6.7	1.9	-3.1	-8.2
国有资本回报率（%）	10.9	7.1	4.5	-0.1	-6.6
EBITDA率（%）	11.6	8.2	3.9	-0.5	-6.9
百元收入支付的成本费用（元）	93.2	95.5	97.8	102.9	109.3
存货周转率（次）	6.0	4.1	2.2	1.6	1.2
速动比率	1.5	1.3	0.9	0.7	0.5
利润总额增长率（%）	16.3	7.8	-2.5	-14.5	-26.8
营业总收入增长率（%）	19.0	10.6	0.0	-12.2	-23.3

专用设备制造业

范围：小型企业

项　　目	优秀值	良好值	中等值	较低值	较差值
一、盈利回报指标					
净资产收益率（%）	15.8	9.6	4.4	-0.4	-10.6
营业收入利润率（%）	9.1	5.8	2.8	-1.5	-10.7
总资产报酬率（%）	7.3	4.7	2.3	-0.1	-5.6
盈余现金保障倍数	2.3	1.2	0.2	-1.0	-3.7
二、资产运营指标					
总资产周转率（次）	1.1	0.9	0.5	0.4	0.2
应收账款周转率（次）	6.7	4.7	2.4	1.5	0.9
流动资产周转率（次）	1.4	1.1	0.8	0.5	0.3
两金占流动资产比重（%）	30.0	42.1	51.8	64.6	71.0
三、风险防控指标					
资产负债率（%）	48.3	53.3	58.3	68.3	83.3
现金流动负债比率（%）	10.0	3.7	0.4	-5.8	-12.0
带息负债比率（%）	6.5	21.5	36.8	49.0	64.4
已获利息倍数	7.5	4.8	2.2	0.2	-3.8
四、持续发展指标					
研发经费投入强度（%）	4.7	3.6	3.0	2.1	0.9
全员劳动生产率（万元/人）	51.2	40.4	29.5	20.3	11.1
经济增加值率（%）	18.8	12.1	0.8	-3.3	-8.7
国有资本保值增值率（%）	111.4	106.9	104.6	99.6	91.3
五、补充指标					
营业现金比率（%）	12.0	6.4	0.7	-5.3	-11.3
国有资本回报率（%）	14.7	9.2	4.7	0.5	-8.5
EBITDA率（%）	16.9	11.6	6.1	-0.2	-10.0
百元收入支付的成本费用（元）	90.8	94.6	97.2	104.2	114.9
存货周转率（次）	7.5	4.8	2.6	1.8	1.2
速动比率	1.8	1.5	1.0	0.8	0.6
利润总额增长率（%）	20.3	12.2	1.0	-8.7	-19.0
营业总收入增长率（%）	25.8	14.6	1.5	-10.3	-20.7

冶金矿山建筑设备制造业

范围：全行业

项　　目	优秀值	良好值	中等值	较低值	较差值
一、盈利回报指标					
净资产收益率（%）	14.0	7.7	4.7	-2.1	-7.9
营业收入利润率（%）	8.0	5.0	3.0	-1.7	-9.0
总资产报酬率（%）	5.8	3.6	2.3	-1.3	-3.9
盈余现金保障倍数	2.4	1.4	0.6	-0.6	-3.0
二、资产运营指标					
总资产周转率（次）	0.9	0.7	0.5	0.3	0.2
应收账款周转率（次）	5.5	3.9	2.1	1.3	0.8
流动资产周转率（次）	1.2	0.9	0.6	0.4	0.2
两金占流动资产比重（%）	37.8	45.2	54.0	61.0	75.3
三、风险防控指标					
资产负债率（%）	49.4	54.4	59.4	69.4	84.4
现金流动负债比率（%）	9.7	4.6	0.6	-4.2	-9.4
带息负债比率（%）	9.8	18.7	32.0	42.8	62.7
已获利息倍数	7.1	4.9	2.0	0.5	-1.9
四、持续发展指标					
研发经费投入强度（%）	6.0	5.0	4.3	3.1	0.8
全员劳动生产率（万元/人）	49.1	39.5	29.9	21.1	12.3
经济增加值率（%）	11.8	6.1	1.3	-5.5	-9.5
国有资本保值增值率（%）	115.8	109.5	104.0	99.3	94.9
五、补充指标					
营业现金比率（%）	10.3	5.7	1.1	-4.6	-10.3
国有资本回报率（%）	12.3	6.8	4.1	-1.8	-6.9
EBITDA率（%）	13.1	9.0	4.6	-0.5	-7.1
百元收入支付的成本费用（元）	92.6	96.1	98.2	104.1	110.7
存货周转率（次）	5.6	3.7	2.2	1.5	0.9
速动比率	1.5	1.2	0.9	0.7	0.6
利润总额增长率（%）	18.8	12.0	1.2	-6.0	-15.9
营业总收入增长率（%）	16.3	9.4	1.9	-13.2	-24.9

矿山机械制造业

范围：全行业

项 目	优秀值	良好值	中等值	较低值	较差值
一、盈利回报指标					
净资产收益率（%）	11.9	8.1	4.1	-2.0	-9.9
营业收入利润率（%）	9.2	6.1	2.4	-2.6	-9.1
总资产报酬率（%）	5.6	3.2	1.9	-1.8	-5.3
盈余现金保障倍数	2.8	1.6	0.8	-0.4	-3.3
二、资产运营指标					
总资产周转率（次）	0.8	0.6	0.4	0.2	0.1
应收账款周转率（次）	5.1	3.5	1.8	1.1	0.6
流动资产周转率（次）	1.2	0.9	0.6	0.4	0.2
两金占流动资产比重（%）	44.9	51.9	58.7	70.3	79.0
三、风险防控指标					
资产负债率（%）	48.7	53.7	58.7	68.7	83.7
现金流动负债比率（%）	9.6	6.3	4.6	0.3	-2.6
带息负债比率（%）	4.3	12.8	22.6	33.3	49.8
已获利息倍数	8.4	5.6	1.9	0.0	-2.6
四、持续发展指标					
研发经费投入强度（%）	7.3	4.9	3.1	1.9	1.0
全员劳动生产率（万元/人）	42.2	34.2	26.2	19.0	11.7
经济增加值率（%）	11.9	5.7	0.6	-4.2	-7.5
国有资本保值增值率（%）	116.1	110.3	103.5	99.0	94.6
五、补充指标					
营业现金比率（%）	10.4	5.7	1.0	-2.9	-6.8
国有资本回报率（%）	10.3	7.0	3.5	-1.9	-8.8
EBITDA率（%）	12.4	8.6	4.0	-0.4	-9.0
百元收入支付的成本费用（元）	92.3	96.4	98.8	105.2	113.2
存货周转率（次）	6.3	4.0	2.1	1.4	0.9
速动比率	1.4	1.2	0.9	0.8	0.5
利润总额增长率（%）	36.2	23.3	14.2	2.8	-8.2
营业总收入增长率（%）	19.9	9.7	0.2	-9.3	-21.3

建筑工程用机械制造业

范围：全行业

项　　目	优秀值	良好值	中等值	较低值	较差值
一、盈利回报指标					
净资产收益率（%）	17.9	11.2	5.5	-2.5	-12.8
营业收入利润率（%）	11.4	5.9	4.1	-0.9	-8.0
总资产报酬率（%）	5.8	4.2	2.0	-2.4	-7.5
盈余现金保障倍数	2.3	1.4	0.3	-0.9	-4.1
二、资产运营指标					
总资产周转率（次）	1.0	0.8	0.5	0.3	0.1
应收账款周转率（次）	4.8	3.6	2.2	1.2	0.6
流动资产周转率（次）	1.2	0.9	0.7	0.3	0.2
两金占流动资产比重（%）	45.2	51.5	58.7	65.9	80.0
三、风险防控指标					
资产负债率（%）	48.2	53.2	58.2	68.2	83.2
现金流动负债比率（%）	9.9	3.9	1.7	-4.6	-12.6
带息负债比率（%）	13.6	22.4	35.2	47.6	63.4
已获利息倍数	6.5	4.1	2.4	0.4	-0.9
四、持续发展指标					
研发经费投入强度（%）	6.9	4.1	2.2	1.3	0.4
全员劳动生产率（万元/人）	44.9	39.3	33.6	22.7	11.8
经济增加值率（%）	9.0	4.4	1.5	-6.3	-11.1
国有资本保值增值率（%）	116.7	110.3	105.4	98.0	92.8
五、补充指标					
营业现金比率（%）	13.6	7.8	2.0	-6.4	-14.7
国有资本回报率（%）	16.2	10.3	5.2	0.0	-10.8
EBITDA率（%）	16.6	11.0	5.7	1.5	-5.5
百元收入支付的成本费用（元）	89.2	93.8	97.4	101.5	109.0
存货周转率（次）	4.7	3.3	2.8	1.3	0.6
速动比率	1.6	1.3	1.0	0.7	0.4
利润总额增长率（%）	31.6	20.3	6.6	-6.6	-14.7
营业总收入增长率（%）	18.3	11.7	2.9	-11.6	-24.1

冶金专用设备制造业

范围：全行业

项　　　目	优秀值	良好值	中等值	较低值	较差值
一、盈利回报指标					
净资产收益率（%）	15.0	9.4	2.4	-0.9	-3.3
营业收入利润率（%）	8.6	6.0	1.1	-1.6	-5.8
总资产报酬率（%）	7.1	3.7	1.0	-0.7	-3.0
盈余现金保障倍数	2.5	1.6	0.7	-0.6	-2.6
二、资产运营指标					
总资产周转率（次）	1.1	0.8	0.4	0.3	0.2
应收账款周转率（次）	6.5	4.9	2.6	2.2	1.6
流动资产周转率（次）	1.4	1.1	0.6	0.4	0.3
两金占流动资产比重（%）	59.0	61.9	63.2	70.7	80.8
三、风险防控指标					
资产负债率（%）	48.7	53.7	58.7	68.7	83.7
现金流动负债比率（%）	11.5	4.8	0.6	-5.2	-7.7
带息负债比率（%）	10.4	18.7	29.8	39.5	52.2
已获利息倍数	5.8	3.7	1.8	0.2	-1.2
四、持续发展指标					
研发经费投入强度（%）	8.1	5.7	4.4	1.8	0.5
全员劳动生产率（万元/人）	39.0	30.8	22.5	16.2	9.9
经济增加值率（%）	10.8	3.8	-0.4	-3.2	-7.0
国有资本保值增值率（%）	118.5	110.2	101.4	98.8	94.2
五、补充指标					
营业现金比率（%）	9.7	5.5	1.3	-3.3	-7.9
国有资本回报率（%）	14.0	9.0	2.9	0.7	-0.9
EBITDA率（%）	14.8	10.3	5.1	1.7	-0.8
百元收入支付的成本费用（元）	93.8	95.9	99.2	104.4	110.5
存货周转率（次）	6.5	4.4	1.9	1.4	1.0
速动比率	1.3	1.0	0.8	0.6	0.4
利润总额增长率（%）	6.3	-3.4	-12.6	-19.0	-29.0
营业总收入增长率（%）	23.0	14.4	5.6	-1.2	-10.9

化工、木材、非金属加工设备制造业

范围：全行业

项　　　目	优秀值	良好值	中等值	较低值	较差值
一、盈利回报指标					
净资产收益率（%）	7.2	4.9	2.3	-1.8	-7.6
营业收入利润率（%）	4.0	2.8	1.8	-1.9	-7.7
总资产报酬率（%）	3.3	2.2	1.3	-0.6	-3.8
盈余现金保障倍数	3.0	2.2	0.7	-0.6	-2.6
二、资产运营指标					
总资产周转率（次）	0.9	0.7	0.5	0.3	0.1
应收账款周转率（次）	8.6	5.5	2.9	1.9	1.1
流动资产周转率（次）	1.3	1.0	0.8	0.4	0.2
两金占流动资产比重（%）	42.8	47.8	54.6	60.8	71.3
三、风险防控指标					
资产负债率（%）	48.3	53.3	58.3	68.3	83.3
现金流动负债比率（%）	7.7	3.9	1.4	-4.3	-8.9
带息负债比率（%）	16.5	24.1	34.8	44.6	58.0
已获利息倍数	7.5	5.2	2.5	1.2	0.0
四、持续发展指标					
研发经费投入强度（%）	5.7	4.3	2.6	1.9	1.5
全员劳动生产率（万元/人）	43.6	34.3	25.1	17.5	9.8
经济增加值率（%）	6.4	0.9	-4.3	-8.6	-16.9
国有资本保值增值率（%）	113.1	108.3	102.5	100.0	93.2
五、补充指标					
营业现金比率（%）	14.9	9.2	3.5	-1.9	-7.3
国有资本回报率（%）	6.4	4.4	2.1	-1.4	-6.5
EBITDA率（%）	17.6	10.5	5.7	-2.1	-12.8
百元收入支付的成本费用（元）	94.7	97.1	99.1	104.0	111.0
存货周转率（次）	6.4	4.6	2.8	1.8	1.2
速动比率	1.6	1.3	0.9	0.7	0.6
利润总额增长率（%）	14.2	7.2	-0.3	-13.0	-20.6
营业总收入增长率（%）	13.8	8.6	-0.3	-13.4	-21.9

轻纺设备制造业

范围：全行业

项目	优秀值	良好值	中等值	较低值	较差值
一、盈利回报指标					
净资产收益率（%）	7.7	3.9	1.9	-3.0	-9.4
营业收入利润率（%）	15.0	8.7	2.5	-1.9	-12.7
总资产报酬率（%）	5.3	3.5	1.6	-1.5	-5.2
盈余现金保障倍数	3.8	2.2	0.8	-0.4	-2.0
二、资产运营指标					
总资产周转率（次）	1.1	0.8	0.4	0.3	0.1
应收账款周转率（次）	9.6	6.3	5.5	2.7	1.2
流动资产周转率（次）	1.6	1.1	0.7	0.4	0.3
两金占流动资产比重（%）	16.9	25.1	40.3	50.2	60.2
三、风险防控指标					
资产负债率（%）	49.1	54.1	59.1	69.1	84.1
现金流动负债比率（%）	12.6	6.6	1.6	-2.1	-9.3
带息负债比率（%）	20.1	30.9	47.2	57.5	69.3
已获利息倍数	4.5	2.4	0.5	-1.1	-2.9
四、持续发展指标					
研发经费投入强度（%）	4.7	3.3	2.2	1.7	0.6
全员劳动生产率（万元/人）	76.7	52.2	27.7	21.6	15.4
经济增加值率（%）	9.9	4.5	-0.7	-4.1	-9.5
国有资本保值增值率（%）	107.4	104.1	102.4	98.8	93.0
五、补充指标					
营业现金比率（%）	11.2	6.9	2.6	-1.8	-6.3
国有资本回报率（%）	6.9	3.5	1.8	-2.5	-8.1
EBITDA率（%）	21.5	11.9	4.2	-1.2	-10.4
百元收入支付的成本费用（元）	87.6	94.3	97.8	102.1	108.6
存货周转率（次）	7.6	5.0	3.4	2.5	2.0
速动比率	1.6	1.2	0.9	0.7	0.5
利润总额增长率（%）	31.2	17.7	9.4	-0.5	-8.2
营业总收入增长率（%）	21.2	13.7	7.8	-3.9	-17.0

电子和电工机械专用设备制造业

范围：全行业

项　　目	优秀值	良好值	中等值	较低值	较差值
一、盈利回报指标					
净资产收益率（％）	18.6	14.2	8.2	3.8	-4.0
营业收入利润率（％）	13.0	10.3	4.9	0.3	-9.7
总资产报酬率（％）	9.2	7.0	5.2	1.7	-3.0
盈余现金保障倍数	2.2	1.0	0.2	-0.9	-2.6
二、资产运营指标					
总资产周转率（次）	0.9	0.7	0.5	0.3	0.2
应收账款周转率（次）	6.3	4.8	3.4	2.0	1.2
流动资产周转率（次）	1.1	0.9	0.7	0.4	0.2
两金占流动资产比重（％）	45.4	50.5	54.9	66.3	72.8
三、风险防控指标					
资产负债率（％）	48.1	53.1	58.1	68.1	83.1
现金流动负债比率（％）	22.5	9.5	2.2	-4.2	-9.6
带息负债比率（％）	6.2	13.2	23.0	38.9	61.6
已获利息倍数	13.4	9.4	5.3	2.1	-0.8
四、持续发展指标					
研发经费投入强度（％）	13.6	7.9	3.8	2.5	1.3
全员劳动生产率（万元/人）	50.1	48.7	47.4	30.0	12.7
经济增加值率（％）	17.1	10.3	4.7	-3.7	-6.8
国有资本保值增值率（％）	121.2	114.1	108.3	103.0	97.1
五、补充指标					
营业现金比率（％）	12.7	7.4	2.1	-6.0	-14.1
国有资本回报率（％）	17.4	13.6	8.3	4.4	-2.4
EBITDA率（％）	15.2	10.6	6.5	0.3	-7.7
百元收入支付的成本费用（元）	90.0	93.2	96.0	105.5	109.9
存货周转率（次）	7.1	4.1	2.1	1.3	0.8
速动比率	1.7	1.4	1.0	0.7	0.4
利润总额增长率（％）	30.6	17.7	8.1	-7.1	-16.7
营业总收入增长率（％）	43.7	30.4	16.6	5.8	-4.5

农林牧渔专用机械制造业

范围：全行业

项　　　目	优秀值	良好值	中等值	较低值	较差值
一、盈利回报指标					
净资产收益率（%）	12.7	9.4	4.4	-3.0	-15.6
营业收入利润率（%）	9.6	6.4	4.0	-4.7	-20.1
总资产报酬率（%）	7.6	5.5	3.2	-0.2	-4.0
盈余现金保障倍数	2.2	1.3	0.5	-1.0	-2.3
二、资产运营指标					
总资产周转率（次）	0.9	0.8	0.4	0.2	0.1
应收账款周转率（次）	15.9	11.8	6.1	3.3	1.5
流动资产周转率（次）	1.5	1.1	0.8	0.4	0.2
两金占流动资产比重（%）	21.5	28.3	39.4	47.9	52.1
三、风险防控指标					
资产负债率（%）	47.4	52.4	57.4	67.4	82.4
现金流动负债比率（%）	7.2	3.5	0.0	-6.5	-12.9
带息负债比率（%）	10.8	17.4	36.7	46.5	56.3
已获利息倍数	4.8	2.6	1.7	-0.6	-3.4
四、持续发展指标					
研发经费投入强度（%）	5.5	3.8	3.2	2.6	1.9
全员劳动生产率（万元/人）	40.0	29.6	19.1	10.8	2.6
经济增加值率（%）	8.1	4.1	-0.1	-5.8	-15.5
国有资本保值增值率（%）	109.3	106.8	103.5	96.5	85.2
五、补充指标					
营业现金比率（%）	11.4	5.7	0.0	-7.2	-14.4
国有资本回报率（%）	12.7	9.7	5.4	-1.1	-12.2
EBITDA率（%）	19.5	12.4	5.7	3.3	-4.2
百元收入支付的成本费用（元）	93.9	96.4	98.8	106.8	110.8
存货周转率（次）	7.4	5.9	4.5	2.5	1.3
速动比率	1.4	1.1	0.8	0.6	0.4
利润总额增长率（%）	-0.9	-11.9	-20.6	-30.0	-36.2
营业总收入增长率（%）	9.3	1.4	-5.2	-15.1	-26.0

医疗仪器设备制造业

范围：全行业

项　　　目	优秀值	良好值	中等值	较低值	较差值
一、盈利回报指标					
净资产收益率（%）	11.2	6.6	3.3	-3.4	-10.9
营业收入利润率（%）	14.6	7.6	4.4	-2.7	-10.0
总资产报酬率（%）	8.5	4.5	2.1	-2.4	-6.6
盈余现金保障倍数	1.7	1.0	0.7	-1.3	-3.2
二、资产运营指标					
总资产周转率（次）	0.8	0.6	0.4	0.2	0.1
应收账款周转率（次）	12.2	7.2	4.1	2.3	1.2
流动资产周转率（次）	1.1	0.9	0.7	0.3	0.1
两金占流动资产比重（%）	39.0	50.4	53.9	60.8	73.8
三、风险防控指标					
资产负债率（%）	38.0	53.0	58.0	68.0	83.0
现金流动负债比率（%）	8.9	4.8	0.4	-4.6	-18.0
带息负债比率（%）	4.6	16.1	33.4	44.6	57.9
已获利息倍数	9.1	5.2	2.6	-1.9	-6.2
四、持续发展指标					
研发经费投入强度（%）	5.7	4.0	2.8	1.4	0.4
全员劳动生产率（万元/人）	27.9	24.8	21.7	10.7	-0.3
经济增加值率（%）	6.9	1.6	-0.8	-9.1	-17.3
国有资本保值增值率（%）	108.5	106.1	102.4	97.5	92.4
五、补充指标					
营业现金比率（%）	21.0	12.1	3.1	-3.6	-10.3
国有资本回报率（%）	9.7	5.7	2.8	-3.1	-9.6
EBITDA率（%）	25.0	16.9	9.1	2.4	-7.6
百元收入支付的成本费用（元）	85.8	91.8	98.0	108.1	119.0
存货周转率（次）	5.1	4.2	2.5	1.5	0.9
速动比率	1.6	1.4	1.0	0.9	0.7
利润总额增长率（%）	11.7	3.9	-5.2	-14.8	-25.7
营业总收入增长率（%）	15.3	8.4	1.3	-5.9	-19.8

交通运输设备制造业

范围：全行业

项目	优秀值	良好值	中等值	较低值	较差值
一、盈利回报指标					
净资产收益率（%）	13.9	9.8	6.0	-0.7	-8.4
营业收入利润率（%）	9.6	6.5	4.4	-1.0	-7.3
总资产报酬率（%）	6.1	4.4	3.4	-0.2	-6.3
盈余现金保障倍数	3.8	1.9	0.7	-0.6	-1.9
二、资产运营指标					
总资产周转率（次）	1.0	0.7	0.5	0.3	0.1
应收账款周转率（次）	11.4	7.2	4.5	2.5	1.4
流动资产周转率（次）	1.6	1.2	0.9	0.5	0.3
两金占流动资产比重（%）	28.7	37.0	45.8	56.9	63.7
三、风险防控指标					
资产负债率（%）	48.2	53.2	58.2	68.2	83.2
现金流动负债比率（%）	17.3	8.4	2.5	-7.5	-16.2
带息负债比率（%）	3.9	18.5	31.5	42.1	54.7
已获利息倍数	6.1	5.3	3.7	1.4	-0.9
四、持续发展指标					
研发经费投入强度（%）	6.4	4.4	3.5	2.6	1.0
全员劳动生产率（万元/人）	62.3	47.4	32.6	23.8	15.1
经济增加值率（%）	12.9	8.5	0.7	-3.2	-10.3
国有资本保值增值率（%）	113.2	109.7	103.5	100.4	93.5
五、补充指标					
营业现金比率（%）	15.0	8.7	2.5	-4.4	-11.3
国有资本回报率（%）	13.1	9.1	5.8	0.0	-6.9
EBITDA率（%）	15.8	11.3	6.1	-0.3	-4.8
百元收入支付的成本费用（元）	93.0	96.1	97.6	103.8	109.4
存货周转率（次）	11.1	7.4	4.4	2.7	1.6
速动比率	1.6	1.3	1.0	0.7	0.6
利润总额增长率（%）	14.0	3.5	-3.5	-16.4	-27.2
营业总收入增长率（%）	19.0	12.4	4.9	-5.2	-15.6

交通运输设备制造业

范围：大型企业

项目	优秀值	良好值	中等值	较低值	较差值
一、盈利回报指标					
净资产收益率（%）	13.6	10.4	6.5	0.2	-7.1
营业收入利润率（%）	9.0	6.7	4.8	0.2	-4.6
总资产报酬率（%）	5.5	4.5	3.6	0.1	-6.7
盈余现金保障倍数	4.5	2.1	0.7	-0.6	-1.6
二、资产运营指标					
总资产周转率（次）	0.9	0.7	0.6	0.3	0.2
应收账款周转率（次）	11.1	7.7	4.9	2.6	1.3
流动资产周转率（次）	1.6	1.2	1.0	0.6	0.3
两金占流动资产比重（%）	27.3	33.4	42.5	52.2	60.5
三、风险防控指标					
资产负债率（%）	48.3	53.3	58.3	68.3	83.3
现金流动负债比率（%）	16.8	9.8	3.7	-6.7	-17.3
带息负债比率（%）	3.4	16.7	29.8	38.8	51.1
已获利息倍数	7.1	6.0	4.9	0.9	-0.6
四、持续发展指标					
研发经费投入强度（%）	7.3	4.8	3.6	2.6	0.9
全员劳动生产率（万元/人）	70.9	55.2	39.5	31.1	22.7
经济增加值率（%）	11.0	7.1	2.1	-3.1	-9.7
国有资本保值增值率（%）	114.2	110.9	105.6	102.0	98.0
五、补充指标					
营业现金比率（%）	12.5	7.9	3.3	-4.0	-11.2
国有资本回报率（%）	13.0	10.2	6.8	1.2	-5.2
EBITDA率（%）	14.6	11.6	6.8	1.4	-2.8
百元收入支付的成本费用（元）	93.1	95.7	97.2	102.7	106.3
存货周转率（次）	10.4	7.2	4.5	2.8	1.7
速动比率	1.5	1.3	1.0	0.7	0.5
利润总额增长率（%）	12.3	3.4	-4.1	-16.8	-27.7
营业总收入增长率（%）	14.6	8.7	0.4	-8.1	-18.7

交通运输设备制造业

范围：中型企业

项目	优秀值	良好值	中等值	较低值	较差值
一、盈利回报指标					
净资产收益率（%）	14.3	9.4	4.7	-2.3	-10.0
营业收入利润率（%）	8.2	5.3	3.1	-2.0	-6.8
总资产报酬率（%）	6.6	4.2	2.4	-0.5	-6.7
盈余现金保障倍数	3.7	2.0	0.7	-0.8	-2.3
二、资产运营指标					
总资产周转率（次）	1.0	0.8	0.6	0.4	0.2
应收账款周转率（次）	11.6	7.2	3.6	2.5	1.6
流动资产周转率（次）	1.7	1.4	0.8	0.6	0.4
两金占流动资产比重（%）	35.1	45.1	53.4	60.8	66.3
三、风险防控指标					
资产负债率（%）	48.0	53.0	58.0	68.0	83.0
现金流动负债比率（%）	19.0	10.2	2.3	-8.2	-15.4
带息负债比率（%）	7.5	21.4	36.8	47.7	60.3
已获利息倍数	6.8	5.4	4.0	1.4	-1.7
四、持续发展指标					
研发经费投入强度（%）	6.2	4.8	3.2	2.5	1.4
全员劳动生产率（万元/人）	59.9	47.5	35.1	25.8	16.4
经济增加值率（%）	13.3	9.0	1.5	-3.6	-10.0
国有资本保值增值率（%）	114.1	110.4	104.8	100.0	95.5
五、补充指标					
营业现金比率（%）	12.5	7.4	2.3	-4.8	-11.9
国有资本回报率（%）	13.0	8.8	4.6	-1.5	-8.3
EBITDA率（%）	15.9	12.0	6.9	1.4	-5.1
百元收入支付的成本费用（元）	92.7	96.1	98.4	104.5	111.2
存货周转率（次）	10.8	7.6	3.7	2.5	1.6
速动比率	1.7	1.4	1.0	0.8	0.7
利润总额增长率（%）	41.1	20.8	-1.6	-13.6	-32.2
营业总收入增长率（%）	24.5	16.5	5.0	-3.8	-14.2

交通运输设备制造业

范围：小型企业

项　　　目	优秀值	良好值	中等值	较低值	较差值
一、盈利回报指标					
净资产收益率（%）	14.8	9.0	3.5	-3.2	-10.9
营业收入利润率（%）	10.1	5.6	1.7	-1.7	-10.6
总资产报酬率（%）	5.7	3.9	1.7	-2.4	-6.2
盈余现金保障倍数	3.2	1.7	0.5	-0.6	-2.2
二、资产运营指标					
总资产周转率（次）	1.3	0.9	0.4	0.3	0.1
应收账款周转率（次）	11.8	7.2	3.4	2.6	1.8
流动资产周转率（次）	1.8	1.4	0.8	0.5	0.3
两金占流动资产比重（%）	18.2	31.7	45.0	56.5	65.1
三、风险防控指标					
资产负债率（%）	48.0	53.0	58.0	68.0	83.0
现金流动负债比率（%）	15.7	7.0	1.2	-6.3	-14.9
带息负债比率（%）	4.5	19.8	39.8	50.5	65.6
已获利息倍数	5.5	4.0	3.0	0.9	-1.8
四、持续发展指标					
研发经费投入强度（%）	4.0	2.7	1.6	1.0	0.7
全员劳动生产率（万元/人）	58.0	44.0	30.1	21.6	13.1
经济增加值率（%）	14.7	8.3	-1.0	-4.3	-10.9
国有资本保值增值率（%）	109.7	106.7	102.7	98.3	90.7
五、补充指标					
营业现金比率（%）	15.9	8.8	1.8	-4.6	-10.9
国有资本回报率（%）	13.1	8.0	3.2	-2.7	-9.5
EBITDA率（%）	16.5	10.2	3.3	-0.6	-5.7
百元收入支付的成本费用（元）	92.7	96.4	99.1	104.5	114.0
存货周转率（次）	12.5	8.0	4.6	2.8	1.6
速动比率	1.7	1.4	1.0	0.7	0.6
利润总额增长率（%）	26.9	18.5	-1.0	-15.8	-24.8
营业总收入增长率（%）	21.8	14.6	4.0	-4.0	-13.0

汽车制造业

范围：全行业

项 目	优秀值	良好值	中等值	较低值	较差值
一、盈利回报指标					
净资产收益率（%）	13.4	8.6	4.8	-3.5	-10.9
营业收入利润率（%）	9.0	6.3	4.5	-2.2	-7.4
总资产报酬率（%）	10.3	6.6	4.7	-0.7	-5.5
盈余现金保障倍数	3.3	1.7	1.0	-0.3	-1.3
二、资产运营指标					
总资产周转率（次）	1.3	1.0	0.7	0.4	0.2
应收账款周转率（次）	11.6	6.9	5.0	2.6	1.7
流动资产周转率（次）	2.1	1.7	1.3	0.6	0.3
两金占流动资产比重（%）	31.0	41.7	50.8	60.0	68.5
三、风险防控指标					
资产负债率（%）	48.2	53.2	58.2	68.2	83.2
现金流动负债比率（%）	21.3	13.4	8.8	-2.3	-13.5
带息负债比率（%）	4.5	16.7	27.8	38.7	54.9
已获利息倍数	9.5	7.0	4.0	0.7	-2.2
四、持续发展指标					
研发经费投入强度（%）	4.4	3.4	2.9	1.7	0.8
全员劳动生产率（万元/人）	48.4	39.2	30.0	19.7	9.5
经济增加值率（%）	11.6	6.3	0.5	-5.9	-16.9
国有资本保值增值率（%）	110.3	105.5	102.3	98.8	94.6
五、补充指标					
营业现金比率（%）	14.6	8.9	3.2	-1.3	-5.7
国有资本回报率（%）	11.7	7.7	4.8	-2.2	-8.5
EBITDA率（%）	13.0	9.6	6.2	-0.3	-8.1
百元收入支付的成本费用（元）	94.5	96.3	98.0	105.6	112.3
存货周转率（次）	12.3	8.8	7.3	3.9	2.1
速动比率	1.2	1.1	1.0	0.7	0.6
利润总额增长率（%）	10.3	-0.3	-8.0	-12.3	-15.1
营业总收入增长率（%）	13.4	9.8	4.1	-1.7	-9.4

汽车制造业

范围：大型企业

项 目	优秀值	良好值	中等值	较低值	较差值
一、盈利回报指标					
净资产收益率（%）	15.6	9.0	5.3	-3.9	-11.3
营业收入利润率（%）	9.1	6.6	5.2	0.8	-5.1
总资产报酬率（%）	12.3	7.9	5.2	0.7	-5.3
盈余现金保障倍数	3.2	1.8	1.0	-0.4	-1.3
二、资产运营指标					
总资产周转率（次）	1.3	1.0	0.8	0.4	0.2
应收账款周转率（次）	16.1	9.1	5.6	3.0	1.7
流动资产周转率（次）	2.1	1.7	1.4	0.9	0.5
两金占流动资产比重（%）	22.4	31.6	38.6	46.8	55.7
三、风险防控指标					
资产负债率（%）	51.1	56.1	58.9	68.9	83.9
现金流动负债比率（%）	20.9	14.4	9.0	-2.2	-14.7
带息负债比率（%）	3.4	16.5	26.9	38.0	52.5
已获利息倍数	9.6	7.5	4.0	1.3	-0.9
四、持续发展指标					
研发经费投入强度（%）	5.2	4.0	2.9	1.7	0.8
全员劳动生产率（万元/人）	62.4	46.4	30.3	23.9	17.6
经济增加值率（%）	11.5	6.2	1.2	-6.0	-17.7
国有资本保值增值率（%）	113.3	108.8	104.4	101.3	96.3
五、补充指标					
营业现金比率（%）	12.0	8.8	5.5	0.7	-4.1
国有资本回报率（%）	14.2	8.4	5.2	-3.0	-9.4
EBITDA率（%）	13.2	10.0	6.8	0.9	-7.6
百元收入支付的成本费用（元）	94.5	96.0	97.5	104.8	109.5
存货周转率（次）	14.8	11.1	8.4	5.9	4.3
速动比率	1.2	1.1	1.0	0.8	0.6
利润总额增长率（%）	12.2	0.9	-8.8	-14.6	-19.9
营业总收入增长率（%）	11.0	6.7	0.4	-6.0	-12.4

汽车制造业

范围：中型企业

项 目	优秀值	良好值	中等值	较低值	较差值
一、盈利回报指标					
净资产收益率（%）	13.7	8.7	4.7	-2.9	-8.1
营业收入利润率（%）	5.3	3.1	1.1	-3.9	-11.1
总资产报酬率（%）	5.7	3.6	1.6	-1.3	-5.0
盈余现金保障倍数	3.9	2.1	1.2	0.0	-2.0
二、资产运营指标					
总资产周转率（次）	1.4	1.2	0.8	0.6	0.3
应收账款周转率（次）	11.2	6.9	4.0	3.0	2.3
流动资产周转率（次）	2.2	1.8	1.3	0.9	0.6
两金占流动资产比重（%）	35.6	45.5	52.8	59.5	65.2
三、风险防控指标					
资产负债率（%）	48.3	53.3	58.3	68.3	83.3
现金流动负债比率（%）	22.4	13.3	5.9	-4.7	-13.1
带息负债比率（%）	17.0	29.2	39.2	50.3	66.4
已获利息倍数	7.4	5.6	2.7	-0.7	-4.5
四、持续发展指标					
研发经费投入强度（%）	4.8	3.8	3.0	1.7	0.8
全员劳动生产率（万元/人）	43.9	34.0	24.0	17.4	10.8
经济增加值率（%）	13.7	8.5	0.7	-5.0	-11.9
国有资本保值增值率（%）	110.6	108.1	103.8	98.1	94.7
五、补充指标					
营业现金比率（%）	12.8	8.0	3.2	-1.0	-5.2
国有资本回报率（%）	12.6	8.2	4.7	-1.9	-6.6
EBITDA率（%）	10.0	6.3	2.7	-2.1	-9.0
百元收入支付的成本费用（元）	95.4	97.9	100.8	106.4	111.9
存货周转率（次）	11.1	8.3	5.4	3.2	2.0
速动比率	1.1	1.1	0.9	0.8	0.7
利润总额增长率（%）	16.7	9.6	-0.1	-6.2	-10.8
营业总收入增长率（%）	24.8	18.0	9.2	2.5	-3.4

汽车制造业

范围：小型企业

项目	优秀值	良好值	中等值	较低值	较差值
一、盈利回报指标					
净资产收益率（%）	13.0	8.3	3.0	-3.0	-9.8
营业收入利润率（%）	6.8	3.4	0.6	-2.5	-9.7
总资产报酬率（%）	5.9	3.9	1.8	-2.1	-7.2
盈余现金保障倍数	3.0	1.7	1.0	-0.2	-1.1
二、资产运营指标					
总资产周转率（次）	1.5	1.2	0.7	0.5	0.3
应收账款周转率（次）	13.2	7.1	3.8	2.5	1.7
流动资产周转率（次）	2.2	1.7	1.0	0.6	0.3
两金占流动资产比重（%）	29.5	41.7	48.4	60.5	68.7
三、风险防控指标					
资产负债率（%）	48.0	53.0	58.0	68.0	83.0
现金流动负债比率（%）	14.0	6.6	2.2	-6.4	-13.1
带息负债比率（%）	6.2	18.7	29.9	37.4	46.7
已获利息倍数	5.7	4.6	3.0	-0.2	-4.2
四、持续发展指标					
研发经费投入强度（%）	3.3	2.4	1.5	0.9	0.6
全员劳动生产率（万元/人）	44.6	32.9	21.2	14.8	8.3
经济增加值率（%）	12.1	6.2	-1.8	-5.2	-8.6
国有资本保值增值率（%）	107.6	105.0	101.8	97.9	93.4
五、补充指标					
营业现金比率（%）	15.2	9.2	3.2	-1.7	-6.6
国有资本回报率（%）	11.6	7.4	2.8	-2.5	-8.4
EBITDA率（%）	13.1	7.9	2.2	-1.3	-6.1
百元收入支付的成本费用（元）	94.6	97.8	100.2	105.7	113.8
存货周转率（次）	11.8	8.6	5.5	3.3	2.0
速动比率	1.6	1.3	1.0	0.7	0.5
利润总额增长率（%）	10.2	-1.2	-8.1	-13.2	-19.0
营业总收入增长率（%）	14.2	10.0	3.5	-2.8	-12.7

汽车整车制造业

范围：全行业

项 目	优秀值	良好值	中等值	较低值	较差值
一、盈利回报指标					
净资产收益率（%）	17.0	10.0	4.5	-5.2	-15.8
营业收入利润率（%）	10.4	8.1	4.9	-4.6	-10.7
总资产报酬率（%）	13.1	7.7	4.5	-2.5	-7.4
盈余现金保障倍数	3.1	1.9	0.8	0.0	-1.1
二、资产运营指标					
总资产周转率（次）	1.7	1.2	0.7	0.4	0.1
应收账款周转率（次）	45.2	20.5	6.1	2.8	1.1
流动资产周转率（次）	2.5	2.0	1.4	0.6	0.1
两金占流动资产比重（%）	21.7	28.8	37.8	51.4	63.9
三、风险防控指标					
资产负债率（%）	48.9	53.9	58.9	68.9	83.9
现金流动负债比率（%）	15.9	7.6	1.2	-10.8	-23.1
带息负债比率（%）	5.1	12.5	20.6	32.4	48.3
已获利息倍数	21.5	8.6	4.0	-0.4	-3.4
四、持续发展指标					
研发经费投入强度（%）	5.4	3.8	2.7	1.3	0.3
全员劳动生产率（万元/人）	63.0	44.8	26.6	12.8	-0.9
经济增加值率（%）	9.2	3.7	-0.2	-11.2	-18.8
国有资本保值增值率（%）	115.8	110.4	103.5	93.9	84.4
五、补充指标					
营业现金比率（%）	16.2	9.6	3.0	-5.9	-14.7
国有资本回报率（%）	15.6	9.4	4.6	-3.9	-13.2
EBITDA率（%）	16.4	10.1	6.5	-0.8	-7.7
百元收入支付的成本费用（元）	89.3	93.6	98.4	104.6	113.5
存货周转率（次）	20.3	13.3	8.6	5.1	2.8
速动比率	1.4	1.2	0.9	0.6	0.4
利润总额增长率（%）	2.9	-3.6	-8.8	-15.6	-26.7
营业总收入增长率（%）	14.3	10.2	4.0	-3.4	-16.0

汽车零部件及配件制造业

范围：全行业

项　　目	优秀值	良好值	中等值	较低值	较差值
一、盈利回报指标					
净资产收益率（%）	13.5	9.2	4.8	-2.5	-10.1
营业收入利润率（%）	8.4	5.8	3.5	-3.0	-9.0
总资产报酬率（%）	6.3	4.8	3.2	-2.4	-7.7
盈余现金保障倍数	3.7	1.9	1.1	-0.3	-1.4
二、资产运营指标					
总资产周转率（次）	1.3	1.1	0.8	0.4	0.2
应收账款周转率（次）	7.5	6.2	4.3	3.2	2.4
流动资产周转率（次）	1.9	1.6	1.2	0.7	0.3
两金占流动资产比重（%）	19.1	29.6	39.5	48.7	60.0
三、风险防控指标					
资产负债率（%）	48.2	53.2	58.2	68.2	83.2
现金流动负债比率（%）	19.1	11.4	4.8	-6.7	-15.3
带息负债比率（%）	10.5	16.6	29.7	46.1	65.7
已获利息倍数	8.5	7.1	4.0	0.5	-1.3
四、持续发展指标					
研发经费投入强度（%）	6.5	4.9	3.3	1.8	0.6
全员劳动生产率（万元/人）	46.5	35.1	23.8	17.5	11.2
经济增加值率（%）	12.6	7.2	1.3	-6.4	-11.2
国有资本保值增值率（%）	116.5	111.1	103.5	98.7	90.2
五、补充指标					
营业现金比率（%）	14.6	9.1	3.6	0.2	-3.3
国有资本回报率（%）	12.5	8.7	4.9	-1.3	-8.2
EBITDA率（%）	15.4	11.4	6.7	2.4	-5.9
百元收入支付的成本费用（元）	92.6	95.4	97.4	103.3	108.4
存货周转率（次）	11.4	8.4	6.1	3.4	1.9
速动比率	1.4	1.2	1.0	0.8	0.5
利润总额增长率（%）	18.3	11.3	4.1	-2.1	-8.4
营业总收入增长率（%）	18.5	10.7	3.1	-5.3	-14.6

铁路运输设备制造业

范围：全行业

项　　目	优秀值	良好值	中等值	较低值	较差值
一、盈利回报指标					
净资产收益率（%）	13.5	10.1	6.9	2.0	-0.8
营业收入利润率（%）	14.4	9.0	6.8	1.0	-6.7
总资产报酬率（%）	7.0	4.8	3.9	0.9	-0.4
盈余现金保障倍数	3.0	1.4	0.7	-0.9	-3.4
二、资产运营指标					
总资产周转率（次）	0.9	0.7	0.4	0.3	0.1
应收账款周转率（次）	4.6	3.2	2.0	1.2	0.7
流动资产周转率（次）	1.3	1.0	0.7	0.5	0.3
两金占流动资产比重（%）	42.2	50.3	54.0	61.6	74.8
三、风险防控指标					
资产负债率（%）	48.0	53.0	58.0	68.0	83.0
现金流动负债比率（%）	13.2	7.7	2.8	-6.8	-13.6
带息负债比率（%）	21.7	30.1	36.0	49.9	61.0
已获利息倍数	9.9	8.6	5.7	2.8	1.8
四、持续发展指标					
研发经费投入强度（%）	4.4	3.7	2.5	1.9	1.2
全员劳动生产率（万元/人）	78.4	59.3	40.1	31.1	22.1
经济增加值率（%）	12.3	7.1	1.7	-4.5	-7.5
国有资本保值增值率（%）	114.5	109.7	106.0	102.0	99.7
五、补充指标					
营业现金比率（%）	14.9	9.1	3.3	-3.0	-9.3
国有资本回报率（%）	12.7	9.7	6.9	2.6	0.1
EBITDA率（%）	23.5	14.2	8.4	5.0	2.7
百元收入支付的成本费用（元）	90.7	94.8	96.3	101.4	104.9
存货周转率（次）	9.9	6.1	3.5	2.5	1.8
速动比率	1.4	1.2	1.1	1.0	0.9
利润总额增长率（%）	14.5	8.1	1.2	-8.4	-13.3
营业总收入增长率（%）	17.1	10.5	4.9	3.3	-0.2

船舶制造业

范围：全行业

项　　目	优秀值	良好值	中等值	较低值	较差值
一、盈利回报指标					
净资产收益率（%）	13.1	6.6	2.9	-3.8	-12.9
营业收入利润率（%）	9.2	5.7	2.0	-2.0	-7.5
总资产报酬率（%）	5.1	3.1	1.4	-1.9	-6.5
盈余现金保障倍数	5.7	3.1	1.3	-0.9	-2.4
二、资产运营指标					
总资产周转率（次）	0.8	0.6	0.4	0.3	0.1
应收账款周转率（次）	10.1	6.6	4.2	2.9	1.4
流动资产周转率（次）	1.4	1.0	0.6	0.4	0.3
两金占流动资产比重（%）	30.7	37.1	40.8	58.7	68.2
三、风险防控指标					
资产负债率（%）	48.4	53.4	58.4	68.4	83.4
现金流动负债比率（%）	15.5	9.5	3.0	-4.2	-10.2
带息负债比率（%）	16.1	23.5	33.6	45.9	60.5
已获利息倍数	8.6	4.9	3.0	1.3	-0.9
四、持续发展指标					
研发经费投入强度（%）	8.2	5.4	4.1	3.0	1.6
全员劳动生产率（万元/人）	73.9	57.2	40.5	30.7	20.8
经济增加值率（%）	11.0	5.2	0.3	-2.7	-9.2
国有资本保值增值率（%）	110.7	105.9	102.2	98.2	92.7
五、补充指标					
营业现金比率（%）	24.7	16.4	8.0	0.0	-7.9
国有资本回报率（%）	11.9	6.4	3.0	-2.9	-10.9
EBITDA率（%）	14.9	9.2	3.7	-1.7	-11.8
百元收入支付的成本费用（元）	94.2	97.9	99.9	105.6	110.7
存货周转率（次）	7.7	5.0	2.7	2.2	1.7
速动比率	1.7	1.3	1.0	0.8	0.7
利润总额增长率（%）	22.5	16.2	5.7	-4.2	-15.3
营业总收入增长率（%）	31.0	23.8	17.3	10.0	-1.8

船舶制造业

范围：大型企业

项　　　目	优秀值	良好值	中等值	较低值	较差值
一、盈利回报指标					
净资产收益率（%）	12.4	7.6	2.7	-0.6	-1.9
营业收入利润率（%）	9.2	5.7	2.0	-1.3	-5.8
总资产报酬率（%）	6.5	4.2	1.4	-1.8	-5.4
盈余现金保障倍数	8.5	5.0	2.6	0.9	-0.8
二、资产运营指标					
总资产周转率（次）	0.6	0.5	0.4	0.3	0.2
应收账款周转率（次）	13.4	9.6	5.4	2.8	1.3
流动资产周转率（次）	0.8	0.7	0.5	0.4	0.3
两金占流动资产比重（%）	16.2	24.0	31.0	46.2	53.2
三、风险防控指标					
资产负债率（%）	49.2	54.2	59.2	69.2	84.2
现金流动负债比率（%）	17.7	12.0	4.9	-1.3	-5.4
带息负债比率（%）	14.5	21.7	31.7	43.6	58.1
已获利息倍数	8.7	5.2	3.6	1.2	-0.4
四、持续发展指标					
研发经费投入强度（%）	9.1	6.3	4.4	3.2	1.6
全员劳动生产率（万元/人）	89.7	69.8	49.8	39.8	29.7
经济增加值率（%）	5.0	1.9	-0.8	-3.3	-9.3
国有资本保值增值率（%）	111.6	106.3	102.8	98.5	93.5
五、补充指标					
营业现金比率（%）	33.0	21.2	9.4	4.8	0.2
国有资本回报率（%）	11.4	7.2	2.9	-0.6	-2.9
EBITDA率（%）	12.6	7.8	3.6	-0.2	-6.8
百元收入支付的成本费用（元）	93.3	96.6	99.3	105.2	110.5
存货周转率（次）	5.0	3.8	2.5	2.1	1.7
速动比率	1.6	1.3	1.0	0.8	0.7
利润总额增长率（%）	33.4	21.5	9.1	1.1	-7.3
营业总收入增长率（%）	35.7	29.8	19.1	14.5	6.1

船舶制造业

范围：中型企业

项　　目	优秀值	良好值	中等值	较低值	较差值
一、盈利回报指标					
净资产收益率（%）	9.1	4.0	1.7	-1.1	-9.2
营业收入利润率（%）	6.9	3.7	1.6	-1.1	-10.6
总资产报酬率（%）	3.8	2.6	1.2	-0.4	-6.4
盈余现金保障倍数	8.1	3.0	1.3	-1.7	-3.5
二、资产运营指标					
总资产周转率（次）	0.8	0.6	0.4	0.3	0.2
应收账款周转率（次）	10.1	7.9	4.4	2.9	1.9
流动资产周转率（次）	1.6	1.2	0.7	0.6	0.5
两金占流动资产比重（%）	31.1	37.6	49.4	58.6	63.4
三、风险防控指标					
资产负债率（%）	49.5	54.5	59.5	69.5	84.5
现金流动负债比率（%）	18.9	10.5	5.5	-5.8	-11.3
带息负债比率（%）	23.2	30.9	42.8	55.7	69.5
已获利息倍数	8.8	4.6	2.8	1.5	-1.2
四、持续发展指标					
研发经费投入强度（%）	8.3	5.6	4.0	2.7	1.6
全员劳动生产率（万元/人）	76.2	58.7	41.2	29.8	18.5
经济增加值率（%）	7.0	3.0	-0.9	-4.6	-8.8
国有资本保值增值率（%）	109.0	104.2	100.8	97.2	92.4
五、补充指标					
营业现金比率（%）	24.7	13.8	2.9	-3.0	-8.8
国有资本回报率（%）	10.5	6.0	4.0	1.5	-5.6
EBITDA率（%）	13.2	8.3	3.2	-0.2	-6.0
百元收入支付的成本费用（元）	97.4	98.6	100.1	105.7	110.8
存货周转率（次）	7.8	5.5	3.0	2.4	1.7
速动比率	1.8	1.4	0.9	0.8	0.6
利润总额增长率（%）	6.7	1.4	-5.7	-16.8	-28.5
营业总收入增长率（%）	24.7	18.5	11.1	0.9	-6.2

船舶制造业

范围：小型企业

项　　目	优秀值	良好值	中等值	较低值	较差值
一、盈利回报指标					
净资产收益率（%）	15.3	9.5	3.2	-4.1	-13.6
营业收入利润率（%）	8.9	5.5	2.1	-2.6	-12.5
总资产报酬率（%）	6.0	3.9	1.5	-2.1	-7.0
盈余现金保障倍数	5.0	3.2	1.8	-0.5	-2.8
二、资产运营指标					
总资产周转率（次）	1.1	0.8	0.5	0.3	0.1
应收账款周转率（次）	8.8	6.3	4.0	3.1	2.4
流动资产周转率（次）	1.7	1.4	0.8	0.6	0.4
两金占流动资产比重（%）	26.6	36.2	47.1	61.2	70.4
三、风险防控指标					
资产负债率（%）	48.4	53.4	58.4	68.4	83.4
现金流动负债比率（%）	13.2	6.3	1.9	-4.2	-13.7
带息负债比率（%）	28.4	36.8	50.1	62.0	75.9
已获利息倍数	8.5	5.1	2.6	1.2	-0.3
四、持续发展指标					
研发经费投入强度（%）	5.7	4.2	3.1	1.7	0.9
全员劳动生产率（万元/人）	64.5	51.2	37.8	29.3	20.7
经济增加值率（%）	17.4	11.2	1.8	0.0	-8.1
国有资本保值增值率（%）	109.9	105.2	102.4	97.4	90.6
五、补充指标					
营业现金比率（%）	20.1	11.4	2.7	-1.8	-6.3
国有资本回报率（%）	13.9	8.8	3.3	-3.1	-11.5
EBITDA率（%）	15.7	9.9	3.7	-1.9	-11.9
百元收入支付的成本费用（元）	94.4	97.1	99.4	105.1	110.2
存货周转率（次）	12.0	6.9	3.4	2.8	2.1
速动比率	1.5	1.1	0.7	0.6	0.4
利润总额增长率（%）	26.5	20.3	10.2	-7.2	-28.7
营业总收入增长率（%）	35.2	27.3	13.7	4.2	-3.5

摩托车制造业

范围：全行业

项　　目	优秀值	良好值	中等值	较低值	较差值
一、盈利回报指标					
净资产收益率（%）	10.4	8.9	6.0	2.0	-7.9
营业收入利润率（%）	11.3	7.7	4.0	-1.2	-6.8
总资产报酬率（%）	7.7	6.0	4.6	1.9	-1.3
盈余现金保障倍数	3.6	2.5	1.6	-0.8	-2.5
二、资产运营指标					
总资产周转率（次）	1.6	1.3	0.8	0.6	0.4
应收账款周转率（次）	12.3	9.6	7.1	5.4	4.1
流动资产周转率（次）	2.2	1.9	1.4	1.0	0.5
两金占流动资产比重（%）	28.5	40.1	53.0	64.6	76.9
三、风险防控指标					
资产负债率（%）	47.0	54.0	59.0	68.3	84.0
现金流动负债比率（%）	19.2	14.6	9.1	2.1	-4.4
带息负债比率（%）	9.8	22.6	33.3	44.4	66.1
已获利息倍数	8.8	5.0	2.0	0.4	-2.8
四、持续发展指标					
研发经费投入强度（%）	4.6	3.5	2.8	2.1	1.8
全员劳动生产率（万元/人）	37.8	27.9	18.1	13.5	8.8
经济增加值率（%）	4.4	3.2	0.5	-6.2	-10.7
国有资本保值增值率（%）	108.7	106.8	105.1	100.2	95.3
五、补充指标					
营业现金比率（%）	8.2	5.3	2.5	-2.6	-7.7
国有资本回报率（%）	9.9	8.7	6.1	1.2	-6.1
EBITDA率（%）	11.8	9.2	5.6	0.7	-2.5
百元收入支付的成本费用（元）	91.6	94.9	96.6	101.0	105.3
存货周转率（次）	14.1	10.6	8.3	5.4	2.9
速动比率	1.5	1.2	0.9	0.7	0.6
利润总额增长率（%）	46.4	31.3	13.0	-1.2	-14.0
营业总收入增长率（%）	20.1	15.5	9.7	-0.5	-7.5

电气机械和器材制造业

范围：全行业

项　　目	优秀值	良好值	中等值	较低值	较差值
一、盈利回报指标					
净资产收益率（%）	14.9	8.6	5.7	-0.6	-4.1
营业收入利润率（%）	11.0	6.6	4.1	-1.8	-8.7
总资产报酬率（%）	5.6	4.0	2.4	-0.4	-4.1
盈余现金保障倍数	3.5	2.0	1.0	-0.2	-1.6
二、资产运营指标					
总资产周转率（次）	1.2	0.9	0.6	0.3	0.1
应收账款周转率（次）	6.3	4.4	2.6	1.7	1.1
流动资产周转率（次）	1.6	1.2	0.9	0.4	0.2
两金占流动资产比重（%）	41.4	46.4	52.5	61.8	68.7
三、风险防控指标					
资产负债率（%）	48.2	53.2	58.2	68.2	83.2
现金流动负债比率（%）	15.0	8.5	4.2	-3.2	-9.7
带息负债比率（%）	1.2	13.3	28.4	40.1	50.6
已获利息倍数	9.9	5.3	2.6	1.0	-1.3
四、持续发展指标					
研发经费投入强度（%）	5.4	4.1	3.2	1.8	1.0
全员劳动生产率（万元/人）	64.5	50.9	37.4	24.0	10.6
经济增加值率（%）	10.1	4.9	1.3	-3.3	-8.5
国有资本保值增值率（%）	113.8	109.6	103.6	100.7	92.8
五、补充指标					
营业现金比率（%）	13.0	8.2	3.4	-1.8	-7.1
国有资本回报率（%）	13.9	9.3	5.9	0.3	-7.0
EBITDA率（%）	16.3	10.0	5.7	0.8	-7.1
百元收入支付的成本费用（元）	95.0	96.7	98.1	104.6	110.9
存货周转率（次）	12.1	7.7	4.7	3.2	2.2
速动比率	1.6	1.3	1.0	0.8	0.6
利润总额增长率（%）	13.7	7.2	-2.0	-14.6	-29.7
营业总收入增长率（%）	13.8	8.1	0.3	-11.7	-21.7

电气机械和器材制造业

范围：大型企业

项目	优秀值	良好值	中等值	较低值	较差值
一、盈利回报指标					
净资产收益率（%）	12.8	9.1	5.8	0.1	-2.4
营业收入利润率（%）	12.0	8.6	6.4	0.4	-3.8
总资产报酬率（%）	5.2	4.0	3.0	0.3	-1.8
盈余现金保障倍数	2.1	1.4	0.7	-0.4	-1.6
二、资产运营指标					
总资产周转率（次）	1.0	0.7	0.4	0.2	0.1
应收账款周转率（次）	7.5	4.8	2.5	1.6	1.1
流动资产周转率（次）	1.6	1.2	0.7	0.5	0.2
两金占流动资产比重（%）	37.3	44.8	48.5	58.6	64.1
三、风险防控指标					
资产负债率（%）	48.0	53.0	58.0	68.0	83.0
现金流动负债比率（%）	14.1	8.4	3.6	-3.3	-9.8
带息负债比率（%）	1.0	11.5	27.3	40.6	48.0
已获利息倍数	11.3	6.9	2.7	1.9	0.6
四、持续发展指标					
研发经费投入强度（%）	5.8	4.4	3.8	2.0	0.9
全员劳动生产率（万元/人）	62.0	51.2	40.4	26.7	13.0
经济增加值率（%）	7.3	4.1	1.2	-4.0	-8.3
国有资本保值增值率（%）	113.1	109.2	104.9	101.2	98.4
五、补充指标					
营业现金比率（%）	14.1	10.4	6.6	-0.6	-7.9
国有资本回报率（%）	11.8	8.5	5.6	0.7	-1.6
EBITDA率（%）	17.5	13.0	8.1	4.5	1.6
百元收入支付的成本费用（元）	96.9	98.0	99.2	104.8	108.4
存货周转率（次）	7.8	6.3	4.9	4.1	3.3
速动比率	1.5	1.3	1.0	0.8	0.6
利润总额增长率（%）	8.4	3.2	-2.2	-15.1	-30.1
营业总收入增长率（%）	11.9	6.0	-0.2	-11.8	-21.9

电气机械和器材制造业

范围：中型企业

项　　目	优秀值	良好值	中等值	较低值	较差值
一、盈利回报指标					
净资产收益率（%）	13.0	8.5	5.9	-0.7	-6.1
营业收入利润率（%）	8.5	4.6	2.2	-1.6	-6.4
总资产报酬率（%）	6.2	3.5	2.6	-0.5	-4.2
盈余现金保障倍数	3.9	1.9	0.8	-0.3	-2.2
二、资产运营指标					
总资产周转率（次）	1.2	0.9	0.7	0.4	0.2
应收账款周转率（次）	5.6	4.3	2.6	1.7	1.2
流动资产周转率（次）	1.7	1.3	1.0	0.6	0.4
两金占流动资产比重（%）	49.0	55.3	59.4	71.0	75.1
三、风险防控指标					
资产负债率（%）	48.7	53.7	58.7	68.7	83.7
现金流动负债比率（%）	14.6	8.9	4.3	-3.1	-7.5
带息负债比率（%）	2.1	13.5	26.1	39.3	48.7
已获利息倍数	9.4	5.0	2.5	1.0	-0.7
四、持续发展指标					
研发经费投入强度（%）	5.8	4.8	3.6	2.4	1.2
全员劳动生产率（万元/人）	57.6	45.0	32.4	22.4	12.4
经济增加值率（%）	12.6	6.9	1.8	-3.2	-7.1
国有资本保值增值率（%）	116.7	112.0	103.6	101.2	97.3
五、补充指标					
营业现金比率（%）	12.1	7.7	3.2	-0.8	-4.9
国有资本回报率（%）	13.3	9.3	7.0	1.2	-3.5
EBITDA率（%）	11.2	7.9	4.7	1.0	-2.4
百元收入支付的成本费用（元）	94.3	96.5	98.0	102.6	108.2
存货周转率（次）	10.1	7.0	4.7	3.1	1.9
速动比率	1.6	1.3	1.1	0.9	0.6
利润总额增长率（%）	23.1	14.1	-1.6	-12.0	-20.5
营业总收入增长率（%）	16.9	11.1	4.2	-7.3	-17.8

电气机械和器材制造业

范围：小型企业

项　　目	优秀值	良好值	中等值	较低值	较差值
一、盈利回报指标					
净资产收益率（%）	15.3	9.1	3.9	-0.8	-9.6
营业收入利润率（%）	10.1	5.4	2.2	-2.4	-10.8
总资产报酬率（%）	5.9	3.9	1.9	-0.6	-5.7
盈余现金保障倍数	4.0	2.3	1.8	0.3	-1.0
二、资产运营指标					
总资产周转率（次）	1.3	1.0	0.6	0.3	0.2
应收账款周转率（次）	6.3	4.7	2.5	1.8	1.2
流动资产周转率（次）	1.4	1.0	0.8	0.4	0.2
两金占流动资产比重（%）	36.4	44.6	54.5	68.1	75.5
三、风险防控指标					
资产负债率（%）	48.5	53.5	58.5	68.5	83.5
现金流动负债比率（%）	16.8	9.2	5.2	-1.7	-8.2
带息负债比率（%）	0.9	13.3	33.5	44.3	52.3
已获利息倍数	8.0	4.3	2.4	0.7	-2.5
四、持续发展指标					
研发经费投入强度（%）	5.4	3.7	1.7	1.2	0.6
全员劳动生产率（万元/人）	74.4	55.3	36.2	23.2	10.2
经济增加值率（%）	14.7	8.4	-0.5	-3.2	-8.8
国有资本保值增值率（%）	112.2	105.9	103.0	98.2	91.9
五、补充指标					
营业现金比率（%）	12.2	8.0	3.8	-2.0	-7.8
国有资本回报率（%）	14.2	8.7	4.2	0.1	-7.7
EBITDA率（%）	16.8	8.8	3.8	-0.9	-7.3
百元收入支付的成本费用（元）	92.6	95.9	98.4	103.9	111.4
存货周转率（次）	13.5	8.8	5.4	3.5	2.3
速动比率	1.7	1.4	1.0	0.7	0.6
利润总额增长率（%）	21.7	14.8	-2.0	-12.0	-24.0
营业总收入增长率（%）	20.0	13.3	1.9	-9.3	-12.7

电机制造业

范围：全行业

项 目	优秀值	良好值	中等值	较低值	较差值
一、盈利回报指标					
净资产收益率（%）	10.0	5.8	3.2	-2.6	-11.3
营业收入利润率（%）	7.6	3.2	0.4	-4.1	-11.7
总资产报酬率（%）	3.5	2.3	1.5	-1.4	-5.0
盈余现金保障倍数	4.0	2.5	0.8	-0.1	-2.3
二、资产运营指标					
总资产周转率（次）	1.3	0.8	0.5	0.3	0.2
应收账款周转率（次）	6.4	3.6	2.6	1.3	0.6
流动资产周转率（次）	1.6	1.1	0.7	0.4	0.2
两金占流动资产比重（%）	38.6	44.7	50.4	57.2	68.3
三、风险防控指标					
资产负债率（%）	48.3	53.3	58.3	68.3	83.3
现金流动负债比率（%）	12.1	5.9	0.0	-6.0	-12.0
带息负债比率（%）	9.1	20.3	29.5	40.8	55.9
已获利息倍数	4.5	3.2	1.7	0.0	-2.6
四、持续发展指标					
研发经费投入强度（%）	4.7	3.7	3.0	2.2	1.2
全员劳动生产率（万元/人）	58.4	45.2	32.0	18.7	5.4
经济增加值率（%）	7.1	2.0	-1.2	-7.0	-17.0
国有资本保值增值率（%）	111.1	107.0	102.9	98.2	94.1
五、补充指标					
营业现金比率（%）	9.6	4.8	0.0	-3.8	-7.6
国有资本回报率（%）	9.2	5.6	3.3	-1.8	-9.4
EBITDA率（%）	10.9	6.3	2.8	-1.1	-12.5
百元收入支付的成本费用（元）	96.6	97.9	99.7	105.1	115.8
存货周转率（次）	10.3	6.9	4.1	3.1	2.4
速动比率	1.5	1.2	1.0	0.8	0.7
利润总额增长率（%）	4.6	-2.4	-9.9	-26.5	-36.9
营业总收入增长率（%）	13.0	8.0	3.8	-10.5	-24.0

输配电及控制设备制造业

范围：全行业

项 目	优秀值	良好值	中等值	较低值	较差值
一、盈利回报指标					
净资产收益率（%）	17.7	10.8	7.8	1.3	-3.9
营业收入利润率（%）	12.8	8.3	6.8	0.3	-3.9
总资产报酬率（%）	7.5	5.5	4.5	0.4	-2.9
盈余现金保障倍数	4.2	1.9	1.0	-0.1	-1.6
二、资产运营指标					
总资产周转率（次）	1.2	0.9	0.6	0.4	0.2
应收账款周转率（次）	4.5	3.3	2.2	1.6	1.2
流动资产周转率（次）	1.3	1.1	0.8	0.5	0.3
两金占流动资产比重（%）	45.9	53.6	61.2	70.0	79.6
三、风险防控指标					
资产负债率（%）	47.7	52.7	57.7	67.7	82.7
现金流动负债比率（%）	17.0	10.2	6.4	-1.5	-7.6
带息负债比率（%）	8.0	18.0	33.5	43.4	57.6
已获利息倍数	9.9	5.1	3.4	1.8	0.2
四、持续发展指标					
研发经费投入强度（%）	6.2	4.6	2.9	2.3	1.2
全员劳动生产率（万元/人）	86.6	69.2	51.9	33.9	15.9
经济增加值率（%）	12.8	6.4	3.4	-4.7	-9.2
国有资本保值增值率（%）	114.7	109.7	104.8	101.1	97.5
五、补充指标					
营业现金比率（%）	15.1	9.2	3.2	-0.8	-4.7
国有资本回报率（%）	15.5	9.6	6.9	1.2	-3.4
EBITDA率（%）	18.3	11.8	8.5	2.2	-10.6
百元收入支付的成本费用（元）	88.8	92.6	95.3	101.4	107.4
存货周转率（次）	11.3	7.8	4.7	3.4	2.5
速动比率	1.7	1.5	1.1	0.9	0.7
利润总额增长率（%）	23.1	15.8	9.0	-0.1	-7.5
营业总收入增长率（%）	15.9	10.0	2.4	-10.4	-22.6

电工器材制造业

范围：全行业

项　　目	优秀值	良好值	中等值	较低值	较差值
一、盈利回报指标					
净资产收益率（%）	11.9	7.2	3.4	-2.3	-9.6
营业收入利润率（%）	5.2	2.8	0.9	-3.5	-7.8
总资产报酬率（%）	5.5	2.7	1.8	-1.7	-3.3
盈余现金保障倍数	2.7	1.7	0.8	-0.6	-2.3
二、资产运营指标					
总资产周转率（次）	1.6	1.3	1.1	0.6	0.2
应收账款周转率（次）	7.2	4.6	3.6	1.7	0.6
流动资产周转率（次）	2.0	1.5	1.2	0.8	0.4
两金占流动资产比重（%）	41.2	48.7	56.0	62.1	68.5
三、风险防控指标					
资产负债率（%）	48.2	53.2	58.2	68.2	83.2
现金流动负债比率（%）	13.3	6.8	0.7	-4.2	-12.3
带息负债比率（%）	8.8	24.8	39.3	51.7	63.5
已获利息倍数	7.6	4.9	2.3	0.9	-1.3
四、持续发展指标					
研发经费投入强度（%）	5.1	3.9	2.7	2.3	1.7
全员劳动生产率（万元/人）	40.1	32.3	24.5	13.7	2.9
经济增加值率（%）	10.8	5.2	-0.2	-5.2	-9.7
国有资本保值增值率（%）	110.9	107.7	102.5	97.7	91.9
五、补充指标					
营业现金比率（%）	10.4	5.5	0.6	-4.6	-9.8
国有资本回报率（%）	10.8	6.7	3.2	-1.7	-8.1
EBITDA率（%）	11.7	6.7	2.9	0.4	-3.0
百元收入支付的成本费用（元）	95.1	97.4	99.3	102.6	108.4
存货周转率（次）	11.9	8.4	5.5	3.2	1.9
速动比率	1.6	1.4	1.0	0.8	0.7
利润总额增长率（%）	9.7	1.1	-7.6	-16.7	-27.5
营业总收入增长率（%）	24.4	17.9	5.9	-1.0	-13.2

家用电力器具制造业

范围：全行业

项目	优秀值	良好值	中等值	较低值	较差值
一、盈利回报指标					
净资产收益率（%）	11.7	7.7	3.2	-4.9	-15.9
营业收入利润率（%）	11.9	6.4	2.0	-5.3	-14.0
总资产报酬率（%）	6.8	4.4	2.3	-2.5	-6.4
盈余现金保障倍数	7.5	3.7	1.1	0.0	-1.7
二、资产运营指标					
总资产周转率（次）	1.4	1.0	0.7	0.3	0.1
应收账款周转率（次）	8.8	6.2	3.7	2.3	1.1
流动资产周转率（次）	1.9	1.3	1.0	0.4	0.1
两金占流动资产比重（%）	28.5	37.6	47.0	56.7	64.6
三、风险防控指标					
资产负债率（%）	49.3	54.3	59.3	69.3	84.3
现金流动负债比率（%）	13.5	7.1	4.7	-2.4	-9.8
带息负债比率（%）	4.6	12.3	25.5	41.3	60.8
已获利息倍数	7.7	5.9	3.1	0.6	-2.4
四、持续发展指标					
研发经费投入强度（%）	3.0	2.1	1.7	1.3	1.0
全员劳动生产率（万元/人）	30.6	22.6	14.7	11.1	7.5
经济增加值率（%）	9.8	4.6	0.6	-7.6	-20.2
国有资本保值增值率（%）	109.8	104.9	102.7	94.4	86.2
五、补充指标					
营业现金比率（%）	15.3	9.8	4.3	2.1	0.0
国有资本回报率（%）	10.6	7.1	3.1	-4.0	-13.6
EBITDA率（%）	5.2	4.5	3.7	-2.8	-8.1
百元收入支付的成本费用（元）	93.9	97.1	99.1	103.6	110.3
存货周转率（次）	11.1	7.9	6.6	4.8	2.9
速动比率	1.4	1.2	1.0	0.8	0.5
利润总额增长率（%）	23.4	16.9	11.4	-8.3	-24.9
营业总收入增长率（%）	21.4	13.1	5.6	-14.3	-25.5

照明器具制造业

范围：全行业

项　　目	优秀值	良好值	中等值	较低值	较差值
一、盈利回报指标					
净资产收益率（%）	9.0	5.9	2.9	-3.1	-10.6
营业收入利润率（%）	11.4	6.3	2.7	-4.5	-11.5
总资产报酬率（%）	7.6	4.1	1.6	-0.8	-1.7
盈余现金保障倍数	4.0	2.2	0.5	-0.7	-3.8
二、资产运营指标					
总资产周转率（次）	0.8	0.6	0.4	0.2	0.1
应收账款周转率（次）	5.7	4.0	2.6	1.6	0.7
流动资产周转率（次）	2.4	1.5	0.8	0.4	0.1
两金占流动资产比重（%）	36.1	49.0	57.4	59.8	67.4
三、风险防控指标					
资产负债率（%）	49.0	54.0	59.0	69.0	84.0
现金流动负债比率（%）	11.6	5.7	0.7	-4.7	-11.2
带息负债比率（%）	0.2	13.1	35.5	44.6	56.8
已获利息倍数	5.0	2.9	1.7	0.5	-0.9
四、持续发展指标					
研发经费投入强度（%）	5.8	5.1	3.8	3.4	3.0
全员劳动生产率（万元/人）	32.5	25.4	18.2	15.4	12.6
经济增加值率（%）	7.2	4.2	2.2	-3.6	-11.5
国有资本保值增值率（%）	107.9	105.2	101.9	99.5	94.2
五、补充指标					
营业现金比率（%）	14.9	9.6	4.3	-1.9	-8.2
国有资本回报率（%）	8.2	5.5	2.9	-2.3	-8.9
EBITDA率（%）	26.0	12.5	8.3	0.2	-4.0
百元收入支付的成本费用（元）	89.2	94.4	97.7	102.4	109.2
存货周转率（次）	13.1	8.0	4.7	2.8	1.5
速动比率	1.5	1.1	0.9	0.6	0.5
利润总额增长率（%）	14.9	1.6	-7.0	-20.3	-39.2
营业总收入增长率（%）	19.9	9.2	0.0	-10.0	-19.7

仪器仪表制造业

范围：全行业

项　　目	优秀值	良好值	中等值	较低值	较差值
一、盈利回报指标					
净资产收益率（%）	17.0	10.8	6.1	-0.2	-4.4
营业收入利润率（%）	16.8	12.4	7.4	1.4	-2.0
总资产报酬率（%）	8.4	5.9	3.6	0.1	-2.3
盈余现金保障倍数	2.5	1.3	0.4	-0.6	-2.1
二、资产运营指标					
总资产周转率（次）	1.0	0.7	0.4	0.3	0.1
应收账款周转率（次）	7.1	4.9	2.3	1.5	0.8
流动资产周转率（次）	1.3	1.0	0.7	0.4	0.2
两金占流动资产比重（%）	25.8	34.3	46.5	62.3	69.8
三、风险防控指标					
资产负债率（%）	40.8	45.8	50.8	60.8	75.8
现金流动负债比率（%）	19.0	9.8	1.7	-5.4	-12.8
带息负债比率（%）	4.4	17.6	36.2	46.7	59.1
已获利息倍数	8.4	6.2	4.3	2.9	1.1
四、持续发展指标					
研发经费投入强度（%）	9.3	7.9	5.2	2.9	1.2
全员劳动生产率（万元/人）	53.1	45.2	37.2	26.0	14.8
经济增加值率（%）	11.4	8.7	4.3	-1.1	-5.1
国有资本保值增值率（%）	111.4	107.9	105.2	100.1	94.6
五、补充指标					
营业现金比率（%）	18.8	10.9	2.9	-5.2	-13.2
国有资本回报率（%）	15.8	10.3	6.2	0.7	-3.0
EBITDA率（%）	19.2	14.5	8.6	3.6	-2.1
百元收入支付的成本费用（元）	87.0	91.7	95.5	102.6	107.3
存货周转率（次）	7.5	4.9	2.9	2.0	1.4
速动比率	2.0	1.6	1.3	1.1	0.9
利润总额增长率（%）	29.2	14.0	3.5	-6.5	-12.1
营业总收入增长率（%）	26.5	16.4	4.3	-5.8	-15.7

仪器仪表制造业

范围：大型企业

项　　目	优秀值	良好值	中等值	较低值	较差值
一、盈利回报指标					
净资产收益率（%）	10.6	7.5	5.6	0.4	-2.9
营业收入利润率（%）	15.5	12.2	9.0	4.5	1.2
总资产报酬率（%）	7.4	5.6	3.8	2.1	0.7
盈余现金保障倍数	2.7	1.7	0.7	-0.2	-0.9
二、资产运营指标					
总资产周转率（次）	0.7	0.5	0.4	0.3	0.1
应收账款周转率（次）	4.8	3.3	1.9	1.1	0.5
流动资产周转率（次）	0.9	0.8	0.6	0.5	0.2
两金占流动资产比重（%）	25.6	34.0	43.2	50.5	59.0
三、风险防控指标					
资产负债率（%）	40.0	45.0	50.0	60.0	75.0
现金流动负债比率（%）	16.2	10.6	2.5	-3.3	-9.4
带息负债比率（%）	0.4	29.6	43.4	53.8	67.3
已获利息倍数	7.4	6.1	4.5	3.7	2.4
四、持续发展指标					
研发经费投入强度（%）	9.6	7.6	5.8	4.7	3.0
全员劳动生产率（万元/人）	56.6	46.9	37.2	28.2	19.1
经济增加值率（%）	9.8	7.6	3.5	-0.9	-4.8
国有资本保值增值率（%）	110.6	107.8	105.8	102.6	98.7
五、补充指标					
营业现金比率（%）	9.6	6.9	4.2	-1.9	-7.9
国有资本回报率（%）	11.2	8.4	6.7	2.2	-0.7
EBITDA率（%）	18.9	15.9	10.8	5.7	-0.5
百元收入支付的成本费用（元）	87.0	91.0	94.9	101.0	104.6
存货周转率（次）	4.7	3.7	3.0	2.2	1.6
速动比率	1.5	1.3	1.2	1.1	0.9
利润总额增长率（%）	20.8	10.6	1.8	-3.8	-9.1
营业总收入增长率（%）	15.9	10.8	2.2	-6.3	-12.1

仪器仪表制造业

范围：中型企业

项目	优秀值	良好值	中等值	较低值	较差值
一、盈利回报指标					
净资产收益率（%）	17.0	10.6	6.4	-0.6	-5.2
营业收入利润率（%）	18.2	14.4	7.7	2.3	-0.8
总资产报酬率（%）	8.6	5.7	4.0	-0.2	-2.1
盈余现金保障倍数	2.3	1.3	0.3	-0.7	-2.1
二、资产运营指标					
总资产周转率（次）	1.0	0.7	0.5	0.3	0.2
应收账款周转率（次）	6.5	4.6	2.1	1.5	0.8
流动资产周转率（次）	1.1	0.9	0.6	0.4	0.3
两金占流动资产比重（%）	32.8	41.1	49.1	63.4	69.9
三、风险防控指标					
资产负债率（%）	48.6	53.6	58.6	68.6	83.6
现金流动负债比率（%）	18.3	9.2	0.5	-5.6	-10.9
带息负债比率（%）	5.6	16.6	32.7	43.5	58.1
已获利息倍数	12.6	6.1	5.3	3.5	1.6
四、持续发展指标					
研发经费投入强度（%）	9.2	8.4	7.9	6.7	4.9
全员劳动生产率（万元/人）	53.8	45.9	38.0	27.4	16.8
经济增加值率（%）	17.6	12.0	5.8	1.1	-2.4
国有资本保值增值率（%）	112.6	108.2	106.1	101.3	92.5
五、补充指标					
营业现金比率（%）	16.5	8.8	1.0	-11.0	-22.9
国有资本回报率（%）	15.7	10.1	6.4	0.3	-3.8
EBITDA率（%）	20.6	15.7	9.4	5.3	2.1
百元收入支付的成本费用（元）	86.2	91.1	96.2	101.0	104.9
存货周转率（次）	7.3	4.4	3.1	2.1	1.5
速动比率	2.1	1.8	1.4	1.2	1.0
利润总额增长率（%）	30.4	17.6	5.0	-11.8	-20.6
营业总收入增长率（%）	24.7	17.0	2.1	-3.0	-12.6

仪器仪表制造业

范围：小型企业

项　　目	优秀值	良好值	中等值	较低值	较差值
一、盈利回报指标					
净资产收益率（%）	17.2	11.1	5.7	0.6	-3.4
营业收入利润率（%）	20.5	13.3	4.8	0.3	-3.8
总资产报酬率（%）	9.3	6.8	3.0	0.2	-2.4
盈余现金保障倍数	3.1	1.6	0.4	-0.4	-2.1
二、资产运营指标					
总资产周转率（次）	1.2	0.9	0.4	0.2	0.1
应收账款周转率（次）	11.9	7.4	2.3	1.9	1.2
流动资产周转率（次）	1.4	1.1	0.7	0.5	0.3
两金占流动资产比重（%）	30.2	43.6	53.4	60.7	68.8
三、风险防控指标					
资产负债率（%）	48.3	53.3	58.3	68.3	83.3
现金流动负债比率（%）	22.9	14.0	3.3	-5.2	-13.2
带息负债比率（%）	4.3	18.0	38.9	56.3	72.3
已获利息倍数	11.0	8.5	4.0	1.1	-5.4
四、持续发展指标					
研发经费投入强度（%）	11.6	8.4	4.2	2.7	0.7
全员劳动生产率（万元/人）	50.5	41.7	33.0	23.9	14.8
经济增加值率（%）	10.1	7.4	2.7	-3.2	-7.5
国有资本保值增值率（%）	110.5	107.6	104.8	98.7	93.3
五、补充指标					
营业现金比率（%）	19.6	11.5	3.5	-2.5	-8.5
国有资本回报率（%）	15.8	10.5	5.7	0.6	-2.3
EBITDA率（%）	16.6	11.6	6.4	-0.2	-4.7
百元收入支付的成本费用（元）	86.6	92.7	96.8	104.2	111.5
存货周转率（次）	7.8	5.4	2.9	1.7	1.0
速动比率	1.4	1.2	1.0	0.9	0.7
利润总额增长率（%）	12.7	2.3	-7.0	-21.4	-43.3
营业总收入增长率（%）	27.0	18.4	5.2	-8.2	-23.4

通用仪器仪表制造业

范围：全行业

项　　目	优秀值	良好值	中等值	较低值	较差值
一、盈利回报指标					
净资产收益率（%）	15.7	11.2	6.5	1.2	-7.5
营业收入利润率（%）	13.7	10.2	6.3	0.0	-7.0
总资产报酬率（%）	9.0	6.4	3.2	0.0	-1.7
盈余现金保障倍数	1.9	1.2	0.8	-0.1	-2.3
二、资产运营指标					
总资产周转率（次）	1.1	0.9	0.6	0.4	0.2
应收账款周转率（次）	8.7	5.4	2.5	2.0	1.6
流动资产周转率（次）	1.3	1.1	0.7	0.5	0.4
两金占流动资产比重（%）	31.5	42.0	50.3	61.4	70.0
三、风险防控指标					
资产负债率（%）	42.9	47.9	52.9	62.9	77.9
现金流动负债比率（%）	16.3	11.0	4.8	-3.4	-10.7
带息负债比率（%）	4.4	13.1	26.3	35.7	46.7
已获利息倍数	14.7	4.9	3.5	2.8	1.8
四、持续发展指标					
研发经费投入强度（%）	7.8	6.5	4.9	3.7	2.7
全员劳动生产率（万元/人）	59.5	52.9	46.4	31.6	16.8
经济增加值率（%）	24.8	15.3	2.3	-1.2	-9.3
国有资本保值增值率（%）	113.7	109.8	105.6	101.5	95.8
五、补充指标					
营业现金比率（%）	20.1	12.9	5.6	0.6	-4.4
国有资本回报率（%）	14.7	10.7	6.6	2.0	-5.7
EBITDA率（%）	19.6	14.7	8.0	1.5	-3.2
百元收入支付的成本费用（元）	90.7	94.4	96.7	102.4	109.3
存货周转率（次）	7.9	5.6	3.5	2.4	1.7
速动比率	2.0	1.8	1.5	1.3	1.1
利润总额增长率（%）	21.6	8.3	-10.6	-23.4	-29.2
营业总收入增长率（%）	21.5	10.7	3.8	-2.3	-15.7

专用仪器仪表制造业

范围：全行业

项　　　　目	优秀值	良好值	中等值	较低值	较差值
一、盈利回报指标					
净资产收益率（%）	19.6	12.9	8.0	2.7	-4.3
营业收入利润率（%）	17.4	10.7	6.7	0.7	-6.4
总资产报酬率（%）	7.6	5.3	3.1	1.0	-0.1
盈余现金保障倍数	2.8	1.3	0.3	-1.4	-4.1
二、资产运营指标					
总资产周转率（次）	0.8	0.7	0.5	0.4	0.2
应收账款周转率（次）	4.6	3.4	2.1	1.3	0.8
流动资产周转率（次）	1.0	0.9	0.6	0.5	0.3
两金占流动资产比重（%）	40.0	46.4	49.0	58.0	69.7
三、风险防控指标					
资产负债率（%）	48.0	53.0	58.0	68.0	83.0
现金流动负债比率（%）	15.9	7.5	0.3	-12.0	-22.3
带息负债比率（%）	1.4	13.3	31.9	43.6	53.8
已获利息倍数	8.9	3.7	2.8	1.3	-2.8
四、持续发展指标					
研发经费投入强度（%）	11.4	9.4	8.3	5.1	3.6
全员劳动生产率（万元/人）	46.0	37.2	28.4	22.9	17.5
经济增加值率（%）	15.8	8.9	4.0	-2.8	-12.2
国有资本保值增值率（%）	118.5	111.1	105.6	102.1	95.5
五、补充指标					
营业现金比率（%）	19.3	9.9	0.5	-6.4	-13.3
国有资本回报率（%）	15.8	9.9	5.7	1.0	-5.1
EBITDA率（%）	19.9	12.7	8.5	-3.5	-9.5
百元收入支付的成本费用（元）	89.6	92.7	94.5	102.0	104.7
存货周转率（次）	3.5	2.8	1.7	1.2	0.8
速动比率	2.0	1.6	1.3	1.1	0.9
利润总额增长率（%）	24.9	14.1	2.3	-9.3	-20.7
营业总收入增长率（%）	23.3	13.1	3.8	-11.1	-21.9

钟表制造业

范围：全行业

项目	优秀值	良好值	中等值	较低值	较差值
一、盈利回报指标					
净资产收益率（%）	11.7	8.3	5.5	-3.6	-12.7
营业收入利润率（%）	15.6	10.7	4.9	-5.5	-32.9
总资产报酬率（%）	10.0	6.0	4.3	0.7	-5.7
盈余现金保障倍数	7.0	3.0	0.9	-0.8	-5.9
二、资产运营指标					
总资产周转率（次）	0.9	0.6	0.4	0.2	0.1
应收账款周转率（次）	15.1	7.5	4.6	3.8	2.8
流动资产周转率（次）	2.2	1.2	0.7	0.5	0.3
两金占流动资产比重（%）	13.9	35.5	53.6	64.4	69.5
三、风险防控指标					
资产负债率（%）	49.0	54.0	59.0	68.3	84.0
现金流动负债比率（%）	12.5	5.2	1.5	-1.0	-3.6
带息负债比率（%）	0.6	11.8	24.4	32.8	49.1
已获利息倍数	9.4	8.9	8.2	7.5	6.2
四、持续发展指标					
研发经费投入强度（%）	4.5	3.9	3.5	3.1	2.8
全员劳动生产率（万元/人）	141.0	89.8	38.7	28.0	17.4
经济增加值率（%）	11.2	7.3	4.9	-0.9	-9.0
国有资本保值增值率（%）	112.3	109.9	107.8	98.3	92.0
五、补充指标					
营业现金比率（%）	49.8	27.2	4.6	2.3	0.0
国有资本回报率（%）	14.5	11.5	9.0	1.1	-6.9
EBITDA率（%）	20.8	16.9	12.4	4.9	-0.2
百元收入支付的成本费用（元）	67.2	73.9	88.6	99.0	105.9
存货周转率（次）	5.6	3.4	1.4	1.0	0.5
速动比率	1.4	1.2	0.8	0.5	0.3
利润总额增长率（%）	13.4	8.4	1.4	-5.0	-18.5
营业总收入增长率（%）	38.1	24.2	15.4	5.6	-5.5

电子工业

范围：全行业

项　　目	优秀值	良好值	中等值	较低值	较差值
一、盈利回报指标					
净资产收益率（%）	11.2	6.8	3.9	-2.3	-10.2
营业收入利润率（%）	12.2	7.0	3.3	-1.1	-8.1
总资产报酬率（%）	6.6	4.4	2.1	-1.0	-5.3
盈余现金保障倍数	1.6	0.8	0.4	-1.0	-3.7
二、资产运营指标					
总资产周转率（次）	1.1	0.8	0.5	0.3	0.1
应收账款周转率（次）	5.9	4.3	2.8	1.7	1.1
流动资产周转率（次）	1.5	1.1	0.8	0.4	0.2
两金占流动资产比重（%）	24.5	34.6	47.5	56.6	63.5
三、风险防控指标					
资产负债率（%）	48.0	53.0	58.0	68.0	83.0
现金流动负债比率（%）	20.9	10.9	5.0	-4.6	-11.5
带息负债比率（%）	6.0	20.4	33.6	44.5	57.8
已获利息倍数	7.9	6.4	3.1	0.9	-1.7
四、持续发展指标					
研发经费投入强度（%）	6.4	5.0	4.2	3.0	1.7
全员劳动生产率（万元/人）	51.1	41.6	32.1	20.5	9.0
经济增加值率（%）	9.7	5.7	1.0	-5.1	-8.3
国有资本保值增值率（%）	110.0	106.3	103.9	97.4	91.4
五、补充指标					
营业现金比率（%）	14.1	8.2	2.3	-5.9	-14.1
国有资本回报率（%）	10.3	6.5	4.0	-1.5	-8.4
EBITDA率（%）	18.6	12.0	6.0	2.1	-3.8
百元收入支付的成本费用（元）	90.9	95.4	98.1	102.0	109.5
存货周转率（次）	10.9	7.3	4.0	2.4	1.6
速动比率	1.4	1.3	1.1	0.9	0.6
利润总额增长率（%）	13.1	7.3	3.4	-8.5	-14.0
营业总收入增长率（%）	17.2	11.5	7.3	-1.1	-8.6

电子工业

范围：大型企业

项　　目	优秀值	良好值	中等值	较低值	较差值
一、盈利回报指标					
净资产收益率（%）	10.9	5.6	3.5	-1.3	-7.1
营业收入利润率（%）	10.6	6.1	3.0	-1.7	-6.9
总资产报酬率（%）	6.3	4.2	1.9	-1.1	-4.5
盈余现金保障倍数	2.2	1.2	0.7	-0.7	-3.1
二、资产运营指标					
总资产周转率（次）	0.9	0.6	0.4	0.3	0.1
应收账款周转率（次）	7.4	5.0	3.3	2.3	1.3
流动资产周转率（次）	1.6	1.1	0.8	0.4	0.2
两金占流动资产比重（%）	28.9	35.5	46.2	54.9	60.0
三、风险防控指标					
资产负债率（%）	48.0	53.0	58.0	68.0	83.0
现金流动负债比率（%）	23.6	13.8	6.1	-2.7	-7.7
带息负债比率（%）	8.3	22.2	36.1	50.0	63.3
已获利息倍数	8.1	6.7	2.7	0.4	-1.4
四、持续发展指标					
研发经费投入强度（%）	6.9	5.9	5.1	3.4	1.9
全员劳动生产率（万元/人）	62.2	51.6	41.0	27.5	13.9
经济增加值率（%）	9.2	5.3	0.8	-4.2	-8.5
国有资本保值增值率（%）	108.9	106.1	103.4	99.5	96.5
五、补充指标					
营业现金比率（%）	18.3	11.9	5.5	-1.2	-7.8
国有资本回报率（%）	10.1	5.5	3.6	-0.2	-5.7
EBITDA率（%）	20.5	14.8	8.4	5.5	-0.6
百元收入支付的成本费用（元）	93.2	96.2	98.6	102.5	109.9
存货周转率（次）	10.8	8.2	4.3	2.8	1.8
速动比率	1.4	1.3	1.1	0.8	0.4
利润总额增长率（%）	14.6	10.4	4.0	-8.3	-20.2
营业总收入增长率（%）	26.5	19.0	12.2	2.6	-7.6

电子工业

范围：中型企业

项　　目	优秀值	良好值	中等值	较低值	较差值
一、盈利回报指标					
净资产收益率（%）	14.9	8.8	5.4	-1.7	-5.0
营业收入利润率（%）	11.6	6.1	3.1	-2.2	-9.1
总资产报酬率（%）	8.0	5.4	3.0	-0.5	-4.0
盈余现金保障倍数	1.7	1.0	0.4	-1.0	-4.3
二、资产运营指标					
总资产周转率（次）	1.2	0.9	0.5	0.3	0.2
应收账款周转率（次）	5.8	4.1	2.6	1.7	1.1
流动资产周转率（次）	1.5	1.2	0.8	0.5	0.3
两金占流动资产比重（%）	33.2	44.1	51.0	57.3	64.8
三、风险防控指标					
资产负债率（%）	48.3	53.3	58.3	68.3	83.3
现金流动负债比率（%）	14.0	7.4	1.1	-9.9	-16.3
带息负债比率（%）	5.7	19.1	33.5	40.5	50.9
已获利息倍数	7.7	6.0	3.1	1.1	-1.2
四、持续发展指标					
研发经费投入强度（%）	5.4	4.3	2.6	2.0	1.0
全员劳动生产率（万元/人）	42.4	34.3	26.2	18.4	10.5
经济增加值率（%）	14.7	9.3	3.9	-1.9	-5.2
国有资本保值增值率（%）	113.9	109.2	106.0	100.2	94.9
五、补充指标					
营业现金比率（%）	12.0	6.8	1.7	-6.2	-14.2
国有资本回报率（%）	13.9	8.5	5.5	-0.7	-3.6
EBITDA率（%）	17.8	11.9	6.3	1.3	-3.9
百元收入支付的成本费用（元）	90.3	95.0	98.1	101.8	109.1
存货周转率（次）	9.7	6.9	3.9	2.4	1.6
速动比率	1.5	1.3	1.1	0.8	0.6
利润总额增长率（%）	12.1	7.5	1.0	-11.3	-25.5
营业总收入增长率（%）	15.7	8.5	1.4	-8.0	-16.1

电子工业

范围：小型企业

项　　目	优秀值	良好值	中等值	较低值	较差值
一、盈利回报指标					
净资产收益率（％）	10.8	6.8	4.4	-2.8	-12.2
营业收入利润率（％）	13.3	8.9	4.4	-0.4	-9.5
总资产报酬率（％）	8.6	5.2	3.4	-1.1	-5.4
盈余现金保障倍数	1.6	0.8	0.1	-0.9	-3.0
二、资产运营指标					
总资产周转率（次）	1.2	0.9	0.4	0.2	0.1
应收账款周转率（次）	7.5	4.9	2.9	2.0	1.2
流动资产周转率（次）	1.5	1.1	0.8	0.4	0.2
两金占流动资产比重（％）	11.8	34.0	46.5	51.6	59.7
三、风险防控指标					
资产负债率（％）	48.0	53.0	58.0	68.0	83.0
现金流动负债比率（％）	18.1	7.7	0.6	-8.2	-17.5
带息负债比率（％）	7.3	23.4	37.2	45.3	56.4
已获利息倍数	8.0	7.1	4.8	1.7	-1.9
四、持续发展指标					
研发经费投入强度（％）	5.3	4.0	2.4	2.0	1.7
全员劳动生产率（万元/人）	54.6	41.9	29.2	18.7	8.2
经济增加值率（％）	12.8	7.3	1.1	-5.5	-9.9
国有资本保值增值率（％）	111.6	106.5	103.7	96.8	90.6
五、补充指标					
营业现金比率（％）	15.5	8.2	1.0	-7.4	-15.7
国有资本回报率（％）	10.2	6.7	4.6	-1.7	-9.9
EBITDA率（％）	17.9	12.2	5.9	0.9	-5.8
百元收入支付的成本费用（元）	89.9	94.6	98.0	100.6	104.9
存货周转率（次）	12.6	7.0	4.2	2.5	1.6
速动比率	1.6	1.4	1.2	1.0	0.7
利润总额增长率（％）	10.0	3.7	0.5	-8.7	-13.7
营业总收入增长率（％）	15.0	10.0	4.7	-6.2	-16.5

计算机制造业

范围：全行业

项　　目	优秀值	良好值	中等值	较低值	较差值
一、盈利回报指标					
净资产收益率（%）	9.5	6.2	3.4	-2.0	-4.9
营业收入利润率（%）	9.7	4.2	1.3	-1.5	-10.0
总资产报酬率（%）	7.1	4.3	2.1	-1.6	-3.6
盈余现金保障倍数	1.6	0.8	0.1	-2.1	-4.1
二、资产运营指标					
总资产周转率（次）	1.7	1.2	0.6	0.3	0.1
应收账款周转率（次）	7.0	5.0	4.0	2.9	2.0
流动资产周转率（次）	2.5	2.0	1.3	0.6	0.3
两金占流动资产比重（%）	35.4	48.4	54.0	62.2	69.4
三、风险防控指标					
资产负债率（%）	48.6	53.6	58.6	68.6	83.6
现金流动负债比率（%）	16.1	5.2	0.0	-10.5	-18.9
带息负债比率（%）	18.1	34.0	44.1	57.4	73.1
已获利息倍数	5.2	4.1	3.0	-2.6	-9.7
四、持续发展指标					
研发经费投入强度（%）	6.2	5.3	3.0	2.4	1.9
全员劳动生产率（万元/人）	53.5	41.8	30.1	17.6	5.1
经济增加值率（%）	17.4	10.4	1.8	-4.2	-9.1
国有资本保值增值率（%）	108.7	105.8	102.9	96.6	92.1
五、补充指标					
营业现金比率（%）	10.8	5.4	0.0	-11.8	-23.5
国有资本回报率（%）	8.8	5.9	3.5	-1.3	-3.8
EBITDA率（%）	11.6	6.1	3.0	0.4	-4.8
百元收入支付的成本费用（元）	93.9	96.9	99.3	102.0	105.9
存货周转率（次）	9.4	7.2	4.4	3.4	1.8
速动比率	1.5	1.4	1.2	1.0	0.7
利润总额增长率（%）	9.2	1.9	-1.6	-10.7	-20.9
营业总收入增长率（%）	14.0	6.9	3.4	-7.7	-16.2

通信设备制造业

范围：全行业

项 目	优秀值	良好值	中等值	较低值	较差值
一、盈利回报指标					
净资产收益率（％）	16.6	8.6	4.0	-3.3	-9.5
营业收入利润率（％）	12.7	7.8	2.1	-3.1	-11.2
总资产报酬率（％）	6.3	3.8	1.8	-3.2	-7.7
盈余现金保障倍数	2.2	0.9	0.1	-1.3	-3.9
二、资产运营指标					
总资产周转率（次）	1.1	0.8	0.5	0.3	0.1
应收账款周转率（次）	3.5	2.4	2.0	1.2	0.8
流动资产周转率（次）	1.2	0.9	0.7	0.4	0.2
两金占流动资产比重（％）	36.6	43.0	53.5	58.9	69.6
三、风险防控指标					
资产负债率（％）	47.9	52.9	57.9	67.9	82.9
现金流动负债比率（％）	16.1	4.6	-1.5	-11.1	-18.0
带息负债比率（％）	9.7	23.0	34.0	44.7	55.0
已获利息倍数	7.2	5.5	1.8	-0.7	-4.9
四、持续发展指标					
研发经费投入强度（％）	7.1	4.6	3.6	3.0	2.0
全员劳动生产率（万元/人）	49.2	40.0	30.8	20.8	10.8
经济增加值率（％）	14.8	7.9	0.9	-5.8	-9.5
国有资本保值增值率（％）	114.0	107.4	103.1	96.7	90.7
五、补充指标					
营业现金比率（％）	12.0	5.6	-0.8	-9.6	-18.4
国有资本回报率（％）	14.9	7.9	3.9	-1.1	-8.0
EBITDA率（％）	17.7	12.0	4.6	1.1	-6.3
百元收入支付的成本费用（元）	90.6	94.2	98.4	101.9	106.5
存货周转率（次）	9.4	6.1	3.2	2.0	1.3
速动比率	1.6	1.4	1.1	0.9	0.7
利润总额增长率（％）	-17.5	-24.3	-27.6	-37.3	-49.7
营业总收入增长率（％）	9.4	1.2	-5.0	-15.8	-27.9

广播电视设备制造业

范围：全行业

项　　目	优秀值	良好值	中等值	较低值	较差值
一、盈利回报指标					
净资产收益率（%）	9.9	3.9	1.1	-6.5	-16.0
营业收入利润率（%）	7.1	3.9	0.0	-4.4	-14.4
总资产报酬率（%）	6.2	2.9	1.7	-1.8	-4.5
盈余现金保障倍数	2.7	1.0	0.0	-2.4	-4.9
二、资产运营指标					
总资产周转率（次）	0.7	0.6	0.4	0.2	0.1
应收账款周转率（次）	4.6	2.9	1.4	0.9	0.5
流动资产周转率（次）	1.0	0.7	0.4	0.3	0.2
两金占流动资产比重（%）	27.3	32.5	53.4	60.1	70.2
三、风险防控指标					
资产负债率（%）	48.6	53.6	58.6	68.6	83.6
现金流动负债比率（%）	8.3	3.9	-3.8	-21.3	-28.4
带息负债比率（%）	11.7	20.0	31.0	43.2	59.3
已获利息倍数	3.7	2.2	0.2	-2.4	-6.2
四、持续发展指标					
研发经费投入强度（%）	5.2	3.7	2.3	1.3	0.6
全员劳动生产率（万元/人）	33.2	26.9	20.5	5.8	-8.9
经济增加值率（%）	2.4	-0.3	-4.5	-8.0	-14.7
国有资本保值增值率（%）	107.5	104.3	101.8	96.5	89.8
五、补充指标					
营业现金比率（%）	1.6	-3.9	-9.3	-20.4	-31.5
国有资本回报率（%）	8.8	3.5	1.1	-5.6	-14.0
EBITDA率（%）	12.3	8.6	2.5	-0.9	-5.8
百元收入支付的成本费用（元）	93.1	96.9	100.2	105.3	109.6
存货周转率（次）	13.8	6.6	2.7	1.1	0.6
速动比率	1.5	1.1	0.9	0.7	0.4
利润总额增长率（%）	-10.5	-14.7	-22.3	-35.4	-42.2
营业总收入增长率（%）	9.9	3.6	-6.0	-11.9	-14.0

家用影视设备制造业

范围：全行业

项 目	优秀值	良好值	中等值	较低值	较差值
一、盈利回报指标					
净资产收益率（%）	7.4	3.8	1.0	-5.7	-9.5
营业收入利润率（%）	6.7	4.4	0.9	-3.5	-13.1
总资产报酬率（%）	4.3	1.8	0.7	-2.0	-5.5
盈余现金保障倍数	6.1	4.3	3.4	1.0	-2.2
二、资产运营指标					
总资产周转率（次）	1.7	1.0	0.5	0.3	0.1
应收账款周转率（次）	10.3	6.6	2.8	1.2	0.2
流动资产周转率（次）	1.7	1.2	0.8	0.4	0.2
两金占流动资产比重（%）	27.7	35.4	40.8	66.7	79.3
三、风险防控指标					
资产负债率（%）	48.7	53.7	58.7	68.7	83.7
现金流动负债比率（%）	26.6	13.7	5.5	-6.1	-16.0
带息负债比率（%）	28.7	44.3	55.7	69.0	87.2
已获利息倍数	4.9	3.4	1.2	-1.1	-2.1
四、持续发展指标					
研发经费投入强度（%）	2.9	2.3	2.0	1.3	0.8
全员劳动生产率（万元/人）	40.6	28.2	15.8	11.2	6.5
经济增加值率（%）	6.8	1.6	-2.7	-7.7	-12.0
国有资本保值增值率（%）	105.2	102.0	100.0	94.1	90.5
五、补充指标					
营业现金比率（%）	58.5	33.6	8.7	6.0	3.2
国有资本回报率（%）	6.6	3.4	1.0	-4.9	-8.2
EBITDA率（%）	12.7	6.0	2.8	-0.5	-5.4
百元收入支付的成本费用（元）	96.1	98.1	100.2	103.1	110.6
存货周转率（次）	13.7	11.1	8.0	6.8	5.0
速动比率	1.5	1.3	1.0	0.8	0.6
利润总额增长率（%）	21.6	2.5	-9.9	-19.6	-31.7
营业总收入增长率（%）	5.4	-0.4	-6.5	-15.9	-27.8

电子元、器件制造业

范围：全行业

项　目	优秀值	良好值	中等值	较低值	较差值
一、盈利回报指标					
净资产收益率（%）	12.7	8.2	2.7	-2.3	-5.0
营业收入利润率（%）	12.7	7.6	2.4	-4.0	-12.2
总资产报酬率（%）	8.9	5.7	1.7	-1.4	-3.2
盈余现金保障倍数	2.2	1.4	1.1	-0.2	-3.1
二、资产运营指标					
总资产周转率（次）	1.0	0.7	0.4	0.2	0.1
应收账款周转率（次）	6.2	4.7	3.3	2.2	1.5
流动资产周转率（次）	1.5	1.1	0.9	0.4	0.1
两金占流动资产比重（%）	26.4	38.9	44.4	55.6	64.0
三、风险防控指标					
资产负债率（%）	43.0	53.0	58.0	68.0	83.0
现金流动负债比率（%）	29.7	18.6	11.2	0.7	-5.1
带息负债比率（%）	17.9	33.4	43.7	57.2	73.7
已获利息倍数	5.0	3.9	2.8	-1.1	-5.4
四、持续发展指标					
研发经费投入强度（%）	6.3	5.0	3.9	2.6	2.1
全员劳动生产率（万元/人）	49.3	41.0	32.7	20.2	7.7
经济增加值率（%）	12.8	6.9	-1.0	-6.6	-8.6
国有资本保值增值率（%）	108.1	104.7	102.7	96.9	92.4
五、补充指标					
营业现金比率（%）	17.9	10.1	2.2	-3.6	-9.3
国有资本回报率（%）	11.6	7.6	2.8	-1.6	-4.0
EBITDA率（%）	13.5	8.8	4.1	-0.5	-5.3
百元收入支付的成本费用（元）	91.6	95.9	98.7	105.8	115.0
存货周转率（次）	8.9	6.5	4.7	2.5	1.3
速动比率	1.4	1.3	1.1	0.9	0.6
利润总额增长率（%）	4.5	-2.6	-11.7	-18.9	-26.3
营业总收入增长率（%）	14.1	7.6	3.8	-8.3	-15.2

电力热力燃气工业

范围：全行业

项　　目	优秀值	良好值	中等值	较低值	较差值
一、盈利回报指标					
净资产收益率（%）	13.2	9.7	6.2	2.1	-3.0
营业收入利润率（%）	17.3	14.0	11.0	4.8	-0.9
总资产报酬率（%）	8.1	6.4	3.9	0.9	-0.7
盈余现金保障倍数	4.6	2.9	1.7	0.4	-0.4
二、资产运营指标					
总资产周转率（次）	0.6	0.4	0.3	0.2	0.1
应收账款周转率（次）	15.9	9.7	6.8	2.4	0.6
流动资产周转率（次）	2.6	2.1	1.7	0.9	0.5
两金占流动资产比重（%）	11.0	24.4	33.7	44.7	51.8
三、风险防控指标					
资产负债率（%）	48.3	53.3	58.3	68.3	83.3
现金流动负债比率（%）	31.8	24.0	16.5	5.0	-5.9
带息负债比率（%）	49.7	58.0	67.3	75.7	82.6
已获利息倍数	5.4	4.0	2.7	1.7	1.0
四、持续发展指标					
研发经费投入强度（%）	1.7	1.1	0.8	0.5	0.2
全员劳动生产率（万元/人）	121.6	96.3	71.0	42.8	14.5
经济增加值率（%）	6.7	4.1	1.0	-2.5	-4.6
国有资本保值增值率（%）	109.9	107.2	105.3	100.7	96.1
五、补充指标					
营业现金比率（%）	73.1	44.8	16.5	8.2	0.0
国有资本回报率（%）	12.4	9.4	6.3	2.7	-2.8
EBITDA率（%）	68.3	41.4	15.8	6.1	-0.2
百元收入支付的成本费用（元）	78.6	83.9	88.7	95.8	102.1
存货周转率（次）	63.1	38.1	15.2	9.5	6.5
速动比率	1.1	0.8	0.7	0.6	0.5
利润总额增长率（%）	31.2	23.1	15.1	3.9	-10.2
营业总收入增长率（%）	19.3	9.4	3.0	-3.6	-13.6

电力热力燃气工业

范围：大型企业

项　　目	优秀值	良好值	中等值	较低值	较差值
一、盈利回报指标					
净资产收益率（%）	13.2	9.2	5.2	2.2	-6.0
营业收入利润率（%）	14.9	12.0	8.8	5.0	-2.0
总资产报酬率（%）	7.2	5.4	3.5	1.2	0.4
盈余现金保障倍数	4.8	2.9	2.1	0.2	-0.7
二、资产运营指标					
总资产周转率（次）	0.6	0.4	0.3	0.2	0.1
应收账款周转率（次）	18.7	14.7	10.0	5.0	1.8
流动资产周转率（次）	4.1	3.1	2.5	1.2	0.5
两金占流动资产比重（%）	17.5	30.7	37.8	48.4	59.3
三、风险防控指标					
资产负债率（%）	48.3	53.3	58.3	68.3	83.3
现金流动负债比率（%）	32.0	26.7	18.3	7.5	-2.2
带息负债比率（%）	46.3	55.5	64.7	71.3	80.7
已获利息倍数	6.5	4.7	3.2	1.7	0.4
四、持续发展指标					
研发经费投入强度（%）	2.0	1.2	1.0	0.6	0.3
全员劳动生产率（万元/人）	143.1	108.5	73.8	50.2	26.5
经济增加值率（%）	4.4	2.1	-0.2	-3.0	-5.4
国有资本保值增值率（%）	110.1	106.9	104.3	99.7	95.6
五、补充指标					
营业现金比率（%）	42.5	27.2	12.0	6.0	0.0
国有资本回报率（%）	12.3	8.8	5.2	2.6	-4.6
EBITDA率（%）	48.4	31.2	14.9	6.2	0.6
百元收入支付的成本费用（元）	84.3	89.8	94.4	98.7	105.1
存货周转率（次）	41.7	28.1	15.1	9.4	6.0
速动比率	0.9	0.7	0.6	0.5	0.4
利润总额增长率（%）	32.2	23.8	16.1	10.6	0.9
营业总收入增长率（%）	18.1	9.8	5.0	-1.6	-10.5

电力热力燃气工业

范围：中型企业

项目	优秀值	良好值	中等值	较低值	较差值
一、盈利回报指标					
净资产收益率（%）	14.4	10.6	7.4	2.2	-2.9
营业收入利润率（%）	16.6	13.4	10.6	4.7	-0.9
总资产报酬率（%）	8.9	7.1	4.6	1.4	-1.0
盈余现金保障倍数	4.8	3.1	1.7	0.9	-0.2
二、资产运营指标					
总资产周转率（次）	0.6	0.4	0.3	0.2	0.1
应收账款周转率（次）	14.8	9.5	4.5	1.8	0.4
流动资产周转率（次）	2.4	1.5	0.9	0.4	0.1
两金占流动资产比重（%）	5.1	17.5	27.5	37.8	49.9
三、风险防控指标					
资产负债率（%）	48.8	53.8	58.8	68.8	83.8
现金流动负债比率（%）	26.0	18.5	12.8	1.4	-17.4
带息负债比率（%）	50.1	58.2	67.6	75.2	87.9
已获利息倍数	5.8	4.0	2.6	1.7	0.4
四、持续发展指标					
研发经费投入强度（%）	1.5	0.8	0.5	0.3	0.2
全员劳动生产率（万元/人）	136.1	98.0	60.0	40.9	21.9
经济增加值率（%）	7.0	4.5	1.4	-2.1	-3.6
国有资本保值增值率（%）	109.8	108.2	106.5	101.0	96.4
五、补充指标					
营业现金比率（%）	68.6	44.2	19.9	10.3	0.8
国有资本回报率（%）	13.4	10.1	7.3	2.7	-1.7
EBITDA率（%）	64.9	37.8	12.4	2.9	-3.8
百元收入支付的成本费用（元）	76.7	83.4	88.9	95.5	101.5
存货周转率（次）	51.1	32.4	15.6	11.0	7.7
速动比率	1.1	0.9	0.8	0.6	0.5
利润总额增长率（%）	18.1	10.2	1.5	-6.0	-12.2
营业总收入增长率（%）	14.9	7.9	1.3	-4.7	-13.2

电力热力燃气工业

范围：小型企业

项　　目	优秀值	良好值	中等值	较低值	较差值
一、盈利回报指标					
净资产收益率（%）	12.0	10.2	6.9	0.7	-4.2
营业收入利润率（%）	21.3	17.2	14.1	6.4	0.7
总资产报酬率（%）	7.7	6.0	4.3	0.4	-1.5
盈余现金保障倍数	4.6	3.0	1.7	0.5	-0.2
二、资产运营指标					
总资产周转率（次）	0.8	0.5	0.3	0.2	0.1
应收账款周转率（次）	15.3	9.2	2.7	1.4	0.7
流动资产周转率（次）	1.7	1.2	0.8	0.4	0.2
两金占流动资产比重（%）	1.1	13.7	32.9	42.2	52.0
三、风险防控指标					
资产负债率（%）	49.9	54.9	59.9	69.9	84.9
现金流动负债比率（%）	25.1	17.4	10.9	-1.2	-11.4
带息负债比率（%）	45.7	55.1	68.1	83.6	91.3
已获利息倍数	5.2	3.8	2.7	1.8	1.1
四、持续发展指标					
研发经费投入强度（%）	1.6	1.0	0.8	0.5	0.2
全员劳动生产率（万元/人）	117.4	84.8	52.2	33.0	13.8
经济增加值率（%）	6.3	3.8	0.9	-3.5	-7.1
国有资本保值增值率（%）	109.7	108.0	106.0	100.4	95.7
五、补充指标					
营业现金比率（%）	73.4	48.0	22.6	11.3	0.0
国有资本回报率（%）	11.4	9.8	6.9	1.5	-2.8
EBITDA率（%）	69.2	42.1	15.9	4.7	-2.9
百元收入支付的成本费用（元）	77.1	84.1	87.7	97.2	104.7
存货周转率（次）	64.9	42.9	24.2	17.4	13.1
速动比率	1.2	1.1	0.9	0.8	0.7
利润总额增长率（%）	10.9	3.5	-6.8	-14.7	-21.9
营业总收入增长率（%）	24.2	14.7	7.4	-0.7	-13.8

电力生产业

范围：全行业

项　　　目	优秀值	良好值	中等值	较低值	较差值
一、盈利回报指标					
净资产收益率（%）	13.2	10.0	7.4	2.4	-7.3
营业收入利润率（%）	18.6	14.7	11.8	6.9	0.5
总资产报酬率（%）	8.4	6.8	4.6	1.3	-1.2
盈余现金保障倍数	4.1	2.7	1.6	0.2	-1.0
二、资产运营指标					
总资产周转率（次）	0.5	0.4	0.3	0.2	0.1
应收账款周转率（次）	9.6	6.0	3.5	1.3	0.5
流动资产周转率（次）	2.8	1.6	0.9	0.4	0.1
两金占流动资产比重（%）	13.0	27.9	35.4	42.3	56.2
三、风险防控指标					
资产负债率（%）	48.9	53.9	59.0	68.9	83.9
现金流动负债比率（%）	36.9	24.0	13.7	1.9	-11.2
带息负债比率（%）	47.0	60.0	73.3	82.6	87.9
已获利息倍数	5.1	4.0	2.8	1.8	0.6
四、持续发展指标					
研发经费投入强度（%）	2.2	1.6	1.2	0.8	0.5
全员劳动生产率（万元/人）	172.9	122.7	72.6	46.9	21.1
经济增加值率（%）	6.0	3.9	1.4	-2.4	-4.8
国有资本保值增值率（%）	111.9	108.2	106.0	102.8	97.3
五、补充指标					
营业现金比率（%）	80.3	54.3	28.2	15.8	3.4
国有资本回报率（%）	12.8	9.9	7.6	3.2	-5.3
EBITDA率（%）	32.7	23.7	13.6	1.1	-14.0
百元收入支付的成本费用（元）	60.4	70.9	82.0	91.8	100.0
存货周转率（次）	25.5	20.6	15.5	11.5	9.3
速动比率	1.3	1.0	0.8	0.7	0.5
利润总额增长率（%）	19.9	12.4	5.1	-1.1	-10.6
营业总收入增长率（%）	17.8	9.5	2.2	-7.0	-15.6

电力生产业

范围：大型企业

项　　目	优秀值	良好值	中等值	较低值	较差值
一、盈利回报指标					
净资产收益率（%）	13.5	9.6	7.0	1.4	-8.2
营业收入利润率（%）	19.5	16.3	13.3	7.6	0.2
总资产报酬率（%）	7.5	5.8	4.1	1.1	-0.4
盈余现金保障倍数	3.5	2.1	1.1	-0.2	-1.2
二、资产运营指标					
总资产周转率（次）	0.6	0.4	0.3	0.2	0.1
应收账款周转率（次）	15.3	10.6	6.2	3.7	1.7
流动资产周转率（次）	2.3	1.5	0.9	0.4	0.2
两金占流动资产比重（%）	20.7	29.8	34.6	44.2	57.7
三、风险防控指标					
资产负债率（%）	48.9	53.9	58.9	68.9	83.9
现金流动负债比率（%）	39.6	26.6	13.6	6.1	-6.6
带息负债比率（%）	46.7	58.5	73.2	85.5	91.6
已获利息倍数	6.1	4.7	3.3	1.6	-0.3
四、持续发展指标					
研发经费投入强度（%）	2.6	1.9	1.6	0.9	0.7
全员劳动生产率（万元/人）	189.9	140.2	90.5	63.1	35.7
经济增加值率（%）	5.5	3.6	1.2	-2.0	-5.7
国有资本保值增值率（%）	112.0	108.3	106.1	102.9	97.6
五、补充指标					
营业现金比率（%）	49.7	38.7	27.6	13.8	0.0
国有资本回报率（%）	12.8	9.4	7.0	1.6	-6.3
EBITDA率（%）	34.2	25.0	15.1	1.4	-12.9
百元收入支付的成本费用（元）	66.6	78.8	87.2	98.8	106.2
存货周转率（次）	25.7	21.7	16.9	12.5	9.8
速动比率	1.2	1.0	0.7	0.6	0.5
利润总额增长率（%）	24.7	18.8	10.9	5.1	-4.4
营业总收入增长率（%）	16.0	9.6	0.3	-7.8	-15.9

电力生产业

范围：中型企业

项 目	优秀值	良好值	中等值	较低值	较差值
一、盈利回报指标					
净资产收益率（%）	13.5	10.2	7.7	2.6	-5.6
营业收入利润率（%）	16.6	12.1	9.0	4.5	-1.7
总资产报酬率（%）	8.6	7.1	4.9	1.7	-1.6
盈余现金保障倍数	4.8	3.4	2.2	0.8	0.1
二、资产运营指标					
总资产周转率（次）	0.5	0.4	0.3	0.2	0.1
应收账款周转率（次）	10.8	7.8	3.9	1.6	0.4
流动资产周转率（次）	2.2	1.4	1.0	0.4	0.1
两金占流动资产比重（%）	13.4	26.6	38.5	47.6	57.5
三、风险防控指标					
资产负债率（%）	48.8	53.8	58.8	68.8	83.8
现金流动负债比率（%）	38.2	27.6	15.5	10.4	-1.5
带息负债比率（%）	45.7	58.0	72.9	79.7	87.5
已获利息倍数	4.8	3.8	2.6	1.9	0.6
四、持续发展指标					
研发经费投入强度（%）	1.0	0.8	0.6	0.3	0.1
全员劳动生产率（万元/人）	168.2	126.5	84.7	62.3	39.8
经济增加值率（%）	6.4	4.2	1.6	-2.2	-4.4
国有资本保值增值率（%）	110.5	108.2	105.9	102.3	96.5
五、补充指标					
营业现金比率（%）	75.7	50.1	24.4	16.1	7.8
国有资本回报率（%）	12.9	10.0	7.9	3.4	-3.8
EBITDA率（%）	30.5	18.7	10.7	0.7	-11.6
百元收入支付的成本费用（元）	63.7	74.5	84.4	94.2	101.6
存货周转率（次）	31.2	25.7	19.9	14.7	11.6
速动比率	1.1	0.9	0.7	0.5	0.4
利润总额增长率（%）	14.6	7.3	0.7	-9.7	-18.5
营业总收入增长率（%）	16.9	8.9	0.5	-5.9	-13.6

电力生产业

范围：小型企业

项　　目	优秀值	良好值	中等值	较低值	较差值
一、盈利回报指标					
净资产收益率（%）	11.5	8.9	7.1	2.3	-7.4
营业收入利润率（%）	19.6	16.4	13.1	8.7	0.8
总资产报酬率（%）	7.5	6.2	4.4	0.9	-2.1
盈余现金保障倍数	4.6	3.2	1.9	0.3	-1.0
二、资产运营指标					
总资产周转率（次）	0.5	0.4	0.3	0.2	0.1
应收账款周转率（次）	9.0	4.6	2.0	1.1	0.7
流动资产周转率（次）	2.8	1.7	0.7	0.3	0.1
两金占流动资产比重（%）	6.8	19.1	35.4	41.4	56.1
三、风险防控指标					
资产负债率（%）	49.0	54.0	59.0	69.0	84.0
现金流动负债比率（%）	33.4	23.7	13.7	-3.4	-11.5
带息负债比率（%）	48.4	61.6	73.4	82.4	87.8
已获利息倍数	4.8	3.8	2.7	1.9	0.6
四、持续发展指标					
研发经费投入强度（%）	0.9	0.6	0.5	0.2	0.1
全员劳动生产率（万元/人）	161.8	114.7	67.6	43.9	20.1
经济增加值率（%）	5.0	3.4	1.0	-3.1	-4.9
国有资本保值增值率（%）	108.6	106.3	104.3	100.6	94.3
五、补充指标					
营业现金比率（%）	80.6	56.6	32.7	18.5	4.4
国有资本回报率（%）	11.0	8.7	7.1	2.9	-5.6
EBITDA率（%）	33.8	23.9	14.9	1.0	-16.8
百元收入支付的成本费用（元）	60.3	70.3	81.4	91.6	99.9
存货周转率（次）	23.4	19.7	15.2	11.4	9.0
速动比率	1.3	1.1	0.9	0.7	0.5
利润总额增长率（%）	5.2	-0.1	-7.8	-19.4	-33.8
营业总收入增长率（%）	17.9	9.3	3.1	-4.2	-13.9

火力发电业

范围：全行业

项　　目	优秀值	良好值	中等值	较低值	较差值
一、盈利回报指标					
净资产收益率（%）	11.2	6.8	5.3	0.1	-6.0
营业收入利润率（%）	15.6	9.5	3.4	-2.9	-9.9
总资产报酬率（%）	7.9	5.4	2.9	0.8	-1.7
盈余现金保障倍数	4.5	2.8	1.8	0.0	-0.9
二、资产运营指标					
总资产周转率（次）	0.8	0.7	0.4	0.3	0.1
应收账款周转率（次）	13.5	10.9	8.5	6.1	3.6
流动资产周转率（次）	3.9	3.2	1.9	1.0	0.4
两金占流动资产比重（%）	29.5	35.8	41.1	52.6	62.1
三、风险防控指标					
资产负债率（%）	58.5	65.0	71.0	78.7	87.0
现金流动负债比率（%）	33.7	19.2	10.7	0.4	-8.8
带息负债比率（%）	48.7	55.2	68.3	80.5	86.3
已获利息倍数	4.9	3.4	2.2	-0.4	-2.6
四、持续发展指标					
研发经费投入强度（%）	1.8	1.3	1.0	0.5	0.2
全员劳动生产率（万元/人）	152.6	118.6	84.5	58.1	31.6
经济增加值率（%）	6.3	3.1	0.6	-4.4	-9.2
国有资本保值增值率（%）	110.4	107.2	104.4	100.3	93.8
五、补充指标					
营业现金比率（%）	26.6	20.0	13.3	7.0	0.7
国有资本回报率（%）	11.2	7.3	6.0	1.7	-4.0
EBITDA率（%）	29.9	20.9	15.1	1.9	-7.8
百元收入支付的成本费用（元）	86.9	93.6	97.5	106.2	116.8
存货周转率（次）	38.6	28.3	19.7	15.1	11.5
速动比率	0.8	0.7	0.5	0.4	0.3
利润总额增长率（%）	52.2	44.2	38.6	21.8	3.0
营业总收入增长率（%）	9.1	3.1	-1.2	-8.8	-16.4

火力发电业

范围：大型企业

项　　目	优秀值	良好值	中等值	较低值	较差值
一、盈利回报指标					
净资产收益率（%）	10.9	6.8	5.4	0.2	-6.0
营业收入利润率（%）	15.7	10.5	5.0	-4.2	-10.7
总资产报酬率（%）	6.6	4.5	3.0	-0.4	-1.9
盈余现金保障倍数	4.4	3.1	2.0	0.0	-0.9
二、资产运营指标					
总资产周转率（次）	0.7	0.6	0.4	0.2	0.1
应收账款周转率（次）	14.2	11.5	8.7	6.7	4.2
流动资产周转率（次）	3.8	3.1	1.7	1.1	0.3
两金占流动资产比重（%）	30.0	35.9	40.0	51.2	62.0
三、风险防控指标					
资产负债率（%）	58.5	65.0	71.0	78.8	87.0
现金流动负债比率（%）	33.0	18.9	10.4	-0.6	-7.5
带息负债比率（%）	44.8	51.9	64.0	72.5	81.1
已获利息倍数	5.3	4.0	3.0	0.7	-1.8
四、持续发展指标					
研发经费投入强度（%）	1.8	1.2	1.0	0.4	0.2
全员劳动生产率（万元/人）	149.0	117.3	85.6	64.1	42.6
经济增加值率（%）	5.9	3.6	0.8	-3.4	-6.0
国有资本保值增值率（%）	109.6	106.7	104.4	99.5	94.4
五、补充指标					
营业现金比率（%）	27.5	20.4	13.3	8.0	2.7
国有资本回报率（%）	11.1	7.5	6.2	1.7	-3.8
EBITDA率（%）	32.4	22.1	16.3	3.9	-6.2
百元收入支付的成本费用（元）	86.5	92.3	97.7	104.1	112.4
存货周转率（次）	41.0	29.2	20.4	16.6	13.0
速动比率	0.8	0.7	0.5	0.4	0.3
利润总额增长率（%）	40.6	31.4	26.6	13.0	1.3
营业总收入增长率（%）	8.6	3.0	-1.4	-8.6	-15.8

火力发电业

范围：中型企业

项目	优秀值	良好值	中等值	较低值	较差值
一、盈利回报指标					
净资产收益率（%）	13.0	9.4	6.8	-0.8	-6.9
营业收入利润率（%）	14.5	8.4	3.0	-4.7	-11.6
总资产报酬率（%）	8.0	5.5	3.3	1.0	-1.9
盈余现金保障倍数	5.4	4.1	3.3	1.1	0.1
二、资产运营指标					
总资产周转率（次）	0.9	0.8	0.6	0.5	0.4
应收账款周转率（次）	14.9	11.4	9.1	7.1	5.3
流动资产周转率（次）	4.5	3.8	2.6	1.9	1.2
两金占流动资产比重（%）	21.4	32.5	42.4	52.7	62.4
三、风险防控指标					
资产负债率（%）	58.0	64.5	70.5	78.5	86.5
现金流动负债比率（%）	33.9	21.6	12.6	3.1	-5.2
带息负债比率（%）	51.1	60.7	68.5	81.8	87.9
已获利息倍数	4.8	3.3	2.3	-0.6	-2.6
四、持续发展指标					
研发经费投入强度（%）	1.7	1.2	1.0	0.6	0.4
全员劳动生产率（万元/人）	152.7	118.7	84.7	62.5	40.4
经济增加值（%）	7.2	3.4	1.2	-3.9	-7.2
国有资本保值增值率（%）	112.9	109.9	105.6	100.9	94.5
五、补充指标					
营业现金比率（%）	24.0	18.8	13.5	8.3	3.1
国有资本回报率（%）	13.0	9.8	7.5	0.9	-4.5
EBITDA率（%）	28.2	21.7	14.3	1.7	-6.3
百元收入支付的成本费用（元）	87.3	93.8	97.5	106.0	118.0
存货周转率（次）	37.7	28.1	19.3	14.8	11.4
速动比率	0.9	0.7	0.5	0.3	0.2
利润总额增长率（%）	55.4	48.2	40.6	24.0	5.4
营业总收入增长率（%）	10.1	4.7	-1.0	-10.5	-19.6

火力发电业

范围：小型企业

项　　目	优秀值	良好值	中等值	较低值	较差值
一、盈利回报指标					
净资产收益率（%）	11.9	6.6	4.7	-2.4	-8.4
营业收入利润率（%）	15.5	9.3	3.4	-2.9	-9.8
总资产报酬率（%）	6.9	4.7	2.7	0.6	-1.6
盈余现金保障倍数	4.7	2.5	1.7	0.0	-0.9
二、资产运营指标					
总资产周转率（次）	0.7	0.5	0.4	0.2	0.1
应收账款周转率（次）	13.3	10.6	7.8	5.8	3.3
流动资产周转率（次）	2.9	2.2	1.5	0.6	0.2
两金占流动资产比重（%）	11.8	23.0	35.8	47.7	59.6
三、风险防控指标					
资产负债率（%）	58.0	64.5	70.5	78.5	86.5
现金流动负债比率（%）	27.1	14.4	6.8	-5.5	-13.5
带息负债比率（%）	49.1	60.4	71.0	81.4	87.8
已获利息倍数	4.7	3.1	1.8	-0.8	-3.2
四、持续发展指标					
研发经费投入强度（%）	1.8	1.3	1.1	0.8	0.5
全员劳动生产率（万元/人）	149.2	113.6	78.0	45.2	12.3
经济增加值率（%）	5.3	2.1	0.6	-5.9	-9.8
国有资本保值增值率（%）	110.6	107.4	102.9	98.9	91.0
五、补充指标					
营业现金比率（%）	26.8	19.8	12.7	6.4	0.0
国有资本回报率（%）	11.1	6.5	4.8	-1.5	-6.7
EBITDA率（%）	28.8	19.5	14.1	1.4	-9.1
百元收入支付的成本费用（元）	87.5	93.3	97.2	106.5	118.1
存货周转率（次）	38.2	29.1	19.9	15.6	12.1
速动比率	1.0	0.8	0.6	0.5	0.4
利润总额增长率（%）	14.1	7.9	1.6	-10.3	-20.1
营业总收入增长率（%）	14.1	6.7	-0.5	-9.1	-18.6

水力发电业

范围：全行业

项　　目	优秀值	良好值	中等值	较低值	较差值
一、盈利回报指标					
净资产收益率（%）	11.6	8.2	6.1	-1.5	-8.2
营业收入利润率（%）	35.2	25.4	16.3	7.0	-2.4
总资产报酬率（%）	7.4	5.6	4.2	0.2	-2.8
盈余现金保障倍数	4.1	2.8	1.7	0.6	-0.6
二、资产运营指标					
总资产周转率（次）	0.5	0.4	0.3	0.2	0.1
应收账款周转率（次）	15.8	8.2	5.2	4.2	2.7
流动资产周转率（次）	2.5	1.7	0.8	0.4	0.2
两金占流动资产比重（%）	4.5	12.0	23.4	30.9	44.5
三、风险防控指标					
资产负债率（%）	48.0	53.0	58.0	68.0	83.0
现金流动负债比率（%）	41.1	29.4	21.2	12.0	1.4
带息负债比率（%）	29.9	46.8	60.4	69.2	83.7
已获利息倍数	4.8	3.3	1.9	0.9	0.2
四、持续发展指标					
研发经费投入强度（%）	1.8	1.2	0.9	0.4	0.2
全员劳动生产率（万元/人）	115.8	100.9	86.0	49.9	13.7
经济增加值率（%）	5.4	2.8	0.9	-4.7	-8.1
国有资本保值增值率（%）	112.0	108.6	105.0	100.0	94.1
五、补充指标					
营业现金比率（%）	64.3	49.5	34.6	17.3	0.0
国有资本回报率（%）	11.7	8.7	6.9	0.2	-5.6
EBITDA率（%）	39.9	29.4	18.1	0.9	-15.3
百元收入支付的成本费用（元）	63.8	71.7	80.2	98.2	112.8
存货周转率（次）	60.4	47.7	32.8	27.5	22.2
速动比率	1.0	0.8	0.7	0.5	0.4
利润总额增长率（%）	17.4	10.2	4.9	-3.7	-11.6
营业总收入增长率（%）	20.6	12.6	6.4	-9.6	-18.2

水力发电业

范围：大型企业

项　　目	优秀值	良好值	中等值	较低值	较差值
一、盈利回报指标					
净资产收益率（%）	13.0	10.3	8.0	1.8	-4.1
营业收入利润率（%）	38.0	30.7	23.3	15.2	6.1
总资产报酬率（%）	8.3	6.5	5.2	1.7	-1.2
盈余现金保障倍数	4.5	3.3	1.9	1.1	-0.1
二、资产运营指标					
总资产周转率（次）	0.5	0.4	0.3	0.2	0.1
应收账款周转率（次）	15.0	12.1	10.4	8.3	6.4
流动资产周转率（次）	2.8	2.0	1.2	0.6	0.2
两金占流动资产比重（%）	13.2	20.4	30.7	39.5	48.5
三、风险防控指标					
资产负债率（%）	48.0	53.0	58.0	68.0	80.0
现金流动负债比率（%）	41.5	29.8	22.2	14.9	6.3
带息负债比率（%）	39.9	56.0	65.8	72.3	82.5
已获利息倍数	6.2	4.9	3.6	2.4	1.8
四、持续发展指标					
研发经费投入强度（%）	1.6	1.1	0.9	0.5	0.3
全员劳动生产率（万元/人）	205.2	157.5	109.7	81.9	54.1
经济增加值率（%）	6.1	3.7	1.8	-1.5	-5.0
国有资本保值增值率（%）	112.2	108.9	107.1	102.4	99.1
五、补充指标					
营业现金比率（%）	63.8	55.0	46.1	35.7	25.3
国有资本回报率（%）	12.4	10.0	8.0	2.6	-2.6
EBITDA率（%）	45.4	35.7	25.2	13.7	-0.7
百元收入支付的成本费用（元）	62.6	69.6	77.3	93.3	103.3
存货周转率（次）	47.7	37.6	24.3	19.7	14.2
速动比率	1.2	1.1	1.0	0.9	0.8
利润总额增长率（%）	15.7	10.0	4.8	-3.8	-12.0
营业总收入增长率（%）	17.2	10.8	4.6	-7.3	-10.4

水力发电业

范围：中型企业

项　　目	优秀值	良好值	中等值	较低值	较差值
一、盈利回报指标					
净资产收益率（%）	11.4	8.0	6.5	0.9	-4.0
营业收入利润率（%）	34.8	27.6	16.8	6.8	0.4
总资产报酬率（%）	8.3	6.7	5.1	1.7	-1.0
盈余现金保障倍数	4.8	3.3	1.9	0.7	-0.4
二、资产运营指标					
总资产周转率（次）	0.5	0.4	0.3	0.2	0.1
应收账款周转率（次）	15.6	7.2	4.3	3.2	1.6
流动资产周转率（次）	3.6	2.5	1.1	0.7	0.4
两金占流动资产比重（%）	8.2	15.4	21.7	32.1	41.6
三、风险防控指标					
资产负债率（%）	48.5	53.5	58.5	68.5	83.5
现金流动负债比率（%）	35.4	25.3	17.5	6.5	-1.2
带息负债比率（%）	44.4	59.1	69.7	75.4	84.5
已获利息倍数	5.7	3.7	2.8	1.5	0.8
四、持续发展指标					
研发经费投入强度（%）	1.5	1.0	0.8	0.4	0.2
全员劳动生产率（万元/人）	174.8	128.0	81.2	57.6	33.9
经济增加值率（%）	6.1	3.6	1.8	-4.0	-7.0
国有资本保值增值率（%）	112.8	109.0	105.6	99.4	94.5
五、补充指标					
营业现金比率（%）	72.3	62.3	52.3	34.3	16.4
国有资本回报率（%）	10.8	7.7	6.5	1.5	-2.8
EBITDA率（%）	38.9	31.0	18.6	10.2	-4.2
百元收入支付的成本费用（元）	63.9	71.5	82.7	98.5	113.0
存货周转率（次）	61.2	47.9	35.1	31.1	28.6
速动比率	0.9	0.7	0.6	0.5	0.3
利润总额增长率（%）	22.0	15.5	10.7	6.0	-0.9
营业总收入增长率（%）	18.1	11.9	6.8	-10.0	-18.3

水力发电业

范围：小型企业

项目	优秀值	良好值	中等值	较低值	较差值
一、盈利回报指标					
净资产收益率（%）	10.1	7.2	4.6	-4.2	-9.6
营业收入利润率（%）	27.9	17.7	9.2	1.6	-9.9
总资产报酬率（%）	7.4	5.5	3.8	0.0	-2.9
盈余现金保障倍数	3.9	2.7	1.7	0.6	-0.6
二、资产运营指标					
总资产周转率（次）	0.5	0.4	0.3	0.2	0.1
应收账款周转率（次）	16.1	9.5	6.6	5.4	2.4
流动资产周转率（次）	2.5	1.7	0.7	0.4	0.2
两金占流动资产比重（%）	4.2	11.4	16.7	26.8	37.7
三、风险防控指标					
资产负债率（%）	48.3	53.3	58.3	68.3	83.3
现金流动负债比率（%）	27.8	19.8	11.1	1.1	-2.9
带息负债比率（%）	29.8	46.6	57.1	68.0	80.9
已获利息倍数	4.7	3.0	1.9	0.9	0.2
四、持续发展指标					
研发经费投入强度（%）	1.8	1.4	1.1	0.8	0.6
全员劳动生产率（万元/人）	114.1	79.4	44.8	29.0	13.3
经济增加值率（%）	4.2	2.1	0.5	-5.1	-8.2
国有资本保值增值率（%）	110.0	107.7	103.9	98.4	92.9
五、补充指标					
营业现金比率（%）	64.4	49.2	33.9	16.9	0.0
国有资本回报率（%）	9.9	7.4	5.0	-2.6	-7.4
EBITDA率（%）	27.3	20.5	10.9	-4.8	-18.2
百元收入支付的成本费用（元）	62.9	71.7	80.2	96.6	106.9
存货周转率（次）	47.9	37.4	29.3	25.2	21.6
速动比率	0.9	0.8	0.6	0.5	0.3
利润总额增长率（%）	20.1	11.8	5.4	-3.2	-8.3
营业总收入增长率（%）	23.0	17.0	6.5	-3.6	-12.6

风力发电业

范围：全行业

项　　目	优秀值	良好值	中等值	较低值	较差值
一、盈利回报指标					
净资产收益率（%）	18.5	13.9	9.0	5.8	2.6
营业收入利润率（%）	41.9	36.4	28.1	19.3	11.6
总资产报酬率（%）	8.5	7.0	5.2	3.4	2.1
盈余现金保障倍数	4.3	3.1	1.7	1.2	0.4
二、资产运营指标					
总资产周转率（次）	0.5	0.4	0.3	0.2	0.1
应收账款周转率（次）	4.2	2.5	1.1	0.8	0.6
流动资产周转率（次）	1.1	0.9	0.6	0.4	0.2
两金占流动资产比重（%）	18.1	28.0	51.4	73.7	83.5
三、风险防控指标					
资产负债率（%）	49.4	59.1	64.4	73.4	76.6
现金流动负债比率（%）	51.9	40.1	23.7	10.8	3.9
带息负债比率（%）	61.9	69.6	80.6	89.1	94.4
已获利息倍数	6.5	5.0	3.7	2.8	2.1
四、持续发展指标					
研发经费投入强度（%）	1.1	0.8	0.7	0.4	0.2
全员劳动生产率（万元/人）	214.9	182.2	149.5	109.2	68.9
经济增加值率（%）	6.4	4.5	2.3	0.3	-1.4
国有资本保值增值率（%）	119.5	113.8	109.1	103.3	98.9
五、补充指标					
营业现金比率（%）	86.4	69.9	53.5	35.5	17.5
国有资本回报率（%）	17.2	13.5	9.2	3.9	1.0
EBITDA率（%）	47.3	39.5	30.1	21.3	7.8
百元收入支付的成本费用（元）	53.2	59.5	68.7	78.5	86.5
存货周转率（次）	99.5	73.6	34.7	28.9	22.6
速动比率	1.7	1.4	1.1	0.8	0.6
利润总额增长率（%）	61.2	34.0	4.1	-23.9	-43.8
营业总收入增长率（%）	23.0	12.8	6.9	-5.8	-12.3

风力发电业

范围：大型企业

项　　目	优秀值	良好值	中等值	较低值	较差值
一、盈利回报指标					
净资产收益率（%）	16.7	11.7	9.3	5.8	3.0
营业收入利润率（%）	42.6	33.1	28.2	20.6	12.4
总资产报酬率（%）	7.4	6.3	5.0	3.2	2.1
盈余现金保障倍数	2.1	1.2	0.5	0.0	-0.3
二、资产运营指标					
总资产周转率（次）	0.5	0.4	0.3	0.2	0.1
应收账款周转率（次）	6.2	3.9	1.9	1.5	1.0
流动资产周转率（次）	1.2	0.9	0.6	0.4	0.2
两金占流动资产比重（%）	13.4	26.0	45.4	60.3	70.8
三、风险防控指标					
资产负债率（%）	44.2	48.2	60.3	63.5	67.6
现金流动负债比率（%）	13.7	8.1	5.3	-0.5	-4.5
带息负债比率（%）	65.6	69.9	76.5	80.6	83.8
已获利息倍数	10.7	6.4	4.9	2.3	1.4
四、持续发展指标					
研发经费投入强度（%）	1.1	0.8	0.7	0.5	0.3
全员劳动生产率（万元/人）	204.4	168.0	131.5	87.4	43.3
经济增加值率（%）	6.8	4.8	2.6	0.2	-2.7
国有资本保值增值率（%）	121.2	115.5	110.8	105.4	102.2
五、补充指标					
营业现金比率（%）	19.8	19.5	19.1	9.6	0.0
国有资本回报率（%）	15.8	11.4	9.3	3.4	0.9
EBITDA率（%）	41.0	34.9	30.2	20.6	8.0
百元收入支付的成本费用（元）	55.2	59.3	63.1	73.9	83.3
存货周转率（次）	51.8	44.7	35.3	27.6	20.8
速动比率	1.6	1.4	0.9	0.8	0.7
利润总额增长率（%）	58.9	38.3	15.7	-18.6	-44.1
营业总收入增长率（%）	52.3	36.3	20.6	8.6	-0.2

风力发电业

范围：中型企业

项　　目	优秀值	良好值	中等值	较低值	较差值
一、盈利回报指标					
净资产收益率（％）	16.4	12.9	9.1	6.1	3.3
营业收入利润率（％）	41.8	33.3	27.5	18.5	13.5
总资产报酬率（％）	8.4	7.0	5.1	4.2	2.9
盈余现金保障倍数	6.5	4.0	1.9	-0.1	-0.6
二、资产运营指标					
总资产周转率（次）	0.5	0.4	0.3	0.2	0.1
应收账款周转率（次）	4.2	2.6	1.1	0.7	0.6
流动资产周转率（次）	1.1	0.9	0.6	0.5	0.4
两金占流动资产比重（％）	26.9	38.3	45.3	71.5	82.1
三、风险防控指标					
资产负债率（％）	54.4	61.5	67.8	75.9	79.1
现金流动负债比率（％）	50.5	35.2	22.7	13.7	0.5
带息负债比率（％）	62.5	69.6	82.8	90.0	95.0
已获利息倍数	5.4	4.0	3.3	2.4	2.0
四、持续发展指标					
研发经费投入强度（％）	0.9	0.6	0.4	0.2	0.1
全员劳动生产率（万元/人）	218.6	193.6	168.6	135.5	102.3
经济增加值率（％）	5.1	3.4	1.8	0.6	-0.5
国有资本保值增值率（％）	118.9	113.5	108.2	103.6	98.4
五、补充指标					
营业现金比率（％）	86.9	67.7	48.6	39.6	30.6
国有资本回报率（％）	15.6	12.5	9.1	6.5	4.0
EBITDA率（％）	48.0	39.7	29.6	19.8	-3.1
百元收入支付的成本费用（元）	51.7	58.7	75.4	82.0	113.5
存货周转率（次）	102.3	93.4	34.0	29.4	22.9
速动比率	2.0	1.3	1.0	0.8	0.6
利润总额增长率（％）	67.0	36.9	-1.6	-17.4	-34.6
营业总收入增长率（％）	19.3	11.7	1.1	-5.6	-11.9

风力发电业

范围：小型企业

项 目	优秀值	良好值	中等值	较低值	较差值
一、盈利回报指标					
净资产收益率（%）	18.5	14.7	8.9	5.7	2.4
营业收入利润率（%）	42.4	36.8	28.9	19.3	11.5
总资产报酬率（%）	8.7	7.5	5.4	4.1	2.7
盈余现金保障倍数	4.4	3.2	1.8	1.4	0.8
二、资产运营指标					
总资产周转率（次）	0.5	0.4	0.3	0.2	0.1
应收账款周转率（次）	2.7	1.9	1.0	0.8	0.6
流动资产周转率（次）	1.1	0.9	0.6	0.5	0.4
两金占流动资产比重（%）	34.2	53.2	55.6	79.6	87.2
三、风险防控指标					
资产负债率（%）	51.9	58.8	62.0	71.6	76.2
现金流动负债比率（%）	56.5	46.3	29.3	21.0	8.1
带息负债比率（%）	54.0	69.6	78.7	88.1	92.4
已获利息倍数	6.3	5.0	3.7	2.8	2.2
四、持续发展指标					
研发经费投入强度（%）	1.1	0.8	0.7	0.2	0.1
全员劳动生产率（万元/人）	209.2	178.6	147.9	108.0	68.1
经济增加值率（%）	6.3	4.7	2.4	1.0	-0.4
国有资本保值增值率（%）	119.6	114.5	108.4	103.0	98.7
五、补充指标					
营业现金比率（%）	87.2	72.6	57.9	43.9	29.8
国有资本回报率（%）	17.3	14.0	8.9	6.1	3.2
EBITDA率（%）	46.7	39.7	31.0	21.8	7.2
百元收入支付的成本费用（元）	54.8	61.2	68.7	78.8	86.9
存货周转率（次）	92.3	67.7	34.5	30.5	22.0
速动比率	1.7	1.4	1.1	0.8	0.6
利润总额增长率（%）	58.3	31.7	2.8	-24.1	-41.1
营业总收入增长率（%）	20.5	11.1	5.9	-6.1	-12.5

太阳能发电业

范围：全行业

项　　目	优秀值	良好值	中等值	较低值	较差值
一、盈利回报指标					
净资产收益率（%）	14.6	12.0	7.6	3.7	1.6
营业收入利润率（%）	39.9	32.4	22.0	13.9	8.2
总资产报酬率（%）	7.2	6.0	4.3	1.5	0.3
盈余现金保障倍数	5.9	3.6	1.6	0.9	0.0
二、资产运营指标					
总资产周转率（次）	0.5	0.4	0.3	0.2	0.1
应收账款周转率（次）	6.6	4.4	1.1	0.9	0.6
流动资产周转率（次）	0.9	0.7	0.4	0.3	0.2
两金占流动资产比重（%）	9.1	19.4	37.3	64.3	80.1
三、风险防控指标					
资产负债率（%）	50.0	61.4	65.6	75.9	80.6
现金流动负债比率（%）	36.8	23.8	10.3	3.6	0.4
带息负债比率（%）	24.7	40.0	78.5	90.2	98.2
已获利息倍数	4.6	3.5	2.7	1.9	1.5
四、持续发展指标					
研发经费投入强度（%）	1.2	0.8	0.6	0.2	0.1
全员劳动生产率（万元/人）	172.5	129.1	85.7	58.8	31.9
经济增加值率（%）	4.7	3.1	1.4	0.0	-1.3
国有资本保值增值率（%）	119.3	113.2	106.8	101.9	99.5
五、补充指标					
营业现金比率（%）	90.5	66.9	43.3	25.7	8.0
国有资本回报率（%）	14.9	11.4	7.8	4.5	1.3
EBITDA率（%）	51.2	42.8	23.5	12.9	5.7
百元收入支付的成本费用（元）	55.1	63.6	76.4	83.3	90.6
存货周转率（次）	67.6	46.6	25.5	17.9	10.3
速动比率	2.0	1.5	1.0	0.7	0.6
利润总额增长率（%）	71.4	31.7	0.9	-29.0	-51.2
营业总收入增长率（%）	19.4	8.8	3.8	-6.5	-11.9

太阳能发电业

范围：大型企业

项目	优秀值	良好值	中等值	较低值	较差值
一、盈利回报指标					
净资产收益率（%）	11.6	8.5	5.6	2.5	1.2
营业收入利润率（%）	30.8	24.6	16.8	14.0	10.5
总资产报酬率（%）	5.2	4.4	4.0	2.1	0.7
盈余现金保障倍数	5.2	3.5	1.9	0.4	-0.9
二、资产运营指标					
总资产周转率（次）	0.5	0.4	0.3	0.2	0.1
应收账款周转率（次）	9.1	5.1	1.9	1.3	0.9
流动资产周转率（次）	1.2	0.9	0.4	0.3	0.2
两金占流动资产比重（%）	13.5	26.2	41.5	60.0	70.3
三、风险防控指标					
资产负债率（%）	59.4	65.7	71.3	74.0	76.0
现金流动负债比率（%）	30.5	17.7	3.2	3.0	1.9
带息负债比率（%）	59.5	71.9	81.2	90.4	94.3
已获利息倍数	4.2	3.4	2.9	1.9	1.5
四、持续发展指标					
研发经费投入强度（%）	3.3	2.8	2.1	1.5	1.0
全员劳动生产率（万元/人）	172.6	124.8	77.0	55.5	34.0
经济增加值率（%）	2.7	1.9	1.0	0.0	-1.1
国有资本保值增值率（%）	120.5	113.3	104.8	102.9	101.0
五、补充指标					
营业现金比率（%）	78.2	49.5	20.8	10.4	0.0
国有资本回报率（%）	11.0	8.3	5.8	3.1	1.1
EBITDA率（%）	42.9	31.5	18.7	11.7	3.3
百元收入支付的成本费用（元）	66.9	74.6	83.4	88.9	94.6
存货周转率（次）	49.8	39.7	29.6	17.9	6.2
速动比率	1.8	1.5	1.1	0.9	0.7
利润总额增长率（%）	100.9	40.8	0.9	-16.8	-37.9
营业总收入增长率（%）	30.1	19.2	3.6	-0.7	-6.3

太阳能发电业

范围：中型企业

项　　目	优秀值	良好值	中等值	较低值	较差值
一、盈利回报指标					
净资产收益率（%）	14.8	11.7	8.6	4.3	1.7
营业收入利润率（%）	37.3	29.5	21.0	13.1	5.8
总资产报酬率（%）	7.4	6.3	5.0	1.2	-0.2
盈余现金保障倍数	5.9	3.9	1.5	0.5	-0.3
二、资产运营指标					
总资产周转率（次）	0.5	0.4	0.3	0.2	0.1
应收账款周转率（次）	5.0	3.2	0.7	0.6	0.5
流动资产周转率（次）	1.1	0.8	0.4	0.3	0.2
两金占流动资产比重（%）	16.4	31.1	41.9	50.8	60.8
三、风险防控指标					
资产负债率（%）	52.1	59.5	65.3	79.8	83.4
现金流动负债比率（%）	34.7	17.8	11.1	-1.5	-8.0
带息负债比率（%）	56.5	62.2	70.8	80.8	85.7
已获利息倍数	4.9	3.2	2.7	-0.2	-0.3
四、持续发展指标					
研发经费投入强度（%）	1.0	0.8	0.6	0.2	0.1
全员劳动生产率（万元/人）	164.9	120.9	76.9	56.3	35.7
经济增加值率（%）	5.4	3.7	1.9	0.6	-0.6
国有资本保值增值率（%）	116.1	112.2	107.7	96.6	89.2
五、补充指标					
营业现金比率（%）	83.4	61.6	39.9	23.7	7.4
国有资本回报率（%）	14.0	11.4	8.6	4.8	2.6
EBITDA率（%）	39.6	32.0	22.9	13.0	5.9
百元收入支付的成本费用（元）	61.6	69.7	77.6	81.1	85.5
存货周转率（次）	69.3	47.2	31.1	28.2	24.1
速动比率	1.9	1.4	1.0	0.7	0.6
利润总额增长率（%）	66.7	36.7	0.5	-19.1	-44.7
营业总收入增长率（%）	20.9	12.2	2.6	-8.5	-12.8

太阳能发电业

范围：小型企业

项　　目	优秀值	良好值	中等值	较低值	较差值
一、盈利回报指标					
净资产收益率（%）	16.1	12.1	6.4	3.1	1.1
营业收入利润率（%）	40.4	32.7	22.2	10.8	3.3
总资产报酬率（%）	7.1	5.8	3.9	2.1	0.7
盈余现金保障倍数	6.5	3.9	1.8	1.0	0.1
二、资产运营指标					
总资产周转率（次）	0.5	0.4	0.3	0.2	0.1
应收账款周转率（次）	8.1	4.6	1.7	1.2	0.6
流动资产周转率（次）	0.9	0.7	0.4	0.3	0.2
两金占流动资产比重（%）	8.9	19.3	34.2	70.8	90.2
三、风险防控指标					
资产负债率（%）	49.4	60.4	66.3	78.1	83.4
现金流动负债比率（%）	41.4	29.5	12.9	5.8	-0.2
带息负债比率（%）	22.7	36.2	68.2	89.9	98.5
已获利息倍数	4.6	3.5	2.5	1.8	1.4
四、持续发展指标					
研发经费投入强度（%）	1.3	0.7	0.6	0.2	0.1
全员劳动生产率（万元/人）	167.3	129.3	91.3	61.1	30.9
经济增加值率（%）	4.0	2.6	0.7	-0.6	-1.8
国有资本保值增值率（%）	118.0	112.2	105.7	100.7	98.2
五、补充指标					
营业现金比率（%）	90.9	70.7	50.6	29.7	8.8
国有资本回报率（%）	15.0	11.5	6.5	3.6	1.4
EBITDA率（%）	52.2	43.6	24.2	12.3	-3.3
百元收入支付的成本费用（元）	54.3	62.2	73.9	86.0	95.7
存货周转率（次）	62.8	32.6	15.3	11.3	5.5
速动比率	2.0	1.5	1.0	0.8	0.6
利润总额增长率（%）	57.1	15.6	-5.3	-45.5	-72.2
营业总收入增长率（%）	19.0	8.7	3.9	-9.4	-16.0

电力供应业

范围：全行业

项　　　目	优秀值	良好值	中等值	较低值	较差值
一、盈利回报指标					
净资产收益率（%）	10.3	6.8	2.6	0.8	-4.7
营业收入利润率（%）	10.8	4.9	2.4	0.8	-0.9
总资产报酬率（%）	7.7	5.0	2.1	0.4	-2.3
盈余现金保障倍数	7.2	4.5	2.5	-0.1	-3.3
二、资产运营指标					
总资产周转率（次）	0.7	0.5	0.4	0.2	0.1
应收账款周转率（次）	28.5	15.6	11.1	4.9	2.0
流动资产周转率（次）	2.9	1.6	1.0	0.4	0.2
两金占流动资产比重（%）	6.2	16.2	29.3	39.4	57.2
三、风险防控指标					
资产负债率（%）	45.0	58.0	63.0	71.6	83.0
现金流动负债比率（%）	35.4	28.0	22.0	14.8	4.6
带息负债比率（%）	26.9	43.3	53.2	60.3	78.1
已获利息倍数	5.8	4.0	2.7	1.7	1.2
四、持续发展指标					
研发经费投入强度（%）	1.4	1.0	0.8	0.6	0.5
全员劳动生产率（万元/人）	104.4	77.7	51.1	35.3	19.5
经济增加值率（%）	4.9	1.8	-1.4	-3.5	-6.9
国有资本保值增值率（%）	109.3	107.0	104.6	101.9	98.2
五、补充指标					
营业现金比率（%）	43.1	26.5	9.8	4.9	0.0
国有资本回报率（%）	9.3	6.3	2.6	0.7	-3.8
EBITDA率（%）	24.7	16.6	12.8	6.5	1.8
百元收入支付的成本费用（元）	88.3	93.7	95.6	98.5	102.8
存货周转率（次）	55.3	47.1	34.5	27.1	16.6
速动比率	2.1	0.6	0.5	0.4	0.3
利润总额增长率（%）	19.5	10.6	5.3	-4.3	-15.0
营业总收入增长率（%）	10.7	7.8	3.6	-1.9	-9.8

电力供应业

范围：大型企业

项目	优秀值	良好值	中等值	较低值	较差值
一、盈利回报指标					
净资产收益率（%）	6.2	3.8	1.9	-0.1	-5.2
营业收入利润率（%）	7.8	4.9	1.8	0.3	-1.4
总资产报酬率（%）	4.4	2.7	1.9	0.3	-2.1
盈余现金保障倍数	11.9	8.6	5.5	2.4	-0.2
二、资产运营指标					
总资产周转率（次）	1.0	0.9	0.6	0.3	0.1
应收账款周转率（次）	49.2	29.0	15.3	9.9	5.4
流动资产周转率（次）	4.3	3.0	1.1	0.5	0.2
两金占流动资产比重（%）	11.0	20.0	29.0	39.2	60.2
三、风险防控指标					
资产负债率（%）	53.0	58.0	63.0	71.6	81.0
现金流动负债比率（%）	39.5	30.8	22.9	15.6	7.2
带息负债比率（%）	29.2	43.5	53.0	62.2	78.6
已获利息倍数	5.3	3.3	2.5	1.7	1.1
四、持续发展指标					
研发经费投入强度（%）	1.4	1.1	0.8	0.7	0.6
全员劳动生产率（万元/人）	109.3	88.8	68.3	52.6	36.9
经济增加值率（%）	1.1	-0.4	-2.0	-3.9	-5.9
国有资本保值增值率（%）	109.8	106.9	103.6	101.7	99.7
五、补充指标					
营业现金比率（%）	20.0	16.2	12.3	6.2	0.1
国有资本回报率（%）	5.6	3.6	1.9	0.1	-4.4
EBITDA率（%）	23.5	16.0	12.3	6.9	0.8
百元收入支付的成本费用（元）	90.6	96.4	99.2	100.7	102.2
存货周转率（次）	72.8	64.8	51.7	44.3	36.2
速动比率	1.0	0.6	0.4	0.4	0.3
利润总额增长率（%）	32.7	24.8	11.9	2.3	-8.1
营业总收入增长率（%）	11.0	7.3	3.7	0.8	-4.1

电力供应业

范围：中型企业

项 目	优秀值	良好值	中等值	较低值	较差值
一、盈利回报指标					
净资产收益率（%）	11.0	7.6	5.6	1.5	-3.8
营业收入利润率（%）	12.0	9.6	7.6	4.8	3.3
总资产报酬率（%）	8.2	5.8	3.8	0.7	-2.1
盈余现金保障倍数	5.8	2.6	1.2	-0.5	-5.8
二、资产运营指标					
总资产周转率（次）	1.1	0.6	0.3	0.2	0.1
应收账款周转率（次）	23.6	15.2	6.0	4.1	2.0
流动资产周转率（次）	2.9	1.6	0.9	0.4	0.2
两金占流动资产比重（%）	1.7	13.1	33.6	39.7	46.7
三、风险防控指标					
资产负债率（%）	50.0	58.0	63.0	71.6	83.0
现金流动负债比率（%）	39.4	30.6	18.4	13.6	1.1
带息负债比率（%）	24.3	33.2	45.9	59.3	75.4
已获利息倍数	6.5	4.5	3.3	1.9	1.3
四、持续发展指标					
研发经费投入强度（%）	0.8	0.6	0.5	0.3	0.1
全员劳动生产率（万元/人）	111.5	80.0	48.6	35.9	23.3
经济增加值率（%）	6.0	3.3	0.8	-1.7	-3.0
国有资本保值增值率（%）	110.8	108.0	104.7	102.3	99.7
五、补充指标					
营业现金比率（%）	45.6	28.1	10.6	5.3	0.0
国有资本回报率（%）	10.4	7.4	5.6	2.0	-2.6
EBITDA率（%）	22.5	13.8	9.3	3.7	0.2
百元收入支付的成本费用（元）	86.2	90.2	93.3	96.9	104.9
存货周转率（次）	36.4	28.8	16.9	12.2	8.1
速动比率	1.7	0.9	0.8	0.7	0.6
利润总额增长率（%）	17.6	10.1	4.9	-5.7	-16.2
营业总收入增长率（%）	10.4	7.0	3.2	-1.5	-8.6

电力供应业

范围：小型企业

项目	优秀值	良好值	中等值	较低值	较差值
一、盈利回报指标					
净资产收益率（%）	10.0	6.3	4.9	2.0	-4.1
营业收入利润率（%）	9.0	6.8	4.6	1.0	-0.7
总资产报酬率（%）	7.8	5.2	4.3	1.9	-2.4
盈余现金保障倍数	6.3	2.5	1.1	-1.3	-6.0
二、资产运营指标					
总资产周转率（次）	0.7	0.5	0.3	0.2	0.1
应收账款周转率（次）	50.7	23.4	7.5	4.1	1.9
流动资产周转率（次）	2.8	1.8	0.7	0.3	0.1
两金占流动资产比重（%）	1.7	16.3	45.8	51.4	58.7
三、风险防控指标					
资产负债率（%）	38.5	58.0	63.0	71.6	83.0
现金流动负债比率（%）	26.2	18.9	9.7	2.1	-13.0
带息负债比率（%）	28.0	37.4	53.9	70.1	85.1
已获利息倍数	5.3	3.5	2.7	1.7	1.2
四、持续发展指标					
研发经费投入强度（%）	0.6	0.5	0.4	0.2	0.1
全员劳动生产率（万元/人）	86.6	64.3	42.0	30.1	18.1
经济增加值率（%）	3.2	0.3	-1.3	-5.3	-9.9
国有资本保值增值率（%）	108.7	106.1	104.0	100.7	96.0
五、补充指标					
营业现金比率（%）	42.1	25.9	9.7	4.8	0.0
国有资本回报率（%）	9.5	6.2	5.0	2.5	-2.9
EBITDA率（%）	28.9	20.7	15.3	8.7	3.5
百元收入支付的成本费用（元）	84.9	91.5	95.0	100.1	110.0
存货周转率（次）	45.2	38.7	26.6	20.6	14.2
速动比率	2.7	0.7	0.6	0.5	0.3
利润总额增长率（%）	14.2	5.2	0.2	-11.1	-24.0
营业总收入增长率（%）	13.7	9.1	4.6	-2.4	-10.0

热力生产和供应业

范围：全行业

项　　目	优秀值	良好值	中等值	较低值	较差值
一、盈利回报指标					
净资产收益率（%）	11.2	5.9	2.3	-1.1	-8.5
营业收入利润率（%）	12.7	6.6	0.6	-7.2	-14.9
总资产报酬率（%）	4.7	3.1	1.3	-0.7	-4.4
盈余现金保障倍数	5.3	2.9	1.6	-0.3	-1.9
二、资产运营指标					
总资产周转率（次）	0.6	0.4	0.3	0.2	0.1
应收账款周转率（次）	15.6	10.2	6.5	3.6	1.9
流动资产周转率（次）	1.7	1.3	0.8	0.5	0.3
两金占流动资产比重（%）	9.0	17.2	25.1	33.9	47.3
三、风险防控指标					
资产负债率（%）	47.7	52.7	57.7	67.7	82.7
现金流动负债比率（%）	24.2	11.7	5.6	-5.4	-13.5
带息负债比率（%）	18.0	29.1	42.1	61.4	82.2
已获利息倍数	5.7	2.9	1.4	-0.5	-3.1
四、持续发展指标					
研发经费投入强度（%）	2.1	1.3	0.4	0.2	0.1
全员劳动生产率（万元/人）	71.4	50.4	29.5	17.2	5.0
经济增加值率（%）	6.0	1.6	-2.1	-4.6	-9.7
国有资本保值增值率（%）	119.1	110.0	102.6	98.8	92.1
五、补充指标					
营业现金比率（%）	36.2	21.4	6.5	0.1	-6.4
国有资本回报率（%）	10.1	5.5	2.3	-0.7	-7.2
EBITDA率（%）	16.6	9.4	2.2	-7.2	-18.6
百元收入支付的成本费用（元）	91.0	96.3	100.4	107.4	115.8
存货周转率（次）	33.2	20.1	13.2	8.0	4.5
速动比率	1.2	1.1	0.9	0.7	0.5
利润总额增长率（%）	13.5	7.1	1.3	-8.8	-16.2
营业总收入增长率（%）	16.4	11.2	3.3	-3.8	-12.8

燃气生产和供应业

范围：全行业

项　　目	优秀值	良好值	中等值	较低值	较差值
一、盈利回报指标					
净资产收益率（%）	10.8	8.5	7.0	-0.3	-7.9
营业收入利润率（%）	13.6	9.1	4.4	-1.9	-12.2
总资产报酬率（%）	5.8	4.6	2.9	-0.7	-4.9
盈余现金保障倍数	1.6	1.2	0.6	-0.2	-3.2
二、资产运营指标					
总资产周转率（次）	1.2	0.9	0.7	0.4	0.1
应收账款周转率（次）	32.5	23.8	15.6	8.8	4.5
流动资产周转率（次）	3.0	2.1	1.6	0.8	0.3
两金占流动资产比重（%）	4.8	10.8	17.3	28.1	41.7
三、风险防控指标					
资产负债率（%）	48.0	53.0	58.0	68.0	83.0
现金流动负债比率（%）	17.9	9.3	6.3	-1.1	-5.5
带息负债比率（%）	21.2	31.1	40.5	56.2	76.2
已获利息倍数	9.0	5.8	3.0	-1.2	-3.3
四、持续发展指标					
研发经费投入强度（%）	0.7	0.6	0.5	0.4	0.2
全员劳动生产率（万元/人）	70.1	59.9	49.6	30.9	12.2
经济增加值率（%）	8.0	3.3	0.3	-7.9	-12.3
国有资本保值增值率（%）	110.1	107.7	106.1	102.5	96.1
五、补充指标					
营业现金比率（%）	11.9	7.4	3.0	1.5	-0.1
国有资本回报率（%）	9.9	7.9	6.6	0.2	-6.5
EBITDA率（%）	19.8	15.2	8.8	3.0	-3.3
百元收入支付的成本费用（元）	89.4	93.1	98.1	102.8	108.2
存货周转率（次）	47.1	32.3	22.8	15.6	10.5
速动比率	1.5	1.2	0.8	0.5	0.3
利润总额增长率（%）	13.6	6.3	-1.2	-23.4	-34.4
营业总收入增长率（%）	22.2	14.1	4.4	-6.0	-18.1

水生产与供应业

范围：全行业

项　　目	优秀值	良好值	中等值	较低值	较差值
一、盈利回报指标					
净资产收益率（%）	8.8	4.9	2.2	-3.1	-10.1
营业收入利润率（%）	15.1	11.3	6.8	-2.1	-15.1
总资产报酬率（%）	4.6	2.8	1.8	-0.2	-4.5
盈余现金保障倍数	2.9	2.0	1.2	-0.1	-1.6
二、资产运营指标					
总资产周转率（次）	0.5	0.4	0.3	0.2	0.1
应收账款周转率（次）	15.6	9.0	3.0	1.2	0.4
流动资产周转率（次）	1.5	1.1	0.5	0.3	0.2
两金占流动资产比重（%）	1.3	8.5	19.3	32.0	42.1
三、风险防控指标					
资产负债率（%）	49.6	54.6	59.6	69.6	84.6
现金流动负债比率（%）	27.0	13.5	4.9	-4.7	-8.4
带息负债比率（%）	25.5	35.4	48.4	66.7	77.7
已获利息倍数	6.4	3.8	1.9	0.7	-1.0
四、持续发展指标					
研发经费投入强度（%）	2.2	1.0	0.4	0.3	0.2
全员劳动生产率（万元/人）	53.0	42.5	31.9	19.4	6.8
经济增加值率（%）	3.1	0.1	-2.4	-5.4	-9.3
国有资本保值增值率（%）	104.5	102.6	101.4	97.6	93.1
五、补充指标					
营业现金比率（%）	35.6	21.1	6.6	1.1	-4.4
国有资本回报率（%）	8.2	4.8	2.4	-2.2	-8.4
EBITDA率（%）	29.3	20.7	8.5	-7.5	-21.0
百元收入支付的成本费用（元）	78.9	87.2	94.7	101.1	109.6
存货周转率（次）	45.7	21.7	8.4	4.1	2.3
速动比率	1.6	1.3	1.1	0.9	0.6
利润总额增长率（%）	23.7	15.0	5.5	-6.2	-13.4
营业总收入增长率（%）	13.5	6.3	-0.4	-7.9	-14.5

自来水生产和供应业

范围：全行业

项　　目	优秀值	良好值	中等值	较低值	较差值
一、盈利回报指标					
净资产收益率（％）	7.5	3.9	0.4	-1.8	-3.9
营业收入利润率（％）	13.7	7.1	0.6	-12.5	-25.6
总资产报酬率（％）	3.1	1.7	0.3	-0.7	-1.7
盈余现金保障倍数	4.9	3.0	1.1	0.6	0.1
二、资产运营指标					
总资产周转率（次）	0.5	0.4	0.3	0.2	0.1
应收账款周转率（次）	21.5	13.8	6.1	3.8	1.5
流动资产周转率（次）	1.4	1.0	0.6	0.4	0.2
两金占流动资产比重（％）	1.7	6.6	11.4	25.7	40.0
三、风险防控指标					
资产负债率（％）	36.5	49.9	63.2	73.2	83.3
现金流动负债比率（％）	17.8	9.4	1.0	-0.6	-2.2
带息负债比率（％）	16.3	30.6	44.9	58.9	73.0
已获利息倍数	6.4	3.9	1.4	0.4	-0.6
四、持续发展指标					
研发经费投入强度（％）	1.7	0.7	0.4	0.2	0.1
全员劳动生产率（万元/人）	43.8	31.5	19.1	12.8	6.6
经济增加值率（％）	0.9	-1.6	-4.0	-5.8	-7.6
国有资本保值增值率（％）	113.6	106.4	100.7	96.3	93.5
五、补充指标					
营业现金比率（％）	28.0	15.4	2.8	-0.6	-4.0
国有资本回报率（％）	6.6	3.5	0.4	-1.5	-3.4
EBITDA率（％）	37.1	19.6	2.2	1.0	-0.1
百元收入支付的成本费用（元）	88.7	95.3	101.9	116.7	131.5
存货周转率（次）	45.6	30.2	14.9	10.2	5.4
速动比率	1.9	1.5	1.1	0.8	0.5
利润总额增长率（％）	51.5	24.5	-2.5	-37.3	-72.1
营业总收入增长率（％）	23.0	13.1	3.3	-2.3	-7.9

污水处理及其再生利用业

范围：全行业

项 目	优秀值	良好值	中等值	较低值	较差值
一、盈利回报指标					
净资产收益率（%）	9.2	7.1	4.9	3.5	2.2
营业收入利润率（%）	32.6	22.7	12.8	6.6	0.3
总资产报酬率（%）	7.0	5.1	3.3	1.7	0.2
盈余现金保障倍数	3.1	2.1	1.0	0.4	-0.2
二、资产运营指标					
总资产周转率（次）	0.5	0.4	0.3	0.2	0.1
应收账款周转率（次）	5.0	3.3	1.6	1.0	0.5
流动资产周转率（次）	1.2	0.9	0.5	0.3	0.2
两金占流动资产比重（%）	3.5	15.9	28.3	45.1	61.8
三、风险防控指标					
资产负债率（%）	38.4	50.2	62.0	69.8	77.6
现金流动负债比率（%）	24.4	14.0	3.7	0.4	-2.8
带息负债比率（%）	28.0	43.1	58.3	67.6	76.9
已获利息倍数	7.1	4.8	2.5	1.8	1.1
四、持续发展指标					
研发经费投入强度（%）	2.3	1.0	0.5	0.3	0.1
全员劳动生产率（万元/人）	67.3	48.9	30.5	19.0	7.6
经济增加值率（%）	5.6	3.0	0.3	-2.0	-4.3
国有资本保值增值率（%）	114.8	109.4	104.0	100.8	97.5
五、补充指标					
营业现金比率（%）	42.5	28.7	14.8	5.3	-4.3
国有资本回报率（%）	12.6	8.8	5.0	2.6	0.2
EBITDA率（%）	55.3	35.0	14.6	11.7	8.8
百元收入支付的成本费用（元）	66.4	76.7	86.9	93.9	100.9
存货周转率（次）	155.7	119.7	83.8	59.1	34.5
速动比率	1.9	1.5	1.1	0.8	0.5
利润总额增长率（%）	48.3	26.9	5.6	-18.7	-42.9
营业总收入增长率（%）	18.2	8.8	-0.6	-5.0	-9.5

轻工业

范围：全行业

项　　目	优秀值	良好值	中等值	较低值	较差值
一、盈利回报指标					
净资产收益率（%）	16.1	9.2	5.5	-1.8	-7.9
营业收入利润率（%）	14.6	10.0	6.4	0.7	-3.4
总资产报酬率（%）	8.7	5.2	3.3	0.6	-4.5
盈余现金保障倍数	2.7	1.3	0.5	-0.2	-1.5
二、资产运营指标					
总资产周转率（次）	1.1	0.8	0.5	0.3	0.1
应收账款周转率（次）	19.3	13.1	6.3	2.7	0.8
流动资产周转率（次）	2.0	1.5	0.8	0.5	0.2
两金占流动资产比重（%）	10.7	24.3	39.7	48.1	55.9
三、风险防控指标					
资产负债率（%）	45.0	53.0	58.0	68.0	83.0
现金流动负债比率（%）	18.3	9.0	4.7	-2.9	-9.2
带息负债比率（%）	15.0	28.3	39.9	56.7	73.9
已获利息倍数	6.6	3.9	2.0	0.1	-2.9
四、持续发展指标					
研发经费投入强度（%）	2.1	1.6	1.4	1.2	1.0
全员劳动生产率（万元/人）	47.1	42.4	37.7	22.0	6.4
经济增加值率（%）	9.5	3.1	0.1	-6.1	-9.7
国有资本保值增值率（%）	111.4	107.8	104.6	97.8	91.2
五、补充指标					
营业现金比率（%）	16.4	9.0	1.7	-2.8	-7.6
国有资本回报率（%）	13.2	9.1	5.8	-0.6	-5.9
EBITDA率（%）	23.4	15.9	8.1	1.3	-10.9
百元收入支付的成本费用（元）	81.9	86.4	90.3	98.8	112.2
存货周转率（次）	14.4	8.7	4.0	2.3	1.1
速动比率	1.7	1.4	1.1	0.8	0.6
利润总额增长率（%）	20.6	13.7	8.2	-6.4	-19.4
营业总收入增长率（%）	17.2	8.4	1.8	-16.6	-30.3

轻工业

范围：大型企业

项　　　目	优秀值	良好值	中等值	较低值	较差值
一、盈利回报指标					
净资产收益率（%）	17.3	13.7	10.7	4.6	-1.6
营业收入利润率（%）	24.5	17.4	11.1	5.1	0.2
总资产报酬率（%）	10.2	7.0	4.4	1.6	-1.2
盈余现金保障倍数	2.3	1.4	0.4	-0.2	-0.8
二、资产运营指标					
总资产周转率（次）	1.1	0.9	0.5	0.4	0.2
应收账款周转率（次）	23.0	17.9	11.5	8.8	5.4
流动资产周转率（次）	2.2	1.6	0.9	0.7	0.4
两金占流动资产比重（%）	20.9	30.3	45.0	51.2	57.3
三、风险防控指标					
资产负债率（%）	45.0	53.0	58.0	67.9	83.0
现金流动负债比率（%）	25.9	17.3	10.4	5.4	-2.8
带息负债比率（%）	4.0	16.7	30.6	51.0	66.5
已获利息倍数	13.7	5.5	2.8	1.5	-0.7
四、持续发展指标					
研发经费投入强度（%）	1.4	1.3	1.2	0.5	0.3
全员劳动生产率（万元/人）	81.9	70.7	59.4	37.0	14.6
经济增加值率（%）	16.7	12.1	4.0	-0.7	-4.6
国有资本保值增值率（%）	115.0	112.7	109.7	103.7	97.1
五、补充指标					
营业现金比率（%）	16.1	9.5	2.8	1.4	0.0
国有资本回报率（%）	13.9	10.7	8.0	2.7	-2.7
EBITDA率（%）	26.1	19.5	10.3	2.8	-7.4
百元收入支付的成本费用（元）	71.7	78.3	84.6	89.1	96.7
存货周转率（次）	8.8	6.3	4.2	2.5	1.3
速动比率	1.6	1.2	0.9	0.7	0.6
利润总额增长率（%）	20.6	14.5	8.2	0.7	-16.5
营业总收入增长率（%）	15.8	7.9	2.1	-8.2	-17.9

轻工业

范围：中型企业

项　　目	优秀值	良好值	中等值	较低值	较差值
一、盈利回报指标					
净资产收益率（%）	10.9	5.9	3.2	-3.2	-9.9
营业收入利润率（%）	13.3	8.8	5.9	-0.2	-7.5
总资产报酬率（%）	8.8	5.8	2.9	-0.4	-5.7
盈余现金保障倍数	3.1	1.4	0.7	-0.3	-1.2
二、资产运营指标					
总资产周转率（次）	1.3	1.0	0.5	0.4	0.2
应收账款周转率（次）	21.9	15.0	6.3	4.7	2.8
流动资产周转率（次）	2.3	1.8	1.0	0.6	0.3
两金占流动资产比重（%）	12.2	18.8	37.0	43.6	53.1
三、风险防控指标					
资产负债率（%）	45.0	53.0	58.0	68.0	83.0
现金流动负债比率（%）	18.3	10.4	3.5	-4.1	-8.9
带息负债比率（%）	21.9	31.9	41.8	60.6	74.3
已获利息倍数	7.0	4.9	2.8	0.9	-0.8
四、持续发展指标					
研发经费投入强度（%）	2.8	2.5	2.2	2.0	1.9
全员劳动生产率（万元/人）	46.9	37.8	28.8	19.6	10.4
经济增加值率（%）	11.0	4.9	-1.5	-4.6	-7.2
国有资本保值增值率（%）	111.1	106.0	102.4	97.6	89.1
五、补充指标					
营业现金比率（%）	13.3	8.2	3.2	-2.3	-7.7
国有资本回报率（%）	10.1	5.6	3.3	-2.3	-8.2
EBITDA率（%）	20.5	14.1	7.6	1.4	-10.5
百元收入支付的成本费用（元）	88.1	93.3	96.1	104.0	110.7
存货周转率（次）	10.7	7.9	3.9	2.6	1.4
速动比率	1.7	1.4	1.1	0.8	0.7
利润总额增长率（%）	8.3	1.2	-4.4	-18.2	-32.9
营业总收入增长率（%）	14.9	8.5	-2.0	-15.8	-27.0

轻工业

范围：小型企业

项　　目	优秀值	良好值	中等值	较低值	较差值
一、盈利回报指标					
净资产收益率（%）	12.3	6.3	3.1	-3.3	-11.6
营业收入利润率（%）	12.2	6.2	3.7	-3.5	-11.0
总资产报酬率（%）	7.2	4.0	2.6	-1.3	-5.6
盈余现金保障倍数	2.7	1.2	0.5	-0.6	-2.2
二、资产运营指标					
总资产周转率（次）	1.0	0.7	0.4	0.3	0.1
应收账款周转率（次）	19.0	12.8	6.1	2.6	0.7
流动资产周转率（次）	1.6	1.2	0.8	0.4	0.2
两金占流动资产比重（%）	1.3	17.3	37.9	48.0	55.5
三、风险防控指标					
资产负债率（%）	44.0	53.0	58.0	68.0	83.0
现金流动负债比率（%）	12.5	5.2	0.2	-7.3	-13.3
带息负债比率（%）	14.1	25.8	38.0	54.0	72.8
已获利息倍数	6.3	3.3	1.6	-1.0	-3.4
四、持续发展指标					
研发经费投入强度（%）	1.7	1.5	1.4	1.1	1.0
全员劳动生产率（万元/人）	47.5	38.9	30.4	18.4	6.3
经济增加值率（%）	8.8	2.6	-2.3	-6.6	-10.6
国有资本保值增值率（%）	110.4	107.3	102.2	97.1	89.3
五、补充指标					
营业现金比率（%）	16.9	9.2	1.6	-2.9	-7.3
国有资本回报率（%）	11.3	6.0	3.2	-2.4	-9.7
EBITDA率（%）	20.2	13.2	5.3	-1.2	-11.0
百元收入支付的成本费用（元）	87.1	92.9	96.2	104.8	119.1
存货周转率（次）	18.5	10.1	3.3	1.6	0.5
速动比率	1.6	1.3	0.9	0.7	0.5
利润总额增长率（%）	21.4	13.9	1.2	-8.5	-20.6
营业总收入增长率（%）	17.3	8.0	0.0	-19.2	-31.5

采盐业

范围：全行业

项目	优秀值	良好值	中等值	较低值	较差值
一、盈利回报指标					
净资产收益率（%）	14.8	7.9	3.4	-6.7	-16.1
营业收入利润率（%）	23.5	18.1	13.0	4.2	-4.8
总资产报酬率（%）	7.1	5.1	3.2	-0.4	-2.8
盈余现金保障倍数	1.9	1.7	1.6	0.5	-1.3
二、资产运营指标					
总资产周转率（次）	0.6	0.5	0.3	0.2	0.1
应收账款周转率（次）	20.0	14.9	10.5	6.2	4.0
流动资产周转率（次）	2.0	1.5	0.7	0.4	0.1
两金占流动资产比重（%）	10.7	16.1	24.4	39.5	48.3
三、风险防控指标					
资产负债率（%）	48.0	53.0	58.0	67.3	83.0
现金流动负债比率（%）	26.6	18.8	13.4	6.5	2.8
带息负债比率（%）	21.9	30.8	40.1	51.0	68.9
已获利息倍数	7.3	5.2	3.8	1.6	-1.6
四、持续发展指标					
研发经费投入强度（%）	2.3	1.9	1.6	1.4	1.3
全员劳动生产率（万元/人）	83.4	63.8	44.3	27.2	10.1
经济增加值率（%）	7.3	3.6	-2.1	-5.7	-10.0
国有资本保值增值率（%）	113.4	107.2	102.5	97.0	91.4
五、补充指标					
营业现金比率（%）	16.9	14.4	12.0	5.8	-0.5
国有资本回报率（%）	13.4	7.4	3.4	-5.4	-13.7
EBITDA率（%）	28.4	22.4	14.7	8.1	-8.2
百元收入支付的成本费用（元）	80.2	85.0	90.9	100.7	115.5
存货周转率（次）	12.1	10.1	6.8	4.4	2.6
速动比率	1.8	1.5	1.0	0.9	0.6
利润总额增长率（%）	16.7	7.4	-3.9	-22.0	-36.8
营业总收入增长率（%）	20.7	12.3	-0.9	-9.2	-15.2

酒、饮料和精制茶制造业

范围：全行业

项　　目	优秀值	良好值	中等值	较低值	较差值
一、盈利回报指标					
净资产收益率（％）	18.7	13.6	10.0	4.4	-7.4
营业收入利润率（％）	21.6	15.6	11.0	3.3	-2.8
总资产报酬率（％）	10.0	6.6	4.8	-1.2	-4.1
盈余现金保障倍数	2.6	1.2	0.4	-0.6	-1.4
二、资产运营指标					
总资产周转率（次）	1.1	0.8	0.5	0.3	0.1
应收账款周转率（次）	32.2	19.8	11.4	6.7	3.5
流动资产周转率（次）	2.1	1.6	0.9	0.4	0.2
两金占流动资产比重（％）	16.9	31.0	38.4	48.6	58.7
三、风险防控指标					
资产负债率（％）	48.0	53.0	58.0	68.0	83.0
现金流动负债比率（％）	17.4	12.4	6.5	-6.0	-16.3
带息负债比率（％）	5.4	16.9	25.5	40.1	54.8
已获利息倍数	7.0	4.5	1.6	-0.4	-2.0
四、持续发展指标					
研发经费投入强度（％）	1.1	0.9	0.8	0.7	0.6
全员劳动生产率（万元/人）	63.3	58.3	53.3	30.1	7.0
经济增加值率（％）	11.3	3.6	1.7	-7.3	-10.7
国有资本保值增值率（％）	114.4	111.5	109.1	103.1	94.8
五、补充指标					
营业现金比率（％）	14.4	11.7	9.0	0.4	-8.1
国有资本回报率（％）	16.3	13.3	10.2	5.2	-5.1
EBITDA率（％）	27.4	20.2	12.7	6.0	0.6
百元收入支付的成本费用（元）	85.4	91.8	97.8	105.9	111.8
存货周转率（次）	7.6	4.7	2.4	1.3	0.7
速动比率	1.4	1.2	0.8	0.6	0.4
利润总额增长率（％）	21.0	13.6	7.1	-9.0	-18.4
营业总收入增长率（％）	16.0	9.5	2.8	-13.6	-23.7

酒、饮料和精制茶制造业

范围：大型企业

项　　目	优秀值	良好值	中等值	较低值	较差值
一、盈利回报指标					
净资产收益率（%）	25.7	21.4	14.0	5.5	-2.5
营业收入利润率（%）	26.6	21.1	14.6	9.9	-1.6
总资产报酬率（%）	13.2	10.4	5.8	0.6	-2.4
盈余现金保障倍数	1.5	1.0	0.4	-0.4	-1.4
二、资产运营指标					
总资产周转率（次）	1.2	1.0	0.6	0.4	0.2
应收账款周转率（次）	32.5	23.7	15.5	10.8	6.1
流动资产周转率（次）	2.3	1.7	0.9	0.7	0.4
两金占流动资产比重（%）	11.3	25.5	33.6	42.0	54.5
三、风险防控指标					
资产负债率（%）	47.0	53.0	58.0	68.0	83.0
现金流动负债比率（%）	27.8	20.9	11.6	-0.1	-14.0
带息负债比率（%）	1.6	12.9	23.2	37.1	49.9
已获利息倍数	14.3	12.6	9.6	7.5	4.2
四、持续发展指标					
研发经费投入强度（%）	1.1	1.0	0.8	0.7	0.6
全员劳动生产率（万元/人）	115.4	93.3	71.2	47.0	22.8
经济增加值率（%）	18.0	14.0	6.5	-1.2	-3.9
国有资本保值增值率（%）	121.2	118.1	113.1	105.4	100.9
五、补充指标					
营业现金比率（%）	16.7	14.3	11.9	6.0	0.0
国有资本回报率（%）	25.1	21.3	14.9	7.3	2.1
EBITDA率（%）	36.9	24.9	16.4	10.2	7.2
百元收入支付的成本费用（元）	77.7	83.4	93.1	98.4	102.3
存货周转率（次）	6.8	5.1	2.7	1.6	0.9
速动比率	1.2	1.1	0.8	0.6	0.5
利润总额增长率（%）	20.4	13.7	7.6	-8.6	-17.5
营业总收入增长率（%）	15.0	8.4	2.9	-6.5	-19.2

酒、饮料和精制茶制造业

范围：中型企业

项　　目	优秀值	良好值	中等值	较低值	较差值
一、盈利回报指标					
净资产收益率（％）	16.8	11.4	5.9	-0.7	-14.8
营业收入利润率（％）	17.3	12.2	8.7	1.3	-5.8
总资产报酬率（％）	10.4	7.4	5.0	0.0	-8.6
盈余现金保障倍数	2.8	1.2	0.5	-0.5	-1.2
二、资产运营指标					
总资产周转率（次）	1.4	1.0	0.5	0.3	0.2
应收账款周转率（次）	25.1	18.8	12.4	8.8	5.3
流动资产周转率（次）	3.0	2.1	1.1	0.7	0.3
两金占流动资产比重（％）	40.5	52.1	59.8	67.2	72.9
三、风险防控指标					
资产负债率（％）	48.0	53.0	58.0	68.0	83.0
现金流动负债比率（％）	17.4	9.7	2.3	-5.5	-17.3
带息负债比率（％）	18.2	27.9	34.8	53.2	71.6
已获利息倍数	12.6	6.2	3.7	1.9	0.7
四、持续发展指标					
研发经费投入强度（％）	0.9	0.7	0.6	0.5	0.4
全员劳动生产率（万元/人）	57.9	47.2	36.5	26.4	16.3
经济增加值率（％）	16.2	6.3	-0.4	-3.5	-7.3
国有资本保值增值率（％）	114.5	109.8	104.9	97.8	89.1
五、补充指标					
营业现金比率（％）	9.1	5.9	2.7	-0.6	-4.0
国有资本回报率（％）	14.9	10.1	5.3	-0.5	-12.9
EBITDA率（％）	17.8	13.5	7.7	2.5	-0.8
百元收入支付的成本费用（元）	87.0	91.9	98.3	100.6	106.2
存货周转率（次）	7.1	5.0	2.7	1.5	0.7
速动比率	1.6	1.3	0.8	0.7	0.5
利润总额增长率（％）	14.4	7.1	0.4	-19.0	-27.9
营业总收入增长率（％）	16.2	9.6	0.8	-17.0	-28.0

酒、饮料和精制茶制造业

范围：小型企业

项　　目	优秀值	良好值	中等值	较低值	较差值
一、盈利回报指标					
净资产收益率（%）	16.4	10.4	5.8	-3.0	-7.9
营业收入利润率（%）	12.6	8.3	5.1	0.2	-8.8
总资产报酬率（%）	6.9	4.3	2.1	-2.9	-5.8
盈余现金保障倍数	2.8	1.5	0.4	-0.8	-1.7
二、资产运营指标					
总资产周转率（次）	0.9	0.7	0.6	0.3	0.1
应收账款周转率（次）	20.7	12.3	6.2	2.2	0.4
流动资产周转率（次）	1.5	1.1	0.8	0.4	0.2
两金占流动资产比重（%）	10.7	31.0	49.8	54.3	61.4
三、风险防控指标					
资产负债率（%）	48.0	53.0	58.0	68.0	83.0
现金流动负债比率（%）	11.4	6.4	1.5	-6.1	-15.4
带息负债比率（%）	11.4	21.9	29.8	44.3	67.2
已获利息倍数	6.9	4.2	1.2	-0.9	-2.7
四、持续发展指标					
研发经费投入强度（%）	1.1	1.0	0.9	0.8	0.7
全员劳动生产率（万元/人）	68.5	52.2	36.0	20.8	5.6
经济增加值率（%）	8.2	1.6	-1.7	-8.1	-12.5
国有资本保值增值率（%）	108.7	106.1	102.9	95.0	87.4
五、补充指标					
营业现金比率（%）	16.4	8.9	1.5	-4.9	-11.3
国有资本回报率（%）	13.3	8.0	4.0	-2.7	-8.0
EBITDA率（%）	24.4	18.6	11.6	3.7	-5.1
百元收入支付的成本费用（元）	89.0	93.7	99.1	112.8	130.5
存货周转率（次）	8.4	4.6	2.2	1.3	0.7
速动比率	1.5	1.2	0.8	0.6	0.4
利润总额增长率（%）	21.1	12.9	0.3	-11.3	-19.2
营业总收入增长率（%）	16.0	8.0	0.7	-10.9	-18.6

白酒制造业

范围：全行业

项目	优秀值	良好值	中等值	较低值	较差值
一、盈利回报指标					
净资产收益率（%）	19.7	15.7	12.8	4.6	-10.0
营业收入利润率（%）	32.0	27.2	19.2	8.0	-9.0
总资产报酬率（%）	10.7	6.5	4.5	-4.2	-9.7
盈余现金保障倍数	2.3	1.2	0.4	-0.5	-3.7
二、资产运营指标					
总资产周转率（次）	0.9	0.7	0.4	0.2	0.1
应收账款周转率（次）	22.6	16.5	9.7	6.4	3.3
流动资产周转率（次）	1.5	1.2	0.7	0.5	0.3
两金占流动资产比重（%）	17.8	35.3	47.8	58.5	65.2
三、风险防控指标					
资产负债率（%）	48.0	53.0	58.0	68.0	83.0
现金流动负债比率（%）	26.6	17.5	10.8	2.0	-7.9
带息负债比率（%）	10.8	19.0	24.1	33.1	42.8
已获利息倍数	2.8	1.7	0.8	-0.5	-2.6
四、持续发展指标					
研发经费投入强度（%）	1.3	1.0	0.7	0.5	0.3
全员劳动生产率（万元/人）	95.8	86.9	77.9	44.6	11.2
经济增加值率（%）	10.3	5.4	3.5	-10.9	-17.2
国有资本保值增值率（%）	118.5	115.0	111.8	105.9	96.9
五、补充指标					
营业现金比率（%）	13.1	6.9	0.7	-5.2	-11.1
国有资本回报率（%）	19.0	15.5	13.0	5.8	-5.7
EBITDA率（%）	29.3	18.9	9.3	-1.6	-15.2
百元收入支付的成本费用（元）	79.5	87.1	96.7	108.7	120.1
存货周转率（次）	2.5	1.6	0.7	0.6	0.3
速动比率	1.5	1.1	0.7	0.4	0.2
利润总额增长率（%）	26.9	17.4	7.8	-9.3	-20.2
营业总收入增长率（%）	21.3	15.6	5.3	-1.2	-9.1

啤酒制造业

范围：全行业

项　　目	优秀值	良好值	中等值	较低值	较差值
一、盈利回报指标					
净资产收益率（%）	17.8	12.6	10.5	5.0	-4.9
营业收入利润率（%）	18.1	12.4	6.9	-0.3	-5.2
总资产报酬率（%）	9.4	6.3	4.8	-0.1	-4.7
盈余现金保障倍数	9.8	3.5	0.6	-0.3	-1.5
二、资产运营指标					
总资产周转率（次）	1.2	1.0	0.8	0.4	0.1
应收账款周转率（次）	41.2	28.7	22.7	17.8	13.0
流动资产周转率（次）	3.1	2.3	1.4	0.8	0.1
两金占流动资产比重（%）	13.9	19.2	26.4	37.6	50.2
三、风险防控指标					
资产负债率（%）	48.0	53.0	58.0	67.3	83.0
现金流动负债比率（%）	11.7	8.0	5.4	-6.2	-17.3
带息负债比率（%）	0.2	11.9	20.7	36.2	66.8
已获利息倍数	13.9	12.2	9.9	7.9	5.3
四、持续发展指标					
研发经费投入强度（%）	2.0	1.4	1.1	0.7	0.4
全员劳动生产率（万元/人）	94.8	71.1	47.3	31.9	16.5
经济增加值率（%）	9.8	5.0	2.0	-5.6	-10.7
国有资本保值增值率（%）	113.7	109.6	107.5	103.3	96.2
五、补充指标					
营业现金比率（%）	14.3	7.7	1.0	0.5	0.0
国有资本回报率（%）	14.7	10.2	8.3	3.5	-3.7
EBITDA率（%）	18.2	14.1	8.3	0.9	-16.2
百元收入支付的成本费用（元）	89.7	92.6	96.6	100.3	108.9
存货周转率（次）	6.9	5.4	4.6	3.1	2.1
速动比率	1.7	1.4	1.0	0.8	0.5
利润总额增长率（%）	11.3	6.4	1.4	-13.3	-26.7
营业总收入增长率（%）	8.3	1.8	-3.0	-12.5	-24.2

精制茶加工业

范围：全行业

项 目	优秀值	良好值	中等值	较低值	较差值
一、盈利回报指标					
净资产收益率（%）	13.2	8.1	3.9	-3.3	-9.8
营业收入利润率（%）	18.5	11.9	4.0	-6.0	-22.6
总资产报酬率（%）	7.8	5.4	1.2	-2.5	-5.0
盈余现金保障倍数	3.1	1.6	0.0	-1.7	-4.3
二、资产运营指标					
总资产周转率（次）	1.4	0.8	0.4	0.2	0.1
应收账款周转率（次）	18.1	10.1	4.2	2.8	1.4
流动资产周转率（次）	2.1	1.3	0.6	0.4	0.1
两金占流动资产比重（%）	57.0	62.5	70.5	78.3	89.3
三、风险防控指标					
资产负债率（%）	48.6	53.6	58.6	68.6	83.6
现金流动负债比率（%）	9.0	2.6	-2.8	-9.4	-12.7
带息负债比率（%）	16.0	24.6	33.7	48.3	63.2
已获利息倍数	9.4	4.9	3.3	1.6	-2.2
四、持续发展指标					
研发经费投入强度（%）	1.2	1.1	1.0	0.9	0.8
全员劳动生产率（万元/人）	33.5	29.4	25.2	13.1	1.0
经济增加值率（%）	9.1	3.0	0.1	-6.9	-11.7
国有资本保值增值率（%）	111.7	107.2	103.0	97.3	93.3
五、补充指标					
营业现金比率（%）	8.5	1.4	-5.6	-13.6	-21.7
国有资本回报率（%）	12.4	8.0	4.3	-2.0	-7.8
EBITDA率（%）	18.0	13.6	9.0	2.5	-9.3
百元收入支付的成本费用（元）	93.2	96.9	99.4	105.8	118.9
存货周转率（次）	4.5	3.0	1.4	0.7	0.3
速动比率	1.5	1.2	0.8	0.6	0.5
利润总额增长率（%）	-8.4	-17.9	-28.1	-43.5	-60.3
营业总收入增长率（%）	34.2	19.7	4.9	-11.3	-22.3

纺织服装服饰业

范围：全行业

项　　目	优秀值	良好值	中等值	较低值	较差值
一、盈利回报指标					
净资产收益率（%）	11.0	6.4	2.2	-3.3	-11.1
营业收入利润率（%）	8.4	4.8	1.0	-3.4	-14.4
总资产报酬率（%）	6.8	4.5	2.0	0.2	-4.2
盈余现金保障倍数	7.0	2.8	1.2	-0.1	-1.4
二、资产运营指标					
总资产周转率（次）	1.4	1.0	0.5	0.3	0.1
应收账款周转率（次）	21.4	13.9	6.0	4.6	2.5
流动资产周转率（次）	2.1	1.4	0.7	0.4	0.2
两金占流动资产比重（%）	8.9	22.5	28.6	40.2	55.7
三、风险防控指标					
资产负债率（%）	48.0	53.0	58.0	67.3	83.0
现金流动负债比率（%）	25.8	16.4	5.5	-3.8	-10.5
带息负债比率（%）	14.8	21.6	32.0	49.8	62.1
已获利息倍数	8.5	5.7	3.3	1.5	-2.4
四、持续发展指标					
研发经费投入强度（%）	1.7	1.6	1.5	1.4	1.3
全员劳动生产率（万元/人）	45.2	29.5	13.8	9.2	4.7
经济增加值率（%）	5.2	0.6	-3.9	-6.6	-9.4
国有资本保值增值率（%）	111.0	105.1	101.4	94.0	87.8
五、补充指标					
营业现金比率（%）	24.2	14.2	4.2	-0.3	-4.8
国有资本回报率（%）	9.5	5.4	1.8	-3.1	-10.0
EBITDA率（%）	21.5	14.6	7.2	3.0	-5.3
百元收入支付的成本费用（元）	91.6	96.0	99.5	103.6	113.0
存货周转率（次）	20.8	14.9	6.8	5.3	3.5
速动比率	2.4	2.1	1.6	1.4	1.3
利润总额增长率（%）	17.1	10.0	1.5	-13.4	-24.7
营业总收入增长率（%）	25.5	13.7	2.8	-7.8	-14.8

皮革毛皮羽绒及其制品业

范围：全行业

项　　目	优秀值	良好值	中等值	较低值	较差值
一、盈利回报指标					
净资产收益率（%）	11.5	6.3	2.3	-6.1	-13.8
营业收入利润率（%）	11.2	4.4	2.2	-7.1	-19.9
总资产报酬率（%）	6.3	4.3	1.3	-3.6	-9.4
盈余现金保障倍数	7.7	4.5	0.9	-2.7	-8.1
二、资产运营指标					
总资产周转率（次）	0.9	0.6	0.4	0.2	0.1
应收账款周转率（次）	13.7	7.3	5.0	2.0	0.5
流动资产周转率（次）	1.1	0.9	0.7	0.4	0.1
两金占流动资产比重（%）	18.6	28.3	34.7	43.8	54.1
三、风险防控指标					
资产负债率（%）	48.0	53.0	58.0	68.0	83.0
现金流动负债比率（%）	14.8	7.7	2.1	-4.1	-15.0
带息负债比率（%）	0.1	8.7	18.2	34.9	55.0
已获利息倍数	5.7	4.3	1.3	-0.8	-4.2
四、持续发展指标					
研发经费投入强度（%）	3.4	2.2	1.7	1.4	0.9
全员劳动生产率（万元/人）	46.6	31.7	16.8	13.9	11.0
经济增加值率（%）	9.8	4.6	0.6	-5.5	-9.2
国有资本保值增值率（%）	109.7	105.6	101.5	94.3	87.3
五、补充指标					
营业现金比率（%）	17.8	9.6	1.4	-3.4	-8.3
国有资本回报率（%）	10.4	5.9	2.4	-5.0	-11.8
EBITDA率（%）	11.2	7.2	3.8	-2.6	-24.4
百元收入支付的成本费用（元）	91.1	95.4	98.3	101.7	105.3
存货周转率（次）	10.5	5.6	2.7	1.2	0.3
速动比率	1.7	1.5	1.2	1.0	0.8
利润总额增长率（%）	19.9	10.9	1.6	-7.4	-23.1
营业总收入增长率（%）	20.3	11.5	3.7	-8.2	-16.2

家具制造业

范围：全行业

项　　目	优秀值	良好值	中等值	较低值	较差值
一、盈利回报指标					
净资产收益率（%）	8.5	3.9	0.6	-6.4	-13.4
营业收入利润率（%）	8.0	4.3	-2.4	-13.2	-28.2
总资产报酬率（%）	3.7	2.0	0.7	-2.1	-5.9
盈余现金保障倍数	6.7	2.4	0.6	-0.5	-3.2
二、资产运营指标					
总资产周转率（次）	1.1	0.8	0.3	0.2	0.1
应收账款周转率（次）	14.7	7.2	2.5	1.3	0.6
流动资产周转率（次）	1.5	1.1	0.6	0.3	0.1
两金占流动资产比重（%）	11.9	22.3	44.3	59.0	64.2
三、风险防控指标					
资产负债率（%）	48.7	53.7	58.7	68.7	84.3
现金流动负债比率（%）	8.0	4.5	0.0	-4.3	-6.1
带息负债比率（%）	3.5	14.9	23.2	50.5	65.1
已获利息倍数	3.5	2.3	0.3	-1.5	-2.9
四、持续发展指标					
研发经费投入强度（%）	3.4	3.1	2.9	2.7	2.4
全员劳动生产率（万元/人）	25.1	19.9	14.6	9.3	3.9
经济增加值率（%）	9.3	0.5	-5.2	-8.4	-15.4
国有资本保值增值率（%）	106.1	102.0	99.8	92.8	85.8
五、补充指标					
营业现金比率（%）	7.3	5.2	3.1	-3.0	-9.2
国有资本回报率（%）	7.7	3.7	0.8	-5.4	-11.5
EBITDA率（%）	6.3	2.3	-0.8	-10.3	-26.6
百元收入支付的成本费用（元）	94.7	97.1	99.4	103.7	114.3
存货周转率（次）	10.3	6.7	3.2	2.1	0.7
速动比率	1.6	1.2	0.8	0.6	0.4
利润总额增长率（%）	26.8	11.4	-0.1	-10.1	-21.3
营业总收入增长率（%）	20.4	13.0	0.4	-8.7	-19.6

造纸及纸制品业

范围：全行业

项　　目	优秀值	良好值	中等值	较低值	较差值
一、盈利回报指标					
净资产收益率（%）	4.5	2.6	1.4	-3.7	-11.2
营业收入利润率（%）	5.5	3.3	0.6	-6.1	-15.8
总资产报酬率（%）	3.8	2.3	1.1	-1.9	-4.1
盈余现金保障倍数	3.0	1.7	0.5	-0.7	-2.6
二、资产运营指标					
总资产周转率（次）	1.1	0.7	0.4	0.2	0.1
应收账款周转率（次）	15.3	10.4	7.1	4.0	2.0
流动资产周转率（次）	2.1	1.6	0.9	0.5	0.2
两金占流动资产比重（%）	16.5	33.5	43.3	50.5	55.9
三、风险防控指标					
资产负债率（%）	48.6	53.6	58.6	68.6	83.6
现金流动负债比率（%）	11.6	7.8	2.6	-6.4	-11.8
带息负债比率（%）	20.6	34.0	43.2	58.1	74.5
已获利息倍数	7.5	3.9	2.0	0.2	-2.6
四、持续发展指标					
研发经费投入强度（%）	2.8	2.5	2.4	2.3	2.0
全员劳动生产率（万元/人）	38.0	30.1	22.1	12.7	3.3
经济增加值率（%）	3.8	0.4	-2.4	-5.7	-9.8
国有资本保值增值率（%）	106.0	103.7	101.0	95.7	90.2
五、补充指标					
营业现金比率（%）	14.9	8.9	3.0	-1.3	-5.7
国有资本回报率（%）	4.2	2.5	1.5	-3.1	-9.6
EBITDA率（%）	14.6	10.2	3.9	-2.2	-11.5
百元收入支付的成本费用（元）	95.0	97.1	99.6	107.8	115.6
存货周转率（次）	10.9	8.2	5.2	3.3	1.9
速动比率	1.8	1.3	0.8	0.6	0.4
利润总额增长率（%）	21.6	11.4	5.2	-7.7	-18.6
营业总收入增长率（%）	21.1	12.5	3.9	-7.3	-17.7

印刷和记录媒介复制业

范围：全行业

项　　目	优秀值	良好值	中等值	较低值	较差值
一、盈利回报指标					
净资产收益率（%）	10.6	7.0	3.8	-1.4	-6.4
营业收入利润率（%）	14.4	9.0	3.4	-4.3	-16.8
总资产报酬率（%）	8.6	6.0	3.1	0.9	-1.9
盈余现金保障倍数	2.8	1.6	0.7	-0.4	-1.2
二、资产运营指标					
总资产周转率（次）	1.1	0.8	0.6	0.3	0.1
应收账款周转率（次）	19.5	12.9	6.1	3.6	2.2
流动资产周转率（次）	1.8	1.4	1.1	0.5	0.2
两金占流动资产比重（%）	2.0	17.3	27.7	37.3	45.1
三、风险防控指标					
资产负债率（%）	48.0	53.0	58.0	67.3	83.0
现金流动负债比率（%）	26.7	13.8	1.7	-5.3	-9.1
带息负债比率（%）	6.8	18.0	29.2	43.1	66.2
已获利息倍数	7.0	4.8	2.6	-0.7	-2.3
四、持续发展指标					
研发经费投入强度（%）	2.8	2.7	2.5	2.1	1.8
全员劳动生产率（万元/人）	28.9	24.2	19.5	12.8	6.2
经济增加值率（%）	11.9	6.6	-1.0	-6.2	-8.8
国有资本保值增值率（%）	109.0	106.2	104.4	99.9	94.4
五、补充指标					
营业现金比率（%）	16.0	9.5	3.0	-1.9	-6.8
国有资本回报率（%）	10.3	7.2	4.4	-0.2	-4.6
EBITDA率（%）	21.5	15.6	5.0	-0.9	-13.8
百元收入支付的成本费用（元）	86.0	91.4	97.8	104.7	112.4
存货周转率（次）	17.8	11.5	6.3	3.7	2.3
速动比率	1.9	1.7	1.1	0.9	0.7
利润总额增长率（%）	7.5	-1.2	-10.4	-20.3	-29.1
营业总收入增长率（%）	15.2	8.0	2.4	-10.9	-20.5

文教体育用品制造业

范围：全行业

项　　目	优秀值	良好值	中等值	较低值	较差值
一、盈利回报指标					
净资产收益率（%）	7.0	3.0	1.1	-5.7	-13.5
营业收入利润率（%）	14.2	7.4	2.7	-3.6	-17.8
总资产报酬率（%）	5.2	2.5	1.0	-3.6	-7.2
盈余现金保障倍数	6.9	3.6	0.7	-0.9	-5.5
二、资产运营指标					
总资产周转率（次）	0.9	0.6	0.3	0.2	0.1
应收账款周转率（次）	15.5	9.6	5.1	2.4	0.9
流动资产周转率（次）	1.2	0.9	0.6	0.3	0.2
两金占流动资产比重（%）	16.3	35.7	44.9	54.3	60.1
三、风险防控指标					
资产负债率（%）	48.0	53.0	58.0	67.3	83.0
现金流动负债比率（%）	14.4	3.7	0.0	-7.2	-15.3
带息负债比率（%）	6.5	15.2	24.4	42.9	59.0
已获利息倍数	4.9	3.1	0.5	-1.0	-3.0
四、持续发展指标					
研发经费投入强度（%）	1.9	1.6	1.5	1.1	0.7
全员劳动生产率（万元/人）	32.9	23.9	14.9	8.2	1.6
经济增加值率（%）	4.1	-0.5	-3.0	-9.6	-15.7
国有资本保值增值率（%）	106.3	104.1	101.7	95.9	90.0
五、补充指标					
营业现金比率（%）	16.4	8.2	0.0	-17.1	-34.1
国有资本回报率（%）	6.1	2.6	0.9	-5.1	-11.9
EBITDA率（%）	23.2	15.4	6.0	0.4	-4.8
百元收入支付的成本费用（元）	86.2	93.5	98.0	105.0	112.5
存货周转率（次）	4.4	3.1	1.5	0.7	0.2
速动比率	2.0	1.6	1.1	0.9	0.7
利润总额增长率（%）	34.9	25.1	12.0	2.7	-10.0
营业总收入增长率（%）	22.4	15.2	4.0	-7.9	-16.1

工艺品及其他制造业

范围：全行业

项目	优秀值	良好值	中等值	较低值	较差值
一、盈利回报指标					
净资产收益率（%）	12.8	7.6	2.6	-4.5	-9.9
营业收入利润率（%）	10.7	6.5	3.2	-1.1	-7.2
总资产报酬率（%）	7.0	4.3	1.8	-2.1	-5.9
盈余现金保障倍数	2.2	0.7	0.0	-1.2	-2.0
二、资产运营指标					
总资产周转率（次）	1.0	0.6	0.4	0.3	0.1
应收账款周转率（次）	11.1	7.3	3.5	1.9	0.8
流动资产周转率（次）	1.6	1.1	0.7	0.3	0.2
两金占流动资产比重（%）	7.8	16.8	38.3	47.2	59.5
三、风险防控指标					
资产负债率（%）	48.0	53.0	58.0	68.0	83.0
现金流动负债比率（%）	17.1	8.2	0.0	-8.2	-17.4
带息负债比率（%）	15.9	26.1	35.7	45.3	58.0
已获利息倍数	8.4	4.8	1.6	0.5	-1.6
四、持续发展指标					
研发经费投入强度（%）	3.1	2.8	2.5	2.2	1.8
全员劳动生产率（万元/人）	38.8	30.0	21.1	15.8	10.5
经济增加值率（%）	10.8	4.0	0.4	-5.5	-9.1
国有资本保值增值率（%）	114.4	106.7	102.4	97.7	93.0
五、补充指标					
营业现金比率（%）	9.8	4.9	0.0	-12.2	-24.3
国有资本回报率（%）	11.4	6.9	2.5	-3.7	-8.5
EBITDA率（%）	21.6	15.6	9.7	4.8	-6.0
百元收入支付的成本费用（元）	93.4	97.1	98.6	103.7	115.5
存货周转率（次）	7.6	5.3	3.5	1.6	0.5
速动比率	1.8	1.5	1.1	0.9	0.7
利润总额增长率（%）	10.1	-0.7	-10.4	-20.4	-29.7
营业总收入增长率（%）	6.6	0.6	-4.5	-14.6	-26.1

其他工业

范围：全行业

项　　目	优秀值	良好值	中等值	较低值	较差值
一、盈利回报指标					
净资产收益率（％）	9.8	4.8	2.0	-1.8	-7.7
营业收入利润率（％）	17.0	8.4	3.4	-0.7	-4.1
总资产报酬率（％）	7.1	3.3	1.1	-0.7	-3.6
盈余现金保障倍数	2.3	0.9	0.5	-1.0	-2.9
二、资产运营指标					
总资产周转率（次）	0.9	0.6	0.4	0.2	0.1
应收账款周转率（次）	13.1	8.7	5.5	3.6	2.3
流动资产周转率（次）	1.8	1.2	0.8	0.5	0.2
两金占流动资产比重（％）	20.9	34.1	48.9	58.0	65.8
三、风险防控指标					
资产负债率（％）	48.3	53.3	58.3	68.3	83.3
现金流动负债比率（％）	15.2	9.1	6.0	-0.8	-8.0
带息负债比率（％）	27.1	36.1	43.9	50.6	60.4
已获利息倍数	12.3	4.8	2.3	1.1	-0.6
四、持续发展指标					
研发经费投入强度（％）	9.7	4.7	2.2	1.1	0.1
全员劳动生产率（万元/人）	100.3	69.8	39.3	26.5	9.7
经济增加值率（％）	6.3	2.9	-2.8	-4.9	-7.1
国有资本保值增值率（％）	108.6	104.9	101.5	97.6	92.1
五、补充指标					
营业现金比率（％）	28.6	15.3	2.1	-4.7	-11.4
国有资本回报率（％）	8.4	4.4	1.5	-1.9	-7.0
EBITDA率（％）	23.3	14.7	5.1	0.5	-4.2
百元收入支付的成本费用（元）	87.6	93.0	97.7	102.7	106.3
存货周转率（次）	20.1	15.8	12.4	8.6	4.7
速动比率	1.3	1.1	1.0	0.9	0.8
利润总额增长率（％）	8.4	-2.6	-9.2	-14.4	-21.3
营业总收入增长率（％）	15.7	7.6	2.1	-4.0	-10.2

其他工业

范围：大型企业

项目	优秀值	良好值	中等值	较低值	较差值
一、盈利回报指标					
净资产收益率（%）	9.5	5.3	2.1	-1.7	-7.9
营业收入利润率（%）	16.6	6.9	2.0	-1.5	-5.4
总资产报酬率（%）	5.6	3.5	1.8	0.2	-2.6
盈余现金保障倍数	3.5	2.3	1.6	-0.3	-2.2
二、资产运营指标					
总资产周转率（次）	1.0	0.8	0.5	0.3	0.1
应收账款周转率（次）	14.2	10.5	6.6	5.0	3.6
流动资产周转率（次）	2.2	1.8	1.2	0.8	0.4
两金占流动资产比重（%）	20.2	30.4	37.3	45.8	52.7
三、风险防控指标					
资产负债率（%）	48.0	53.0	58.0	68.0	83.0
现金流动负债比率（%）	15.1	8.9	5.3	-2.4	-9.6
带息负债比率（%）	16.6	25.8	33.7	39.9	49.5
已获利息倍数	11.7	5.7	3.2	1.9	-1.5
四、持续发展指标					
研发经费投入强度（%）	9.7	4.7	2.5	1.5	0.2
全员劳动生产率（万元/人）	83.7	61.5	39.3	30.9	22.4
经济增加值率（%）	6.9	2.5	-1.9	-4.0	-9.4
国有资本保值增值率（%）	109.8	105.3	101.2	98.1	92.3
五、补充指标					
营业现金比率（%）	23.5	14.4	5.3	0.8	-3.7
国有资本回报率（%）	7.6	3.9	1.1	-2.2	-7.7
EBITDA率（%）	20.1	11.5	7.0	1.1	-4.1
百元收入支付的成本费用（元）	94.5	97.0	99.0	101.8	105.2
存货周转率（次）	35.2	22.3	18.6	14.6	10.6
速动比率	1.3	1.1	1.0	0.9	0.7
利润总额增长率（%）	21.1	4.6	-2.3	-7.8	-14.0
营业总收入增长率（%）	14.0	3.9	-2.0	-7.9	-16.3

其他工业

范围：中型企业

项　　目	优秀值	良好值	中等值	较低值	较差值
一、盈利回报指标					
净资产收益率（%）	10.8	7.5	4.2	-1.5	-7.5
营业收入利润率（%）	17.7	11.5	7.0	0.7	-2.8
总资产报酬率（%）	7.6	5.3	2.5	-0.1	-3.6
盈余现金保障倍数	2.8	1.5	1.0	-0.3	-2.9
二、资产运营指标					
总资产周转率（次）	1.0	0.7	0.4	0.2	0.1
应收账款周转率（次）	12.2	8.1	4.3	3.0	1.9
流动资产周转率（次）	1.8	1.4	0.9	0.4	0.1
两金占流动资产比重（%）	21.3	28.5	39.0	48.0	52.5
三、风险防控指标					
资产负债率（%）	48.8	53.8	58.8	68.8	83.8
现金流动负债比率（%）	16.4	11.5	8.1	-0.9	-7.9
带息负债比率（%）	26.6	37.0	44.9	50.7	58.2
已获利息倍数	12.8	6.0	4.1	2.8	2.0
四、持续发展指标					
研发经费投入强度（%）	7.6	4.3	2.5	1.3	0.2
全员劳动生产率（万元/人）	114.0	88.1	62.2	37.5	12.9
经济增加值率（%）	7.2	3.4	-0.8	-5.8	-8.8
国有资本保值增值率（%）	111.5	107.5	103.3	99.4	93.0
五、补充指标					
营业现金比率（%）	21.1	14.8	8.5	1.8	-4.9
国有资本回报率（%）	10.1	7.2	4.3	-0.7	-6.0
EBITDA率（%）	23.5	15.5	8.7	1.5	-4.2
百元收入支付的成本费用（元）	88.1	91.6	95.4	102.7	105.6
存货周转率（次）	23.9	17.4	13.9	10.0	7.3
速动比率	1.4	1.1	1.0	0.8	0.7
利润总额增长率（%）	4.4	-2.2	-8.9	-15.4	-22.5
营业总收入增长率（%）	21.2	14.9	9.1	4.7	-4.2

其他工业

范围：小型企业

项　　目	优秀值	良好值	中等值	较低值	较差值
一、盈利回报指标					
净资产收益率（%）	8.0	4.6	1.9	-3.0	-8.4
营业收入利润率（%）	12.6	7.2	3.1	-1.8	-5.0
总资产报酬率（%）	6.9	3.1	0.9	-1.1	-4.0
盈余现金保障倍数	2.0	0.7	0.2	-1.2	-3.2
二、资产运营指标					
总资产周转率（次）	0.9	0.6	0.3	0.2	0.1
应收账款周转率（次）	9.9	6.3	4.2	2.5	1.4
流动资产周转率（次）	1.3	0.9	0.6	0.3	0.1
两金占流动资产比重（%）	19.6	34.6	49.8	61.1	74.9
三、风险防控指标					
资产负债率（%）	49.3	54.3	59.3	69.3	84.3
现金流动负债比率（%）	14.4	10.0	6.1	-0.8	-9.9
带息负债比率（%）	35.0	44.1	51.0	57.6	66.7
已获利息倍数	9.1	3.3	1.5	-0.4	-1.5
四、持续发展指标					
研发经费投入强度（%）	3.6	1.8	0.9	0.5	0.1
全员劳动生产率（万元/人）	92.0	68.2	44.4	26.2	8.0
经济增加值率（%）	4.4	1.5	-3.0	-4.5	-6.7
国有资本保值增值率（%）	108.1	104.7	101.6	97.2	90.8
五、补充指标					
营业现金比率（%）	31.7	16.3	0.8	-6.6	-14.0
国有资本回报率（%）	7.8	4.8	2.4	-1.9	-6.6
EBITDA率（%）	18.0	10.1	4.7	-1.1	-6.1
百元收入支付的成本费用（元）	86.6	91.7	96.5	103.2	106.6
存货周转率（次）	11.6	8.0	4.7	2.3	0.5
速动比率	1.6	1.4	1.3	1.1	0.9
利润总额增长率（%）	-8.7	-20.1	-26.7	-34.5	-42.8
营业总收入增长率（%）	22.9	16.8	10.7	6.4	-2.2

建筑业

范围：全行业

项　　目	优秀值	良好值	中等值	较低值	较差值
一、盈利回报指标					
净资产收益率（%）	12.1	6.4	2.3	-1.1	-3.6
营业收入利润率（%）	9.6	5.1	2.9	0.0	-1.9
总资产报酬率（%）	3.6	2.7	1.4	-0.2	-0.9
盈余现金保障倍数	2.4	1.2	0.5	-1.9	-4.7
二、资产运营指标					
总资产周转率（次）	0.9	0.6	0.3	0.2	0.1
应收账款周转率（次）	6.4	4.2	2.6	1.3	0.5
流动资产周转率（次）	1.1	0.7	0.4	0.3	0.1
两金占流动资产比重（%）	18.8	29.2	37.1	49.6	57.3
三、风险防控指标					
资产负债率（%）	64.7	69.4	72.8	82.1	88.1
现金流动负债比率（%）	8.3	2.9	1.0	-4.7	-8.7
带息负债比率（%）	18.6	26.9	33.9	40.9	52.9
已获利息倍数	5.9	3.8	2.6	0.9	0.0
四、持续发展指标					
研发经费投入强度（%）	2.0	1.4	1.0	0.7	0.5
全员劳动生产率（万元/人）	62.2	46.9	31.5	20.5	9.6
经济增加值率（%）	8.1	2.1	-1.6	-4.9	-6.8
国有资本保值增值率（%）	115.3	109.5	102.8	98.1	92.7
五、补充指标					
营业现金比率（%）	15.7	8.1	0.6	-4.7	-9.9
国有资本回报率（%）	10.8	5.8	2.4	-0.6	-2.8
EBITDA率（%）	11.2	7.1	4.5	1.5	0.2
百元收入支付的成本费用（元）	92.0	95.7	97.5	100.1	103.2
存货周转率（次）	8.8	6.5	3.2	1.7	0.5
速动比率	1.4	1.2	1.0	0.9	0.8
利润总额增长率（%）	1.6	-5.7	-8.7	-17.5	-28.1
营业总收入增长率（%）	12.2	5.0	0.0	-10.8	-20.1

建筑业

范围：大型企业

项 目	优秀值	良好值	中等值	较低值	较差值
一、盈利回报指标					
净资产收益率（%）	13.8	8.3	4.8	-0.7	-2.7
营业收入利润率（%）	5.8	4.2	3.0	0.7	-0.1
总资产报酬率（%）	3.6	2.6	2.1	0.1	-0.7
盈余现金保障倍数	3.4	1.5	0.5	-2.0	-4.4
二、资产运营指标					
总资产周转率（次）	0.9	0.7	0.5	0.2	0.1
应收账款周转率（次）	6.2	4.1	3.1	1.2	0.3
流动资产周转率（次）	1.0	0.8	0.6	0.3	0.2
两金占流动资产比重（%）	24.6	29.5	35.2	44.2	52.7
三、风险防控指标					
资产负债率（%）	68.1	73.4	76.8	87.5	92.9
现金流动负债比率（%）	6.5	2.5	0.5	-4.4	-8.5
带息负债比率（%）	13.3	18.7	26.7	36.0	46.4
已获利息倍数	6.1	4.3	3.2	1.5	0.8
四、持续发展指标					
研发经费投入强度（%）	4.1	3.5	2.2	2.0	1.8
全员劳动生产率（万元/人）	67.9	51.8	35.7	27.0	18.4
经济增加值率（%）	9.8	5.2	0.6	-2.8	-5.3
国有资本保值增值率（%）	115.8	109.6	104.6	99.4	94.5
五、补充指标					
营业现金比率（%）	9.6	5.1	0.6	-4.0	-8.7
国有资本回报率（%）	12.8	7.9	4.8	0.1	-1.7
EBITDA率（%）	8.3	5.8	4.6	2.2	1.2
百元收入支付的成本费用（元）	95.4	96.3	97.4	99.9	101.9
存货周转率（次）	40.3	10.1	8.3	6.6	4.9
速动比率	1.4	1.2	1.0	0.9	0.8
利润总额增长率（%）	-1.3	-6.5	-10.1	-19.2	-28.9
营业总收入增长率（%）	8.4	0.8	-6.2	-16.9	-25.4

建筑业

范围：中型企业

项　　目	优秀值	良好值	中等值	较低值	较差值
一、盈利回报指标					
净资产收益率（％）	13.6	8.1	2.3	-0.8	-5.7
营业收入利润率（％）	7.6	4.1	2.4	-0.3	-1.5
总资产报酬率（％）	4.4	2.9	1.2	-0.1	-2.4
盈余现金保障倍数	3.0	1.5	0.7	-2.2	-5.2
二、资产运营指标					
总资产周转率（次）	0.9	0.7	0.4	0.2	0.1
应收账款周转率（次）	8.1	4.9	2.3	1.4	0.7
流动资产周转率（次）	1.4	1.0	0.5	0.3	0.1
两金占流动资产比重（％）	15.5	29.4	39.1	50.0	57.3
三、风险防控指标					
资产负债率（％）	56.5	62.5	66.3	80.1	87.2
现金流动负债比率（％）	7.7	2.2	1.1	-5.9	-9.1
带息负债比率（％）	18.6	24.4	34.0	40.5	51.9
已获利息倍数	5.0	3.8	2.1	0.9	-0.3
四、持续发展指标					
研发经费投入强度（％）	1.6	1.4	1.3	1.1	1.0
全员劳动生产率（万元/人）	64.5	48.3	32.0	23.4	14.8
经济增加值率（％）	8.5	3.4	-2.7	-5.0	-6.4
国有资本保值增值率（％）	111.0	104.7	101.5	99.0	94.8
五、补充指标					
营业现金比率（％）	14.8	7.7	0.6	-4.5	-9.6
国有资本回报率（％）	12.3	7.5	2.4	-0.4	-4.6
EBITDA率（％）	11.8	7.3	4.1	1.0	0.0
百元收入支付的成本费用（元）	92.9	96.5	98.1	101.2	103.4
存货周转率（次）	9.9	6.9	3.1	1.4	0.4
速动比率	1.4	1.2	1.0	0.9	0.7
利润总额增长率（％）	18.3	7.9	-0.4	-9.0	-20.0
营业总收入增长率（％）	12.1	4.7	-0.7	-12.9	-24.0

建筑业

范围：小型企业

项　　目	优秀值	良好值	中等值	较低值	较差值
一、盈利回报指标					
净资产收益率（%）	12.0	6.3	1.1	-3.7	-9.3
营业收入利润率（%）	10.9	5.1	2.3	-1.2	-4.4
总资产报酬率（%）	5.2	2.7	0.7	-0.9	-3.1
盈余现金保障倍数	2.0	1.2	0.5	-1.6	-4.4
二、资产运营指标					
总资产周转率（次）	1.0	0.6	0.3	0.2	0.1
应收账款周转率（次）	9.3	5.4	2.1	1.0	0.3
流动资产周转率（次）	1.2	0.7	0.3	0.2	0.1
两金占流动资产比重（%）	8.4	21.8	38.8	53.5	61.6
三、风险防控指标					
资产负债率（%）	36.4	43.8	52.3	70.2	81.3
现金流动负债比率（%）	8.4	3.4	0.9	-6.1	-12.5
带息负债比率（%）	22.1	33.1	40.3	51.9	65.6
已获利息倍数	6.3	3.0	1.5	0.4	-0.9
四、持续发展指标					
研发经费投入强度（%）	0.6	0.5	0.4	0.3	0.2
全员劳动生产率（万元/人）	61.2	43.2	25.2	16.3	7.4
经济增加值率（%）	7.7	1.5	-3.5	-5.8	-7.5
国有资本保值增值率（%）	110.9	103.9	100.3	95.8	91.5
五、补充指标					
营业现金比率（%）	17.2	8.6	0.0	-5.6	-11.3
国有资本回报率（%）	10.7	5.7	1.2	-3.1	-8.0
EBITDA率（%）	10.6	7.1	4.7	-0.7	-2.7
百元收入支付的成本费用（元）	89.3	95.2	97.8	100.1	102.1
存货周转率（次）	6.1	4.7	1.6	0.7	0.2
速动比率	1.4	1.2	1.0	0.9	0.7
利润总额增长率（%）	-3.2	-15.3	-23.0	-35.7	-50.3
营业总收入增长率（%）	23.3	16.2	8.0	-1.4	-12.6

房屋和土木工程建筑业

范围：全行业

项目	优秀值	良好值	中等值	较低值	较差值
一、盈利回报指标					
净资产收益率（%）	11.5	4.9	2.8	-2.2	-6.2
营业收入利润率（%）	8.5	4.1	2.3	-0.7	-2.5
总资产报酬率（%）	3.6	2.3	1.5	-0.5	-1.9
盈余现金保障倍数	2.6	1.3	0.4	-1.4	-3.7
二、资产运营指标					
总资产周转率（次）	0.9	0.4	0.3	0.2	0.1
应收账款周转率（次）	7.1	4.6	2.7	1.2	0.5
流动资产周转率（次）	1.1	0.8	0.5	0.4	0.1
两金占流动资产比重（%）	13.6	28.5	37.0	46.5	57.5
三、风险防控指标					
资产负债率（%）	65.4	70.3	74.5	84.4	90.6
现金流动负债比率（%）	7.6	3.5	0.8	-3.4	-8.1
带息负债比率（%）	20.2	26.1	29.9	43.3	53.8
已获利息倍数	6.2	3.8	2.7	0.7	-0.1
四、持续发展指标					
研发经费投入强度（%）	1.6	1.1	1.0	0.8	0.7
全员劳动生产率（万元/人）	64.6	50.0	35.5	22.3	9.2
经济增加值率（%）	8.2	2.6	-1.2	-5.2	-8.1
国有资本保值增值率（%）	112.6	108.4	102.4	96.8	94.1
五、补充指标					
营业现金比率（%）	17.0	8.8	0.7	-4.5	-9.7
国有资本回报率（%）	10.3	4.7	2.9	-1.5	-5.0
EBITDA率（%）	7.9	5.7	3.6	0.6	-0.7
百元收入支付的成本费用（元）	93.3	96.5	98.2	101.1	103.7
存货周转率（次）	11.1	7.4	5.0	2.7	0.8
速动比率	1.3	1.1	1.0	0.8	0.7
利润总额增长率（%）	4.3	-3.8	-8.6	-26.2	-44.0
营业总收入增长率（%）	8.3	1.5	-5.0	-15.4	-26.9

房屋和土木工程建筑业

范围：大型企业

项　　目	优秀值	良好值	中等值	较低值	较差值
一、盈利回报指标					
净资产收益率（%）	14.7	9.1	5.6	-1.4	-3.8
营业收入利润率（%）	4.6	3.4	2.4	0.1	-0.6
总资产报酬率（%）	3.5	2.7	2.3	0.2	-0.6
盈余现金保障倍数	4.1	1.7	0.4	-1.5	-3.7
二、资产运营指标					
总资产周转率（次）	0.9	0.7	0.5	0.2	0.1
应收账款周转率（次）	7.0	4.5	3.1	1.2	0.3
流动资产周转率（次）	1.1	0.9	0.7	0.4	0.2
两金占流动资产比重（%）	19.7	30.2	36.8	45.5	54.4
三、风险防控指标					
资产负债率（%）	70.6	76.0	82.5	90.2	94.9
现金流动负债比率（%）	6.5	2.9	0.5	-3.1	-6.8
带息负债比率（%）	16.5	20.7	25.6	33.1	49.0
已获利息倍数	7.1	4.8	3.6	1.7	1.0
四、持续发展指标					
研发经费投入强度（%）	2.4	1.9	1.3	1.0	0.8
全员劳动生产率（万元/人）	68.6	52.5	36.5	27.4	18.4
经济增加值率（%）	8.4	5.4	1.2	-2.9	-5.7
国有资本保值增值率（%）	115.7	111.1	105.4	99.4	96.4
五、补充指标					
营业现金比率（%）	9.6	5.2	0.9	-3.8	-8.5
国有资本回报率（%）	13.6	8.7	5.6	-0.5	-2.6
EBITDA率（%）	5.2	3.0	1.6	-0.8	-1.7
百元收入支付的成本费用（元）	95.3	96.2	97.3	99.7	101.4
存货周转率（次）	39.6	11.7	10.2	8.1	6.1
速动比率	1.2	1.1	1.0	0.9	0.8
利润总额增长率（%）	3.1	-4.8	-10.2	-28.5	-48.3
营业总收入增长率（%）	6.8	-0.6	-7.4	-17.9	-29.0

房屋和土木工程建筑业

范围：中型企业

项目	优秀值	良好值	中等值	较低值	较差值
一、盈利回报指标					
净资产收益率（%）	16.9	9.8	2.2	0.6	-1.2
营业收入利润率（%）	7.2	3.3	1.8	-1.0	-2.2
总资产报酬率（%）	3.8	2.5	1.1	-0.2	-1.2
盈余现金保障倍数	4.1	2.4	1.2	-1.3	-4.8
二、资产运营指标					
总资产周转率（次）	1.0	0.7	0.3	0.2	0.1
应收账款周转率（次）	8.7	5.1	2.0	1.1	0.5
流动资产周转率（次）	1.3	0.9	0.4	0.2	0.1
两金占流动资产比重（%）	10.8	28.2	37.8	52.1	60.8
三、风险防控指标					
资产负债率（%）	57.8	64.4	67.3	81.3	88.9
现金流动负债比率（%）	8.2	3.0	0.9	-4.2	-9.0
带息负债比率（%）	22.9	31.6	41.8	47.0	58.2
已获利息倍数	4.4	2.9	1.8	0.7	-0.3
四、持续发展指标					
研发经费投入强度（%）	1.1	0.8	0.7	0.6	0.5
全员劳动生产率（万元/人）	70.4	51.3	32.3	23.2	14.1
经济增加值率（%）	8.8	3.1	-2.6	-5.0	-9.7
国有资本保值增值率（%）	109.3	103.3	101.3	97.2	93.3
五、补充指标					
营业现金比率（%）	17.3	8.8	0.4	-5.0	-10.4
国有资本回报率（%）	15.4	9.0	2.3	0.9	-0.7
EBITDA率（%）	12.4	6.9	4.0	0.9	-0.2
百元收入支付的成本费用（元）	92.8	96.6	98.1	101.2	103.8
存货周转率（次）	8.3	6.1	2.8	1.3	0.4
速动比率	1.3	1.2	1.0	0.9	0.7
利润总额增长率（%）	4.6	-5.0	-12.4	-22.8	-43.6
营业总收入增长率（%）	9.5	4.6	-1.9	-14.0	-26.5

房屋和土木工程建筑业

范围：小型企业

项　　目	优秀值	良好值	中等值	较低值	较差值
一、盈利回报指标					
净资产收益率（%）	11.4	4.7	0.7	-4.1	-10.1
营业收入利润率（%）	10.7	4.4	1.4	-2.6	-4.7
总资产报酬率（%）	3.7	1.8	0.6	-1.0	-4.0
盈余现金保障倍数	2.2	1.2	0.5	-2.2	-4.4
二、资产运营指标					
总资产周转率（次）	0.9	0.4	0.3	0.2	0.1
应收账款周转率（次）	10.1	5.9	1.7	1.1	0.5
流动资产周转率（次）	1.4	0.8	0.5	0.3	0.2
两金占流动资产比重（%）	3.5	22.6	40.4	53.5	66.2
三、风险防控指标					
资产负债率（%）	35.8	44.5	52.4	71.2	81.2
现金流动负债比率（%）	8.9	4.0	0.9	-4.2	-11.2
带息负债比率（%）	26.7	33.6	39.4	50.9	63.9
已获利息倍数	6.5	3.3	1.4	0.4	-0.5
四、持续发展指标					
研发经费投入强度（%）	0.7	0.6	0.5	0.4	0.3
全员劳动生产率（万元/人）	60.7	46.7	32.7	19.0	5.3
经济增加值（%）	6.6	0.2	-3.4	-5.4	-6.5
国有资本保值增值率（%）	113.3	104.1	99.9	95.6	90.8
五、补充指标					
营业现金比率（%）	20.3	10.1	0.0	-5.9	-11.7
国有资本回报率（%）	10.1	4.2	0.7	-3.5	-8.8
EBITDA率（%）	9.6	5.3	3.0	-1.7	-4.6
百元收入支付的成本费用（元）	89.9	95.9	98.3	100.4	102.2
存货周转率（次）	9.7	6.9	2.0	0.9	0.2
速动比率	1.6	1.3	1.0	0.8	0.6
利润总额增长率（%）	16.3	8.4	-2.0	-21.3	-31.1
营业总收入增长率（%）	15.7	10.6	1.3	-5.8	-17.4

房屋建筑业

范围：全行业

项　　目	优秀值	良好值	中等值	较低值	较差值
一、盈利回报指标					
净资产收益率（%）	9.8	4.8	2.4	-2.2	-5.6
营业收入利润率（%）	5.7	3.3	1.9	-1.2	-5.1
总资产报酬率（%）	3.1	1.9	1.3	0.1	-0.6
盈余现金保障倍数	2.3	1.0	0.2	-1.1	-3.4
二、资产运营指标					
总资产周转率（次）	0.8	0.5	0.3	0.2	0.1
应收账款周转率（次）	6.8	4.0	2.5	1.2	0.4
流动资产周转率（次）	1.1	0.9	0.5	0.3	0.1
两金占流动资产比重（%）	18.8	36.6	44.2	53.8	62.0
三、风险防控指标					
资产负债率（%）	58.3	64.3	69.3	82.3	89.2
现金流动负债比率（%）	6.2	1.7	0.2	-2.5	-6.7
带息负债比率（%）	7.2	17.7	29.6	41.0	54.6
已获利息倍数	5.8	3.4	2.5	-0.2	-1.3
四、持续发展指标					
研发经费投入强度（%）	1.2	1.1	1.0	0.8	0.6
全员劳动生产率（万元/人）	65.6	48.1	30.5	18.9	7.2
经济增加值率（%）	7.5	0.7	-1.5	-4.6	-7.4
国有资本保值增值率（%）	110.4	106.1	101.9	96.9	93.6
五、补充指标					
营业现金比率（%）	14.6	7.3	0.0	-4.5	-9.0
国有资本回报率（%）	8.6	4.6	2.5	-1.2	-4.5
EBITDA率（%）	8.5	5.1	3.5	1.1	-0.3
百元收入支付的成本费用（元）	93.6	96.3	97.8	100.5	105.6
存货周转率（次）	10.2	5.1	2.2	0.9	0.5
速动比率	1.3	1.1	1.0	0.9	0.7
利润总额增长率（%）	8.8	-1.7	-7.9	-21.0	-39.8
营业总收入增长率（%）	11.1	3.2	-5.9	-15.7	-24.8

房屋建筑业

范围：大型企业

项　　目	优秀值	良好值	中等值	较低值	较差值
一、盈利回报指标					
净资产收益率（%）	11.5	7.3	5.7	-2.3	-5.2
营业收入利润率（%）	4.0	3.1	2.2	1.3	0.8
总资产报酬率（%）	3.9	3.1	2.2	1.1	0.4
盈余现金保障倍数	2.8	1.1	0.2	-1.0	-3.3
二、资产运营指标					
总资产周转率（次）	1.0	0.8	0.5	0.3	0.1
应收账款周转率（次）	5.7	3.9	2.9	1.7	1.0
流动资产周转率（次）	1.1	0.9	0.7	0.3	0.1
两金占流动资产比重（%）	27.1	38.5	45.9	53.3	61.1
三、风险防控指标					
资产负债率（%）	68.2	72.6	78.4	86.5	92.1
现金流动负债比率（%）	5.6	2.3	0.2	-1.7	-5.1
带息负债比率（%）	0.1	10.3	22.7	31.7	46.3
已获利息倍数	6.5	4.6	3.4	0.9	0.0
四、持续发展指标					
研发经费投入强度（%）	1.7	1.1	1.0	0.9	0.7
全员劳动生产率（万元/人）	61.8	49.0	36.3	26.9	17.5
经济增加值率（%）	10.4	5.3	1.4	-4.0	-6.4
国有资本保值增值率（%）	113.2	108.9	104.8	100.6	96.2
五、补充指标					
营业现金比率（%）	6.2	3.2	0.1	-4.0	-8.2
国有资本回报率（%）	10.8	7.1	5.7	-1.3	-3.9
EBITDA率（%）	5.8	4.5	3.8	1.5	0.6
百元收入支付的成本费用（元）	92.1	96.2	97.5	99.5	100.4
存货周转率（次）	60.3	10.8	9.0	6.4	4.3
速动比率	1.2	1.1	1.0	0.9	0.8
利润总额增长率（%）	9.7	-1.0	-7.5	-20.3	-39.5
营业总收入增长率（%）	8.7	-1.1	-9.0	-19.0	-26.6

房屋建筑业

范围：中型企业

项 目	优秀值	良好值	中等值	较低值	较差值
一、盈利回报指标					
净资产收益率（%）	14.9	8.9	1.8	-0.7	-5.7
营业收入利润率（%）	6.2	2.8	1.4	-1.0	-2.4
总资产报酬率（%）	3.4	2.0	0.8	-0.6	-3.6
盈余现金保障倍数	2.9	1.3	0.1	-2.1	-5.1
二、资产运营指标					
总资产周转率（次）	1.0	0.7	0.3	0.2	0.1
应收账款周转率（次）	9.1	5.7	2.0	1.1	0.3
流动资产周转率（次）	1.2	0.9	0.4	0.2	0.1
两金占流动资产比重（%）	15.4	31.9	45.2	54.1	62.7
三、风险防控指标					
资产负债率（%）	56.9	61.5	68.5	83.0	89.8
现金流动负债比率（%）	6.1	1.5	0.0	-4.8	-8.9
带息负债比率（%）	14.3	18.4	27.3	38.2	49.7
已获利息倍数	6.6	3.6	1.7	0.7	-0.3
四、持续发展指标					
研发经费投入强度（%）	0.8	0.7	0.6	0.5	0.3
全员劳动生产率（万元/人）	77.2	56.4	35.6	24.0	12.4
经济增加值率（%）	10.4	4.0	-2.5	-4.3	-6.9
国有资本保值增值率（%）	112.4	107.3	103.0	98.6	95.5
五、补充指标					
营业现金比率（%）	14.0	7.0	0.0	-5.6	-11.2
国有资本回报率（%）	13.4	8.1	2.0	-0.1	-4.6
EBITDA率（%）	8.0	5.1	3.0	0.3	-0.6
百元收入支付的成本费用（元）	94.7	97.1	98.6	101.2	104.3
存货周转率（次）	10.1	7.1	2.4	1.3	0.3
速动比率	1.3	1.1	1.0	0.8	0.7
利润总额增长率（%）	3.2	-7.4	-16.0	-33.7	-51.9
营业总收入增长率（%）	11.2	5.2	-1.8	-17.5	-33.0

房屋建筑业

范围：小型企业

项　　目	优秀值	良好值	中等值	较低值	较差值
一、盈利回报指标					
净资产收益率（%）	9.8	4.0	0.6	-0.7	-2.8
营业收入利润率（%）	7.6	3.4	1.3	-2.4	-5.2
总资产报酬率（%）	3.0	1.6	0.5	-0.2	-0.6
盈余现金保障倍数	1.5	0.6	0.0	-1.5	-4.0
二、资产运营指标					
总资产周转率（次）	0.8	0.4	0.3	0.2	0.1
应收账款周转率（次）	12.3	6.8	2.3	1.6	0.8
流动资产周转率（次）	1.1	0.6	0.4	0.3	0.1
两金占流动资产比重（%）	3.2	26.3	43.6	58.3	67.9
三、风险防控指标					
资产负债率（%）	35.9	44.0	51.5	69.7	79.9
现金流动负债比率（%）	7.5	1.8	0.0	-4.1	-10.8
带息负债比率（%）	12.9	22.7	33.5	47.0	62.2
已获利息倍数	5.4	3.0	1.1	-0.3	-1.4
四、持续发展指标					
研发经费投入强度（%）	0.7	0.5	0.4	0.2	0.1
全员劳动生产率（万元/人）	63.0	43.4	23.8	13.6	3.3
经济增加值率（%）	6.2	0.5	-3.5	-5.0	-7.9
国有资本保值增值率（%）	109.8	105.0	101.1	96.8	93.4
五、补充指标					
营业现金比率（%）	19.7	9.9	0.0	-5.2	-10.5
国有资本回报率（%）	8.5	3.4	0.4	-0.7	-2.5
EBITDA率（%）	9.0	5.1	2.9	-1.7	-8.3
百元收入支付的成本费用（元）	92.1	97.4	99.2	100.8	105.8
存货周转率（次）	10.1	5.0	0.9	0.5	0.3
速动比率	1.3	1.1	1.0	0.7	0.5
利润总额增长率（%）	7.5	-8.1	-15.3	-29.9	-40.4
营业总收入增长率（%）	21.2	11.4	3.5	-5.1	-17.1

土木工程建筑业

范围：全行业

项目	优秀值	良好值	中等值	较低值	较差值
一、盈利回报指标					
净资产收益率（%）	12.7	6.1	3.1	-0.9	-2.2
营业收入利润率（%）	10.2	5.8	3.5	0.8	-0.3
总资产报酬率（%）	3.5	2.3	1.7	0.1	-0.5
盈余现金保障倍数	3.8	1.4	0.5	-1.9	-4.1
二、资产运营指标					
总资产周转率（次）	0.6	0.4	0.3	0.2	0.1
应收账款周转率（次）	6.2	4.0	3.0	1.4	0.5
流动资产周转率（次）	0.8	0.6	0.5	0.2	0.1
两金占流动资产比重（%）	15.4	25.0	31.7	41.8	49.5
三、风险防控指标					
资产负债率（%）	63.1	68.8	77.0	85.1	90.1
现金流动负债比率（%）	9.5	3.3	1.3	-3.5	-10.4
带息负债比率（%）	17.2	24.7	31.4	44.5	57.1
已获利息倍数	5.0	4.2	2.8	1.2	0.7
四、持续发展指标					
研发经费投入强度（%）	1.2	1.1	1.0	0.8	0.7
全员劳动生产率（万元/人）	64.1	51.6	39.1	24.9	10.6
经济增加值率（%）	9.9	3.1	-0.9	-3.5	-5.5
国有资本保值增值率（%）	112.2	105.7	102.8	98.1	95.1
五、补充指标					
营业现金比率（%）	18.1	9.6	1.1	-4.5	-10.1
国有资本回报率（%）	11.6	5.8	3.2	-0.3	-1.5
EBITDA率（%）	11.3	8.3	5.2	2.3	0.8
百元收入支付的成本费用（元）	92.0	95.5	97.5	100.2	102.5
存货周转率（次）	11.3	7.1	5.2	3.3	1.4
速动比率	1.4	1.2	1.0	0.8	0.7
利润总额增长率（%）	7.8	-0.7	-9.0	-27.4	-46.2
营业总收入增长率（%）	10.6	7.6	-0.4	-15.9	-30.4

建筑安装业

范围：全行业

项　　　目	优秀值	良好值	中等值	较低值	较差值
一、盈利回报指标					
净资产收益率（%）	14.4	9.0	2.8	-1.0	-7.5
营业收入利润率（%）	9.1	5.6	2.4	0.1	-1.0
总资产报酬率（%）	4.5	2.7	1.5	-0.3	-2.3
盈余现金保障倍数	2.2	1.0	0.5	-1.6	-3.8
二、资产运营指标					
总资产周转率（次）	1.1	0.8	0.5	0.2	0.1
应收账款周转率（次）	6.3	4.4	2.8	1.5	0.5
流动资产周转率（次）	1.3	0.9	0.6	0.3	0.1
两金占流动资产比重（%）	17.7	30.3	37.1	50.0	56.8
三、风险防控指标					
资产负债率（%）	63.1	68.6	75.5	85.0	90.5
现金流动负债比率（%）	8.8	3.4	1.0	-3.7	-8.6
带息负债比率（%）	5.6	17.0	31.0	43.1	54.3
已获利息倍数	6.2	3.9	2.6	1.3	0.1
四、持续发展指标					
研发经费投入强度（%）	1.2	1.1	1.0	0.8	0.6
全员劳动生产率（万元/人）	60.3	45.3	30.2	21.4	12.6
经济增加值率（%）	9.3	3.7	-1.2	-5.0	-7.1
国有资本保值增值率（%）	111.4	106.3	101.9	98.5	94.6
五、补充指标					
营业现金比率（%）	13.1	6.6	1.0	-4.1	-9.2
国有资本回报率（%）	13.3	7.4	2.8	-1.0	-6.2
EBITDA率（%）	13.3	8.0	4.2	1.4	0.1
百元收入支付的成本费用（元）	91.6	95.2	97.6	100.1	102.3
存货周转率（次）	11.1	9.3	6.2	4.1	2.4
速动比率	1.4	1.2	1.0	0.9	0.7
利润总额增长率（%）	16.2	4.7	-1.9	-17.8	-33.9
营业总收入增长率（%）	15.3	5.7	-0.4	-13.2	-22.0

建筑安装业

范围：大型企业

项　　目	优秀值	良好值	中等值	较低值	较差值
一、盈利回报指标					
净资产收益率（%）	14.9	10.0	4.4	-0.2	-2.4
营业收入利润率（%）	4.2	3.0	2.2	0.3	-0.5
总资产报酬率（%）	3.1	2.4	1.8	0.3	-0.6
盈余现金保障倍数	3.8	1.8	0.6	-1.5	-3.6
二、资产运营指标					
总资产周转率（次）	1.0	0.8	0.6	0.3	0.1
应收账款周转率（次）	6.3	4.3	3.1	1.4	0.3
流动资产周转率（次）	1.3	1.1	0.8	0.4	0.2
两金占流动资产比重（%）	20.9	29.8	37.2	44.6	53.3
三、风险防控指标					
资产负债率（%）	66.0	71.4	78.8	86.9	92.2
现金流动负债比率（%）	5.8	3.4	1.1	-3.7	-6.9
带息负债比率（%）	4.2	12.6	28.7	40.5	52.7
已获利息倍数	6.3	4.0	3.0	2.0	0.8
四、持续发展指标					
研发经费投入强度（%）	1.7	1.6	1.5	1.2	0.9
全员劳动生产率（万元/人）	64.2	49.2	34.2	26.6	18.9
经济增加值率（%）	7.0	3.6	0.4	-2.7	-6.2
国有资本保值增值率（%）	115.3	110.1	104.4	101.0	97.5
五、补充指标					
营业现金比率（%）	8.4	5.0	1.5	-3.2	-7.8
国有资本回报率（%）	13.6	9.3	4.4	0.4	-1.6
EBITDA率（%）	7.2	4.8	4.0	1.7	0.9
百元收入支付的成本费用（元）	95.5	96.4	97.5	99.4	100.9
存货周转率（次）	43.2	11.3	9.7	7.5	5.8
速动比率	1.3	1.2	1.0	0.9	0.8
利润总额增长率（%）	16.7	5.0	-1.8	-17.4	-31.8
营业总收入增长率（%）	16.9	6.2	-0.4	-12.5	-21.9

建筑安装业

范围：中型企业

项　　目	优秀值	良好值	中等值	较低值	较差值
一、盈利回报指标					
净资产收益率（%）	14.3	8.8	3.4	0.6	-6.7
营业收入利润率（%）	8.0	4.8	2.3	0.0	-0.9
总资产报酬率（%）	5.5	3.7	1.5	0.3	-1.4
盈余现金保障倍数	3.2	1.1	0.4	-1.7	-4.0
二、资产运营指标					
总资产周转率（次）	1.1	0.9	0.6	0.3	0.1
应收账款周转率（次）	7.3	4.6	2.5	1.6	0.9
流动资产周转率（次）	1.4	1.1	0.7	0.4	0.2
两金占流动资产比重（%）	21.3	32.0	38.8	49.5	57.0
三、风险防控指标					
资产负债率（%）	59.1	65.1	70.1	83.8	90.1
现金流动负债比率（%）	9.1	3.1	0.9	-5.2	-10.2
带息负债比率（%）	10.3	19.4	36.9	48.3	60.6
已获利息倍数	5.2	4.0	2.6	1.3	-0.1
四、持续发展指标					
研发经费投入强度（%）	1.5	1.4	1.3	1.1	1.0
全员劳动生产率（万元/人）	57.3	43.8	30.3	23.8	17.3
经济增加值率（%）	9.6	4.8	-1.6	-4.3	-6.5
国有资本保值增值率（%）	108.6	105.1	102.5	99.4	94.9
五、补充指标					
营业现金比率（%）	12.4	6.6	0.8	-3.6	-8.0
国有资本回报率（%）	13.1	8.3	3.5	1.0	-5.4
EBITDA率（%）	11.0	6.9	4.1	1.1	-0.1
百元收入支付的成本费用（元）	92.1	95.5	97.8	100.3	101.7
存货周转率（次）	10.5	7.4	4.2	2.2	1.0
速动比率	1.3	1.2	1.0	0.8	0.6
利润总额增长率（%）	15.6	0.0	-9.6	-21.5	-41.1
营业总收入增长率（%）	10.8	3.5	-0.6	-16.6	-26.8

建筑安装业

范围：小型企业

项目	优秀值	良好值	中等值	较低值	较差值
一、盈利回报指标					
净资产收益率（%）	16.2	8.6	2.3	-1.1	-8.5
营业收入利润率（%）	11.4	7.0	3.4	-0.9	-3.1
总资产报酬率（%）	6.8	4.2	1.3	-0.6	-3.0
盈余现金保障倍数	2.1	0.9	0.2	-1.7	-4.4
二、资产运营指标					
总资产周转率（次）	1.2	0.8	0.3	0.2	0.1
应收账款周转率（次）	9.6	6.0	2.5	1.6	0.9
流动资产周转率（次）	1.4	0.9	0.4	0.3	0.1
两金占流动资产比重（%）	6.6	23.2	35.8	52.3	60.0
三、风险防控指标					
资产负债率（%）	37.6	45.8	54.0	71.8	82.6
现金流动负债比率（%）	9.4	4.6	0.0	-5.0	-12.9
带息负债比率（%）	9.6	23.0	32.2	39.2	49.3
已获利息倍数	5.5	3.1	2.1	0.8	-1.2
四、持续发展指标					
研发经费投入强度（%）	0.7	0.5	0.4	0.3	0.2
全员劳动生产率（万元/人）	63.8	46.3	28.8	19.9	11.0
经济增加值率（%）	11.6	3.8	-2.7	-5.9	-7.6
国有资本保值增值率（%）	107.1	104.3	101.5	98.3	94.4
五、补充指标					
营业现金比率（%）	13.4	6.7	0.0	-5.1	-10.2
国有资本回报率（%）	13.7	7.0	1.5	-1.6	-8.1
EBITDA率（%）	15.8	8.9	5.0	0.2	-1.6
百元收入支付的成本费用（元）	88.8	93.4	96.5	100.7	103.7
存货周转率（次）	7.0	5.6	2.8	1.3	0.4
速动比率	1.5	1.2	1.1	0.9	0.6
利润总额增长率（%）	3.0	-7.2	-16.7	-31.3	-46.8
营业总收入增长率（%）	14.7	5.3	-0.5	-9.7	-18.6

建筑装饰业

范围：全行业

项　　　目	优秀值	良好值	中等值	较低值	较差值
一、盈利回报指标					
净资产收益率（％）	13.7	6.5	0.8	-1.9	-3.6
营业收入利润率（％）	11.2	4.5	1.9	-1.4	-2.6
总资产报酬率（％）	4.5	2.2	0.6	-0.4	-0.9
盈余现金保障倍数	1.6	0.9	0.6	-1.1	-3.8
二、资产运营指标					
总资产周转率（次）	0.9	0.6	0.3	0.2	0.1
应收账款周转率（次）	7.8	5.0	1.9	1.0	0.4
流动资产周转率（次）	1.2	0.9	0.4	0.3	0.2
两金占流动资产比重（％）	11.7	27.9	40.9	55.9	64.5
三、风险防控指标					
资产负债率（％）	37.8	45.6	52.2	69.4	78.5
现金流动负债比率（％）	9.9	3.9	2.5	-2.8	-10.3
带息负债比率（％）	14.6	28.0	44.8	54.7	71.4
已获利息倍数	4.8	3.2	1.4	0.0	-0.8
四、持续发展指标					
研发经费投入强度（％）	0.8	0.7	0.6	0.5	0.3
全员劳动生产率（万元/人）	56.0	43.7	31.3	18.9	6.4
经济增加值率（％）	10.2	2.5	-3.4	-5.3	-6.6
国有资本保值增值率（％）	109.1	103.0	100.0	95.5	90.6
五、补充指标					
营业现金比率（％）	17.5	9.7	1.9	-5.9	-13.6
国有资本回报率（％）	12.1	5.8	0.9	-1.5	-3.1
EBITDA率（％）	14.0	7.6	4.9	-1.0	-3.6
百元收入支付的成本费用（元）	91.6	96.2	98.4	100.7	103.8
存货周转率（次）	6.9	3.8	2.2	1.0	0.3
速动比率	1.7	1.4	1.1	1.0	0.8
利润总额增长率（％）	-1.0	-11.3	-21.4	-32.0	-54.8
营业总收入增长率（％）	20.5	10.8	2.4	-6.3	-15.0

交通运输仓储及邮政业

范围：全行业

项　　目	优秀值	良好值	中等值	较低值	较差值
一、盈利回报指标					
净资产收益率（%）	11.9	5.6	1.5	-4.6	-11.3
营业收入利润率（%）	13.6	6.0	3.6	-1.5	-8.3
总资产报酬率（%）	5.6	3.1	1.4	-1.5	-3.9
盈余现金保障倍数	4.1	1.9	1.2	-0.5	-1.8
二、资产运营指标					
总资产周转率（次）	1.0	0.6	0.3	0.2	0.1
应收账款周转率（次）	15.3	11.4	8.2	6.3	2.5
流动资产周转率（次）	1.9	1.2	0.6	0.3	0.2
两金占流动资产比重（%）	2.5	11.9	29.8	41.5	55.8
三、风险防控指标					
资产负债率（%）	53.2	58.2	63.4	73.2	88.2
现金流动负债比率（%）	23.5	13.3	5.5	-5.9	-13.8
带息负债比率（%）	35.8	46.4	57.3	66.4	83.8
已获利息倍数	5.7	2.6	1.1	0.0	-1.3
四、持续发展指标					
研发经费投入强度（%）	0.8	0.6	0.5	0.4	0.3
全员劳动生产率（万元/人）	52.4	39.0	25.7	16.0	6.4
经济增加值率（%）	8.2	2.0	-2.7	-5.1	-7.4
国有资本保值增值率（%）	105.3	103.0	100.6	94.7	88.4
五、补充指标					
营业现金比率（%）	31.7	16.9	2.1	-2.3	-6.7
国有资本回报率（%）	10.2	4.7	1.1	-4.2	-10.4
EBITDA率（%）	15.8	9.5	5.2	1.4	-2.3
百元收入支付的成本费用（元）	89.9	95.3	99.5	108.7	119.6
存货周转率（次）	24.9	7.7	1.9	1.1	0.5
速动比率	1.5	1.1	0.9	0.7	0.5
利润总额增长率（%）	10.5	4.0	-6.2	-18.7	-27.1
营业总收入增长率（%）	20.5	15.2	4.7	-4.4	-14.2

交通运输仓储及邮政业

范围：大型企业

项 目	优秀值	良好值	中等值	较低值	较差值
一、盈利回报指标					
净资产收益率（%）	10.5	5.8	1.6	-4.5	-11.5
营业收入利润率（%）	17.0	9.8	6.2	-1.0	-8.2
总资产报酬率（%）	5.9	3.4	1.5	-0.8	-2.5
盈余现金保障倍数	4.0	2.3	1.3	-0.3	-1.3
二、资产运营指标					
总资产周转率（次）	0.8	0.5	0.3	0.2	0.1
应收账款周转率（次）	24.8	17.7	11.8	6.9	3.7
流动资产周转率（次）	2.1	1.4	0.6	0.3	0.2
两金占流动资产比重（%）	8.2	14.0	30.0	43.3	59.3
三、风险防控指标					
资产负债率（%）	50.7	55.7	60.7	70.7	85.7
现金流动负债比率（%）	26.3	18.8	6.6	-4.4	-11.1
带息负债比率（%）	37.4	46.7	55.5	66.9	83.9
已获利息倍数	7.1	4.1	1.3	0.6	-0.4
四、持续发展指标					
研发经费投入强度（%）	1.2	0.8	0.6	0.4	0.3
全员劳动生产率（万元/人）	85.3	60.8	36.2	25.6	15.1
经济增加值率（%）	5.4	1.2	-2.8	-5.2	-6.3
国有资本保值增值率（%）	104.3	102.2	100.8	94.8	89.3
五、补充指标					
营业现金比率（%）	49.6	32.7	15.9	6.8	-2.2
国有资本回报率（%）	8.7	4.5	0.9	-4.5	-10.7
EBITDA率（%）	26.4	12.4	7.9	-1.0	-5.2
百元收入支付的成本费用（元）	89.3	94.9	99.2	108.3	119.9
存货周转率（次）	28.8	21.0	15.4	11.3	6.6
速动比率	1.4	1.1	0.9	0.7	0.5
利润总额增长率（%）	15.7	10.4	-1.6	-30.0	-55.9
营业总收入增长率（%）	27.5	18.0	5.8	-4.4	-10.8

交通运输仓储及邮政业

范围：中型企业

项　　目	优秀值	良好值	中等值	较低值	较差值
一、盈利回报指标					
净资产收益率（％）	10.8	5.5	1.4	-2.6	-9.2
营业收入利润率（％）	11.1	4.1	2.1	-3.1	-15.4
总资产报酬率（％）	5.3	2.9	1.2	-1.7	-7.0
盈余现金保障倍数	4.2	2.2	1.2	-0.6	-1.8
二、资产运营指标					
总资产周转率（次）	0.9	0.5	0.3	0.2	0.1
应收账款周转率（次）	23.0	16.4	8.6	6.2	3.8
流动资产周转率（次）	2.4	1.6	0.6	0.3	0.2
两金占流动资产比重（％）	5.5	19.4	44.5	55.5	63.6
三、风险防控指标					
资产负债率（％）	51.4	56.4	61.4	71.4	86.4
现金流动负债比率（％）	24.1	15.1	2.2	-8.4	-15.4
带息负债比率（％）	28.8	38.8	54.2	61.5	77.8
已获利息倍数	6.7	3.1	1.1	-0.1	-1.5
四、持续发展指标					
研发经费投入强度（％）	0.7	0.6	0.5	0.4	0.3
全员劳动生产率（万元/人）	60.4	41.2	22.0	14.7	7.5
经济增加值率（％）	8.2	2.3	-2.9	-5.3	-7.9
国有资本保值增值率（％）	107.5	104.3	100.6	94.8	87.9
五、补充指标					
营业现金比率（％）	40.1	22.6	5.0	-0.6	-6.1
国有资本回报率（％）	9.3	4.7	1.1	-2.4	-8.2
EBITDA率（％）	15.0	7.2	3.7	-0.7	-3.3
百元收入支付的成本费用（元）	90.3	95.0	99.8	109.8	121.4
存货周转率（次）	20.2	7.7	2.5	1.9	0.9
速动比率	1.4	1.1	0.9	0.6	0.4
利润总额增长率（％）	17.4	9.5	-6.7	-10.7	-23.6
营业总收入增长率（％）	25.6	12.9	3.7	-7.7	-17.0

交通运输仓储及邮政业

范围：小型企业

项　　目	优秀值	良好值	中等值	较低值	较差值
一、盈利回报指标					
净资产收益率（%）	12.4	5.9	1.2	-4.6	-11.1
营业收入利润率（%）	13.2	6.7	2.3	-2.8	-8.9
总资产报酬率（%）	5.9	3.2	1.5	-1.8	-5.9
盈余现金保障倍数	4.0	1.9	1.0	-0.5	-2.1
二、资产运营指标					
总资产周转率（次）	1.2	0.7	0.3	0.2	0.1
应收账款周转率（次）	13.3	10.2	8.1	4.6	2.4
流动资产周转率（次）	1.9	1.2	0.6	0.3	0.2
两金占流动资产比重（%）	1.5	9.8	28.1	37.7	49.2
三、风险防控指标					
资产负债率（%）	53.5	58.5	63.5	73.5	88.5
现金流动负债比率（%）	20.0	10.8	4.0	-5.8	-13.2
带息负债比率（%）	38.4	49.8	63.0	71.3	88.9
已获利息倍数	5.3	2.4	1.1	0.3	-1.1
四、持续发展指标					
研发经费投入强度（%）	0.8	0.4	0.3	0.2	0.1
全员劳动生产率（万元/人）	49.1	38.4	27.8	17.0	6.3
经济增加值率（%）	9.7	3.1	-2.4	-4.6	-6.8
国有资本保值增值率（%）	104.9	102.0	100.3	94.0	86.8
五、补充指标					
营业现金比率（%）	29.0	15.4	1.8	-2.6	-7.0
国有资本回报率（%）	11.1	5.4	1.2	-3.9	-9.6
EBITDA率（%）	17.1	13.2	9.1	4.6	2.5
百元收入支付的成本费用（元）	93.1	97.5	100.4	110.3	117.7
存货周转率（次）	14.9	5.6	1.4	0.9	0.2
速动比率	1.5	1.1	0.9	0.6	0.4
利润总额增长率（%）	6.9	-3.4	-9.1	-22.1	-33.6
营业总收入增长率（%）	13.0	8.3	1.6	-8.6	-17.4

铁路运输业

范围：全行业

项 目	优秀值	良好值	中等值	较低值	较差值
一、盈利回报指标					
净资产收益率（%）	7.3	1.7	0.2	-3.2	-8.6
营业收入利润率（%）	14.7	7.4	0.1	-8.0	-12.9
总资产报酬率（%）	3.8	1.3	0.4	-0.6	-1.8
盈余现金保障倍数	3.2	2.1	1.0	-0.4	-1.4
二、资产运营指标					
总资产周转率（次）	0.5	0.4	0.3	0.2	0.1
应收账款周转率（次）	17.5	12.2	7.7	4.7	2.4
流动资产周转率（次）	1.9	1.2	0.5	0.4	0.2
两金占流动资产比重（%）	20.3	26.7	39.5	52.4	66.0
三、风险防控指标					
资产负债率（%）	49.0	56.0	61.0	71.0	86.0
现金流动负债比率（%）	19.0	8.8	1.6	-6.3	-15.5
带息负债比率（%）	22.5	33.2	46.5	63.0	79.8
已获利息倍数	4.6	2.0	0.5	-0.6	-1.5
四、持续发展指标					
研发经费投入强度（%）	0.9	0.6	0.4	0.3	0.2
全员劳动生产率（万元/人）	67.7	54.5	41.3	21.8	2.2
经济增加值率（%）	1.9	-2.2	-4.0	-5.6	-7.0
国有资本保值增值率（%）	106.7	102.7	100.7	97.5	93.2
五、补充指标					
营业现金比率（%）	29.7	16.3	2.9	-3.7	-10.2
国有资本回报率（%）	6.4	1.5	0.2	-2.8	-7.5
EBITDA率（%）	22.8	10.9	1.7	-6.4	-14.2
百元收入支付的成本费用（元）	86.1	93.7	99.8	107.9	118.9
存货周转率（次）	43.5	36.1	31.7	22.8	13.1
速动比率	1.3	1.1	0.9	0.7	0.5
利润总额增长率（%）	8.1	3.1	-1.0	-5.9	-13.9
营业总收入增长率（%）	9.5	5.6	2.7	-0.8	-8.2

道路运输业

范围：全行业

项 目	优秀值	良好值	中等值	较低值	较差值
一、盈利回报指标					
净资产收益率（%）	10.4	4.7	1.5	-3.7	-10.5
营业收入利润率（%）	12.9	5.1	2.9	-5.5	-14.5
总资产报酬率（%）	5.0	2.6	1.5	-1.6	-4.3
盈余现金保障倍数	3.1	2.1	1.3	-0.3	-1.7
二、资产运营指标					
总资产周转率（次）	1.1	0.6	0.3	0.2	0.1
应收账款周转率（次）	22.6	15.1	6.8	3.7	1.2
流动资产周转率（次）	2.5	1.8	0.6	0.4	0.2
两金占流动资产比重（%）	0.3	10.0	22.7	29.2	43.0
三、风险防控指标					
资产负债率（%）	52.6	57.6	62.6	72.6	87.6
现金流动负债比率（%）	23.8	13.6	6.0	-2.4	-7.0
带息负债比率（%）	48.1	59.5	72.3	79.6	92.2
已获利息倍数	6.5	3.0	1.3	0.0	-1.2
四、持续发展指标					
研发经费投入强度（%）	0.9	0.6	0.4	0.3	0.2
全员劳动生产率（万元/人）	51.1	39.3	27.6	16.4	5.1
经济增加值率（%）	6.8	1.1	-2.6	-5.3	-9.2
国有资本保值增值率（%）	106.8	104.4	100.7	94.5	87.6
五、补充指标					
营业现金比率（%）	35.4	18.6	1.8	-1.4	-4.7
国有资本回报率（%）	9.3	4.3	1.5	-3.1	-9.0
EBITDA率（%）	18.8	13.8	8.9	1.7	-6.7
百元收入支付的成本费用（元）	93.3	96.2	99.1	109.5	120.4
存货周转率（次）	27.6	21.6	12.4	8.3	4.0
速动比率	1.5	1.3	0.9	0.7	0.5
利润总额增长率（%）	13.7	7.6	-2.9	-13.7	-19.9
营业总收入增长率（%）	25.1	13.7	7.1	-5.7	-16.1

道路运输业

范围：大型企业

项　　目	优秀值	良好值	中等值	较低值	较差值
一、盈利回报指标					
净资产收益率（%）	6.0	4.2	2.2	-3.6	-11.2
营业收入利润率（%）	27.0	13.2	7.2	-2.3	-9.3
总资产报酬率（%）	5.7	3.9	2.4	0.1	-1.7
盈余现金保障倍数	4.1	2.9	1.8	-0.2	-2.4
二、资产运营指标					
总资产周转率（次）	0.8	0.4	0.3	0.2	0.1
应收账款周转率（次）	35.5	22.9	11.8	6.7	3.6
流动资产周转率（次）	2.6	1.8	0.6	0.4	0.2
两金占流动资产比重（%）	0.7	10.3	20.1	25.0	37.9
三、风险防控指标					
资产负债率（%）	50.2	55.2	60.2	70.2	85.2
现金流动负债比率（%）	17.8	13.8	7.2	3.0	-5.6
带息负债比率（%）	54.6	64.2	78.3	83.7	94.6
已获利息倍数	6.5	3.6	1.5	0.8	0.2
四、持续发展指标					
研发经费投入强度（%）	1.0	0.7	0.5	0.3	0.2
全员劳动生产率（万元/人）	96.9	68.7	40.6	26.2	11.9
经济增加值率（%）	3.5	0.7	-2.2	-4.0	-5.8
国有资本保值增值率（%）	104.6	103.8	102.8	98.0	92.8
五、补充指标					
营业现金比率（%）	64.8	44.5	24.2	12.1	0.0
国有资本回报率（%）	4.5	3.4	1.8	-3.3	-9.9
EBITDA率（%）	40.2	24.5	8.9	2.5	-4.7
百元收入支付的成本费用（元）	91.0	96.8	100.0	108.7	115.8
存货周转率（次）	35.0	29.3	22.3	18.0	13.5
速动比率	1.3	1.1	0.9	0.7	0.5
利润总额增长率（%）	16.2	11.1	1.2	-1.5	-9.4
营业总收入增长率（%）	13.1	7.4	2.7	-6.4	-10.6

道路运输业

范围：中型企业

项　　目	优秀值	良好值	中等值	较低值	较差值
一、盈利回报指标					
净资产收益率（%）	11.5	6.3	2.5	-3.6	-9.3
营业收入利润率（%）	13.2	6.7	2.4	-5.6	-14.5
总资产报酬率（%）	6.4	3.6	2.3	-0.7	-2.6
盈余现金保障倍数	3.8	2.6	1.3	0.0	-1.3
二、资产运营指标					
总资产周转率（次）	0.9	0.5	0.3	0.2	0.1
应收账款周转率（次）	29.2	16.7	7.5	3.5	1.0
流动资产周转率（次）	2.5	1.9	0.8	0.5	0.2
两金占流动资产比重（%）	0.7	6.5	18.1	21.8	32.5
三、风险防控指标					
资产负债率（%）	52.3	57.3	62.3	72.3	87.3
现金流动负债比率（%）	26.3	12.5	5.2	-5.2	-12.7
带息负债比率（%）	50.6	61.3	70.8	82.6	94.2
已获利息倍数	7.3	3.6	1.4	0.1	-0.8
四、持续发展指标					
研发经费投入强度（%）	0.8	0.5	0.4	0.3	0.2
全员劳动生产率（万元/人）	64.6	42.7	20.8	13.3	5.9
经济增加值率（%）	5.7	1.3	-2.4	-5.7	-8.0
国有资本保值增值率（%）	106.9	104.8	101.2	94.8	88.3
五、补充指标					
营业现金比率（%）	57.1	31.9	6.8	2.9	-0.9
国有资本回报率（%）	10.3	5.8	2.4	-2.9	-7.9
EBITDA率（%）	21.1	17.1	11.5	4.0	-0.5
百元收入支付的成本费用（元）	90.2	93.0	95.7	106.5	117.6
存货周转率（次）	22.7	17.3	7.1	3.5	0.6
速动比率	1.5	1.3	0.9	0.7	0.5
利润总额增长率（%）	19.6	11.5	-0.1	-3.4	-12.1
营业总收入增长率（%）	24.8	13.7	7.1	-4.2	-10.4

道路运输业

范围：小型企业

项　　目	优秀值	良好值	中等值	较低值	较差值
一、盈利回报指标					
净资产收益率（%）	11.4	5.3	1.2	-4.4	-12.0
营业收入利润率（%）	8.4	2.6	-0.4	-5.6	-18.0
总资产报酬率（%）	4.8	2.4	1.1	-1.9	-5.2
盈余现金保障倍数	2.7	1.5	1.0	-0.4	-1.8
二、资产运营指标					
总资产周转率（次）	1.2	0.7	0.3	0.2	0.1
应收账款周转率（次）	19.6	13.5	6.3	4.6	2.8
流动资产周转率（次）	2.5	1.8	0.6	0.3	0.1
两金占流动资产比重（%）	0.3	11.5	37.0	49.7	57.4
三、风险防控指标					
资产负债率（%）	54.0	59.0	64.0	74.0	89.0
现金流动负债比率（%）	24.6	13.3	7.2	1.9	-3.0
带息负债比率（%）	38.9	50.2	60.1	70.2	83.3
已获利息倍数	6.4	3.0	1.0	-0.1	-1.5
四、持续发展指标					
研发经费投入强度（%）	0.8	0.5	0.4	0.2	0.1
全员劳动生产率（万元/人）	45.0	33.3	21.6	13.3	5.1
经济增加值率（%）	8.5	2.4	-2.9	-5.6	-10.8
国有资本保值增值率（%）	106.7	104.5	100.3	93.6	85.3
五、补充指标					
营业现金比率（%）	28.0	14.7	1.4	-2.0	-5.5
国有资本回报率（%）	10.2	4.8	1.2	-3.7	-10.3
EBITDA率（%）	12.0	6.5	1.2	-3.8	-15.4
百元收入支付的成本费用（元）	94.2	97.1	99.6	109.9	120.7
存货周转率（次）	29.4	21.3	13.8	9.7	5.8
速动比率	1.8	1.5	1.1	0.9	0.7
利润总额增长率（%）	11.9	1.0	-9.8	-17.8	-28.0
营业总收入增长率（%）	27.8	17.0	5.3	-10.2	-20.1

高速公路

范围：全行业

项　　目	优秀值	良好值	中等值	较低值	较差值
一、盈利回报指标					
净资产收益率（%）	8.4	4.6	1.2	-6.9	-10.6
营业收入利润率（%）	24.7	13.9	2.5	-18.7	-34.5
总资产报酬率（%）	4.6	2.9	1.0	-0.6	-2.6
盈余现金保障倍数	4.5	3.0	2.1	0.5	-0.8
二、资产运营指标					
总资产周转率（次）	0.5	0.4	0.3	0.2	0.1
应收账款周转率（次）	39.5	27.8	11.0	5.9	2.7
流动资产周转率（次）	2.4	1.4	0.7	0.4	0.1
两金占流动资产比重（%）	1.7	9.0	26.9	40.4	52.9
三、风险防控指标					
资产负债率（%）	53.3	58.3	63.3	73.3	88.3
现金流动负债比率（%）	26.2	19.6	9.3	2.1	-2.0
带息负债比率（%）	30.9	50.0	68.5	83.4	87.0
已获利息倍数	5.1	2.6	1.2	-0.1	-1.0
四、持续发展指标					
研发经费投入强度（%）	1.0	0.6	0.5	0.3	0.1
全员劳动生产率（万元/人）	97.4	77.4	57.5	29.7	1.9
经济增加值率（%）	7.2	2.7	-2.4	-8.1	-8.7
国有资本保值增值率（%）	107.3	104.5	100.9	94.5	90.8
五、补充指标					
营业现金比率（%）	78.1	57.4	36.7	18.3	0.0
国有资本回报率（%）	7.6	4.2	1.2	-5.8	-9.1
EBITDA率（%）	49.3	25.2	4.1	-1.9	-6.8
百元收入支付的成本费用（元）	83.0	89.3	96.4	101.9	110.6
存货周转率（次）	66.9	48.8	21.7	15.6	9.9
速动比率	1.1	0.9	0.7	0.4	0.1
利润总额增长率（%）	24.5	12.3	0.0	-6.6	-10.9
营业总收入增长率（%）	29.5	19.8	7.6	-0.7	-7.8

城市公共交通业

范围：全行业

项　　目	优秀值	良好值	中等值	较低值	较差值
一、盈利回报指标					
净资产收益率（%）	5.5	2.9	0.1	-7.0	-13.8
营业收入利润率（%）	4.2	-1.9	-4.0	-18.8	-41.5
总资产报酬率（%）	2.6	1.2	0.3	-4.8	-11.0
盈余现金保障倍数	3.1	1.8	0.7	-0.7	-2.0
二、资产运营指标					
总资产周转率（次）	0.5	0.4	0.3	0.2	0.1
应收账款周转率（次）	15.5	11.2	7.3	4.1	1.6
流动资产周转率（次）	1.2	0.8	0.4	0.2	0.1
两金占流动资产比重（%）	10.2	17.6	35.7	38.8	42.7
三、风险防控指标					
资产负债率（%）	53.1	58.1	63.1	73.1	88.1
现金流动负债比率（%）	12.9	6.0	0.9	-5.1	-15.1
带息负债比率（%）	34.9	47.4	58.2	71.1	83.9
已获利息倍数	4.1	2.3	1.0	-1.9	-5.7
四、持续发展指标					
研发经费投入强度（%）	1.1	0.8	0.5	0.5	0.4
全员劳动生产率（万元/人）	27.5	19.9	12.4	8.5	4.6
经济增加值率（%）	3.4	-0.9	-3.9	-8.7	-14.8
国有资本保值增值率（%）	104.4	101.5	99.2	91.9	84.4
五、补充指标					
营业现金比率（%）	36.4	19.6	2.8	-5.7	-14.2
国有资本回报率（%）	4.6	2.3	-0.2	-6.4	-12.3
EBITDA率（%）	31.1	23.8	18.4	8.0	1.4
百元收入支付的成本费用（元）	106.3	113.4	121.7	129.4	144.5
存货周转率（次）	48.8	36.2	28.6	20.8	15.1
速动比率	1.4	1.1	1.0	0.7	0.5
利润总额增长率（%）	-14.3	-19.7	-23.3	-35.2	-54.2
营业总收入增长率（%）	7.3	5.6	3.8	-3.1	-14.3

公共电汽车客运业

范围：全行业

项　　目	优秀值	良好值	中等值	较低值	较差值
一、盈利回报指标					
净资产收益率（％）	5.2	1.9	-0.8	-12.3	-24.1
营业收入利润率（％）	-11.2	-24.7	-35.0	-50.4	-73.8
总资产报酬率（％）	4.2	2.2	0.0	-5.8	-11.4
盈余现金保障倍数	10.1	4.7	1.0	0.2	-1.9
二、资产运营指标					
总资产周转率（次）	0.6	0.5	0.3	0.2	0.1
应收账款周转率（次）	13.5	9.4	5.4	2.6	0.4
流动资产周转率（次）	1.4	1.0	0.4	0.2	0.1
两金占流动资产比重（％）	0.4	2.3	9.7	18.2	24.4
三、风险防控指标					
资产负债率（％）	54.3	59.3	64.3	74.3	93.3
现金流动负债比率（％）	15.6	4.6	1.8	-9.4	-20.4
带息负债比率（％）	14.1	29.6	46.6	61.8	80.1
已获利息倍数	0.9	0.2	-0.5	-5.1	-9.1
四、持续发展指标					
研发经费投入强度（％）	0.6	0.5	0.4	0.3	0.2
全员劳动生产率（万元/人）	18.4	14.6	10.8	7.3	3.9
经济增加值率（％）	-0.7	-3.2	-5.0	-14.0	-22.2
国有资本保值增值率（％）	105.5	101.7	98.3	87.4	63.8
五、补充指标					
营业现金比率（％）	38.7	23.2	7.7	-3.7	-15.0
国有资本回报率（％）	4.8	2.0	-0.4	-10.5	-20.9
EBITDA率（％）	35.4	23.1	14.7	8.6	-2.0
百元收入支付的成本费用（元）	170.8	188.0	201.6	210.3	223.0
存货周转率（次）	75.5	49.8	22.4	11.7	1.1
速动比率	1.1	0.9	0.7	0.5	0.4
利润总额增长率（％）	-29.5	-41.3	-50.6	-62.5	-77.2
营业总收入增长率（％）	11.2	5.0	1.4	-7.5	-20.8

城市轨道交通业

范围：全行业

项　　目	优秀值	良好值	中等值	较低值	较差值
一、盈利回报指标					
净资产收益率（%）	5.6	2.0	0.0	-3.8	-7.7
营业收入利润率（%）	13.8	7.7	0.0	-6.4	-26.8
总资产报酬率（%）	1.5	0.6	0.2	-0.3	-0.9
盈余现金保障倍数	4.5	1.5	0.2	-1.3	-4.4
二、资产运营指标					
总资产周转率（次）	0.6	0.4	0.3	0.2	0.1
应收账款周转率（次）	10.0	6.6	3.6	1.7	0.6
流动资产周转率（次）	4.6	1.9	0.3	0.2	0.1
两金占流动资产比重（%）	13.2	23.2	38.1	43.1	53.5
三、风险防控指标					
资产负债率（%）	53.3	58.3	63.3	73.3	88.3
现金流动负债比率（%）	10.1	3.4	0.6	-4.1	-10.1
带息负债比率（%）	47.6	56.8	66.8	74.8	82.3
已获利息倍数	6.2	2.4	1.0	-0.3	-2.4
四、持续发展指标					
研发经费投入强度（%）	0.8	0.7	0.6	0.5	0.4
全员劳动生产率（万元/人）	58.8	44.6	30.5	21.9	13.4
经济增加值率（%）	0.9	-1.7	-3.2	-6.4	-11.0
国有资本保值增值率（%）	109.1	104.2	102.0	99.8	97.8
五、补充指标					
营业现金比率（%）	84.4	44.9	5.4	-5.8	-17.0
国有资本回报率（%）	4.6	1.4	-0.3	-3.6	-7.1
EBITDA率（%）	40.0	32.9	27.4	17.8	9.1
百元收入支付的成本费用（元）	83.6	90.4	100.2	107.2	134.9
存货周转率（次）	52.9	35.1	6.3	5.1	3.7
速动比率	1.6	1.4	1.2	1.0	0.8
利润总额增长率（%）	2.7	-8.5	-10.8	-24.5	-34.4
营业总收入增长率（%）	10.4	8.2	7.1	-3.6	-16.9

水上运输业

范围：全行业

项　目	优秀值	良好值	中等值	较低值	较差值
一、盈利回报指标					
净资产收益率（%）	18.5	11.6	5.2	0.8	-3.8
营业收入利润率（%）	22.4	17.8	11.8	4.4	-0.8
总资产报酬率（%）	9.8	6.4	3.3	1.2	-2.3
盈余现金保障倍数	2.9	1.9	1.2	-0.3	-2.3
二、资产运营指标					
总资产周转率（次）	1.0	0.5	0.4	0.2	0.1
应收账款周转率（次）	15.8	12.6	10.2	5.9	2.5
流动资产周转率（次）	2.4	1.5	1.0	0.5	0.2
两金占流动资产比重（%）	8.6	18.1	23.3	31.5	39.1
三、风险防控指标					
资产负债率（%）	51.0	56.0	61.0	71.0	86.0
现金流动负债比率（%）	26.6	18.7	11.0	0.6	-6.2
带息负债比率（%）	35.3	49.1	58.4	71.4	89.8
已获利息倍数	8.7	7.0	4.9	3.0	1.3
四、持续发展指标					
研发经费投入强度（%）	0.9	0.8	0.7	0.6	0.4
全员劳动生产率（万元/人）	85.2	69.5	53.8	34.2	14.5
经济增加值率（%）	5.1	1.7	-0.7	-4.0	-8.4
国有资本保值增值率（%）	115.4	110.3	105.3	98.6	91.5
五、补充指标					
营业现金比率（%）	35.9	21.5	7.1	1.5	-4.2
国有资本回报率（%）	16.9	11.0	5.2	1.4	-2.6
EBITDA率（%）	26.2	22.5	18.5	8.6	4.1
百元收入支付的成本费用（元）	78.0	87.8	95.3	100.5	104.6
存货周转率（次）	36.7	23.7	18.6	13.2	9.4
速动比率	1.5	1.3	1.1	0.7	0.5
利润总额增长率（%）	32.6	23.8	16.3	11.2	-11.3
营业总收入增长率（%）	27.0	20.4	14.4	5.5	0.5

水上运输业

范围：大型企业

项　　目	优秀值	良好值	中等值	较低值	较差值
一、盈利回报指标					
净资产收益率（%）	17.9	12.0	5.5	1.0	-6.5
营业收入利润率（%）	23.5	19.6	15.6	10.6	3.9
总资产报酬率（%）	9.9	6.6	3.2	0.9	-1.7
盈余现金保障倍数	2.1	1.4	1.0	-0.5	-2.5
二、资产运营指标					
总资产周转率（次）	0.5	0.4	0.3	0.2	0.1
应收账款周转率（次）	14.1	11.9	10.0	6.3	3.1
流动资产周转率（次）	1.8	1.4	0.9	0.5	0.2
两金占流动资产比重（%）	7.8	17.6	19.5	24.4	29.6
三、风险防控指标					
资产负债率（%）	51.0	56.0	61.0	71.0	86.0
现金流动负债比率（%）	24.0	13.9	8.2	-2.6	-9.7
带息负债比率（%）	30.0	43.8	56.0	66.2	82.6
已获利息倍数	6.8	5.5	2.7	1.7	0.4
四、持续发展指标					
研发经费投入强度（%）	1.4	1.1	1.0	0.9	0.6
全员劳动生产率（万元/人）	117.1	96.2	75.3	50.2	25.2
经济增加值率（%）	3.6	1.9	-1.2	-3.9	-9.8
国有资本保值增值率（%）	113.6	110.5	105.4	98.5	94.5
五、补充指标					
营业现金比率（%）	42.1	28.3	14.4	7.0	-0.4
国有资本回报率（%）	14.8	9.6	4.0	0.0	-6.6
EBITDA率（%）	34.5	25.1	22.6	15.9	10.8
百元收入支付的成本费用（元）	84.7	91.8	97.9	100.9	106.4
存货周转率（次）	44.2	32.4	22.0	18.7	14.6
速动比率	1.4	1.2	1.1	0.8	0.6
利润总额增长率（%）	73.3	63.6	56.6	48.9	-7.3
营业总收入增长率（%）	27.9	24.5	23.1	17.9	11.4

水上运输业

范围：中型企业

项　　目	优秀值	良好值	中等值	较低值	较差值
一、盈利回报指标					
净资产收益率（%）	19.7	13.0	6.0	2.0	-2.9
营业收入利润率（%）	24.9	20.8	15.1	10.4	5.7
总资产报酬率（%）	10.3	7.4	3.3	1.5	-2.3
盈余现金保障倍数	3.3	2.1	1.4	0.0	-1.6
二、资产运营指标					
总资产周转率（次）	1.0	0.7	0.3	0.2	0.1
应收账款周转率（次）	16.4	14.0	10.6	6.9	4.2
流动资产周转率（次）	3.6	2.2	1.0	0.4	0.2
两金占流动资产比重（%）	12.0	18.3	31.9	43.7	58.2
三、风险防控指标					
资产负债率（%）	51.0	56.0	61.0	71.0	86.0
现金流动负债比率（%）	40.7	27.0	11.3	-2.6	-11.1
带息负债比率（%）	39.9	48.3	58.6	72.7	89.9
已获利息倍数	10.4	8.6	5.8	4.8	2.6
四、持续发展指标					
研发经费投入强度（%）	0.9	0.8	0.7	0.6	0.4
全员劳动生产率（万元/人）	104.2	77.7	51.2	36.5	21.7
经济增加值率（%）	6.7	2.8	-0.1	-3.3	-7.6
国有资本保值增值率（%）	117.6	110.7	104.3	100.1	96.2
五、补充指标					
营业现金比率（%）	42.2	28.3	14.4	5.7	-3.0
国有资本回报率（%）	18.0	12.1	6.0	2.5	-1.8
EBITDA率（%）	30.2	20.2	17.0	10.4	5.7
百元收入支付的成本费用（元）	79.4	85.7	91.1	101.3	106.1
存货周转率（次）	52.1	37.5	29.7	22.1	17.2
速动比率	1.6	1.4	1.3	1.2	0.9
利润总额增长率（%）	25.1	16.7	11.2	2.8	-7.7
营业总收入增长率（%）	17.0	10.5	5.4	-2.2	-9.2

水上运输业

范围：小型企业

项　　目	优秀值	良好值	中等值	较低值	较差值
一、盈利回报指标					
净资产收益率（%）	21.1	11.5	3.9	0.5	-6.5
营业收入利润率（%）	15.3	9.3	4.5	-2.6	-9.4
总资产报酬率（%）	9.6	6.1	3.1	1.0	-3.1
盈余现金保障倍数	3.2	1.9	1.1	-0.4	-2.5
二、资产运营指标					
总资产周转率（次）	1.0	0.5	0.4	0.2	0.1
应收账款周转率（次）	17.2	13.4	10.5	5.8	2.3
流动资产周转率（次）	2.9	2.0	1.1	0.5	0.1
两金占流动资产比重（%）	9.7	19.3	40.7	55.7	69.1
三、风险防控指标					
资产负债率（%）	51.0	56.0	61.0	71.0	86.0
现金流动负债比率（%）	18.9	11.6	6.9	1.0	-5.8
带息负债比率（%）	35.8	49.4	58.7	75.9	95.6
已获利息倍数	5.9	4.6	3.2	0.5	-1.2
四、持续发展指标					
研发经费投入强度（%）	0.5	0.4	0.3	0.2	0.1
全员劳动生产率（万元/人）	69.3	58.4	47.5	30.4	13.3
经济增加值率（%）	4.3	0.0	-2.1	-7.0	-11.0
国有资本保值增值率（%）	115.1	108.8	102.7	96.5	87.3
五、补充指标					
营业现金比率（%）	33.1	20.1	7.0	1.3	-4.3
国有资本回报率（%）	18.9	10.4	3.7	0.8	-5.4
EBITDA率（%）	17.5	10.5	6.2	-2.7	-6.4
百元收入支付的成本费用（元）	76.9	86.4	95.7	99.4	103.0
存货周转率（次）	34.6	20.5	13.4	9.2	4.0
速动比率	1.5	1.1	1.0	0.7	0.5
利润总额增长率（%）	18.5	8.3	3.6	-4.5	-58.3
营业总收入增长率（%）	15.4	8.1	3.2	-7.4	-10.7

港口业

范围：全行业

项　　目	优秀值	良好值	中等值	较低值	较差值
一、盈利回报指标					
净资产收益率（%）	16.2	9.0	3.4	-2.4	-7.9
营业收入利润率（%）	21.7	15.5	8.1	-0.6	-7.4
总资产报酬率（%）	8.1	4.9	3.0	-0.7	-4.2
盈余现金保障倍数	2.7	1.9	1.1	0.1	-1.0
二、资产运营指标					
总资产周转率（次）	1.2	0.7	0.3	0.2	0.1
应收账款周转率（次）	19.1	14.2	8.5	5.5	3.4
流动资产周转率（次）	1.8	1.3	0.6	0.4	0.1
两金占流动资产比重（%）	7.0	16.3	22.2	32.6	49.7
三、风险防控指标					
资产负债率（%）	51.0	56.0	61.0	70.3	86.0
现金流动负债比率（%）	19.4	12.9	5.5	-1.7	-10.6
带息负债比率（%）	35.3	44.5	56.3	74.4	90.2
已获利息倍数	6.3	5.2	2.4	0.6	-1.1
四、持续发展指标					
研发经费投入强度（%）	1.1	0.8	0.6	0.5	0.4
全员劳动生产率（万元/人）	79.7	61.9	44.1	30.2	16.4
经济增加值率（%）	10.9	4.0	-2.2	-5.7	-7.0
国有资本保值增值率（%）	111.8	105.5	102.6	96.4	90.5
五、补充指标					
营业现金比率（%）	41.5	26.4	11.3	3.9	-3.5
国有资本回报率（%）	14.7	8.4	3.5	-1.6	-6.4
EBITDA率（%）	23.5	17.1	9.8	2.5	-2.2
百元收入支付的成本费用（元）	74.0	83.6	94.9	102.2	110.6
存货周转率（次）	28.8	17.3	6.9	5.2	4.2
速动比率	1.8	1.2	1.0	0.8	0.6
利润总额增长率（%）	11.4	3.8	-5.8	-14.5	-30.3
营业总收入增长率（%）	20.2	15.0	9.0	3.1	-10.8

航空运输业

范围：全行业

项目	优秀值	良好值	中等值	较低值	较差值
一、盈利回报指标					
净资产收益率（%）	9.9	4.0	0.0	-4.7	-12.7
营业收入利润率（%）	23.0	10.8	-0.4	-12.3	-31.9
总资产报酬率（%）	10.0	5.8	1.1	-2.2	-9.0
盈余现金保障倍数	2.0	1.2	0.7	-0.5	-2.2
二、资产运营指标					
总资产周转率（次）	1.1	0.8	0.5	0.4	0.3
应收账款周转率（次）	19.2	13.2	10.7	6.6	4.5
流动资产周转率（次）	2.7	1.9	1.1	0.8	0.5
两金占流动资产比重（%）	3.6	9.6	18.6	36.5	52.8
三、风险防控指标					
资产负债率（%）	44.5	59.5	64.5	74.5	89.5
现金流动负债比率（%）	29.3	14.4	6.7	-3.1	-18.6
带息负债比率（%）	43.4	52.5	63.6	73.4	86.4
已获利息倍数	12.6	4.7	0.7	-2.3	-4.9
四、持续发展指标					
研发经费投入强度（%）	0.6	0.5	0.4	0.3	0.2
全员劳动生产率（万元/人）	65.3	54.9	44.4	27.8	11.1
经济增加值率（%）	11.5	4.2	-2.9	-5.4	-9.8
国有资本保值增值率（%）	110.8	104.1	99.2	91.6	81.7
五、补充指标					
营业现金比率（%）	22.5	13.3	4.2	-0.6	-5.3
国有资本回报率（%）	12.0	4.8	0.0	-7.1	-17.7
EBITDA率（%）	35.7	25.1	14.0	4.1	-16.3
百元收入支付的成本费用（元）	85.5	94.0	103.0	117.9	142.6
存货周转率（次）	69.9	64.2	59.8	51.0	41.0
速动比率	1.9	0.9	0.7	0.6	0.5
利润总额增长率（%）	—	—	—	—	—
营业总收入增长率（%）	35.7	26.4	10.8	2.9	-4.2

机场

范围：全行业

项　　目	优秀值	良好值	中等值	较低值	较差值
一、盈利回报指标					
净资产收益率（%）	4.5	0.7	-1.9	-8.3	-12.4
营业收入利润率（%）	12.1	-4.7	-13.5	-28.7	-50.6
总资产报酬率（%）	2.8	0.5	-1.3	-5.3	-8.5
盈余现金保障倍数	8.1	3.9	0.7	-1.6	-5.3
二、资产运营指标					
总资产周转率（次）	0.5	0.4	0.3	0.2	0.1
应收账款周转率（次）	7.7	6.5	4.7	4.0	3.0
流动资产周转率（次）	1.1	0.8	0.3	0.2	0.1
两金占流动资产比重（%）	6.6	9.3	13.9	20.4	35.1
三、风险防控指标					
资产负债率（%）	51.0	56.0	61.0	71.0	85.9
现金流动负债比率（%）	16.2	8.2	3.3	-7.7	-21.2
带息负债比率（%）	23.0	43.1	54.4	65.1	74.9
已获利息倍数	1.8	-0.1	-1.3	-5.5	-10.6
四、持续发展指标					
研发经费投入强度（%）	2.1	1.2	0.8	0.6	0.4
全员劳动生产率（万元/人）	35.9	27.1	18.3	12.8	7.4
经济增加值率（%）	2.0	-3.5	-6.5	-9.7	-11.9
国有资本保值增值率（%）	107.9	103.7	101.4	94.3	90.2
五、补充指标					
营业现金比率（%）	31.4	17.8	4.2	-3.1	-10.5
国有资本回报率（%）	3.7	0.4	-1.9	-7.6	-11.2
EBITDA率（%）	21.3	13.6	5.1	-1.0	-11.9
百元收入支付的成本费用（元）	101.4	115.6	127.1	144.0	163.0
存货周转率（次）	65.7	61.3	56.5	45.1	32.5
速动比率	1.5	1.2	0.9	0.7	0.5
利润总额增长率（%）	—	—	—	—	—
营业总收入增长率（%）	21.3	15.6	8.5	2.0	-4.2

机场

范围：大型企业

项　　目	优秀值	良好值	中等值	较低值	较差值
一、盈利回报指标					
净资产收益率（%）	4.6	0.8	-1.6	-6.5	-8.8
营业收入利润率（%）	14.7	-0.1	-10.2	-20.7	-35.3
总资产报酬率（%）	3.8	1.0	-0.2	-3.2	-6.1
盈余现金保障倍数	8.7	5.0	2.1	0.3	-2.5
二、资产运营指标					
总资产周转率（次）	0.5	0.4	0.3	0.2	0.1
应收账款周转率（次）	6.9	5.7	4.7	3.9	3.1
流动资产周转率（次）	1.2	0.9	0.4	0.3	0.2
两金占流动资产比重（%）	5.9	9.7	14.7	20.7	35.9
三、风险防控指标					
资产负债率（%）	40.7	51.0	61.0	70.3	85.8
现金流动负债比率（%）	17.1	11.2	4.6	-6.5	-14.1
带息负债比率（%）	29.1	47.1	55.7	65.9	73.0
已获利息倍数	1.9	0.4	-0.7	-4.3	-6.1
四、持续发展指标					
研发经费投入强度（%）	2.6	1.5	0.9	0.6	0.4
全员劳动生产率（万元/人）	54.0	40.0	26.0	21.1	16.2
经济增加值率（%）	-2.5	-3.8	-5.3	-7.6	-11.2
国有资本保值增值率（%）	103.8	99.7	97.5	93.3	90.3
五、补充指标					
营业现金比率（%）	42.0	31.1	20.2	10.6	0.9
国有资本回报率（%）	3.8	0.5	-1.7	-5.9	-8.0
EBITDA率（%）	27.5	22.0	16.4	3.5	-7.0
百元收入支付的成本费用（元）	101.3	111.8	120.5	129.1	141.1
存货周转率（次）	73.6	67.7	65.5	54.6	44.4
速动比率	1.4	1.2	0.9	0.7	0.7
利润总额增长率（%）	—	—	—	—	—
营业总收入增长率（%）	22.3	15.5	10.6	3.4	-3.7

机场

范围：中型企业

项　　目	优秀值	良好值	中等值	较低值	较差值
一、盈利回报指标					
净资产收益率（%）	1.9	-1.4	-4.1	-9.1	-11.8
营业收入利润率（%）	9.0	-7.9	-19.4	-34.4	-59.2
总资产报酬率（%）	2.3	-0.1	-1.7	-4.5	-7.2
盈余现金保障倍数	7.4	4.5	0.9	-1.1	-3.9
二、资产运营指标					
总资产周转率（次）	0.5	0.4	0.3	0.2	0.1
应收账款周转率（次）	8.7	7.8	5.5	4.7	4.0
流动资产周转率（次）	1.2	0.9	0.4	0.3	0.2
两金占流动资产比重（%）	8.0	10.7	14.8	20.2	33.1
三、风险防控指标					
资产负债率（%）	50.6	56.3	61.0	71.0	85.6
现金流动负债比率（%）	8.2	3.7	0.1	-11.7	-22.6
带息负债比率（%）	22.8	41.0	51.0	64.1	75.2
已获利息倍数	-0.2	-2.1	-3.0	-7.1	-9.6
四、持续发展指标					
研发经费投入强度（%）	0.6	0.5	0.3	0.2	0.1
全员劳动生产率（万元/人）	29.0	23.7	18.4	13.5	8.5
经济增加值率（%）	2.3	-3.8	-8.0	-10.1	-11.5
国有资本保值增值率（%）	108.7	104.8	101.6	94.7	89.3
五、补充指标					
营业现金比率（%）	25.9	13.4	1.0	-6.5	-14.0
国有资本回报率（%）	0.6	-1.8	-4.2	-8.6	-10.9
EBITDA率（%）	19.0	13.4	8.5	-1.5	-12.7
百元收入支付的成本费用（元）	112.5	126.4	137.7	153.0	169.8
存货周转率（次）	76.7	74.0	70.1	59.7	48.8
速动比率	1.5	1.3	1.1	0.9	0.8
利润总额增长率（%）	—	—	—	—	—
营业总收入增长率（%）	20.0	15.0	8.1	1.9	-4.3

机场

范围：小型企业

项　　目	优秀值	良好值	中等值	较低值	较差值
一、盈利回报指标					
净资产收益率（%）	2.2	-1.2	-4.2	-9.5	-12.6
营业收入利润率（%）	-4.4	-20.6	-30.6	-42.0	-60.1
总资产报酬率（%）	0.9	-0.6	-2.6	-5.9	-9.3
盈余现金保障倍数	6.4	3.1	0.1	-1.8	-5.3
二、资产运营指标					
总资产周转率（次）	0.5	0.4	0.3	0.2	0.1
应收账款周转率（次）	8.3	6.3	4.3	3.4	2.5
流动资产周转率（次）	1.0	0.6	0.3	0.2	0.1
两金占流动资产比重（%）	4.7	7.8	12.9	18.1	29.5
三、风险防控指标					
资产负债率（%）	51.6	56.4	61.6	71.9	86.0
现金流动负债比率（%）	7.6	3.5	0.0	-11.5	-23.7
带息负债比率（%）	25.2	40.6	51.2	64.0	74.6
已获利息倍数	-0.4	-2.6	-4.1	-10.6	-15.4
四、持续发展指标					
研发经费投入强度（%）	0.9	0.7	0.5	0.3	0.2
全员劳动生产率（万元/人）	28.0	21.5	15.0	10.2	5.4
经济增加值率（%）	3.0	-1.5	-8.6	-11.2	-13.8
国有资本保值增值率（%）	105.8	102.6	99.8	93.5	87.2
五、补充指标					
营业现金比率（%）	19.0	9.4	-0.1	-6.9	-13.7
国有资本回报率（%）	1.4	-1.6	-4.2	-8.9	-11.6
EBITDA率（%）	36.2	18.1	3.6	-1.4	-11.3
百元收入支付的成本费用（元）	106.6	116.2	125.9	138.1	156.1
存货周转率（次）	58.4	54.8	50.8	39.6	25.2
速动比率	1.0	0.8	0.6	0.4	0.3
利润总额增长率（%）	—	—	—	—	—
营业总收入增长率（%）	23.2	16.2	9.6	3.5	-8.1

仓储业

范围：全行业

项 目	优秀值	良好值	中等值	较低值	较差值
一、盈利回报指标					
净资产收益率（%）	8.0	4.0	2.6	-2.8	-8.9
营业收入利润率（%）	10.1	4.3	2.0	-1.5	-7.9
总资产报酬率（%）	3.6	2.4	1.6	-0.5	-3.7
盈余现金保障倍数	6.5	2.8	0.7	-1.7	-6.1
二、资产运营指标					
总资产周转率（次）	0.7	0.5	0.3	0.2	0.1
应收账款周转率（次）	23.9	15.1	9.2	5.9	3.0
流动资产周转率（次）	1.7	1.1	0.4	0.2	0.1
两金占流动资产比重（%）	15.0	32.5	53.5	59.5	65.3
三、风险防控指标					
资产负债率（%）	53.5	58.5	63.5	73.5	88.5
现金流动负债比率（%）	23.8	8.4	0.0	-10.9	-23.6
带息负债比率（%）	37.8	51.1	61.1	75.2	84.0
已获利息倍数	3.9	2.2	1.4	0.7	-1.4
四、持续发展指标					
研发经费投入强度（%）	0.7	0.4	0.3	0.2	0.1
全员劳动生产率（万元/人）	42.2	35.7	29.1	17.1	5.1
经济增加值率（%）	3.7	-0.4	-2.7	-5.5	-6.6
国有资本保值增值率（%）	107.3	104.2	101.6	97.9	91.2
五、补充指标					
营业现金比率（%）	29.6	15.2	0.9	-4.3	-9.5
国有资本回报率（%）	7.1	3.7	2.5	-2.2	-7.5
EBITDA率（%）	29.7	14.7	3.6	0.6	-1.5
百元收入支付的成本费用（元）	100.3	104.0	106.0	112.4	120.4
存货周转率（次）	6.3	2.5	0.8	0.4	0.2
速动比率	1.1	0.8	0.5	0.3	0.2
利润总额增长率（%）	11.9	3.1	-7.2	-18.5	-27.8
营业总收入增长率（%）	12.4	5.6	0.3	-13.3	-25.9

仓储业

范围：大型企业

项　　目	优秀值	良好值	中等值	较低值	较差值
一、盈利回报指标					
净资产收益率（%）	8.1	5.8	3.4	-2.1	-8.2
营业收入利润率（%）	15.2	10.5	6.5	1.7	-4.1
总资产报酬率（%）	4.6	3.2	2.2	0.3	-2.4
盈余现金保障倍数	12.1	5.3	0.2	-2.8	-7.6
二、资产运营指标					
总资产周转率（次）	0.9	0.6	0.3	0.2	0.1
应收账款周转率（次）	28.6	18.4	12.4	9.5	6.2
流动资产周转率（次）	1.5	1.0	0.4	0.3	0.1
两金占流动资产比重（%）	20.5	36.4	56.4	59.3	61.3
三、风险防控指标					
资产负债率（%）	53.5	58.5	63.5	73.5	88.5
现金流动负债比率（%）	20.9	12.7	-0.7	-12.9	-29.8
带息负债比率（%）	33.9	46.5	60.7	71.4	82.7
已获利息倍数	7.4	4.2	2.0	0.9	-0.4
四、持续发展指标					
研发经费投入强度（%）	0.9	0.6	0.5	0.4	0.3
全员劳动生产率（万元/人）	79.5	58.4	37.3	23.9	10.6
经济增加值率（%）	6.8	2.3	-2.2	-4.2	-5.8
国有资本保值增值率（%）	107.0	104.2	101.7	98.3	94.5
五、补充指标					
营业现金比率（%）	31.7	19.2	6.7	-5.5	-17.7
国有资本回报率（%）	7.7	5.7	3.5	-1.2	-6.7
EBITDA率（%）	31.2	18.1	8.2	2.8	1.0
百元收入支付的成本费用（元）	94.4	98.5	100.7	108.2	115.3
存货周转率（次）	6.5	2.7	0.7	0.4	0.2
速动比率	1.0	0.7	0.5	0.3	0.2
利润总额增长率（%）	19.1	10.6	1.3	-10.5	-18.6
营业总收入增长率（%）	12.3	4.5	-4.1	-19.0	-28.8

仓储业

范围：中型企业

项　　　目	优秀值	良好值	中等值	较低值	较差值
一、盈利回报指标					
净资产收益率（%）	8.0	3.9	1.7	-4.8	-9.9
营业收入利润率（%）	10.2	4.4	2.3	-1.9	-9.1
总资产报酬率（%）	3.5	2.4	1.3	-0.6	-5.1
盈余现金保障倍数	12.0	5.4	1.3	-1.2	-5.6
二、资产运营指标					
总资产周转率（次）	0.7	0.4	0.3	0.2	0.1
应收账款周转率（次）	26.7	15.8	9.4	5.8	3.2
流动资产周转率（次）	1.9	1.2	0.4	0.2	0.1
两金占流动资产比重（%）	14.9	36.3	57.9	64.2	69.0
三、风险防控指标					
资产负债率（%）	54.2	59.2	64.2	74.2	89.2
现金流动负债比率（%）	33.9	17.7	0.7	-9.1	-20.7
带息负债比率（%）	37.2	52.1	61.9	75.8	84.5
已获利息倍数	5.0	2.5	1.2	0.2	-3.1
四、持续发展指标					
研发经费投入强度（%）	0.7	0.6	0.4	0.3	0.2
全员劳动生产率（万元/人）	54.8	43.4	32.0	19.9	7.8
经济增加值率（%）	5.0	0.3	-2.6	-5.1	-6.3
国有资本保值增值率（%）	107.6	104.2	102.0	97.5	93.6
五、补充指标					
营业现金比率（%）	32.9	19.1	5.3	-4.0	-13.3
国有资本回报率（%）	7.5	3.9	2.0	-3.7	-8.2
EBITDA率（%）	28.2	15.6	3.9	2.4	0.1
百元收入支付的成本费用（元）	99.7	101.8	104.2	110.3	118.8
存货周转率（次）	2.9	1.8	0.9	0.7	0.5
速动比率	1.1	0.8	0.5	0.4	0.3
利润总额增长率（%）	12.8	4.0	-6.6	-17.3	-31.0
营业总收入增长率（%）	17.7	11.2	0.7	-12.0	-23.2

仓储业

范围：小型企业

项　　目	优秀值	良好值	中等值	较低值	较差值
一、盈利回报指标					
净资产收益率（%）	7.3	3.4	1.5	-4.1	-12.9
营业收入利润率（%）	8.7	3.4	1.1	-2.2	-7.1
总资产报酬率（%）	3.4	2.3	1.3	-0.9	-5.5
盈余现金保障倍数	6.4	2.7	0.5	-2.1	-6.1
二、资产运营指标					
总资产周转率（次）	0.7	0.5	0.3	0.2	0.1
应收账款周转率（次）	22.6	13.9	7.7	3.7	1.0
流动资产周转率（次）	1.7	1.1	0.5	0.3	0.1
两金占流动资产比重（%）	14.9	32.0	52.8	60.1	67.8
三、风险防控指标					
资产负债率（%）	54.3	59.3	64.3	74.3	89.3
现金流动负债比率（%）	22.5	6.4	0.0	-10.9	-21.4
带息负债比率（%）	39.1	49.4	59.0	72.7	79.7
已获利息倍数	3.1	1.9	1.2	0.4	-1.8
四、持续发展指标					
研发经费投入强度（%）	0.8	0.4	0.3	0.2	0.1
全员劳动生产率（万元/人）	40.9	32.2	23.6	14.3	5.1
经济增加值率（%）	3.5	-0.4	-2.8	-5.6	-6.7
国有资本保值增值率（%）	106.9	104.3	100.5	97.1	90.9
五、补充指标					
营业现金比率（%）	29.6	15.0	0.5	-4.5	-9.5
国有资本回报率（%）	6.3	3.0	1.3	-3.6	-11.4
EBITDA率（%）	29.3	14.7	2.7	0.1	-1.9
百元收入支付的成本费用（元）	100.8	104.3	106.9	113.4	120.8
存货周转率（次）	4.5	2.5	0.7	0.4	0.1
速动比率	1.1	0.8	0.5	0.2	0.1
利润总额增长率（%）	8.9	2.9	-7.6	-19.2	-26.6
营业总收入增长率（%）	12.0	8.0	3.9	-4.6	-21.1

信息技术服务业

范围：全行业

项目	优秀值	良好值	中等值	较低值	较差值
一、盈利回报指标					
净资产收益率（%）	14.7	10.9	8.8	2.7	-7.4
营业收入利润率（%）	16.9	10.1	5.9	-0.9	-10.1
总资产报酬率（%）	10.5	7.9	6.0	2.6	-4.7
盈余现金保障倍数	2.6	1.6	0.8	-0.9	-2.6
二、资产运营指标					
总资产周转率（次）	1.3	0.9	0.5	0.2	0.1
应收账款周转率（次）	11.3	6.9	5.5	2.2	0.7
流动资产周转率（次）	1.4	1.1	0.7	0.3	0.2
两金占流动资产比重（%）	6.9	22.4	30.9	39.7	56.2
三、风险防控指标					
资产负债率（%）	51.0	56.0	61.0	71.0	86.0
现金流动负债比率（%）	28.8	12.5	7.5	-11.4	-28.1
带息负债比率（%）	17.9	30.9	37.4	48.9	62.2
已获利息倍数	7.2	5.5	3.8	1.0	-1.9
四、持续发展指标					
研发经费投入强度（%）	8.0	5.1	3.6	1.8	0.6
全员劳动生产率（万元/人）	57.8	54.2	50.6	30.5	10.5
经济增加值率（%）	14.5	8.8	3.3	-3.9	-6.9
国有资本保值增值率（%）	113.5	110.3	108.0	103.4	95.4
五、补充指标					
营业现金比率（%）	21.8	11.5	1.2	-8.4	-18.0
国有资本回报率（%）	14.2	10.9	9.0	3.3	-5.2
EBITDA率（%）	23.8	15.4	7.6	0.8	-4.6
百元收入支付的成本费用（元）	86.0	92.0	94.6	100.3	104.8
存货周转率（次）	23.0	17.6	8.8	4.3	1.0
速动比率	1.7	1.5	1.1	0.9	0.7
利润总额增长率（%）	15.7	10.7	4.3	-2.4	-9.5
营业总收入增长率（%）	14.9	8.0	4.6	-2.9	-7.5

信息技术服务业

范围：大型企业

项　　目	优秀值	良好值	中等值	较低值	较差值
一、盈利回报指标					
净资产收益率（%）	16.4	13.1	9.5	4.7	-7.1
营业收入利润率（%）	17.4	12.0	7.8	0.3	-4.8
总资产报酬率（%）	10.6	8.5	6.3	3.4	-4.5
盈余现金保障倍数	3.3	2.1	1.0	-0.4	-1.8
二、资产运营指标					
总资产周转率（次）	1.2	0.8	0.6	0.4	0.3
应收账款周转率（次）	16.8	10.9	7.0	2.8	0.8
流动资产周转率（次）	1.6	1.1	0.8	0.4	0.3
两金占流动资产比重（%）	18.0	24.6	28.2	36.9	52.8
三、风险防控指标					
资产负债率（%）	—	56.0	61.0	71.0	86.0
现金流动负债比率（%）	28.2	17.2	11.7	-5.8	-16.6
带息负债比率（%）	17.5	27.3	36.2	48.4	61.8
已获利息倍数	15.1	13.9	12.7	8.0	4.3
四、持续发展指标					
研发经费投入强度（%）	8.4	6.1	3.7	2.0	0.5
全员劳动生产率（万元/人）	75.4	68.1	60.7	40.5	20.4
经济增加值率（%）	17.5	10.0	5.0	1.0	-3.4
国有资本保值增值率（%）	115.1	112.2	108.6	104.9	97.3
五、补充指标					
营业现金比率（%）	26.1	15.2	4.3	-1.1	-6.4
国有资本回报率（%）	15.7	12.8	9.6	5.4	-5.0
EBITDA率（%）	30.9	22.1	9.5	2.5	-0.7
百元收入支付的成本费用（元）	85.6	90.3	93.6	100.3	104.0
存货周转率（次）	21.6	17.3	9.5	3.9	0.8
速动比率	1.7	1.4	1.0	0.7	0.5
利润总额增长率（%）	15.2	10.8	4.8	1.4	-2.0
营业总收入增长率（%）	13.5	7.8	5.1	-1.7	-6.4

信息技术服务业

范围：中型企业

项目	优秀值	良好值	中等值	较低值	较差值
一、盈利回报指标					
净资产收益率（%）	12.4	9.6	5.5	-0.8	-10.7
营业收入利润率（%）	15.6	10.4	4.0	0.0	-9.6
总资产报酬率（%）	8.9	5.2	2.6	-0.7	-9.0
盈余现金保障倍数	2.7	1.7	0.9	-0.6	-1.8
二、资产运营指标					
总资产周转率（次）	1.0	0.8	0.6	0.3	0.2
应收账款周转率（次）	9.7	6.3	3.2	1.7	0.6
流动资产周转率（次）	1.3	1.1	0.9	0.4	0.3
两金占流动资产比重（%）	6.9	20.8	39.5	48.8	59.9
三、风险防控指标					
资产负债率（%）	—	55.8	60.8	70.7	85.8
现金流动负债比率（%）	30.7	14.6	3.8	-9.5	-21.0
带息负债比率（%）	23.3	35.0	45.3	55.3	69.0
已获利息倍数	10.5	9.1	7.0	2.2	0.3
四、持续发展指标					
研发经费投入强度（%）	10.8	7.1	3.5	1.7	0.5
全员劳动生产率（万元/人）	66.6	54.8	43.1	31.1	19.2
经济增加值率（%）	12.2	7.7	2.2	-1.3	-6.0
国有资本保值增值率（%）	111.0	107.9	104.6	99.0	93.3
五、补充指标					
营业现金比率（%）	19.1	11.7	4.2	-2.4	-9.0
国有资本回报率（%）	11.6	9.1	5.5	0.2	-8.7
EBITDA率（%）	21.7	15.2	7.2	2.6	-0.1
百元收入支付的成本费用（元）	86.8	92.0	96.4	100.7	104.5
存货周转率（次）	39.1	19.9	7.8	5.2	2.7
速动比率	1.7	1.5	1.3	1.1	0.8
利润总额增长率（%）	9.8	2.7	-1.6	-8.4	-11.8
营业总收入增长率（%）	13.7	10.1	3.6	-2.1	-9.3

信息技术服务业

范围：小型企业

项　　目	优秀值	良好值	中等值	较低值	较差值
一、盈利回报指标					
净资产收益率（%）	15.7	8.8	4.0	-2.7	-13.9
营业收入利润率（%）	15.9	8.5	2.5	-3.3	-13.7
总资产报酬率（%）	9.2	5.9	2.3	-1.0	-9.2
盈余现金保障倍数	2.2	1.0	0.4	-1.5	-3.7
二、资产运营指标					
总资产周转率（次）	1.3	1.0	0.3	0.2	0.1
应收账款周转率（次）	10.4	6.6	2.9	1.7	0.8
流动资产周转率（次）	1.6	1.2	0.5	0.3	0.1
两金占流动资产比重（%）	0.2	16.6	34.3	44.0	50.6
三、风险防控指标					
资产负债率（%）	53.2	58.2	63.2	73.2	88.2
现金流动负债比率（%）	30.9	11.9	1.9	-16.4	-28.4
带息负债比率（%）	36.2	47.1	55.3	63.4	76.0
已获利息倍数	7.0	5.2	3.6	0.8	-2.4
四、持续发展指标					
研发经费投入强度（%）	5.3	3.6	1.9	0.9	0.7
全员劳动生产率（万元/人）	53.4	43.1	32.9	21.1	9.3
经济增加值率（%）	9.7	5.1	0.2	-5.2	-8.9
国有资本保值增值率（%）	107.2	105.4	103.1	97.3	88.8
五、补充指标					
营业现金比率（%）	20.5	10.9	1.2	-10.1	-21.5
国有资本回报率（%）	14.4	8.3	4.1	-1.7	-11.6
EBITDA率（%）	23.0	14.9	5.8	0.2	-10.4
百元收入支付的成本费用（元）	87.5	93.8	97.4	101.8	107.2
存货周转率（次）	28.7	20.6	8.2	5.5	3.2
速动比率	1.7	1.4	1.2	0.8	0.5
利润总额增长率（%）	16.4	8.3	3.1	-5.4	-8.9
营业总收入增长率（%）	18.0	9.9	4.7	-4.2	-7.5

电信业

范围：全行业

项目	优秀值	良好值	中等值	较低值	较差值
一、盈利回报指标					
净资产收益率（%）	20.2	15.3	9.3	4.9	1.7
营业收入利润率（%）	12.8	8.1	3.7	-1.7	-15.1
总资产报酬率（%）	7.8	5.6	2.8	0.2	-1.9
盈余现金保障倍数	3.3	1.8	1.1	-0.5	-2.4
二、资产运营指标					
总资产周转率（次）	1.2	0.9	0.5	0.3	0.1
应收账款周转率（次）	15.9	9.6	6.7	2.9	1.0
流动资产周转率（次）	1.7	1.4	1.1	0.5	0.2
两金占流动资产比重（%）	7.6	21.5	27.4	35.6	48.9
三、风险防控指标					
资产负债率（%）	49.0	54.0	59.0	69.0	84.0
现金流动负债比率（%）	32.0	13.7	8.1	-9.7	-24.2
带息负债比率（%）	17.0	27.4	37.4	47.2	58.2
已获利息倍数	26.4	18.0	16.0	11.6	7.7
四、持续发展指标					
研发经费投入强度（%）	4.1	2.9	2.1	1.5	1.0
全员劳动生产率（万元/人）	99.5	75.4	51.4	39.7	28.0
经济增加值率（%）	10.2	6.0	4.4	-1.6	-4.8
国有资本保值增值率（%）	113.4	108.8	105.3	101.8	98.6
五、补充指标					
营业现金比率（%）	24.8	15.7	6.5	-1.0	-8.4
国有资本回报率（%）	16.4	12.1	6.8	3.0	0.2
EBITDA率（%）	45.8	33.4	27.8	17.8	7.1
百元收入支付的成本费用（元）	87.0	91.2	93.2	98.5	104.3
存货周转率（次）	80.2	73.3	65.3	52.4	39.7
速动比率	1.8	1.5	1.0	0.9	0.7
利润总额增长率（%）	7.7	6.2	4.2	1.3	-2.9
营业总收入增长率（%）	7.0	5.5	3.0	-3.7	-10.1

软件和信息技术服务业

范围：全行业

项　　目	优秀值	良好值	中等值	较低值	较差值
一、盈利回报指标					
净资产收益率（%）	20.2	12.6	5.4	1.3	-7.0
营业收入利润率（%）	15.6	8.5	3.7	-1.9	-11.0
总资产报酬率（%）	10.9	6.7	3.5	0.3	-3.5
盈余现金保障倍数	1.8	1.0	0.5	-1.1	-2.5
二、资产运营指标					
总资产周转率（次）	1.3	0.9	0.5	0.2	0.1
应收账款周转率（次）	9.5	5.3	2.4	1.2	0.4
流动资产周转率（次）	1.5	1.1	0.7	0.3	0.2
两金占流动资产比重（%）	4.2	16.0	36.4	44.4	54.7
三、风险防控指标					
资产负债率（%）	49.0	56.0	61.0	71.0	86.0
现金流动负债比率（%）	26.0	13.9	3.6	-6.8	-21.8
带息负债比率（%）	15.1	26.4	37.4	49.6	66.8
已获利息倍数	7.3	5.7	3.9	-0.9	-4.3
四、持续发展指标					
研发经费投入强度（%）	17.8	12.0	8.7	5.7	2.0
全员劳动生产率（万元/人）	53.6	46.5	39.4	24.9	10.5
经济增加值率（%）	14.7	7.0	1.8	-4.9	-8.0
国有资本保值增值率（%）	114.9	109.5	105.4	100.8	92.8
五、补充指标					
营业现金比率（%）	20.1	11.2	2.2	-8.5	-19.2
国有资本回报率（%）	18.6	12.0	5.6	2.0	-5.3
EBITDA率（%）	22.7	15.2	8.0	0.3	-6.2
百元收入支付的成本费用（元）	87.1	93.1	96.7	104.7	109.0
存货周转率（次）	22.1	11.4	5.0	2.0	0.3
速动比率	1.8	1.5	1.3	1.1	0.8
利润总额增长率（%）	16.0	13.1	8.7	-3.9	-16.0
营业总收入增长率（%）	21.9	15.1	10.0	6.9	1.6

批发和零售业

范围：全行业

项　　目	优秀值	良好值	中等值	较低值	较差值
一、盈利回报指标					
净资产收益率（%）	14.6	8.2	4.9	-1.9	-9.4
营业收入利润率（%）	5.8	2.9	1.3	-0.3	-4.5
总资产报酬率（%）	5.7	3.5	2.4	-1.1	-5.5
盈余现金保障倍数	2.6	1.1	0.6	-1.2	-3.4
二、资产运营指标					
总资产周转率（次）	2.9	2.0	1.4	0.6	0.1
应收账款周转率（次）	13.8	11.6	9.3	4.5	1.8
流动资产周转率（次）	3.9	2.7	1.5	0.9	0.5
两金占流动资产比重（%）	20.3	31.6	40.0	54.9	66.3
三、风险防控指标					
资产负债率（%）	54.0	59.0	64.0	74.0	89.0
现金流动负债比率（%）	15.3	5.0	2.2	-7.0	-15.2
带息负债比率（%）	27.5	37.7	41.6	50.0	61.5
已获利息倍数	7.3	3.8	1.9	0.6	-1.2
四、持续发展指标					
研发经费投入强度（%）	1.8	1.5	1.2	1.0	0.6
全员劳动生产率（万元/人）	61.1	49.6	38.2	22.3	6.4
经济增加值率（%）	9.8	4.1	-0.9	-6.1	-8.1
国有资本保值增值率（%）	111.5	106.8	103.0	96.0	89.3
五、补充指标					
营业现金比率（%）	12.3	6.2	0.2	-3.1	-6.4
国有资本回报率（%）	14.0	8.6	5.3	-0.6	-7.2
EBITDA率（%）	9.8	5.0	2.2	0.3	-2.4
百元收入支付的成本费用（元）	96.3	98.0	99.0	101.3	106.3
存货周转率（次）	15.2	12.0	9.7	4.4	1.4
速动比率	1.4	1.1	1.0	0.8	0.7
利润总额增长率（%）	4.1	-1.4	-10.9	-25.9	-33.8
营业总收入增长率（%）	15.1	7.6	3.6	-13.2	-26.7

批发和零售业

范围：大型企业

项目	优秀值	良好值	中等值	较低值	较差值
一、盈利回报指标					
净资产收益率（%）	14.7	8.6	4.8	-0.7	-8.9
营业收入利润率（%）	4.7	3.0	1.8	0.0	-3.0
总资产报酬率（%）	6.3	4.0	2.6	-0.3	-5.6
盈余现金保障倍数	3.5	1.9	1.1	-0.6	-1.9
二、资产运营指标					
总资产周转率（次）	3.0	2.1	1.3	0.7	0.2
应收账款周转率（次）	24.6	16.2	9.2	4.5	1.6
流动资产周转率（次）	4.3	2.5	1.4	0.9	0.3
两金占流动资产比重（%）	20.6	32.1	40.0	55.1	66.5
三、风险防控指标					
资产负债率（%）	54.0	59.0	64.0	74.0	89.0
现金流动负债比率（%）	18.1	9.1	4.4	-2.7	-8.1
带息负债比率（%）	17.6	26.5	34.3	46.0	59.8
已获利息倍数	8.0	5.2	3.2	1.5	0.8
四、持续发展指标					
研发经费投入强度（%）	1.7	1.4	1.2	0.9	0.8
全员劳动生产率（万元/人）	92.3	66.1	39.9	27.1	14.4
经济增加值率（%）	9.5	4.1	-0.8	-4.5	-6.9
国有资本保值增值率（%）	116.9	109.2	105.0	100.3	94.0
五、补充指标					
营业现金比率（%）	10.1	5.8	1.4	-0.1	-1.6
国有资本回报率（%）	14.0	8.6	5.3	1.4	-6.8
EBITDA率（%）	7.6	4.4	2.7	0.5	-1.9
百元收入支付的成本费用（元）	97.0	98.2	98.7	100.5	101.7
存货周转率（次）	18.0	14.9	12.1	8.2	5.3
速动比率	1.4	1.1	1.0	0.8	0.7
利润总额增长率（%）	2.0	-2.7	-9.8	-22.1	-29.1
营业总收入增长率（%）	16.1	8.0	-2.1	-12.8	-29.2

批发和零售业

范围：中型企业

项　　目	优秀值	良好值	中等值	较低值	较差值
一、盈利回报指标					
净资产收益率（%）	11.5	7.3	5.1	-1.9	-6.6
营业收入利润率（%）	4.1	2.6	0.9	-0.2	-2.9
总资产报酬率（%）	6.4	4.4	2.5	-0.3	-3.4
盈余现金保障倍数	2.8	1.1	0.6	-1.5	-3.9
二、资产运营指标					
总资产周转率（次）	3.8	2.7	1.8	1.1	0.6
应收账款周转率（次）	19.0	15.4	9.7	5.0	2.2
流动资产周转率（次）	4.1	2.8	1.8	1.2	0.7
两金占流动资产比重（%）	7.6	19.1	39.0	53.5	63.2
三、风险防控指标					
资产负债率（%）	53.7	58.7	63.7	73.7	88.7
现金流动负债比率（%）	14.0	5.7	2.0	-7.3	-15.3
带息负债比率（%）	19.6	28.6	41.8	49.8	62.6
已获利息倍数	6.6	3.8	2.2	0.8	-1.6
四、持续发展指标					
研发经费投入强度（%）	2.1	1.8	1.6	1.4	1.3
全员劳动生产率（万元/人）	67.3	52.9	38.5	25.2	12.0
经济增加值率（%）	11.5	5.8	-0.5	-4.5	-7.0
国有资本保值增值率（%）	111.1	107.3	104.3	98.1	91.9
五、补充指标					
营业现金比率（%）	10.2	5.5	0.8	-1.9	-4.6
国有资本回报率（%）	10.4	6.7	4.8	-1.5	-5.6
EBITDA率（%）	6.9	4.4	1.7	0.3	-3.3
百元收入支付的成本费用（元）	96.5	97.9	99.2	100.5	103.2
存货周转率（次）	15.8	13.4	11.3	6.3	3.1
速动比率	1.3	1.1	1.0	0.9	0.6
利润总额增长率（%）	9.4	2.4	-5.3	-19.5	-27.4
营业总收入增长率（%）	7.9	2.4	-2.9	-19.4	-31.8

批发和零售业

范围：小型企业

项　　目	优秀值	良好值	中等值	较低值	较差值
一、盈利回报指标					
净资产收益率（%）	13.7	8.0	3.8	-3.6	-11.2
营业收入利润率（%）	5.8	2.7	1.0	-1.2	-5.9
总资产报酬率（%）	5.7	3.4	2.1	-1.3	-5.3
盈余现金保障倍数	2.4	1.4	0.9	-1.2	-4.2
二、资产运营指标					
总资产周转率（次）	2.8	1.7	1.1	0.3	0.1
应收账款周转率（次）	13.5	10.4	9.3	4.9	2.5
流动资产周转率（次）	3.2	2.2	1.2	0.5	0.2
两金占流动资产比重（%）	2.2	9.4	26.0	46.8	59.6
三、风险防控指标					
资产负债率（%）	53.7	58.7	63.7	73.7	88.7
现金流动负债比率（%）	12.6	3.0	0.0	-6.2	-13.7
带息负债比率（%）	28.4	37.9	43.9	51.6	63.5
已获利息倍数	6.1	3.3	1.8	0.6	-2.1
四、持续发展指标					
研发经费投入强度（%）	1.0	0.7	0.5	0.4	0.2
全员劳动生产率（万元/人）	58.8	46.1	33.5	19.5	5.5
经济增加值率（%）	11.6	4.1	-1.6	-6.1	-8.5
国有资本保值增值率（%）	114.1	106.6	102.9	95.1	87.5
五、补充指标					
营业现金比率（%）	12.4	6.2	0.1	-3.5	-7.1
国有资本回报率（%）	12.5	7.4	3.8	-2.7	-9.4
EBITDA率（%）	9.8	5.0	1.8	0.0	-3.3
百元收入支付的成本费用（元）	96.3	98.3	99.3	102.2	107.6
存货周转率（次）	13.1	10.3	8.9	4.3	1.4
速动比率	1.3	1.2	1.0	0.8	0.6
利润总额增长率（%）	49.2	22.6	-15.9	-44.7	-65.4
营业总收入增长率（%）	42.5	21.6	5.4	-13.4	-26.1

商业贸易

范围：全行业

项　　目	优秀值	良好值	中等值	较低值	较差值
一、盈利回报指标					
净资产收益率（%）	17.6	11.7	5.3	-3.5	-10.2
营业收入利润率（%）	6.1	4.0	3.0	-1.4	-6.7
总资产报酬率（%）	6.2	3.9	2.7	-1.5	-5.9
盈余现金保障倍数	2.1	1.0	0.7	-0.6	-2.5
二、资产运营指标					
总资产周转率（次）	1.9	1.5	1.0	0.3	0.1
应收账款周转率（次）	19.5	12.0	5.2	2.5	0.9
流动资产周转率（次）	2.4	1.9	1.4	0.5	0.2
两金占流动资产比重（%）	17.1	32.5	39.3	56.8	66.5
三、风险防控指标					
资产负债率（%）	54.9	59.9	64.9	74.9	89.9
现金流动负债比率（%）	15.3	5.8	2.3	-6.4	-15.4
带息负债比率（%）	15.7	24.7	27.2	45.7	63.2
已获利息倍数	6.1	4.8	2.6	0.7	-1.1
四、持续发展指标					
研发经费投入强度（%）	1.6	1.3	1.2	0.9	0.8
全员劳动生产率（万元/人）	44.8	37.4	30.1	18.2	6.3
经济增加值率（%）	12.4	5.1	-0.9	-7.0	-9.6
国有资本保值增值率（%）	113.8	110.2	104.5	95.8	90.1
五、补充指标					
营业现金比率（%）	11.8	6.1	0.3	-3.2	-6.8
国有资本回报率（%）	16.2	11.1	5.4	-2.2	-8.0
EBITDA率（%）	11.8	7.0	4.6	0.5	-3.4
百元收入支付的成本费用（元）	93.9	95.1	97.3	101.1	107.6
存货周转率（次）	21.6	14.4	7.9	4.2	1.8
速动比率	1.7	1.3	1.1	0.8	0.6
利润总额增长率（%）	8.4	2.6	-4.4	-19.5	-28.9
营业总收入增长率（%）	19.0	11.1	0.7	-8.9	-14.7

商业贸易

范围：大型企业

项　　目	优秀值	良好值	中等值	较低值	较差值
一、盈利回报指标					
净资产收益率（％）	17.6	12.8	6.1	-2.6	-10.1
营业收入利润率（％）	6.5	4.7	3.1	-0.7	-5.0
总资产报酬率（％）	7.4	5.1	3.2	-1.0	-7.4
盈余现金保障倍数	2.1	1.2	0.8	0.0	-0.9
二、资产运营指标					
总资产周转率（次）	2.1	1.8	1.1	0.7	0.3
应收账款周转率（次）	21.3	16.2	7.7	2.4	1.0
流动资产周转率（次）	3.0	2.2	1.4	0.9	0.4
两金占流动资产比重（％）	32.9	41.9	48.7	63.9	72.2
三、风险防控指标					
资产负债率（％）	54.8	59.8	64.8	74.8	89.8
现金流动负债比率（％）	17.3	9.7	3.8	-2.4	-9.5
带息负债比率（％）	17.1	26.0	28.0	45.3	63.4
已获利息倍数	9.4	5.6	3.0	1.3	-0.5
四、持续发展指标					
研发经费投入强度（％）	1.6	1.2	1.0	0.9	0.8
全员劳动生产率（万元/人）	67.8	49.7	31.5	22.1	12.8
经济增加值率（％）	11.7	5.0	-0.3	-4.6	-7.4
国有资本保值增值率（％）	114.7	110.0	105.2	95.3	91.1
五、补充指标					
营业现金比率（％）	10.3	5.6	0.9	0.1	-0.7
国有资本回报率（％）	16.3	12.1	6.3	-1.4	-7.9
EBITDA率（％）	12.6	7.5	4.8	1.6	-2.9
百元收入支付的成本费用（元）	94.2	96.3	97.5	101.3	103.5
存货周转率（次）	20.2	15.3	8.8	6.8	5.0
速动比率	1.5	1.2	1.0	0.8	0.6
利润总额增长率（％）	2.6	-3.8	-9.2	-19.1	-29.9
营业总收入增长率（％）	14.3	6.0	-1.1	-10.6	-16.3

商业贸易

范围：中型企业

项　　目	优秀值	良好值	中等值	较低值	较差值
一、盈利回报指标					
净资产收益率（%）	19.4	14.4	5.8	-2.4	-10.3
营业收入利润率（%）	4.5	3.0	1.2	-1.4	-4.7
总资产报酬率（%）	6.2	4.5	2.7	-0.7	-6.1
盈余现金保障倍数	3.2	1.7	0.8	-0.5	-2.2
二、资产运营指标					
总资产周转率（次）	2.0	1.7	1.2	0.8	0.4
应收账款周转率（次）	18.6	12.9	4.0	2.7	1.7
流动资产周转率（次）	2.3	1.9	1.3	0.8	0.5
两金占流动资产比重（%）	15.9	31.0	46.6	61.7	70.0
三、风险防控指标					
资产负债率（%）	56.5	61.5	66.5	76.5	91.5
现金流动负债比率（%）	14.8	6.4	1.5	-6.2	-13.2
带息负债比率（%）	13.7	22.0	24.6	48.2	63.1
已获利息倍数	7.0	4.7	2.5	1.2	-0.2
四、持续发展指标					
研发经费投入强度（%）	1.6	1.2	1.0	0.9	0.8
全员劳动生产率（万元/人）	50.0	39.0	28.0	20.1	12.3
经济增加值（%）	12.5	7.1	-0.3	-4.5	-7.5
国有资本保值增值率（%）	116.3	111.6	104.9	95.8	90.7
五、补充指标					
营业现金比率（%）	11.0	6.1	1.1	-2.2	-5.5
国有资本回报率（%）	17.8	13.4	5.8	-1.3	-8.3
EBITDA率（%）	9.1	5.7	2.9	0.2	-4.4
百元收入支付的成本费用（元）	93.9	95.0	96.1	100.0	103.3
存货周转率（次）	23.0	16.5	10.0	6.0	3.3
速动比率	1.7	1.4	1.1	1.0	0.7
利润总额增长率（%）	14.5	6.0	-0.7	-21.4	-28.7
营业总收入增长率（%）	18.6	8.5	-1.3	-10.9	-16.7

商业贸易

范围：小型企业

项　　目	优秀值	良好值	中等值	较低值	较差值
一、盈利回报指标					
净资产收益率（%）	17.0	9.2	3.0	-3.9	-11.0
营业收入利润率（%）	6.9	4.0	1.7	-3.4	-12.2
总资产报酬率（%）	6.1	3.6	1.7	-1.6	-5.8
盈余现金保障倍数	1.8	0.7	0.3	-1.3	-3.7
二、资产运营指标					
总资产周转率（次）	1.9	1.4	0.9	0.3	0.1
应收账款周转率（次）	22.2	11.9	5.2	2.4	0.9
流动资产周转率（次）	2.3	1.8	1.3	0.4	0.2
两金占流动资产比重（%）	10.0	21.5	39.1	55.6	64.8
三、风险防控指标					
资产负债率（%）	55.6	60.6	65.6	75.6	90.6
现金流动负债比率（%）	13.4	3.9	0.3	-10.3	-18.6
带息负债比率（%）	12.9	20.6	23.2	42.3	59.6
已获利息倍数	4.3	3.5	1.8	0.6	-1.6
四、持续发展指标					
研发经费投入强度（%）	1.6	1.3	1.2	0.9	0.8
全员劳动生产率（万元/人）	41.4	33.9	26.5	15.9	5.4
经济增加值率（%）	13.6	5.3	-2.0	-7.1	-10.9
国有资本保值增值率（%）	111.8	108.5	102.9	95.4	88.2
五、补充指标					
营业现金比率（%）	11.9	6.1	0.3	-3.5	-7.2
国有资本回报率（%）	15.4	8.5	3.1	-3.0	-9.2
EBITDA率（%）	8.6	4.6	3.3	-0.8	-7.1
百元收入支付的成本费用（元）	93.8	97.3	99.4	104.2	111.8
存货周转率（次）	22.8	13.6	7.1	3.5	1.3
速动比率	1.7	1.4	1.1	0.8	0.6
利润总额增长率（%）	-0.1	-7.3	-15.5	-30.3	-44.0
营业总收入增长率（%）	24.9	17.1	8.0	-1.7	-7.6

食品、饮料及烟草制品批发与零售

范围：全行业

项　目	优秀值	良好值	中等值	较低值	较差值
一、盈利回报指标					
净资产收益率（%）	16.2	9.1	5.4	-1.3	-5.2
营业收入利润率（%）	6.9	2.0	0.3	-5.6	-13.8
总资产报酬率（%）	5.5	4.3	2.9	-0.8	-3.8
盈余现金保障倍数	2.1	1.0	0.7	-0.6	-2.1
二、资产运营指标					
总资产周转率（次）	1.9	1.4	1.0	0.4	0.1
应收账款周转率（次）	20.0	15.2	10.0	3.9	0.3
流动资产周转率（次）	2.5	1.8	1.4	0.6	0.1
两金占流动资产比重（%）	10.9	18.3	21.8	39.9	55.0
三、风险防控指标					
资产负债率（%）	48.5	53.5	58.5	68.5	83.5
现金流动负债比率（%）	17.2	3.4	0.0	-9.0	-17.9
带息负债比率（%）	32.1	43.0	50.1	55.3	62.3
已获利息倍数	6.0	4.8	3.6	1.1	-1.0
四、持续发展指标					
研发经费投入强度（%）	1.7	1.4	1.2	1.0	0.8
全员劳动生产率（万元/人）	42.1	34.3	26.5	15.6	4.7
经济增加值率（%）	10.6	2.9	-0.9	-5.8	-8.2
国有资本保值增值率（%）	112.9	106.9	104.5	97.6	90.5
五、补充指标					
营业现金比率（%）	11.6	5.8	0.0	-4.1	-8.3
国有资本回报率（%）	14.1	7.8	4.6	-0.4	-4.7
EBITDA率（%）	11.8	5.3	2.6	-2.6	-6.5
百元收入支付的成本费用（元）	94.9	97.9	101.0	108.1	119.5
存货周转率（次）	14.8	8.5	4.8	2.6	1.0
速动比率	1.3	1.2	1.1	0.9	0.7
利润总额增长率（%）	2.4	-6.0	-10.9	-15.9	-21.7
营业总收入增长率（%）	16.3	11.0	6.5	2.0	-4.0

纺织、服装及日用品批发与零售

范围：全行业

项　　目	优秀值	良好值	中等值	较低值	较差值
一、盈利回报指标					
净资产收益率（％）	10.5	5.5	3.7	-2.1	-6.0
营业收入利润率（％）	7.7	3.2	0.9	-2.6	-6.7
总资产报酬率（％）	5.9	3.6	2.5	-0.8	-2.8
盈余现金保障倍数	2.5	1.5	0.9	-0.8	-4.2
二、资产运营指标					
总资产周转率（次）	2.5	1.7	1.5	0.4	0.1
应收账款周转率（次）	18.6	14.5	10.2	5.1	1.9
流动资产周转率（次）	3.1	2.8	2.3	0.6	0.2
两金占流动资产比重（％）	9.9	21.3	32.8	43.4	51.9
三、风险防控指标					
资产负债率（％）	53.6	58.6	63.6	73.6	88.6
现金流动负债比率（％）	9.5	6.3	2.3	-1.2	-7.4
带息负债比率（％）	34.9	39.8	45.1	53.1	62.3
已获利息倍数	6.1	4.2	2.5	1.0	0.4
四、持续发展指标					
研发经费投入强度（％）	1.6	1.4	1.2	1.0	0.8
全员劳动生产率（万元/人）	63.2	51.7	40.2	23.6	6.9
经济增加值率（％）	6.9	1.3	-1.6	-5.6	-7.4
国有资本保值增值率（％）	109.7	105.2	102.9	97.0	93.0
五、补充指标					
营业现金比率（％）	13.9	7.1	0.2	-2.2	-4.7
国有资本回报率（％）	9.6	5.2	3.7	-1.4	-4.9
EBITDA率（％）	12.0	6.1	2.5	0.9	-0.5
百元收入支付的成本费用（元）	96.1	98.6	99.6	101.6	108.7
存货周转率（次）	13.4	11.5	9.9	5.2	1.8
速动比率	1.2	1.0	0.9	0.6	0.4
利润总额增长率（％）	10.1	1.8	-3.2	-7.7	-12.0
营业总收入增长率（％）	7.7	2.8	0.0	-3.4	-7.3

文化、体育用品及器材批发与零售

范围：全行业

项　　目	优秀值	良好值	中等值	较低值	较差值
一、盈利回报指标					
净资产收益率（%）	17.1	10.1	6.8	-1.0	-8.5
营业收入利润率（%）	12.2	6.7	4.3	-7.0	-15.6
总资产报酬率（%）	10.0	5.8	4.2	-0.8	-3.8
盈余现金保障倍数	1.9	1.3	0.8	-0.4	-2.4
二、资产运营指标					
总资产周转率（次）	1.3	1.0	0.8	0.3	0.1
应收账款周转率（次）	17.4	14.8	10.5	4.1	0.3
流动资产周转率（次）	3.6	2.4	1.2	0.4	0.1
两金占流动资产比重（%）	12.3	21.2	34.1	45.9	57.7
三、风险防控指标					
资产负债率（%）	41.0	51.0	61.0	71.0	86.0
现金流动负债比率（%）	18.7	10.7	8.3	-0.7	-8.1
带息负债比率（%）	15.4	20.6	24.6	29.9	35.7
已获利息倍数	8.2	7.1	6.0	2.4	-0.1
四、持续发展指标					
研发经费投入强度（%）	1.8	1.6	1.4	1.2	1.0
全员劳动生产率（万元/人）	41.2	35.9	30.6	19.6	8.7
经济增加值率（%）	9.5	3.2	-1.1	-8.9	-13.2
国有资本保值增值率（%）	111.4	107.4	103.9	97.9	90.9
五、补充指标					
营业现金比率（%）	15.4	9.8	4.1	-1.4	-6.8
国有资本回报率（%）	15.8	9.6	6.7	-0.1	-6.7
EBITDA率（%）	15.9	11.4	5.8	-0.2	-7.8
百元收入支付的成本费用（元）	88.6	94.1	95.6	98.1	102.3
存货周转率（次）	14.8	7.6	4.9	2.2	0.9
速动比率	2.0	1.6	1.3	1.1	0.9
利润总额增长率（%）	7.8	0.5	-4.9	-8.3	-14.6
营业总收入增长率（%）	12.3	7.0	0.6	-2.9	-10.3

医药及医疗器材批发与零售

范围：全行业

项　　目	优秀值	良好值	中等值	较低值	较差值
一、盈利回报指标					
净资产收益率（%）	22.8	15.2	7.5	-0.8	-7.2
营业收入利润率（%）	4.2	3.0	1.6	-0.2	-1.5
总资产报酬率（%）	6.2	4.7	3.6	-0.1	-4.2
盈余现金保障倍数	3.2	1.5	0.5	-0.9	-3.0
二、资产运营指标					
总资产周转率（次）	2.0	1.7	1.2	0.9	0.6
应收账款周转率（次）	14.2	7.8	3.4	2.2	1.3
流动资产周转率（次）	2.3	1.9	1.4	1.0	0.6
两金占流动资产比重（%）	50.5	54.8	57.9	68.8	74.7
三、风险防控指标					
资产负债率（%）	54.0	59.0	64.0	74.0	89.0
现金流动负债比率（%）	13.5	6.7	1.3	-5.4	-13.9
带息负债比率（%）	18.4	23.9	28.0	34.3	40.6
已获利息倍数	11.0	6.4	3.4	1.7	0.7
四、持续发展指标					
研发经费投入强度（%）	1.8	1.6	1.4	1.2	1.0
全员劳动生产率（万元/人）	44.8	40.6	36.5	23.3	10.1
经济增加值率（%）	12.8	7.0	0.7	-4.1	-7.5
国有资本保值增值率（%）	116.1	109.4	106.6	98.7	92.9
五、补充指标					
营业现金比率（%）	8.9	4.9	0.8	-2.2	-5.2
国有资本回报率（%）	21.0	14.4	7.5	0.3	-5.4
EBITDA率（%）	5.6	4.1	3.3	1.1	0.2
百元收入支付的成本费用（元）	95.9	97.1	98.6	99.6	100.3
存货周转率（次）	20.6	15.7	10.2	6.6	3.9
速动比率	1.5	1.3	1.1	0.9	0.6
利润总额增长率（%）	-2.9	-6.7	-11.5	-16.6	-25.8
营业总收入增长率（%）	11.3	5.0	1.2	-6.6	-13.3

综合零售

范围：全行业

项　　目	优秀值	良好值	中等值	较低值	较差值
一、盈利回报指标					
净资产收益率（%）	11.6	5.1	2.8	-6.0	-12.7
营业收入利润率（%）	8.1	3.1	1.2	-2.4	-9.8
总资产报酬率（%）	6.1	3.1	1.9	-3.2	-7.1
盈余现金保障倍数	1.6	1.0	0.5	-0.4	-1.6
二、资产运营指标					
总资产周转率（次）	1.5	1.1	0.8	0.2	0.1
应收账款周转率（次）	24.4	17.6	9.9	4.2	0.7
流动资产周转率（次）	2.4	2.0	1.5	0.4	0.2
两金占流动资产比重（%）	9.4	18.3	28.6	41.3	57.6
三、风险防控指标					
资产负债率（%）	55.9	60.9	65.9	75.9	90.9
现金流动负债比率（%）	21.2	12.8	4.2	-3.7	-13.4
带息负债比率（%）	5.2	10.6	16.1	20.5	28.7
已获利息倍数	7.7	3.8	2.1	-1.4	-3.9
四、持续发展指标					
研发经费投入强度（%）	1.8	1.6	1.4	1.2	1.0
全员劳动生产率（万元/人）	44.9	31.5	18.0	10.3	2.6
经济增加值率（%）	13.6	4.3	-1.0	-6.2	-10.8
国有资本保值增值率（%）	112.3	107.6	102.0	96.5	88.4
五、补充指标					
营业现金比率（%）	18.7	10.2	1.8	-3.4	-8.6
国有资本回报率（%）	10.7	5.1	3.1	-4.7	-10.6
EBITDA率（%）	16.3	7.8	3.5	-0.4	-6.0
百元收入支付的成本费用（元）	93.3	98.2	99.6	102.0	108.6
存货周转率（次）	14.7	10.9	7.0	3.6	1.2
速动比率	1.4	1.2	0.9	0.7	0.5
利润总额增长率（%）	-0.8	-10.5	-18.5	-23.3	-27.7
营业总收入增长率（%）	10.8	6.5	0.0	-4.7	-7.7

物资贸易

范围：全行业

项　　目	优秀值	良好值	中等值	较低值	较差值
一、盈利回报指标					
净资产收益率（%）	17.0	10.5	4.9	-3.9	-14.9
营业收入利润率（%）	6.4	2.6	0.9	-0.8	-2.7
总资产报酬率（%）	6.8	4.3	3.5	-0.5	-8.0
盈余现金保障倍数	3.6	2.0	1.1	-0.9	-3.7
二、资产运营指标					
总资产周转率（次）	3.8	2.5	1.7	0.6	0.1
应收账款周转率（次）	23.5	17.3	12.0	5.6	2.8
流动资产周转率（次）	6.2	4.4	3.7	1.6	0.6
两金占流动资产比重（%）	7.5	18.9	34.0	44.8	56.8
三、风险防控指标					
资产负债率（%）	53.7	58.7	63.7	73.7	88.7
现金流动负债比率（%）	19.4	7.8	4.2	-5.6	-15.0
带息负债比率（%）	22.6	31.1	33.4	44.5	62.3
已获利息倍数	7.0	4.4	2.5	0.6	-1.0
四、持续发展指标					
研发经费投入强度（%）	1.7	1.3	1.2	1.1	1.0
全员劳动生产率（万元/人）	83.7	65.4	47.2	27.6	8.1
经济增加值率（%）	10.9	4.4	-1.2	-5.6	-7.9
国有资本保值增值率（%）	114.3	108.3	104.0	95.9	88.8
五、补充指标					
营业现金比率（%）	12.5	6.5	0.5	-2.4	-5.4
国有资本回报率（%）	14.2	9.6	5.2	-3.0	-12.2
EBITDA率（%）	9.2	4.3	1.6	0.1	-1.6
百元收入支付的成本费用（元）	95.8	98.3	99.7	100.7	103.7
存货周转率（次）	36.8	24.4	14.8	7.4	3.1
速动比率	1.6	1.3	1.0	0.8	0.6
利润总额增长率（%）	14.0	5.5	-10.2	-26.3	-33.8
营业总收入增长率（%）	18.8	10.8	-0.5	-8.8	-19.7

物资贸易

范围：大型企业

项　　目	优秀值	良好值	中等值	较低值	较差值
一、盈利回报指标					
净资产收益率（%）	16.8	11.2	4.9	-4.1	-13.5
营业收入利润率（%）	4.6	2.3	1.0	-0.1	-1.9
总资产报酬率（%）	7.4	5.1	4.2	0.5	-6.0
盈余现金保障倍数	4.9	2.8	1.1	-0.4	-2.6
二、资产运营指标					
总资产周转率（次）	4.2	3.1	1.9	1.0	0.3
应收账款周转率（次）	31.8	21.6	15.4	8.8	3.9
流动资产周转率（次）	9.2	6.7	4.3	2.5	1.2
两金占流动资产比重（%）	19.1	28.2	39.7	47.3	56.1
三、风险防控指标					
资产负债率（%）	54.5	59.5	64.5	74.5	89.5
现金流动负债比率（%）	24.1	14.2	7.1	-1.2	-10.6
带息负债比率（%）	23.2	32.3	35.2	40.4	56.2
已获利息倍数	7.1	4.7	3.2	1.1	0.0
四、持续发展指标					
研发经费投入强度（%）	1.7	1.3	1.2	1.1	1.0
全员劳动生产率（万元/人）	114.6	83.3	51.9	36.9	21.9
经济增加值率（%）	9.4	4.4	-1.0	-4.8	-6.9
国有资本保值增值率（%）	116.2	111.1	105.5	97.9	92.6
五、补充指标					
营业现金比率（%）	9.4	5.5	1.5	-0.1	-1.6
国有资本回报率（%）	16.0	11.1	5.6	-2.4	-10.6
EBITDA率（%）	6.5	3.3	1.9	0.1	-1.4
百元收入支付的成本费用（元）	97.0	98.5	99.5	100.3	101.7
存货周转率（次）	42.3	30.4	21.6	15.4	10.5
速动比率	1.4	1.2	0.9	0.8	0.6
利润总额增长率（%）	6.1	-1.7	-13.4	-34.9	-42.9
营业总收入增长率（%）	20.5	10.5	-2.0	-10.0	-14.4

物资贸易

范围：中型企业

项　　目	优秀值	良好值	中等值	较低值	较差值
一、盈利回报指标					
净资产收益率（%）	17.0	12.5	6.2	-2.6	-11.9
营业收入利润率（%）	4.4	2.2	0.6	-0.7	-1.7
总资产报酬率（%）	7.5	5.1	3.1	-0.1	-7.2
盈余现金保障倍数	4.3	1.7	0.8	-1.4	-4.7
二、资产运营指标					
总资产周转率（次）	4.5	3.2	1.8	0.8	0.1
应收账款周转率（次）	32.9	23.1	12.4	7.6	3.8
流动资产周转率（次）	7.2	5.4	3.9	2.2	1.0
两金占流动资产比重（%）	4.4	15.5	36.8	48.1	57.1
三、风险防控指标					
资产负债率（%）	53.7	58.7	63.7	73.7	88.7
现金流动负债比率（%）	21.4	9.5	3.8	-6.8	-16.0
带息负债比率（%）	14.8	22.8	25.5	37.3	51.1
已获利息倍数	6.7	4.3	2.1	1.0	-0.5
四、持续发展指标					
研发经费投入强度（%）	1.7	1.3	1.2	1.1	1.0
全员劳动生产率（万元/人）	89.0	69.4	49.8	31.4	13.0
经济增加值率（%）	13.3	6.3	-0.9	-4.5	-6.8
国有资本保值增值率（%）	117.3	110.7	105.3	97.6	91.0
五、补充指标					
营业现金比率（%）	9.9	5.3	0.7	-1.3	-3.4
国有资本回报率（%）	13.8	9.8	4.3	-3.4	-11.6
EBITDA率（%）	5.9	3.3	1.1	0.0	-2.8
百元收入支付的成本费用（元）	97.1	98.8	99.7	100.7	102.7
存货周转率（次）	35.7	24.1	13.8	6.6	2.7
速动比率	1.5	1.3	1.0	0.9	0.7
利润总额增长率（%）	18.3	8.6	-1.5	-13.8	-20.4
营业总收入增长率（%）	18.6	10.8	-2.4	-9.8	-19.8

物资贸易

范围：小型企业

项　　目	优秀值	良好值	中等值	较低值	较差值
一、盈利回报指标					
净资产收益率（%）	17.9	10.1	3.6	-3.8	-15.0
营业收入利润率（%）	7.0	2.7	0.8	-0.8	-3.1
总资产报酬率（%）	5.9	3.4	2.1	-1.4	-9.5
盈余现金保障倍数	2.6	1.6	0.5	-1.8	-5.3
二、资产运营指标					
总资产周转率（次）	3.8	2.5	1.5	0.6	0.1
应收账款周转率（次）	22.5	15.1	10.5	5.6	2.7
流动资产周转率（次）	4.5	2.9	1.6	0.7	0.2
两金占流动资产比重（%）	4.5	11.3	31.7	44.5	56.4
三、风险防控指标					
资产负债率（%）	54.0	59.0	64.0	74.0	89.0
现金流动负债比率（%）	17.1	5.4	0.1	-8.3	-16.4
带息负债比率（%）	21.5	30.4	32.7	47.9	66.0
已获利息倍数	5.7	3.4	1.8	0.5	-1.6
四、持续发展指标					
研发经费投入强度（%）	1.7	1.3	1.2	1.1	1.0
全员劳动生产率（万元/人）	80.6	57.9	35.2	20.8	6.4
经济增加值率（%）	12.6	5.0	-1.8	-5.7	-7.9
国有资本保值增值率（%）	112.8	107.9	102.7	95.4	87.3
五、补充指标					
营业现金比率（%）	12.6	6.5	0.3	-3.1	-6.5
国有资本回报率（%）	15.8	9.1	3.3	-3.2	-13.0
EBITDA率（%）	10.9	5.3	2.4	0.6	-1.1
百元收入支付的成本费用（元）	95.0	98.2	99.9	101.0	104.8
存货周转率（次）	59.2	33.2	14.1	9.7	6.0
速动比率	1.7	1.4	1.1	0.9	0.6
利润总额增长率（%）	3.4	-4.9	-17.3	-35.8	-43.7
营业总收入增长率（%）	21.7	14.1	5.6	-5.3	-14.3

矿产品、建材及化工产品批发

范围：全行业

项　　目	优秀值	良好值	中等值	较低值	较差值
一、盈利回报指标					
净资产收益率（%）	18.3	10.7	5.2	-1.6	-8.7
营业收入利润率（%）	3.2	1.7	0.8	-0.3	-2.4
总资产报酬率（%）	5.7	4.0	3.0	-0.8	-7.6
盈余现金保障倍数	4.5	2.1	1.3	-0.9	-4.8
二、资产运营指标					
总资产周转率（次）	5.3	3.4	1.9	0.5	0.1
应收账款周转率（次）	19.7	14.7	10.3	3.4	0.8
流动资产周转率（次）	8.8	5.8	4.5	2.4	0.7
两金占流动资产比重（%）	4.0	16.2	35.1	46.1	59.3
三、风险防控指标					
资产负债率（%）	53.9	58.9	63.9	73.9	88.9
现金流动负债比率（%）	18.6	9.0	5.2	-3.6	-10.8
带息负债比率（%）	2.1	10.4	29.7	37.8	53.2
已获利息倍数	9.6	5.1	2.3	0.4	-1.3
四、持续发展指标					
研发经费投入强度（%）	2.2	1.7	1.2	0.9	0.6
全员劳动生产率（万元/人）	108.5	79.6	50.7	30.2	9.7
经济增加值率（%）	11.2	3.7	-1.5	-5.9	-7.7
国有资本保值增值率（%）	115.3	109.0	104.3	98.5	92.8
五、补充指标					
营业现金比率（%）	9.4	5.0	0.6	-2.1	-4.8
国有资本回报率（%）	17.3	10.6	5.8	-0.1	-6.4
EBITDA率（%）	6.8	3.1	1.4	0.1	-0.4
百元收入支付的成本费用（元）	97.6	98.8	99.7	101.0	106.2
存货周转率（次）	36.7	26.2	21.3	11.4	4.0
速动比率	1.5	1.3	1.0	0.9	0.6
利润总额增长率（%）	0.7	-6.7	-11.2	-22.8	-29.6
营业总收入增长率（%）	11.2	4.8	-0.7	-11.2	-38.7

机械设备、五金及电子产品批发

范围：全行业

项目	优秀值	良好值	中等值	较低值	较差值
一、盈利回报指标					
净资产收益率（%）	16.4	8.0	3.3	-6.0	-16.5
营业收入利润率（%）	5.3	2.7	1.0	-0.6	-4.0
总资产报酬率（%）	5.0	3.6	2.4	-2.1	-7.6
盈余现金保障倍数	2.5	1.9	1.0	-1.7	-4.7
二、资产运营指标					
总资产周转率（次）	2.8	2.1	1.7	0.5	0.1
应收账款周转率（次）	18.8	13.3	6.6	3.5	1.3
流动资产周转率（次）	4.1	3.1	2.3	1.0	0.3
两金占流动资产比重（%）	22.4	33.1	39.3	48.6	62.2
三、风险防控指标					
资产负债率（%）	54.0	59.0	64.0	74.0	89.0
现金流动负债比率（%）	13.2	6.1	2.7	-7.9	-18.6
带息负债比率（%）	8.6	19.2	30.1	39.7	53.0
已获利息倍数	9.3	5.3	2.5	-0.2	-4.1
四、持续发展指标					
研发经费投入强度（%）	3.4	1.7	0.9	0.5	0.2
全员劳动生产率（万元/人）	63.2	49.9	36.6	21.8	7.0
经济增加值率（%）	14.2	5.6	0.5	-5.3	-8.3
国有资本保值增值率（%）	115.6	108.1	102.6	93.3	86.4
五、补充指标					
营业现金比率（%）	13.4	7.3	1.1	-3.0	-7.1
国有资本回报率（%）	14.9	7.6	3.4	-4.8	-14.0
EBITDA率（%）	9.9	4.5	1.6	0.0	-1.2
百元收入支付的成本费用（元）	95.3	98.1	99.3	101.5	105.6
存货周转率（次）	19.5	15.9	10.4	6.0	2.9
速动比率	1.5	1.3	0.9	0.8	0.5
利润总额增长率（%）	13.4	3.2	-1.6	-17.0	-29.1
营业总收入增长率（%）	11.8	5.5	1.4	-17.2	-28.0

汽车、摩托车、燃料及零配件专门零售

范围：全行业

项　　目	优秀值	良好值	中等值	较低值	较差值
一、盈利回报指标					
净资产收益率（%）	22.8	14.2	7.1	-2.4	-14.1
营业收入利润率（%）	5.0	2.5	1.4	-0.7	-3.4
总资产报酬率（%）	11.2	6.1	4.0	-1.1	-6.9
盈余现金保障倍数	3.6	1.8	1.0	-0.7	-2.9
二、资产运营指标					
总资产周转率（次）	3.8	3.0	2.0	0.8	0.2
应收账款周转率（次）	53.0	27.5	23.4	17.9	11.6
流动资产周转率（次）	6.1	5.0	3.6	2.0	0.8
两金占流动资产比重（%）	8.8	15.1	29.8	44.5	53.7
三、风险防控指标					
资产负债率（%）	54.1	59.1	64.1	74.1	89.1
现金流动负债比率（%）	36.0	18.9	2.1	-8.3	-17.5
带息负债比率（%）	2.9	14.4	26.5	39.8	52.2
已获利息倍数	8.3	5.3	3.5	0.3	-3.7
四、持续发展指标					
研发经费投入强度（%）	1.4	1.2	1.0	0.9	0.8
全员劳动生产率（万元/人）	44.1	36.7	29.4	19.0	8.7
经济增加值率（%）	14.2	6.0	-0.3	-6.9	-10.5
国有资本保值增值率（%）	115.6	109.0	103.1	93.7	84.7
五、补充指标					
营业现金比率（%）	14.6	8.5	2.5	-0.5	-3.5
国有资本回报率（%）	21.0	13.4	7.2	-1.1	-11.4
EBITDA率（%）	7.6	4.7	3.1	0.0	-1.8
百元收入支付的成本费用（元）	96.3	98.4	99.6	102.2	105.2
存货周转率（次）	30.9	20.4	13.1	7.6	4.5
速动比率	1.6	1.2	0.9	0.7	0.5
利润总额增长率（%）	7.5	2.1	-1.5	-20.4	-31.2
营业总收入增长率（%）	15.1	9.5	0.6	-16.5	-28.7

粮食业

范围：全行业

项　　目	优秀值	良好值	中等值	较低值	较差值
一、盈利回报指标					
净资产收益率（%）	7.6	3.5	0.3	-5.1	-11.8
营业收入利润率（%）	1.4	0.1	-0.7	-6.7	-19.2
总资产报酬率（%）	3.3	2.0	1.0	-2.4	-7.8
盈余现金保障倍数	3.4	1.9	0.0	-3.5	-9.3
二、资产运营指标					
总资产周转率（次）	1.6	0.9	0.3	0.2	0.1
应收账款周转率（次）	26.1	18.2	11.7	7.7	4.4
流动资产周转率（次）	1.8	1.0	0.4	0.3	0.2
两金占流动资产比重（%）	8.9	30.8	43.1	55.3	73.0
三、风险防控指标					
资产负债率（%）	54.0	59.0	64.0	74.0	89.0
现金流动负债比率（%）	10.9	2.8	0.0	-8.9	-15.2
带息负债比率（%）	23.6	36.1	43.8	60.9	68.8
已获利息倍数	3.3	1.9	1.0	0.3	-0.6
四、持续发展指标					
研发经费投入强度（%）	1.6	1.1	1.0	0.9	0.8
全员劳动生产率（万元/人）	29.0	23.2	17.3	10.0	2.7
经济增加值率（%）	2.7	0.1	-2.6	-4.6	-6.5
国有资本保值增值率（%）	106.4	104.0	100.4	95.7	89.5
五、补充指标					
营业现金比率（%）	15.8	8.3	0.8	-7.8	-15.6
国有资本回报率（%）	6.7	3.1	0.3	-4.4	-10.3
EBITDA率（%）	9.1	5.2	1.6	-0.1	-3.5
百元收入支付的成本费用（元）	106.9	108.1	110.8	117.0	128.6
存货周转率（次）	3.9	2.1	1.0	0.4	0.3
速动比率	1.0	0.7	0.4	0.2	0.1
利润总额增长率（%）	2.2	-7.4	-16.3	-26.4	-35.2
营业总收入增长率（%）	16.1	10.3	0.0	-7.0	-16.5

粮食业

范围：大型企业

项　　目	优秀值	良好值	中等值	较低值	较差值
一、盈利回报指标					
净资产收益率（%）	7.6	4.7	1.1	-2.4	-8.4
营业收入利润率（%）	4.8	3.7	2.1	-3.1	-12.6
总资产报酬率（%）	3.6	2.5	1.6	-0.8	-4.0
盈余现金保障倍数	5.0	2.6	-0.8	-4.8	-9.6
二、资产运营指标					
总资产周转率（次）	1.6	0.7	0.3	0.2	0.1
应收账款周转率（次）	37.2	21.8	15.3	12.4	9.3
流动资产周转率（次）	1.8	0.9	0.4	0.3	0.2
两金占流动资产比重（%）	19.9	37.2	49.0	63.1	84.4
三、风险防控指标					
资产负债率（%）	54.0	59.0	64.0	74.0	89.0
现金流动负债比率（%）	9.8	1.7	-1.5	-15.4	-23.1
带息负债比率（%）	27.1	43.6	53.4	65.9	72.8
已获利息倍数	4.4	2.8	1.3	0.3	-0.6
四、持续发展指标					
研发经费投入强度（%）	1.6	1.1	1.0	0.9	0.8
全员劳动生产率（万元/人）	63.1	46.1	29.2	15.6	2.1
经济增加值率（%）	2.6	0.3	-2.5	-5.1	-6.9
国有资本保值增值率（%）	107.3	104.3	100.9	96.3	92.1
五、补充指标					
营业现金比率（%）	23.2	16.8	10.3	-8.5	-27.2
国有资本回报率（%）	6.8	4.3	1.1	-1.9	-7.2
EBITDA率（%）	9.5	6.6	3.8	1.9	-1.8
百元收入支付的成本费用（元）	107.0	107.9	109.2	115.9	123.3
存货周转率（次）	4.6	2.1	0.7	0.5	0.2
速动比率	0.9	0.6	0.4	0.2	0.1
利润总额增长率（%）	6.1	-1.8	-10.3	-23.6	-32.3
营业总收入增长率（%）	-2.3	-8.5	-17.7	-25.8	-35.3

粮食业

范围：中型企业

项　　目	优秀值	良好值	中等值	较低值	较差值
一、盈利回报指标					
净资产收益率（%）	9.8	4.8	0.6	-4.9	-12.5
营业收入利润率（%）	2.3	0.7	-0.1	-2.3	-5.0
总资产报酬率（%）	3.1	1.9	0.6	-3.1	-8.6
盈余现金保障倍数	3.2	1.8	0.0	-4.8	-12.9
二、资产运营指标					
总资产周转率（次）	2.0	1.0	0.5	0.2	0.1
应收账款周转率（次）	34.5	25.8	19.1	14.5	7.6
流动资产周转率（次）	2.6	1.5	0.8	0.3	0.2
两金占流动资产比重（%）	8.5	27.4	42.3	54.8	72.2
三、风险防控指标					
资产负债率（%）	54.0	59.0	64.0	74.0	89.0
现金流动负债比率（%）	13.1	3.9	0.0	-8.7	-17.8
带息负债比率（%）	33.7	49.1	58.3	68.6	74.7
已获利息倍数	4.6	2.2	1.1	0.2	-0.9
四、持续发展指标					
研发经费投入强度（%）	1.6	1.1	1.0	0.9	0.8
全员劳动生产率（万元/人）	35.1	26.9	18.7	11.0	3.3
经济增加值率（%）	4.3	0.8	-2.2	-4.5	-6.4
国有资本保值增值率（%）	108.3	105.7	100.7	95.4	90.9
五、补充指标					
营业现金比率（%）	13.3	6.7	0.1	-9.0	-18.0
国有资本回报率（%）	8.6	4.2	0.5	-4.4	-11.0
EBITDA率（%）	6.3	4.1	1.5	-0.2	-3.9
百元收入支付的成本费用（元）	106.1	107.1	108.2	111.4	117.1
存货周转率（次）	4.2	2.4	1.6	0.4	0.3
速动比率	1.1	0.8	0.6	0.4	0.2
利润总额增长率（%）	-3.6	-10.7	-19.2	-26.5	-39.2
营业总收入增长率（%）	14.3	5.6	-2.5	-11.3	-18.9

粮食业

范围：小型企业

项 目	优秀值	良好值	中等值	较低值	较差值
一、盈利回报指标					
净资产收益率（%）	7.4	3.3	0.2	-6.3	-15.4
营业收入利润率（%）	0.2	-0.5	-1.0	-8.0	-22.8
总资产报酬率（%）	3.8	2.3	0.6	-4.0	-9.6
盈余现金保障倍数	2.7	1.5	0.0	-3.4	-9.3
二、资产运营指标					
总资产周转率（次）	1.8	1.1	0.4	0.2	0.1
应收账款周转率（次）	25.0	16.6	10.8	7.2	4.3
流动资产周转率（次）	2.3	1.3	0.5	0.3	0.2
两金占流动资产比重（%）	8.8	30.3	47.8	58.2	68.4
三、风险防控指标					
资产负债率（%）	53.6	58.6	63.6	73.6	88.6
现金流动负债比率（%）	11.1	3.9	0.0	-8.4	-13.4
带息负债比率（%）	18.2	31.5	40.3	60.0	67.5
已获利息倍数	2.8	1.7	1.0	0.2	-1.4
四、持续发展指标					
研发经费投入强度（%）	1.6	1.1	1.0	0.9	0.8
全员劳动生产率（万元/人）	28.8	22.5	16.3	9.9	3.4
经济增加值率（%）	1.4	-0.9	-3.5	-5.8	-7.2
国有资本保值增值率（%）	106.2	103.7	100.4	95.6	87.8
五、补充指标					
营业现金比率（%）	16.4	8.2	0.0	-7.7	-15.4
国有资本回报率（%）	6.5	2.9	0.2	-5.5	-13.5
EBITDA率（%）	11.5	7.8	3.6	2.1	0.9
百元收入支付的成本费用（元）	107.0	109.7	114.3	120.0	130.6
存货周转率（次）	2.6	1.4	0.8	0.4	0.3
速动比率	0.9	0.6	0.3	0.2	0.1
利润总额增长率（%）	2.6	-6.7	-15.6	-24.7	-33.7
营业总收入增长率（%）	24.6	15.5	5.9	-3.8	-13.3

粮油批发与零售

范围：全行业

项 目	优秀值	良好值	中等值	较低值	较差值
一、盈利回报指标					
净资产收益率（%）	8.8	4.0	2.1	-4.0	-9.5
营业收入利润率（%）	1.9	0.6	-0.1	-3.5	-11.0
总资产报酬率（%）	3.3	1.9	1.4	-2.9	-7.0
盈余现金保障倍数	2.3	0.7	0.0	-1.9	-5.7
二、资产运营指标					
总资产周转率（次）	2.2	1.4	1.0	0.3	0.1
应收账款周转率（次）	22.1	16.2	9.1	5.2	1.3
流动资产周转率（次）	3.1	2.0	1.5	0.6	0.2
两金占流动资产比重（%）	19.1	35.3	43.1	53.3	67.5
三、风险防控指标					
资产负债率（%）	54.0	59.0	64.0	74.0	89.0
现金流动负债比率（%）	9.2	1.7	0.0	-8.4	-13.2
带息负债比率（%）	30.8	36.8	44.9	51.2	59.2
已获利息倍数	2.5	1.6	1.1	-0.2	-0.9
四、持续发展指标					
研发经费投入强度（%）	1.8	1.6	1.4	1.2	1.0
全员劳动生产率（万元/人）	35.2	28.0	20.8	11.2	1.5
经济增加值率（%）	2.9	-0.5	-2.3	-5.7	-7.4
国有资本保值增值率（%）	107.6	103.9	101.6	96.3	91.7
五、补充指标					
营业现金比率（%）	12.5	6.3	0.0	-4.6	-9.2
国有资本回报率（%）	7.9	3.8	2.1	-3.3	-8.1
EBITDA率（%）	8.5	4.8	2.0	0.8	-0.3
百元收入支付的成本费用（元）	98.8	99.6	101.0	103.0	108.4
存货周转率（次）	7.9	6.2	5.1	1.9	0.4
速动比率	1.2	1.0	0.8	0.5	0.4
利润总额增长率（%）	-10.8	-17.0	-21.8	-23.6	-27.7
营业总收入增长率（%）	8.5	4.3	1.7	-1.3	-6.2

粮油仓储

范围：全行业

项　　目	优秀值	良好值	中等值	较低值	较差值
一、盈利回报指标					
净资产收益率（%）	3.8	1.7	0.2	-2.7	-5.9
营业收入利润率（%）	0.3	-1.2	-2.3	-7.2	-15.3
总资产报酬率（%）	1.9	1.3	0.5	-0.9	-2.6
盈余现金保障倍数	2.8	1.2	0.0	-4.1	-6.3
二、资产运营指标					
总资产周转率（次）	0.6	0.4	0.3	0.2	0.1
应收账款周转率（次）	20.6	14.6	10.2	4.3	0.4
流动资产周转率（次）	1.2	0.8	0.4	0.3	0.2
两金占流动资产比重（%）	27.9	49.9	59.3	70.2	76.3
三、风险防控指标					
资产负债率（%）	54.0	59.0	64.0	74.0	89.0
现金流动负债比率（%）	9.0	1.6	0.0	-6.2	-9.6
带息负债比率（%）	26.0	37.1	46.2	54.3	65.3
已获利息倍数	2.2	1.5	1.0	0.8	0.5
四、持续发展指标					
研发经费投入强度（%）	1.8	1.6	1.4	1.2	1.0
全员劳动生产率（万元/人）	25.8	22.6	19.3	11.3	3.3
经济增加值率（%）	0.4	-1.7	-3.6	-5.9	-7.2
国有资本保值增值率（%）	107.1	103.3	100.4	96.5	93.9
五、补充指标					
营业现金比率（%）	18.3	9.2	0.0	-8.6	-17.1
国有资本回报率（%）	3.4	1.5	0.2	-2.3	-5.2
EBITDA率（%）	8.7	2.2	0.2	-2.1	-4.4
百元收入支付的成本费用（元）	111.6	116.7	119.3	121.8	129.0
存货周转率（次）	2.1	1.1	0.5	0.4	0.3
速动比率	0.7	0.5	0.3	0.2	0.1
利润总额增长率（%）	-2.7	-8.8	-12.2	-14.3	-18.8
营业总收入增长率（%）	5.9	0.7	-2.3	-4.9	-9.9

住宿和餐饮业

范围：全行业

项　　目	优秀值	良好值	中等值	较低值	较差值
一、盈利回报指标					
净资产收益率（%）	6.6	2.4	0.4	-7.4	-15.7
营业收入利润率（%）	6.6	1.2	-3.0	-16.7	-29.2
总资产报酬率（%）	3.4	1.4	0.3	-4.8	-9.5
盈余现金保障倍数	3.1	2.1	1.2	-0.7	-2.5
二、资产运营指标					
总资产周转率（次）	1.0	0.6	0.3	0.2	0.1
应收账款周转率（次）	37.6	23.7	10.8	7.8	4.6
流动资产周转率（次）	2.3	1.7	0.9	0.5	0.2
两金占流动资产比重（%）	1.0	9.5	25.5	31.9	36.7
三、风险防控指标					
资产负债率（%）	51.0	56.0	61.0	71.0	86.0
现金流动负债比率（%）	16.5	5.3	1.0	-5.7	-15.3
带息负债比率（%）	13.6	25.3	39.0	54.0	68.2
已获利息倍数	2.8	1.2	0.4	-3.6	-8.1
四、持续发展指标					
研发经费投入强度（%）	0.5	0.4	0.3	0.2	0.1
全员劳动生产率（万元/人）	22.6	15.9	9.2	5.2	1.1
经济增加值率（%）	6.0	-0.2	-4.7	-9.1	-15.0
国有资本保值增值率（%）	106.7	102.7	100.5	93.9	88.8
五、补充指标					
营业现金比率（%）	20.1	12.1	4.1	-3.6	-11.2
国有资本回报率（%）	5.0	1.5	0.1	-6.9	-14.1
EBITDA率（%）	20.9	11.3	6.3	-3.7	-12.1
百元收入支付的成本费用（元）	90.9	99.9	104.6	111.3	119.9
存货周转率（次）	35.0	23.8	14.1	10.7	8.4
速动比率	1.5	1.2	0.9	0.6	0.4
利润总额增长率（%）	-0.7	-14.1	-26.6	-39.0	-49.7
营业总收入增长率（%）	31.3	20.4	6.2	-5.0	-14.7

住宿和餐饮业

范围：大型企业

项　　目	优秀值	良好值	中等值	较低值	较差值
一、盈利回报指标					
净资产收益率（%）	8.7	5.0	2.8	-3.2	-7.1
营业收入利润率（%）	15.1	8.8	3.7	-6.3	-17.0
总资产报酬率（%）	5.1	3.0	2.0	-0.5	-2.4
盈余现金保障倍数	5.6	2.6	1.3	0.2	-1.2
二、资产运营指标					
总资产周转率（次）	0.8	0.6	0.3	0.2	0.1
应收账款周转率（次）	45.6	33.1	16.6	12.6	8.5
流动资产周转率（次）	2.1	1.7	1.1	0.6	0.4
两金占流动资产比重（%）	2.3	6.7	23.3	28.9	32.1
三、风险防控指标					
资产负债率（%）	51.0	56.0	61.0	71.0	86.0
现金流动负债比率（%）	22.3	10.8	7.2	-0.9	-6.7
带息负债比率（%）	17.5	27.8	42.0	54.0	66.0
已获利息倍数	7.1	4.5	2.8	-0.5	-5.4
四、持续发展指标					
研发经费投入强度（%）	0.5	0.4	0.3	0.2	0.1
全员劳动生产率（万元/人）	35.0	27.4	19.8	13.9	7.9
经济增加值率（%）	4.7	0.6	-2.3	-7.2	-11.6
国有资本保值增值率（%）	111.7	105.8	102.7	96.5	92.7
五、补充指标					
营业现金比率（%）	27.5	17.6	7.7	3.7	-0.2
国有资本回报率（%）	8.2	4.9	3.0	-2.3	-5.7
EBITDA率（%）	38.7	30.4	18.9	9.8	-0.7
百元收入支付的成本费用（元）	89.5	93.9	96.9	106.0	112.4
存货周转率（次）	44.4	31.5	22.1	18.8	15.2
速动比率	1.6	1.3	1.0	0.8	0.5
利润总额增长率（%）	0.4	-15.5	-21.4	-30.3	-40.0
营业总收入增长率（%）	20.6	11.8	3.1	-4.9	-12.7

住宿和餐饮业

范围：中型企业

项　　目	优秀值	良好值	中等值	较低值	较差值
一、盈利回报指标					
净资产收益率（%）	6.7	2.9	0.5	-6.5	-13.4
营业收入利润率（%）	7.9	1.7	-1.9	-8.9	-21.1
总资产报酬率（%）	3.9	1.9	0.3	-2.5	-4.8
盈余现金保障倍数	2.4	1.8	1.2	-1.0	-2.5
二、资产运营指标					
总资产周转率（次）	0.8	0.5	0.3	0.2	0.1
应收账款周转率（次）	31.5	22.3	11.7	7.9	4.7
流动资产周转率（次）	2.0	1.5	0.4	0.3	0.1
两金占流动资产比重（%）	3.0	13.2	30.1	35.1	43.3
三、风险防控指标					
资产负债率（%）	49.5	54.5	59.5	69.5	84.5
现金流动负债比率（%）	21.1	9.4	3.1	-4.2	-12.8
带息负债比率（%）	12.0	25.0	35.4	51.3	66.5
已获利息倍数	4.1	1.6	0.4	-3.3	-8.2
四、持续发展指标					
研发经费投入强度（%）	0.6	0.5	0.4	0.3	0.2
全员劳动生产率（万元/人）	24.4	18.7	12.9	8.6	4.2
经济增加值率（%）	6.2	0.5	-4.6	-8.8	-13.8
国有资本保值增值率（%）	105.8	101.5	99.6	92.7	87.3
五、补充指标					
营业现金比率（%）	20.7	14.5	8.3	-0.8	-10.0
国有资本回报率（%）	3.8	0.4	-1.7	-7.8	-13.8
EBITDA率（%）	20.6	13.7	8.8	-4.3	-10.4
百元收入支付的成本费用（元）	96.0	100.8	104.9	111.2	119.3
存货周转率（次）	31.6	21.7	15.4	12.7	10.5
速动比率	1.9	1.5	1.0	0.8	0.6
利润总额增长率（%）	1.1	-13.7	-24.8	-34.2	-44.9
营业总收入增长率（%）	22.6	13.0	2.4	-7.6	-16.9

住宿和餐饮业

范围：小型企业

项　　目	优秀值	良好值	中等值	较低值	较差值
一、盈利回报指标					
净资产收益率（%）	6.5	2.3	0.4	-8.1	-17.0
营业收入利润率（%）	5.9	-0.1	-4.3	-19.0	-32.4
总资产报酬率（%）	3.1	1.2	0.1	-5.9	-12.0
盈余现金保障倍数	2.6	1.6	0.7	-1.4	-3.0
二、资产运营指标					
总资产周转率（次）	1.1	0.6	0.3	0.2	0.1
应收账款周转率（次）	24.7	17.5	9.7	7.0	4.0
流动资产周转率（次）	2.3	1.6	0.4	0.2	0.1
两金占流动资产比重（%）	0.9	7.2	23.7	36.3	47.6
三、风险防控指标					
资产负债率（%）	50.1	55.1	60.1	70.1	85.1
现金流动负债比率（%）	15.4	4.3	0.0	-6.1	-16.4
带息负债比率（%）	16.1	27.4	36.8	56.3	75.5
已获利息倍数	1.5	0.3	-0.5	-5.7	-11.6
四、持续发展指标					
研发经费投入强度（%）	0.5	0.4	0.3	0.2	0.1
全员劳动生产率（万元/人）	20.5	14.8	9.1	5.0	1.0
经济增加值率（%）	6.0	-0.6	-6.3	-11.2	-17.4
国有资本保值增值率（%）	106.0	102.6	100.4	93.8	87.8
五、补充指标					
营业现金比率（%）	18.6	10.3	2.1	-4.9	-11.8
国有资本回报率（%）	5.1	1.5	-0.2	-7.7	-15.5
EBITDA率（%）	16.9	7.6	2.5	-9.7	-17.0
百元收入支付的成本费用（元）	102.8	105.9	108.9	117.6	128.8
存货周转率（次）	36.8	24.6	12.9	10.6	8.3
速动比率	1.4	1.0	0.7	0.5	0.3
利润总额增长率（%）	-7.5	-22.3	-31.2	-45.0	-54.8
营业总收入增长率（%）	47.1	34.2	21.5	8.1	-3.7

住宿业

范围：全行业

项　　目	优秀值	良好值	中等值	较低值	较差值
一、盈利回报指标					
净资产收益率（%）	7.9	3.9	0.3	-5.2	-12.4
营业收入利润率（%）	9.8	1.1	-4.1	-20.5	-33.0
总资产报酬率（%）	4.4	2.2	0.3	-4.5	-9.0
盈余现金保障倍数	3.2	2.1	1.1	-0.5	-1.8
二、资产运营指标					
总资产周转率（次）	0.8	0.5	0.3	0.2	0.1
应收账款周转率（次）	33.1	19.9	8.7	4.7	1.5
流动资产周转率（次）	1.9	1.4	0.6	0.3	0.2
两金占流动资产比重（%）	0.8	7.1	25.5	32.3	36.6
三、风险防控指标					
资产负债率（%）	51.1	56.1	61.1	71.1	86.1
现金流动负债比率（%）	16.8	7.7	1.7	-5.4	-16.8
带息负债比率（%）	16.2	26.0	41.2	56.1	71.4
已获利息倍数	3.4	1.6	0.3	-2.7	-7.2
四、持续发展指标					
研发经费投入强度（%）	0.9	0.7	0.5	0.4	0.3
全员劳动生产率（万元/人）	23.7	16.7	9.6	5.4	1.1
经济增加值率（%）	7.3	0.8	-5.1	-8.8	-14.5
国有资本保值增值率（%）	107.3	103.4	100.3	93.7	88.9
五、补充指标					
营业现金比率（%）	23.1	14.1	5.2	-3.2	-11.6
国有资本回报率（%）	5.8	2.7	-0.3	-5.1	-11.4
EBITDA率（%）	27.2	18.1	6.5	-6.5	-16.0
百元收入支付的成本费用（元）	95.1	101.4	107.2	119.1	135.0
存货周转率（次）	31.8	21.5	13.1	10.1	8.0
速动比率	1.5	1.2	0.8	0.5	0.4
利润总额增长率（%）	1.4	-18.6	-27.4	-36.9	-47.5
营业总收入增长率（%）	33.5	20.5	9.6	0.1	-7.6

住宿业

范围：大型企业

项　　目	优秀值	良好值	中等值	较低值	较差值
一、盈利回报指标					
净资产收益率（%）	6.7	5.1	2.1	0.1	-5.2
营业收入利润率（%）	12.9	8.6	4.6	-3.1	-10.9
总资产报酬率（%）	4.3	3.5	1.8	0.9	-0.9
盈余现金保障倍数	4.9	3.0	1.4	-1.3	-3.9
二、资产运营指标					
总资产周转率（次）	0.9	0.7	0.3	0.2	0.1
应收账款周转率（次）	45.0	31.1	19.4	14.4	11.3
流动资产周转率（次）	1.8	1.4	0.9	0.6	0.2
两金占流动资产比重（%）	2.6	7.2	24.9	29.5	34.2
三、风险防控指标					
资产负债率（%）	51.3	56.3	61.3	71.3	86.3
现金流动负债比率（%）	23.0	15.1	7.2	-3.1	-9.0
带息负债比率（%）	16.5	26.8	43.0	57.3	69.7
已获利息倍数	5.2	3.9	2.1	0.0	-6.4
四、持续发展指标					
研发经费投入强度（%）	0.7	0.5	0.3	0.2	0.1
全员劳动生产率（万元/人）	35.0	27.7	20.5	14.2	7.9
经济增加值（%）	5.0	1.3	-3.1	-7.5	-10.3
国有资本保值增值率（%）	111.2	104.8	102.2	96.1	91.3
五、补充指标					
营业现金比率（%）	29.3	19.2	9.0	3.3	-2.4
国有资本回报率（%）	6.4	5.0	2.4	0.6	-4.1
EBITDA率（%）	34.9	28.5	20.9	10.8	2.4
百元收入支付的成本费用（元）	84.5	90.4	96.2	102.8	111.1
存货周转率（次）	39.9	28.7	20.6	16.0	12.2
速动比率	1.6	1.3	1.0	0.7	0.5
利润总额增长率（%）	-2.2	-14.2	-20.4	-27.8	-41.8
营业总收入增长率（%）	21.6	11.1	3.1	-8.8	-18.3

住宿业

范围：中型企业

项　　目	优秀值	良好值	中等值	较低值	较差值
一、盈利回报指标					
净资产收益率（%）	8.8	3.9	0.4	-7.0	-13.3
营业收入利润率（%）	8.1	2.1	-2.0	-10.7	-22.8
总资产报酬率（%）	4.4	2.3	0.4	-4.7	-10.8
盈余现金保障倍数	3.2	2.2	1.2	-0.4	-1.8
二、资产运营指标					
总资产周转率（次）	0.9	0.6	0.3	0.2	0.1
应收账款周转率（次）	33.0	22.8	12.0	8.6	5.9
流动资产周转率（次）	1.8	1.4	0.6	0.3	0.2
两金占流动资产比重（%）	1.9	7.9	26.3	31.7	38.3
三、风险防控指标					
资产负债率（%）	49.8	54.8	59.8	69.8	84.8
现金流动负债比率（%）	20.3	10.1	3.4	-4.4	-13.0
带息负债比率（%）	13.1	24.8	38.8	55.3	72.0
已获利息倍数	3.9	1.6	0.3	-4.2	-13.3
四、持续发展指标					
研发经费投入强度（%）	0.9	0.7	0.5	0.4	0.3
全员劳动生产率（万元/人）	24.3	18.8	13.4	8.8	4.3
经济增加值率（%）	7.8	1.2	-4.6	-9.3	-14.3
国有资本保值增值率（%）	108.5	104.9	100.0	95.4	90.7
五、补充指标					
营业现金比率（%）	22.6	16.4	10.1	0.4	-9.2
国有资本回报率（%）	5.6	1.3	-1.7	-8.3	-13.8
EBITDA率（%）	28.5	19.8	9.7	-0.4	-9.0
百元收入支付的成本费用（元）	95.5	99.5	104.9	113.5	121.7
存货周转率（次）	29.4	21.3	15.1	12.7	10.6
速动比率	1.7	1.3	0.9	0.7	0.6
利润总额增长率（%）	7.8	-13.5	-23.6	-32.3	-43.2
营业总收入增长率（%）	17.4	9.9	-0.9	-8.3	-11.2

住宿业

范围：小型企业

项　　目	优秀值	良好值	中等值	较低值	较差值
一、盈利回报指标					
净资产收益率（%）	8.3	3.8	0.3	-6.7	-14.1
营业收入利润率（%）	8.9	0.4	-5.7	-21.9	-34.9
总资产报酬率（%）	4.1	1.8	0.1	-5.1	-9.3
盈余现金保障倍数	2.9	1.6	0.8	-0.5	-1.7
二、资产运营指标					
总资产周转率（次）	0.8	0.5	0.3	0.2	0.1
应收账款周转率（次）	26.0	15.2	6.5	2.4	0.6
流动资产周转率（次）	1.9	1.4	0.6	0.3	0.2
两金占流动资产比重（%）	0.6	6.7	24.4	33.9	41.6
三、风险防控指标					
资产负债率（%）	50.5	55.5	60.5	70.5	85.5
现金流动负债比率（%）	16.7	6.5	0.0	-6.3	-17.4
带息负债比率（%）	11.6	20.0	37.8	55.4	73.0
已获利息倍数	3.0	0.8	-0.5	-3.7	-8.0
四、持续发展指标					
研发经费投入强度（%）	0.9	0.7	0.5	0.4	0.3
全员劳动生产率（万元/人）	22.2	15.8	9.4	5.1	0.9
经济增加值率（%）	7.3	0.6	-6.4	-10.5	-16.1
国有资本保值增值率（%）	107.2	103.2	100.2	92.9	88.3
五、补充指标					
营业现金比率（%）	21.3	13.0	4.8	-3.9	-12.5
国有资本回报率（%）	6.0	2.1	-1.0	-7.1	-13.6
EBITDA率（%）	22.9	13.3	3.3	-6.8	-16.3
百元收入支付的成本费用（元）	97.9	104.0	107.8	119.5	135.3
存货周转率（次）	30.3	21.5	11.3	8.8	6.6
速动比率	1.3	1.0	0.7	0.5	0.2
利润总额增长率（%）	-7.5	-23.2	-32.2	-45.6	-54.5
营业总收入增长率（%）	44.1	32.9	22.0	8.7	-4.7

餐饮业

范围：全行业

项 目	优秀值	良好值	中等值	较低值	较差值
一、盈利回报指标					
净资产收益率（%）	12.8	4.9	1.6	-7.1	-15.3
营业收入利润率（%）	9.8	6.2	0.0	-14.4	-21.5
总资产报酬率（%）	4.4	1.8	0.5	-6.5	-13.4
盈余现金保障倍数	2.3	1.6	0.5	-0.9	-3.6
二、资产运营指标					
总资产周转率（次）	1.9	1.3	0.6	0.2	0.1
应收账款周转率（次）	37.9	25.3	8.1	6.5	4.5
流动资产周转率（次）	3.6	2.5	0.9	0.6	0.3
两金占流动资产比重（%）	5.7	14.5	25.5	33.0	44.1
三、风险防控指标					
资产负债率（%）	51.5	56.5	61.5	71.5	86.5
现金流动负债比率（%）	14.2	6.6	0.5	-6.5	-16.4
带息负债比率（%）	9.0	18.4	28.0	46.6	64.2
已获利息倍数	3.3	1.2	0.5	-5.2	-9.0
四、持续发展指标					
研发经费投入强度（%）	2.0	1.4	0.8	0.6	0.3
全员劳动生产率（万元/人）	18.2	14.0	9.9	5.5	1.1
经济增加值率（%）	5.4	1.2	-3.3	-9.2	-16.2
国有资本保值增值率（%）	108.8	104.4	100.8	94.6	89.6
五、补充指标					
营业现金比率（%）	12.2	6.7	1.1	-4.8	-10.7
国有资本回报率（%）	11.4	4.5	1.6	-6.1	-13.3
EBITDA率（%）	10.8	3.9	1.6	-8.1	-16.7
百元收入支付的成本费用（元）	93.3	96.6	101.8	107.5	116.3
存货周转率（次）	35.8	23.8	12.4	9.2	6.4
速动比率	1.6	1.3	1.0	0.8	0.5
利润总额增长率（%）	-0.8	-15.7	-25.1	-34.8	-47.9
营业总收入增长率（%）	34.8	23.1	5.3	-6.8	-17.8

房地产业

范围：全行业

项　　目	优秀值	良好值	中等值	较低值	较差值
一、盈利回报指标					
净资产收益率（%）	9.7	3.0	1.1	-3.4	-8.5
营业收入利润率（%）	17.6	10.1	4.6	-6.3	-20.1
总资产报酬率（%）	5.2	2.5	1.0	-1.6	-5.2
盈余现金保障倍数	2.3	1.3	0.3	-2.1	-6.0
二、资产运营指标					
总资产周转率（次）	0.5	0.4	0.3	0.2	0.1
应收账款周转率（次）	21.0	12.0	4.6	2.4	0.8
流动资产周转率（次）	0.6	0.4	0.3	0.2	0.1
两金占流动资产比重（%）	22.6	42.3	49.7	60.6	68.0
三、风险防控指标					
资产负债率（%）	47.8	57.8	67.8	77.8	87.8
现金流动负债比率（%）	13.4	3.4	1.1	-7.2	-17.3
带息负债比率（%）	21.1	31.9	41.5	52.8	68.6
已获利息倍数	5.8	2.8	1.5	-0.5	-1.8
四、持续发展指标					
研发经费投入强度（%）	0.8	0.7	0.5	0.3	0.2
全员劳动生产率（万元/人）	76.4	49.3	22.1	13.1	2.9
经济增加值率（%）	6.2	-0.5	-4.0	-6.7	-9.0
国有资本保值增值率（%）	108.1	103.6	100.4	100.1	89.6
五、补充指标					
营业现金比率（%）	33.7	16.8	0.0	-7.4	-14.7
国有资本回报率（%）	10.3	3.8	1.1	-2.9	-7.4
EBITDA率（%）	42.7	23.0	11.3	-2.2	-15.6
百元收入支付的成本费用（元）	81.5	92.1	96.0	109.3	118.4
存货周转率（次）	1.4	0.7	0.3	0.2	0.1
速动比率	1.3	1.1	0.8	0.5	0.3
利润总额增长率（%）	-2.1	-20.8	-36.1	-42.2	-50.2
营业总收入增长率（%）	5.1	-1.1	-7.7	-15.7	-24.1

房地产业

范围：大型企业

项　目	优秀值	良好值	中等值	较低值	较差值
一、盈利回报指标					
净资产收益率（%）	17.4	7.4	1.3	-4.0	-10.2
营业收入利润率（%）	17.8	8.7	4.0	-5.8	-11.2
总资产报酬率（%）	5.6	2.6	1.1	-1.4	-5.5
盈余现金保障倍数	2.7	1.4	0.5	-1.8	-5.4
二、资产运营指标					
总资产周转率（次）	0.5	0.4	0.3	0.2	0.1
应收账款周转率（次）	23.3	14.3	6.1	3.8	1.2
流动资产周转率（次）	0.6	0.4	0.3	0.2	0.1
两金占流动资产比重（%）	25.9	48.3	55.0	67.5	74.6
三、风险防控指标					
资产负债率（%）	48.4	58.4	68.4	78.4	88.4
现金流动负债比率（%）	13.6	5.6	1.9	-5.7	-14.7
带息负债比率（%）	17.6	27.8	36.9	45.0	58.2
已获利息倍数	9.8	5.0	1.8	-0.3	-1.3
四、持续发展指标					
研发经费投入强度（%）	0.8	0.7	0.5	0.3	0.2
全员劳动生产率（万元/人）	102.6	68.1	33.6	21.3	9.0
经济增加值率（%）	11.3	2.6	-3.0	-6.7	-9.7
国有资本保值增值率（%）	109.5	104.5	100.5	100.1	90.4
五、补充指标					
营业现金比率（%）	31.9	16.0	0.1	-7.9	-16.0
国有资本回报率（%）	19.4	8.9	0.9	-3.8	-9.2
EBITDA率（%）	34.6	19.1	10.0	-0.7	-13.7
百元收入支付的成本费用（元）	83.4	91.3	95.2	107.3	118.1
存货周转率（次）	1.2	0.6	0.3	0.2	0.1
速动比率	1.4	1.1	0.9	0.6	0.5
利润总额增长率（%）	-19.3	-34.9	-47.6	-53.3	-57.6
营业总收入增长率（%）	4.9	-1.2	-9.5	-17.4	-28.7

房地产业

范围：中型企业

项　　目	优秀值	良好值	中等值	较低值	较差值
一、盈利回报指标					
净资产收益率（%）	11.4	5.3	1.1	-2.8	-6.4
营业收入利润率（%）	17.4	7.2	3.1	-8.1	-21.0
总资产报酬率（%）	3.8	1.9	0.9	-1.8	-5.1
盈余现金保障倍数	2.6	1.4	0.4	-2.4	-6.1
二、资产运营指标					
总资产周转率（次）	0.5	0.4	0.3	0.2	0.1
应收账款周转率（次）	23.8	15.4	5.4	3.0	1.1
流动资产周转率（次）	0.5	0.4	0.3	0.2	0.1
两金占流动资产比重（%）	27.6	40.2	47.1	60.2	67.2
三、风险防控指标					
资产负债率（%）	47.3	57.3	67.3	77.3	87.3
现金流动负债比率（%）	12.4	2.5	0.0	-8.9	-17.5
带息负债比率（%）	21.7	28.6	40.5	52.2	70.5
已获利息倍数	9.5	4.2	1.9	0.0	-1.0
四、持续发展指标					
研发经费投入强度（%）	0.8	0.7	0.5	0.3	0.2
全员劳动生产率（万元/人）	109.2	71.7	34.2	18.4	2.7
经济增加值率（%）	6.1	0.2	-3.9	-6.4	-9.9
国有资本保值增值率（%）	110.7	104.8	100.3	96.9	91.2
五、补充指标					
营业现金比率（%）	39.4	19.8	0.1	-9.0	-18.2
国有资本回报率（%）	12.8	5.2	1.2	-2.3	-5.5
EBITDA率（%）	40.8	24.0	10.8	-1.6	-10.5
百元收入支付的成本费用（元）	82.7	93.2	98.3	110.3	117.9
存货周转率（次）	1.0	0.5	0.3	0.2	0.1
速动比率	1.3	1.1	0.8	0.5	0.3
利润总额增长率（%）	-15.5	-32.3	-48.7	-58.2	-68.2
营业总收入增长率（%）	7.1	0.3	-4.1	-12.0	-15.4

房地产业

范围：小型企业

项　　目	优秀值	良好值	中等值	较低值	较差值
一、盈利回报指标					
净资产收益率（%）	9.0	3.0	1.0	-2.6	-12.8
营业收入利润率（%）	17.8	11.3	4.8	-5.3	-22.5
总资产报酬率（%）	3.8	1.5	0.6	-1.1	-6.0
盈余现金保障倍数	1.8	0.9	0.2	-2.1	-6.0
二、资产运营指标					
总资产周转率（次）	0.5	0.4	0.3	0.2	0.1
应收账款周转率（次）	18.0	8.6	2.9	1.5	0.3
流动资产周转率（次）	0.7	0.5	0.3	0.2	0.1
两金占流动资产比重（%）	4.8	30.3	50.5	59.7	67.0
三、风险防控指标					
资产负债率（%）	47.6	57.6	67.6	77.6	87.6
现金流动负债比率（%）	14.2	4.4	0.6	-6.1	-16.3
带息负债比率（%）	24.1	36.4	47.0	58.8	72.3
已获利息倍数	5.8	2.6	1.0	-0.5	-1.8
四、持续发展指标					
研发经费投入强度（%）	0.8	0.7	0.5	0.3	0.2
全员劳动生产率（万元/人）	69.1	45.6	22.1	13.0	3.8
经济增加值率（%）	6.2	-0.6	-4.0	-5.8	-8.0
国有资本保值增值率（%）	108.0	103.5	100.1	96.9	89.3
五、补充指标					
营业现金比率（%）	32.8	16.4	0.0	-6.0	-12.0
国有资本回报率（%）	9.9	3.7	1.2	-2.0	-10.9
EBITDA率（%）	45.2	24.3	11.4	-2.4	-20.0
百元收入支付的成本费用（元）	79.3	90.4	94.4	109.3	119.3
存货周转率（次）	1.6	0.7	0.3	0.2	0.1
速动比率	1.4	1.1	0.8	0.6	0.4
利润总额增长率（%）	13.7	-7.8	-25.0	-32.2	-40.0
营业总收入增长率（%）	7.2	0.7	-4.3	-11.9	-22.8

房地产开发经营业

范围：全行业

项目	优秀值	良好值	中等值	较低值	较差值
一、盈利回报指标					
净资产收益率（%）	8.5	4.1	1.2	-3.7	-7.9
营业收入利润率（%）	17.2	11.0	5.1	-7.4	-15.9
总资产报酬率（%）	2.6	1.6	1.0	-1.4	-4.0
盈余现金保障倍数	2.5	1.3	0.3	-1.6	-6.2
二、资产运营指标					
总资产周转率（次）	0.5	0.4	0.3	0.2	0.1
应收账款周转率（次）	26.1	11.7	3.8	2.2	1.3
流动资产周转率（次）	0.5	0.4	0.3	0.2	0.1
两金占流动资产比重（%）	34.6	42.7	51.4	61.8	71.8
三、风险防控指标					
资产负债率（%）	48.7	58.7	68.7	78.7	88.7
现金流动负债比率（%）	9.9	4.5	1.0	-7.6	-18.2
带息负债比率（%）	22.2	31.6	40.8	61.3	81.3
已获利息倍数	4.8	3.6	2.0	-0.5	-1.9
四、持续发展指标					
研发经费投入强度（%）	0.8	0.6	0.4	0.3	0.2
全员劳动生产率（万元/人）	107.6	71.2	34.8	16.5	-1.9
经济增加值率（%）	3.3	-2.0	-3.5	-7.2	-8.8
国有资本保值增值率（%）	108.6	103.6	100.3	95.0	89.1
五、补充指标					
营业现金比率（%）	35.5	17.8	0.0	-10.3	-20.7
国有资本回报率（%）	7.5	3.8	1.2	-3.3	-6.8
EBITDA率（%）	37.5	21.9	11.0	-3.3	-16.0
百元收入支付的成本费用（元）	81.1	91.2	95.5	108.7	118.3
存货周转率（次）	0.8	0.5	0.3	0.2	0.1
速动比率	1.3	1.0	0.6	0.4	0.3
利润总额增长率（%）	-17.2	-33.4	-46.4	-59.0	-77.3
营业总收入增长率（%）	8.2	0.2	-10.2	-22.4	-30.4

房地产开发经营业

范围：大型企业

项目	优秀值	良好值	中等值	较低值	较差值
一、盈利回报指标					
净资产收益率（%）	15.2	6.5	1.0	-3.7	-10.3
营业收入利润率（%）	13.9	9.3	3.4	-7.2	-14.2
总资产报酬率（%）	3.8	1.7	1.1	-1.8	-3.9
盈余现金保障倍数	3.0	1.8	0.5	-0.8	-3.7
二、资产运营指标					
总资产周转率（次）	0.5	0.4	0.3	0.2	0.1
应收账款周转率（次）	33.1	20.2	7.9	5.2	2.5
流动资产周转率（次）	0.5	0.4	0.3	0.2	0.1
两金占流动资产比重（%）	41.0	50.2	56.2	67.2	73.2
三、风险防控指标					
资产负债率（%）	48.5	58.5	68.5	78.5	88.5
现金流动负债比率（%）	12.3	5.6	1.8	-5.6	-14.9
带息负债比率（%）	15.5	24.4	36.0	54.2	71.0
已获利息倍数	5.9	4.0	2.1	-0.2	-1.3
四、持续发展指标					
研发经费投入强度（%）	0.8	0.6	0.4	0.3	0.2
全员劳动生产率（万元/人）	126.4	99.6	72.8	40.7	8.6
经济增加值率（%）	6.6	0.2	-3.0	-7.3	-8.9
国有资本保值增值率（%）	110.4	105.1	100.1	94.8	88.6
五、补充指标					
营业现金比率（%）	34.8	17.4	0.0	-12.2	-24.4
国有资本回报率（%）	13.2	5.5	0.7	-3.4	-9.2
EBITDA率（%）	33.3	18.6	9.1	-1.4	-14.5
百元收入支付的成本费用（元）	81.3	89.1	95.0	107.6	121.8
存货周转率（次）	1.0	0.6	0.3	0.2	0.1
速动比率	1.2	1.0	0.8	0.5	0.4
利润总额增长率（%）	-62.8	-70.2	-76.8	-89.1	-95.8
营业总收入增长率（%）	-1.3	-9.7	-13.8	-24.3	-37.7

房地产开发经营业

范围：中型企业

项目	优秀值	良好值	中等值	较低值	较差值
一、盈利回报指标					
净资产收益率（％）	13.7	5.1	1.3	-3.3	-7.6
营业收入利润率（％）	16.6	8.2	0.7	-11.6	-19.4
总资产报酬率（％）	3.8	1.7	1.0	-1.3	-4.2
盈余现金保障倍数	2.1	1.3	0.4	-1.8	-6.8
二、资产运营指标					
总资产周转率（次）	0.5	0.4	0.3	0.2	0.1
应收账款周转率（次）	31.3	18.4	5.1	3.5	1.2
流动资产周转率（次）	0.5	0.4	0.3	0.2	0.1
两金占流动资产比重（％）	32.6	45.6	49.1	61.8	71.7
三、风险防控指标					
资产负债率（％）	48.2	58.2	68.2	78.2	88.2
现金流动负债比率（％）	11.0	4.2	1.0	-9.1	-17.7
带息负债比率（％）	22.3	32.5	41.0	62.3	82.4
已获利息倍数	4.3	2.5	1.4	-0.5	-1.6
四、持续发展指标					
研发经费投入强度（％）	0.8	0.6	0.4	0.3	0.2
全员劳动生产率（万元/人）	121.3	82.1	43.0	20.5	-2.0
经济增加值率（％）	5.4	-0.5	-3.7	-6.6	-8.4
国有资本保值增值率（％）	110.5	104.4	100.5	95.7	90.0
五、补充指标					
营业现金比率（％）	39.3	19.6	0.0	-10.8	-21.6
国有资本回报率（％）	12.3	4.6	1.4	-2.7	-6.5
EBITDA率（％）	37.0	21.3	9.3	-3.8	-15.6
百元收入支付的成本费用（元）	82.6	92.9	98.4	115.0	123.6
存货周转率（次）	0.7	0.5	0.3	0.2	0.1
速动比率	1.2	0.9	0.7	0.4	0.3
利润总额增长率（％）	0.1	-17.2	-31.7	-41.2	-72.7
营业总收入增长率（％）	8.3	2.0	-8.9	-20.1	-28.3

房地产开发经营业

范围：小型企业

项　目	优秀值	良好值	中等值	较低值	较差值
一、盈利回报指标					
净资产收益率（%）	6.3	3.8	1.2	-3.8	-11.8
营业收入利润率（%）	26.6	18.6	6.6	-13.8	-45.2
总资产报酬率（%）	2.3	1.5	0.6	-1.2	-5.0
盈余现金保障倍数	1.8	1.0	0.0	-2.2	-7.1
二、资产运营指标					
总资产周转率（次）	0.5	0.4	0.3	0.2	0.1
应收账款周转率（次）	23.4	9.6	2.5	1.8	0.8
流动资产周转率（次）	0.5	0.4	0.3	0.2	0.1
两金占流动资产比重（%）	30.8	40.9	51.2	65.5	71.8
三、风险防控指标					
资产负债率（%）	48.7	58.7	68.7	78.7	88.7
现金流动负债比率（%）	6.8	4.0	0.8	-8.4	-19.5
带息负债比率（%）	13.7	26.2	37.2	59.7	80.1
已获利息倍数	5.0	2.2	0.8	-0.9	-2.5
四、持续发展指标					
研发经费投入强度（%）	0.9	0.7	0.5	0.4	0.2
全员劳动生产率（万元/人）	93.7	60.5	27.3	13.2	-0.9
经济增加值率（%）	2.0	-2.5	-4.0	-6.9	-8.9
国有资本保值增值率（%）	108.5	103.5	100.4	96.3	89.0
五、补充指标					
营业现金比率（%）	31.9	18.3	4.6	-6.4	-17.4
国有资本回报率（%）	5.7	3.5	1.2	-3.2	-10.2
EBITDA率（%）	38.6	23.6	12.2	-3.6	-16.2
百元收入支付的成本费用（元）	78.0	87.2	92.5	108.0	118.2
存货周转率（次）	0.8	0.4	0.3	0.2	0.1
速动比率	1.4	1.0	0.6	0.4	0.3
利润总额增长率（%）	-21.5	-40.1	-58.2	-67.2	-81.6
营业总收入增长率（%）	8.0	-0.8	-10.9	-21.8	-32.2

物业管理业

范围：全行业

项　　目	优秀值	良好值	中等值	较低值	较差值
一、盈利回报指标					
净资产收益率（%）	12.3	7.0	2.7	-2.0	-8.8
营业收入利润率（%）	15.7	8.6	5.5	-2.5	-9.3
总资产报酬率（%）	9.7	5.6	2.1	-1.1	-3.1
盈余现金保障倍数	1.8	1.0	0.3	-0.8	-2.5
二、资产运营指标					
总资产周转率（次）	1.9	1.4	0.5	0.3	0.1
应收账款周转率（次）	36.6	18.6	5.6	3.6	1.7
流动资产周转率（次）	2.2	1.6	0.7	0.5	0.2
两金占流动资产比重（%）	2.2	8.9	23.1	34.5	46.8
三、风险防控指标					
资产负债率（%）	45.5	55.5	65.5	75.5	85.5
现金流动负债比率（%）	29.0	11.7	1.6	-8.2	-20.2
带息负债比率（%）	16.1	26.2	38.7	57.2	78.2
已获利息倍数	7.2	5.2	2.4	0.5	-1.0
四、持续发展指标					
研发经费投入强度（%）	1.2	1.0	0.8	0.7	0.5
全员劳动生产率（万元/人）	31.2	22.3	13.4	9.0	4.6
经济增加值率（%）	7.6	2.8	-2.0	-5.2	-6.9
国有资本保值增值率（%）	110.9	106.4	101.8	97.6	90.0
五、补充指标					
营业现金比率（%）	15.7	8.8	1.9	-4.3	-10.5
国有资本回报率（%）	12.6	7.9	4.2	0.0	-5.9
EBITDA率（%）	24.3	13.9	6.2	0.5	-9.8
百元收入支付的成本费用（元）	85.3	92.7	95.6	104.0	112.9
存货周转率（次）	20.1	11.1	1.5	1.1	0.7
速动比率	1.8	1.5	1.3	1.1	0.9
利润总额增长率（%）	7.6	-2.3	-11.9	-20.1	-29.8
营业总收入增长率（%）	18.5	15.1	8.1	2.9	-3.0

社会服务业

范围：全行业

项　　目	优秀值	良好值	中等值	较低值	较差值
一、盈利回报指标					
净资产收益率（%）	13.7	7.1	1.4	-2.9	-9.1
营业收入利润率（%）	13.5	8.2	2.3	-7.4	-15.0
总资产报酬率（%）	6.9	3.9	1.2	-1.3	-6.0
盈余现金保障倍数	2.9	1.6	0.5	-0.7	-2.6
二、资产运营指标					
总资产周转率（次）	0.9	0.6	0.3	0.2	0.1
应收账款周转率（次）	20.4	10.5	3.5	1.4	0.3
流动资产周转率（次）	1.4	1.0	0.4	0.2	0.1
两金占流动资产比重（%）	0.6	14.4	35.7	42.1	50.2
三、风险防控指标					
资产负债率（%）	47.6	52.6	57.6	67.6	82.6
现金流动负债比率（%）	26.6	9.5	1.6	-7.7	-17.5
带息负债比率（%）	21.2	37.7	51.2	60.8	71.1
已获利息倍数	7.9	4.5	2.0	0.0	-1.8
四、持续发展指标					
研发经费投入强度（%）	7.9	6.0	3.3	2.1	1.0
全员劳动生产率（万元/人）	53.7	41.9	30.1	17.8	5.4
经济增加值率（%）	10.6	2.6	-3.0	-4.8	-6.7
国有资本保值增值率（%）	110.8	107.0	103.0	99.1	92.1
五、补充指标					
营业现金比率（%）	25.2	12.8	0.4	-6.0	-12.4
国有资本回报率（%）	12.2	6.6	1.4	-2.3	-7.8
EBITDA率（%）	45.7	25.2	9.6	0.9	-5.7
百元收入支付的成本费用（元）	82.0	92.5	97.9	107.2	118.7
存货周转率（次）	22.5	13.5	3.6	2.4	1.2
速动比率	1.4	1.2	1.0	0.9	0.6
利润总额增长率（%）	1.0	-6.9	-14.1	-23.2	-27.9
营业总收入增长率（%）	19.8	15.3	8.3	-0.5	-4.6

社会服务业

范围：大型企业

项　　目	优秀值	良好值	中等值	较低值	较差值
一、盈利回报指标					
净资产收益率（%）	14.1	8.5	2.1	-1.4	-8.4
营业收入利润率（%）	19.6	10.8	4.4	-6.5	-15.2
总资产报酬率（%）	6.1	4.1	1.9	-0.7	-4.4
盈余现金保障倍数	2.6	1.4	0.6	-0.7	-2.0
二、资产运营指标					
总资产周转率（次）	0.9	0.6	0.3	0.2	0.1
应收账款周转率（次）	13.9	8.5	3.3	1.2	0.3
流动资产周转率（次）	1.2	0.9	0.4	0.2	0.1
两金占流动资产比重（%）	5.3	18.2	34.2	40.7	48.3
三、风险防控指标					
资产负债率（%）	45.7	50.7	55.7	65.7	80.7
现金流动负债比率（%）	21.0	10.8	1.7	-6.7	-16.1
带息负债比率（%）	25.7	44.8	58.6	68.9	78.4
已获利息倍数	7.8	5.4	2.3	0.6	0.3
四、持续发展指标					
研发经费投入强度（%）	7.9	6.0	3.3	2.1	1.0
全员劳动生产率（万元/人）	78.0	58.3	38.5	23.9	9.3
经济增加值率（%）	10.7	5.1	-2.1	-4.8	-5.9
国有资本保值增值率（%）	113.7	109.4	103.4	99.4	94.7
五、补充指标					
营业现金比率（%）	23.1	13.4	3.7	-1.7	-7.0
国有资本回报率（%）	12.7	7.8	2.1	-0.9	-7.1
EBITDA率（%）	41.1	20.8	6.6	0.5	-5.8
百元收入支付的成本费用（元）	86.4	93.4	97.6	104.2	108.6
存货周转率（次）	29.7	18.1	7.1	4.2	2.3
速动比率	1.5	1.4	1.1	1.0	0.7
利润总额增长率（%）	1.4	-1.7	-4.7	-18.6	-24.1
营业总收入增长率（%）	14.8	9.0	2.4	-6.7	-16.2

社会服务业

范围：中型企业

项　目	优秀值	良好值	中等值	较低值	较差值
一、盈利回报指标					
净资产收益率（%）	15.0	8.9	1.7	-4.4	-10.0
营业收入利润率（%）	14.0	10.1	3.2	-7.3	-14.9
总资产报酬率（%）	7.3	4.7	1.3	-3.1	-6.7
盈余现金保障倍数	3.0	1.6	0.6	-0.7	-2.3
二、资产运营指标					
总资产周转率（次）	0.9	0.7	0.3	0.2	0.1
应收账款周转率（次）	20.5	10.4	3.5	1.5	0.3
流动资产周转率（次）	1.4	1.0	0.4	0.3	0.1
两金占流动资产比重（%）	0.9	13.8	38.5	46.2	55.3
三、风险防控指标					
资产负债率（%）	47.0	52.0	57.0	67.0	82.0
现金流动负债比率（%）	25.7	11.1	1.8	-7.2	-17.0
带息负债比率（%）	19.1	37.5	53.9	62.8	71.2
已获利息倍数	7.9	5.7	1.7	0.4	-1.1
四、持续发展指标					
研发经费投入强度（%）	7.9	6.0	3.3	2.1	1.0
全员劳动生产率（万元/人）	62.7	44.2	25.7	17.2	8.7
经济增加值率（%）	11.0	4.7	-2.8	-4.8	-5.8
国有资本保值增值率（%）	112.1	107.7	103.3	98.0	93.6
五、补充指标					
营业现金比率（%）	25.4	13.9	2.5	-3.6	-9.7
国有资本回报率（%）	13.4	8.0	1.7	-3.6	-8.6
EBITDA率（%）	42.9	24.4	10.5	3.9	-0.6
百元收入支付的成本费用（元）	84.7	92.6	97.8	107.6	115.3
存货周转率（次）	24.1	13.9	4.5	3.1	1.5
速动比率	1.4	1.3	1.1	0.9	0.7
利润总额增长率（%）	-3.3	-9.3	-13.2	-27.3	-32.4
营业总收入增长率（%）	20.9	15.9	8.2	-1.0	-6.5

社会服务业

范围：小型企业

项　　　目	优秀值	良好值	中等值	较低值	较差值
一、盈利回报指标					
净资产收益率（%）	13.6	7.0	1.4	-3.9	-9.1
营业收入利润率（%）	11.7	7.9	2.1	-7.5	-11.8
总资产报酬率（%）	7.6	3.6	0.9	-3.2	-6.6
盈余现金保障倍数	2.1	1.0	0.5	-0.7	-2.8
二、资产运营指标					
总资产周转率（次）	1.0	0.6	0.3	0.2	0.1
应收账款周转率（次）	20.6	10.6	3.5	1.5	0.3
流动资产周转率（次）	1.4	0.9	0.4	0.2	0.1
两金占流动资产比重（%）	0.1	11.5	36.4	44.0	51.0
三、风险防控指标					
资产负债率（%）	48.5	53.5	58.5	68.5	83.5
现金流动负债比率（%）	29.7	9.3	1.5	-7.8	-17.7
带息负债比率（%）	21.3	37.3	47.6	58.4	69.0
已获利息倍数	7.6	3.8	1.4	-0.3	-2.8
四、持续发展指标					
研发经费投入强度（%）	7.9	6.0	3.3	2.1	1.0
全员劳动生产率（万元/人）	53.4	38.1	22.8	14.0	5.3
经济增加值率（%）	10.4	2.6	-3.5	-4.9	-6.8
国有资本保值增值率（%）	106.5	103.1	100.5	96.0	90.3
五、补充指标					
营业现金比率（%）	24.7	12.5	0.3	-6.3	-12.9
国有资本回报率（%）	12.1	6.4	1.4	-3.2	-7.7
EBITDA率（%）	45.9	26.8	9.4	0.8	-7.7
百元收入支付的成本费用（元）	81.6	92.2	98.0	113.3	123.5
存货周转率（次）	22.2	12.4	3.5	2.3	1.0
速动比率	1.3	1.1	1.0	0.8	0.5
利润总额增长率（%）	-1.4	-8.5	-14.1	-23.0	-27.5
营业总收入增长率（%）	24.5	18.5	12.4	6.7	2.4

投资公司

范围：全行业

项 目	优秀值	良好值	中等值	较低值	较差值
一、盈利回报指标					
净资产收益率（%）	7.9	4.5	1.1	-3.2	-10.0
营业收入利润率（%）	13.9	9.4	5.5	-1.0	-7.9
总资产报酬率（%）	3.1	2.0	0.7	-2.8	-8.0
盈余现金保障倍数	5.1	1.9	0.4	-1.3	-4.5
二、资产运营指标					
总资产周转率（次）	0.5	0.4	0.3	0.2	0.1
应收账款周转率（次）	8.5	5.2	2.4	1.1	0.2
流动资产周转率（次）	1.0	0.6	0.4	0.3	0.1
两金占流动资产比重（%）	12.1	26.1	45.2	53.0	64.7
三、风险防控指标					
资产负债率（%）	48.8	53.8	58.8	68.8	83.8
现金流动负债比率（%）	17.6	9.9	1.6	-8.0	-18.8
带息负债比率（%）	31.4	45.4	55.9	72.4	88.1
已获利息倍数	5.5	3.0	1.8	0.2	-0.7
四、持续发展指标					
研发经费投入强度（%）	1.9	1.5	1.2	0.8	0.5
全员劳动生产率（万元/人）	93.2	68.7	44.3	22.6	1.0
经济增加值率（%）	1.7	-1.0	-3.7	-7.1	-10.2
国有资本保值增值率（%）	106.1	103.3	101.0	97.2	93.0
五、补充指标					
营业现金比率（%）	46.2	23.1	0.0	-8.5	-17.0
国有资本回报率（%）	7.1	4.1	1.1	-2.7	-8.7
EBITDA率（%）	31.7	24.7	19.6	10.8	1.5
百元收入支付的成本费用（元）	79.3	92.9	100.1	109.2	117.7
存货周转率（次）	6.5	3.0	0.4	0.3	0.2
速动比率	1.6	1.3	1.0	0.7	0.4
利润总额增长率（%）	19.8	6.9	-0.2	-9.4	-20.1
营业总收入增长率（%）	21.7	13.4	8.1	-3.1	-11.4

信息咨询服务业

范围：全行业

项 目	优秀值	良好值	中等值	较低值	较差值
一、盈利回报指标					
净资产收益率（%）	22.0	11.1	3.3	-1.5	-9.3
营业收入利润率（%）	31.6	23.3	13.2	5.9	-0.5
总资产报酬率（%）	11.3	4.9	1.5	-1.2	-4.4
盈余现金保障倍数	1.4	0.7	0.1	-1.0	-2.8
二、资产运营指标					
总资产周转率（次）	1.0	0.6	0.3	0.2	0.1
应收账款周转率（次）	20.5	9.4	2.8	1.2	0.1
流动资产周转率（次）	1.3	0.8	0.4	0.3	0.1
两金占流动资产比重（%）	3.4	10.9	29.0	36.8	40.0
三、风险防控指标					
资产负债率（%）	32.9	45.9	57.9	67.2	82.9
现金流动负债比率（%）	28.5	17.9	0.0	-14.4	-26.7
带息负债比率（%）	11.5	28.6	40.6	57.8	76.9
已获利息倍数	4.5	3.9	2.6	0.4	-2.5
四、持续发展指标					
研发经费投入强度（%）	10.6	7.5	5.2	4.1	2.7
全员劳动生产率（万元/人）	51.8	43.7	35.7	21.9	8.2
经济增加值率（%）	16.6	6.0	-1.4	-5.5	-8.7
国有资本保值增值率（%）	113.1	105.5	102.4	100.4	98.4
五、补充指标					
营业现金比率（%）	22.4	11.2	0.0	-11.0	-22.0
国有资本回报率（%）	19.6	10.0	3.2	-1.0	-7.8
EBITDA率（%）	35.3	28.5	15.0	4.7	-6.3
百元收入支付的成本费用（元）	63.0	77.5	87.7	96.9	102.2
存货周转率（次）	20.2	12.7	5.7	2.4	0.5
速动比率	1.2	0.9	0.8	0.5	0.3
利润总额增长率（%）	24.8	12.6	-2.2	-22.1	-34.7
营业总收入增长率（%）	22.6	12.6	0.8	-8.8	-21.7

人力资源服务业

范围：全行业

项　　目	优秀值	良好值	中等值	较低值	较差值
一、盈利回报指标					
净资产收益率（%）	15.9	9.4	4.8	-6.7	-12.9
营业收入利润率（%）	6.8	3.3	1.7	0.1	-1.4
总资产报酬率（%）	9.7	5.5	3.7	-2.0	-4.7
盈余现金保障倍数	2.6	1.6	0.9	-0.6	-3.4
二、资产运营指标					
总资产周转率（次）	5.4	3.1	1.3	0.7	0.2
应收账款周转率（次）	26.1	20.7	17.4	10.6	5.0
流动资产周转率（次）	5.5	3.2	1.3	0.8	0.3
两金占流动资产比重（%）	0.3	2.6	10.2	13.8	23.2
三、风险防控指标					
资产负债率（%）	50.1	55.1	60.1	70.1	85.1
现金流动负债比率（%）	18.4	10.7	4.3	-2.4	-17.6
带息负债比率（%）	1.5	6.8	12.5	23.9	48.5
已获利息倍数	5.4	4.6	3.7	-2.7	-5.7
四、持续发展指标					
研发经费投入强度（%）	0.7	0.6	0.5	0.4	0.3
全员劳动生产率（万元/人）	48.8	32.3	15.9	10.0	4.1
经济增加值率（%）	20.4	10.2	-1.6	-8.2	-11.5
国有资本保值增值率（%）	115.0	110.7	105.7	96.5	88.1
五、补充指标					
营业现金比率（%）	6.7	3.3	0.0	-3.5	-7.0
国有资本回报率（%）	14.6	9.0	4.9	-5.2	-10.7
EBITDA率（%）	16.8	7.7	3.3	0.0	-3.4
百元收入支付的成本费用（元）	93.4	97.3	99.2	100.6	102.5
存货周转率（次）	55.5	37.6	9.4	5.2	1.6
速动比率	1.6	1.4	1.4	1.3	1.2
利润总额增长率（%）	9.6	5.0	-0.2	-9.2	-15.9
营业总收入增长率（%）	29.2	23.7	13.0	9.2	0.8

大旅游

范围：全行业

项　　目	优秀值	良好值	中等值	较低值	较差值
一、盈利回报指标					
净资产收益率（%）	4.8	2.4	0.2	-6.9	-16.5
营业收入利润率（%）	6.2	-0.3	-4.4	-11.0	-24.6
总资产报酬率（%）	1.9	1.1	0.1	-5.3	-10.5
盈余现金保障倍数	3.8	2.5	1.3	-0.1	-1.4
二、资产运营指标					
总资产周转率（次）	1.0	0.5	0.3	0.2	0.1
应收账款周转率（次）	24.5	19.0	10.6	8.7	5.9
流动资产周转率（次）	2.0	1.4	0.7	0.3	0.1
两金占流动资产比重（%）	1.2	10.5	27.4	31.1	44.2
三、风险防控指标					
资产负债率（%）	50.6	55.6	60.6	70.6	85.6
现金流动负债比率（%）	14.5	8.2	2.9	-4.6	-16.1
带息负债比率（%）	23.5	35.5	42.4	47.2	52.1
已获利息倍数	1.9	0.8	0.3	-4.6	-11.7
四、持续发展指标					
研发经费投入强度（%）	0.7	0.6	0.5	0.4	0.3
全员劳动生产率（万元/人）	25.4	17.7	10.0	5.5	1.0
经济增加值率（%）	3.8	-1.8	-4.9	-10.1	-14.8
国有资本保值增值率（%）	114.6	105.2	100.5	94.6	90.6
五、补充指标					
营业现金比率（%）	23.1	14.1	5.2	-3.4	-11.9
国有资本回报率（%）	4.3	2.1	0.2	-6.0	-14.4
EBITDA率（%）	12.7	6.9	3.6	-7.0	-18.9
百元收入支付的成本费用（元）	98.7	108.5	111.7	116.7	125.0
存货周转率（次）	26.0	13.8	10.9	8.7	6.2
速动比率	1.1	1.0	0.9	0.7	0.5
利润总额增长率（%）	3.1	-15.8	-26.5	-40.5	-51.4
营业总收入增长率（%）	39.9	23.9	15.2	8.9	-0.4

大旅游

范围：大型企业

项 目	优秀值	良好值	中等值	较低值	较差值
一、盈利回报指标					
净资产收益率（%）	5.0	3.3	1.6	-5.5	-9.6
营业收入利润率（%）	15.5	7.8	4.5	-2.1	-13.2
总资产报酬率（%）	4.3	2.3	1.2	-2.1	-4.9
盈余现金保障倍数	4.6	2.8	1.6	0.2	-1.4
二、资产运营指标					
总资产周转率（次）	0.5	0.4	0.3	0.2	0.1
应收账款周转率（次）	24.2	19.4	16.8	13.0	8.9
流动资产周转率（次）	1.8	1.2	0.7	0.3	0.1
两金占流动资产比重（%）	5.4	11.5	27.4	29.4	31.0
三、风险防控指标					
资产负债率（%）	50.5	55.5	60.5	70.5	85.5
现金流动负债比率（%）	17.0	8.8	4.2	-4.6	-10.9
带息负债比率（%）	21.6	33.5	38.9	45.8	50.2
已获利息倍数	4.5	2.0	1.4	-2.3	-5.7
四、持续发展指标					
研发经费投入强度（%）	0.7	0.6	0.5	0.4	0.3
全员劳动生产率（万元/人）	33.0	25.6	18.2	12.3	6.4
经济增加值率（%）	4.0	-0.1	-3.2	-7.1	-12.4
国有资本保值增值率（%）	114.8	106.0	102.3	96.0	92.0
五、补充指标					
营业现金比率（%）	29.5	21.6	13.7	5.4	-2.9
国有资本回报率（%）	4.9	3.3	1.8	-4.4	-7.9
EBITDA率（%）	14.3	8.6	6.2	-7.2	-16.0
百元收入支付的成本费用（元）	94.2	101.5	104.6	109.2	117.0
存货周转率（次）	38.4	23.5	18.2	16.0	13.9
速动比率	1.0	0.9	0.8	0.6	0.4
利润总额增长率（%）	-8.2	-17.1	-21.9	-36.0	-53.4
营业总收入增长率（%）	25.1	13.3	6.9	-1.0	-6.3

大旅游

范围：中型企业

项　　目	优秀值	良好值	中等值	较低值	较差值
一、盈利回报指标					
净资产收益率（%）	4.5	2.1	0.3	-7.6	-16.1
营业收入利润率（%）	4.7	-1.6	-4.6	-11.3	-26.8
总资产报酬率（%）	2.9	1.2	0.3	-4.1	-6.9
盈余现金保障倍数	4.4	2.8	1.3	-0.3	-1.4
二、资产运营指标					
总资产周转率（次）	0.7	0.5	0.3	0.2	0.1
应收账款周转率（次）	30.9	23.8	15.1	11.2	7.6
流动资产周转率（次）	2.0	1.4	0.5	0.3	0.1
两金占流动资产比重（%）	1.1	10.0	27.5	38.1	47.1
三、风险防控指标					
资产负债率（%）	51.2	56.2	61.2	71.2	86.2
现金流动负债比率（%）	18.7	8.4	2.1	-4.7	-13.0
带息负债比率（%）	31.0	37.3	44.0	53.4	59.7
已获利息倍数	3.4	1.3	0.6	-3.3	-8.6
四、持续发展指标					
研发经费投入强度（%）	0.7	0.6	0.5	0.4	0.3
全员劳动生产率（万元/人）	25.7	19.1	12.6	8.0	3.5
经济增加值率（%）	3.1	-1.8	-4.6	-10.5	-16.3
国有资本保值增值率（%）	106.7	104.0	100.4	95.5	88.8
五、补充指标					
营业现金比率（%）	23.4	15.3	7.1	-1.5	-10.2
国有资本回报率（%）	3.8	1.6	0.1	-6.8	-14.3
EBITDA率（%）	17.6	10.8	6.9	-2.9	-11.5
百元收入支付的成本费用（元）	97.6	107.0	111.3	117.0	125.9
存货周转率（次）	30.1	18.7	14.0	12.2	10.3
速动比率	1.1	1.0	0.9	0.8	0.6
利润总额增长率（%）	5.0	-11.8	-22.6	-36.2	-47.4
营业总收入增长率（%）	26.8	13.9	7.0	2.1	-9.4

大旅游

范围：小型企业

项　　目	优秀值	良好值	中等值	较低值	较差值
一、盈利回报指标					
净资产收益率（%）	4.4	2.6	0.0	-8.8	-18.8
营业收入利润率（%）	5.1	0.2	-5.0	-12.0	-28.6
总资产报酬率（%）	1.5	0.9	0.1	-6.3	-12.5
盈余现金保障倍数	3.6	2.4	1.3	0.0	-1.4
二、资产运营指标					
总资产周转率（次）	1.0	0.5	0.3	0.2	0.1
应收账款周转率（次）	25.4	18.4	9.1	7.1	5.2
流动资产周转率（次）	1.7	1.1	0.4	0.3	0.2
两金占流动资产比重（%）	8.8	19.5	28.1	35.3	45.6
三、风险防控指标					
资产负债率（%）	51.8	56.8	61.8	71.8	86.8
现金流动负债比率（%）	14.1	6.1	2.5	-4.4	-17.6
带息负债比率（%）	29.8	36.0	42.6	51.5	58.1
已获利息倍数	1.8	0.7	0.1	-5.4	-13.5
四、持续发展指标					
研发经费投入强度（%）	0.7	0.6	0.5	0.4	0.3
全员劳动生产率（万元/人）	24.9	17.0	9.2	5.0	0.8
经济增加值率（%）	3.7	-2.9	-5.5	-12.5	-17.6
国有资本保值增值率（%）	108.5	105.3	100.2	93.6	88.6
五、补充指标					
营业现金比率（%）	21.4	12.3	3.2	-4.4	-12.0
国有资本回报率（%）	3.6	2.0	-0.2	-8.0	-16.7
EBITDA率（%）	12.3	6.6	2.5	-7.3	-24.1
百元收入支付的成本费用（元）	105.9	113.6	117.4	123.3	133.2
存货周转率（次）	23.9	10.8	9.1	6.3	3.3
速动比率	1.1	1.0	0.9	0.8	0.5
利润总额增长率（%）	4.5	-12.5	-29.5	-43.3	-54.2
营业总收入增长率（%）	48.3	32.5	24.1	19.2	0.4

科研设计企业

范围：全行业

项 目	优秀值	良好值	中等值	较低值	较差值
一、盈利回报指标					
净资产收益率（%）	15.2	8.8	5.9	-0.3	-12.4
营业收入利润率（%）	16.9	11.7	6.1	1.6	-7.0
总资产报酬率（%）	9.7	6.0	3.2	0.3	-3.5
盈余现金保障倍数	2.0	1.2	0.8	-0.3	-2.4
二、资产运营指标					
总资产周转率（次）	1.2	0.9	0.6	0.4	0.1
应收账款周转率（次）	10.6	6.7	3.6	1.9	0.7
流动资产周转率（次）	1.4	1.1	0.7	0.4	0.1
两金占流动资产比重（%）	3.3	15.2	25.8	33.4	42.4
三、风险防控指标					
资产负债率（%）	42.3	54.5	59.5	68.8	84.5
现金流动负债比率（%）	21.1	11.3	4.6	-5.7	-15.5
带息负债比率（%）	0.6	9.6	17.4	28.7	45.8
已获利息倍数	12.0	8.4	5.7	3.5	0.0
四、持续发展指标					
研发经费投入强度（%）	8.3	5.6	4.3	2.3	1.0
全员劳动生产率（万元/人）	59.3	49.9	40.5	27.4	14.3
经济增加值率（%）	9.9	6.4	4.0	-5.2	-12.4
国有资本保值增值率（%）	117.2	111.5	107.0	101.9	95.0
五、补充指标					
营业现金比率（%）	18.3	10.6	3.0	-4.9	-12.7
国有资本回报率（%）	14.3	8.6	6.0	0.7	-10.0
EBITDA率（%）	22.4	15.9	9.1	4.7	-0.9
百元收入支付的成本费用（元）	84.4	89.1	93.8	98.6	101.2
存货周转率（次）	24.5	16.5	5.5	3.7	1.6
速动比率	1.5	1.4	1.1	1.0	0.9
利润总额增长率（%）	3.5	0.5	-1.3	-4.8	-10.0
营业总收入增长率（%）	10.8	7.8	5.3	1.4	-7.5

工程管理服务业

范围：全行业

项 目	优秀值	良好值	中等值	较低值	较差值
一、盈利回报指标					
净资产收益率（%）	13.1	8.5	5.3	1.8	-1.0
营业收入利润率（%）	24.9	15.7	7.6	3.4	0.9
总资产报酬率（%）	12.4	8.0	2.9	0.8	-0.4
盈余现金保障倍数	2.4	1.1	0.4	-0.8	-2.0
二、资产运营指标					
总资产周转率（次）	1.3	1.1	0.6	0.4	0.2
应收账款周转率（次）	11.1	6.8	3.0	1.3	0.3
流动资产周转率（次）	1.4	1.1	0.7	0.4	0.2
两金占流动资产比重（%）	13.0	25.4	29.8	40.6	46.4
三、风险防控指标					
资产负债率（%）	48.9	55.9	60.9	70.9	85.9
现金流动负债比率（%）	15.9	6.5	1.9	-6.4	-16.5
带息负债比率（%）	7.7	14.7	26.6	39.6	54.9
已获利息倍数	8.9	7.2	4.6	2.2	-0.2
四、持续发展指标					
研发经费投入强度（%）	8.7	6.2	3.0	2.4	1.2
全员劳动生产率（万元/人）	62.0	53.5	45.0	31.2	17.4
经济增加值率（%）	19.1	10.6	0.1	-3.5	-4.7
国有资本保值增值率（%）	111.9	108.0	105.0	101.6	98.5
五、补充指标					
营业现金比率（%）	23.8	12.5	1.2	-7.3	-15.9
国有资本回报率（%）	11.8	7.8	5.0	1.9	-0.5
EBITDA率（%）	34.1	23.0	9.3	5.5	2.5
百元收入支付的成本费用（元）	74.3	82.8	92.4	96.4	100.8
存货周转率（次）	20.0	14.7	5.9	4.7	2.8
速动比率	1.4	1.2	1.1	0.9	0.8
利润总额增长率（%）	3.1	0.7	-3.0	-13.4	-19.2
营业总收入增长率（%）	13.8	9.5	4.7	-4.2	-11.4

地质勘查业

范围：全行业

项　　目	优秀值	良好值	中等值	较低值	较差值
一、盈利回报指标					
净资产收益率（%）	13.0	8.9	5.0	0.5	-3.2
营业收入利润率（%）	12.5	8.8	4.4	1.4	-4.3
总资产报酬率（%）	5.9	4.1	2.0	-0.1	-2.5
盈余现金保障倍数	3.5	1.5	0.5	-1.5	-3.6
二、资产运营指标					
总资产周转率（次）	0.8	0.6	0.4	0.2	0.1
应收账款周转率（次）	6.7	5.0	3.0	1.9	0.8
流动资产周转率（次）	1.1	0.8	0.6	0.3	0.1
两金占流动资产比重（%）	2.5	19.2	29.5	35.1	45.4
三、风险防控指标					
资产负债率（%）	50.8	55.8	60.8	70.3	85.8
现金流动负债比率（%）	14.6	6.5	3.6	-10.4	-16.2
带息负债比率（%）	12.1	19.4	31.2	40.3	54.9
已获利息倍数	8.9	7.1	5.0	3.0	1.0
四、持续发展指标					
研发经费投入强度（%）	4.3	2.5	1.3	0.9	0.7
全员劳动生产率（万元/人）	42.2	36.3	30.4	22.5	14.7
经济增加值率（%）	10.4	5.4	0.9	-4.0	-7.3
国有资本保值增值率（%）	113.1	108.1	104.2	102.4	98.4
五、补充指标					
营业现金比率（%）	17.6	9.6	1.5	-4.6	-10.8
国有资本回报率（%）	11.3	7.7	4.4	0.3	-2.9
EBITDA率（%）	20.5	13.7	6.0	1.9	-5.5
百元收入支付的成本费用（元）	86.5	91.9	96.9	99.7	102.3
存货周转率（次）	23.6	15.8	7.8	5.0	3.0
速动比率	1.3	1.2	1.1	1.0	0.8
利润总额增长率（%）	5.7	-2.0	-6.3	-8.7	-20.7
营业总收入增长率（%）	18.0	9.9	4.9	-0.7	-11.5

公共设施管理业

范围：全行业

项　　目	优秀值	良好值	中等值	较低值	较差值
一、盈利回报指标					
净资产收益率（%）	7.4	2.2	0.2	-5.5	-13.6
营业收入利润率（%）	13.8	5.5	1.3	-6.8	-18.2
总资产报酬率（%）	3.5	1.3	0.4	-3.3	-7.8
盈余现金保障倍数	2.7	2.0	0.9	-0.6	-3.0
二、资产运营指标					
总资产周转率（次）	0.5	0.4	0.3	0.2	0.1
应收账款周转率（次）	9.9	5.7	1.4	0.7	0.3
流动资产周转率（次）	1.0	0.5	0.4	0.3	0.1
两金占流动资产比重（%）	6.0	29.1	49.5	55.8	69.7
三、风险防控指标					
资产负债率（%）	52.3	57.3	62.3	72.3	87.3
现金流动负债比率（%）	16.3	5.8	1.9	-5.3	-15.6
带息负债比率（%）	10.5	29.7	52.0	59.8	76.0
已获利息倍数	4.6	3.0	1.2	0.0	-1.9
四、持续发展指标					
研发经费投入强度（%）	1.9	1.2	0.8	0.5	0.3
全员劳动生产率（万元/人）	54.4	35.5	16.7	9.5	2.3
经济增加值率（%）	3.4	-1.5	-3.6	-4.4	-5.4
国有资本保值增值率（%）	106.2	104.2	100.9	97.6	91.8
五、补充指标					
营业现金比率（%）	26.1	13.0	0.0	-6.0	-12.1
国有资本回报率（%）	6.6	2.0	0.2	-4.8	-11.9
EBITDA率（%）	20.4	12.5	2.9	-8.3	-24.7
百元收入支付的成本费用（元）	86.9	93.7	99.5	107.8	119.5
存货周转率（次）	25.4	12.2	1.8	1.1	0.3
速动比率	1.5	1.3	1.1	0.9	0.6
利润总额增长率（%）	-9.0	-14.0	-21.7	-29.4	-39.3
营业总收入增长率（%）	25.7	14.4	6.5	-2.3	-10.4

汽车维修与维护服务业

范围：全行业

项目	优秀值	良好值	中等值	较低值	较差值
一、盈利回报指标					
净资产收益率（%）	12.8	7.4	3.0	-3.1	-11.1
营业收入利润率（%）	11.1	6.8	1.2	-6.4	-16.4
总资产报酬率（%）	7.6	4.1	1.2	-2.8	-6.8
盈余现金保障倍数	1.6	0.9	0.0	-0.5	-1.7
二、资产运营指标					
总资产周转率（次）	1.7	1.2	0.6	0.4	0.2
应收账款周转率（次）	32.5	18.1	5.0	2.5	1.1
流动资产周转率（次）	2.4	1.7	0.8	0.4	0.2
两金占流动资产比重（%）	14.4	19.7	25.0	48.3	60.0
三、风险防控指标					
资产负债率（%）	51.0	56.0	61.0	71.0	86.0
现金流动负债比率（%）	13.5	3.2	0.0	-4.7	-14.0
带息负债比率（%）	14.5	26.0	34.3	50.3	71.3
已获利息倍数	6.8	4.5	1.6	-1.7	-6.0
四、持续发展指标					
研发经费投入强度（%）	1.7	1.1	0.8	0.7	0.5
全员劳动生产率（万元/人）	20.1	16.6	13.1	8.5	3.8
经济增加值率（%）	13.6	5.3	-4.1	-7.8	-13.9
国有资本保值增值率（%）	113.5	108.6	102.1	95.7	91.4
五、补充指标					
营业现金比率（%）	11.0	5.5	0.0	-6.4	-12.8
国有资本回报率（%）	9.2	4.4	0.6	-4.8	-11.8
EBITDA率（%）	19.9	10.5	2.8	-1.1	-3.8
百元收入支付的成本费用（元）	93.4	96.6	100.1	103.4	111.4
存货周转率（次）	19.6	12.9	8.8	5.1	2.2
速动比率	1.6	1.2	0.9	0.7	0.6
利润总额增长率（%）	1.6	-7.4	-18.3	-28.3	-39.8
营业总收入增长率（%）	29.6	18.2	0.8	-10.7	-31.7

文化、体育和娱乐业

范围：全行业

项　　目	优秀值	良好值	中等值	较低值	较差值
一、盈利回报指标					
净资产收益率（%）	12.7	4.2	1.0	-7.0	-15.1
营业收入利润率（%）	9.9	4.4	0.3	-13.4	-41.6
总资产报酬率（%）	6.1	2.5	1.1	-4.3	-9.2
盈余现金保障倍数	2.4	1.4	0.4	-0.6	-1.6
二、资产运营指标					
总资产周转率（次）	0.9	0.6	0.3	0.2	0.1
应收账款周转率（次）	29.4	15.2	4.1	2.9	1.8
流动资产周转率（次）	1.6	1.2	0.6	0.4	0.2
两金占流动资产比重（%）	5.8	14.8	26.3	36.6	50.5
三、风险防控指标					
资产负债率（%）	51.0	56.0	61.0	71.0	86.0
现金流动负债比率（%）	17.5	9.7	0.9	-10.9	-20.0
带息负债比率（%）	20.8	31.8	43.4	57.2	81.4
已获利息倍数	4.5	1.9	1.0	-3.7	-9.8
四、持续发展指标					
研发经费投入强度（%）	1.2	0.9	0.8	0.7	0.6
全员劳动生产率（万元/人）	31.5	24.6	17.7	9.6	1.5
经济增加值率（%）	11.3	2.2	-3.6	-9.2	-15.4
国有资本保值增值率（%）	108.6	105.1	101.2	91.9	85.1
五、补充指标					
营业现金比率（%）	18.9	10.5	2.1	-6.3	-14.8
国有资本回报率（%）	11.2	3.7	0.9	-6.1	-13.2
EBITDA率（%）	20.7	9.3	1.9	-10.3	-21.0
百元收入支付的成本费用（元）	102.0	106.0	111.7	118.6	129.2
存货周转率（次）	22.4	8.0	1.2	0.6	0.4
速动比率	1.6	1.4	1.1	0.7	0.4
利润总额增长率（%）	-0.3	-7.8	-26.6	-38.7	-45.2
营业总收入增长率（%）	27.5	12.0	2.7	-4.2	-16.8

出版业

范围：全行业

项　　目	优秀值	良好值	中等值	较低值	较差值
一、盈利回报指标					
净资产收益率（%）	21.8	15.2	7.3	-1.0	-9.0
营业收入利润率（%）	21.6	15.3	10.5	-1.5	-15.3
总资产报酬率（%）	12.2	7.5	4.3	0.0	-6.1
盈余现金保障倍数	2.7	1.6	0.4	-0.7	-3.1
二、资产运营指标					
总资产周转率（次）	1.5	1.0	0.5	0.3	0.2
应收账款周转率（次）	32.2	18.0	5.4	3.9	2.5
流动资产周转率（次）	1.5	1.1	0.6	0.4	0.2
两金占流动资产比重（%）	9.1	20.1	27.9	36.2	49.7
三、风险防控指标					
资产负债率（%）	33.0	47.0	61.0	70.3	86.0
现金流动负债比率（%）	26.8	17.8	4.9	-3.6	-19.1
带息负债比率（%）	9.9	20.6	30.5	40.3	55.1
已获利息倍数	12.4	8.3	6.9	3.6	-0.2
四、持续发展指标					
研发经费投入强度（%）	0.9	0.6	0.5	0.3	0.2
全员劳动生产率（万元/人）	50.5	41.9	33.3	23.7	14.1
经济增加值率（%）	13.5	7.6	1.3	-5.7	-8.3
国有资本保值增值率（%）	115.7	111.5	106.4	98.9	93.4
五、补充指标					
营业现金比率（%）	18.9	12.6	6.4	1.1	-4.2
国有资本回报率（%）	20.1	14.3	7.4	0.1	-6.9
EBITDA率（%）	23.0	14.3	8.5	-3.1	-12.0
百元收入支付的成本费用（元）	79.6	88.4	92.9	100.8	107.0
存货周转率（次）	19.3	9.5	4.2	2.3	1.0
速动比率	2.4	1.7	1.5	1.2	0.8
利润总额增长率（%）	27.1	17.2	5.9	-1.6	-10.4
营业总收入增长率（%）	31.3	20.8	10.7	2.6	-5.0

广播电影电视业

范围：全行业

项　　　目	优秀值	良好值	中等值	较低值	较差值
一、盈利回报指标					
净资产收益率（%）	6.7	2.3	0.3	-8.0	-18.5
营业收入利润率（%）	12.0	1.5	-4.5	-20.8	-47.6
总资产报酬率（%）	4.8	1.9	0.0	-4.4	-9.0
盈余现金保障倍数	7.5	1.6	0.0	-2.4	-5.6
二、资产运营指标					
总资产周转率（次）	0.6	0.4	0.3	0.2	0.1
应收账款周转率（次）	24.6	16.6	3.9	2.4	1.1
流动资产周转率（次）	2.3	1.4	0.7	0.5	0.2
两金占流动资产比重（%）	1.2	8.3	14.7	22.7	38.3
三、风险防控指标					
资产负债率（%）	51.0	56.0	61.0	71.0	86.0
现金流动负债比率（%）	13.8	8.5	1.7	-7.3	-16.0
带息负债比率（%）	20.5	28.7	39.7	51.6	67.9
已获利息倍数	2.3	1.0	0.0	-3.0	-5.6
四、持续发展指标					
研发经费投入强度（%）	1.7	1.4	1.3	1.2	1.0
全员劳动生产率（万元/人）	22.8	16.2	9.7	5.8	2.0
经济增加值率（%）	7.0	1.2	-5.6	-10.2	-17.6
国有资本保值增值率（%）	105.0	102.8	100.1	92.8	86.1
五、补充指标					
营业现金比率（%）	16.0	8.0	0.0	-6.2	-12.4
国有资本回报率（%）	5.9	2.1	0.3	-7.0	-16.2
EBITDA率（%）	16.2	3.6	-3.0	-8.2	-17.7
百元收入支付的成本费用（元）	99.9	106.7	110.4	121.4	138.7
存货周转率（次）	44.9	22.8	18.8	13.8	8.3
速动比率	1.7	1.3	1.0	0.7	0.4
利润总额增长率（%）	14.9	-14.5	-37.8	-55.7	-68.6
营业总收入增长率（%）	15.6	4.3	-0.5	-14.8	-30.6

文化艺术业

范围：全行业

项目	优秀值	良好值	中等值	较低值	较差值
一、盈利回报指标					
净资产收益率（%）	14.0	4.7	0.2	-4.8	-13.0
营业收入利润率（%）	10.3	2.5	-3.0	-18.1	-39.9
总资产报酬率（%）	5.2	1.8	0.2	-4.2	-10.1
盈余现金保障倍数	8.8	4.6	0.3	-3.2	-8.3
二、资产运营指标					
总资产周转率（次）	0.9	0.5	0.3	0.2	0.1
应收账款周转率（次）	35.1	18.4	6.2	2.7	0.9
流动资产周转率（次）	1.4	1.0	0.6	0.4	0.2
两金占流动资产比重（%）	3.4	12.1	19.0	23.6	36.3
三、风险防控指标					
资产负债率（%）	50.2	55.2	60.2	70.2	85.2
现金流动负债比率（%）	20.2	8.5	1.0	-8.9	-20.5
带息负债比率（%）	19.0	30.0	43.0	52.0	68.9
已获利息倍数	4.7	1.8	0.3	-3.1	-10.4
四、持续发展指标					
研发经费投入强度（%）	0.8	0.5	0.4	0.3	0.2
全员劳动生产率（万元/人）	27.1	19.2	11.3	6.0	0.8
经济增加值率（%）	11.1	2.0	-5.0	-8.2	-15.1
国有资本保值增值率（%）	104.8	103.0	100.7	95.1	90.4
五、补充指标					
营业现金比率（%）	19.5	9.8	0.0	-9.1	-18.1
国有资本回报率（%）	12.3	4.2	0.2	-4.2	-11.4
EBITDA率（%）	17.0	5.8	-1.5	-13.1	-28.0
百元收入支付的成本费用（元）	97.8	104.9	113.9	119.4	132.6
存货周转率（次）	15.9	7.0	0.7	0.6	0.5
速动比率	1.6	1.3	1.1	0.8	0.7
利润总额增长率（%）	4.8	-8.3	-29.3	-38.7	-43.8
营业总收入增长率（%）	39.0	17.8	3.7	-16.1	-28.1

农林牧渔业

范围：全行业

项　　目	优秀值	良好值	中等值	较低值	较差值
一、盈利回报指标					
净资产收益率（%）	8.8	3.7	0.4	-4.1	-10.1
营业收入利润率（%）	11.3	4.6	0.5	-4.7	-12.8
总资产报酬率（%）	3.9	2.1	0.9	-2.2	-6.9
盈余现金保障倍数	3.9	1.6	0.6	-1.5	-3.6
二、资产运营指标					
总资产周转率（次）	0.8	0.5	0.3	0.2	0.1
应收账款周转率（次）	18.0	10.9	4.2	2.1	1.0
流动资产周转率（次）	1.3	0.9	0.4	0.3	0.1
两金占流动资产比重（%）	12.1	30.6	40.2	47.4	62.5
三、风险防控指标					
资产负债率（%）	53.0	58.0	63.0	73.0	88.0
现金流动负债比率（%）	10.7	5.0	1.4	-6.2	-12.1
带息负债比率（%）	19.3	29.2	41.4	53.9	77.3
已获利息倍数	4.7	2.8	1.5	-1.2	-4.7
四、持续发展指标					
研发经费投入强度（%）	1.5	1.1	0.9	0.4	0.1
全员劳动生产率（万元/人）	35.3	24.1	13.0	6.5	0.0
经济增加值率（%）	4.8	1.1	-3.9	-7.0	-11.3
国有资本保值增值率（%）	108.5	104.8	101.0	95.1	88.7
五、补充指标					
营业现金比率（%）	23.6	11.8	0.0	-6.8	-13.6
国有资本回报率（%）	8.1	3.4	0.5	-3.4	-8.7
EBITDA率（%）	22.2	13.9	2.1	-5.4	-17.3
百元收入支付的成本费用（元）	91.5	98.5	102.2	115.2	129.7
存货周转率（次）	13.4	6.3	2.4	1.0	0.3
速动比率	1.6	1.4	1.0	0.8	0.6
利润总额增长率（%）	11.7	-5.0	-25.1	-33.0	-47.6
营业总收入增长率（%）	23.2	14.3	6.8	-2.4	-12.7

农林牧渔业

范围：大型企业

项　　目	优秀值	良好值	中等值	较低值	较差值
一、盈利回报指标					
净资产收益率（%）	11.0	5.7	0.9	-2.6	-11.2
营业收入利润率（%）	9.1	3.1	1.2	-3.0	-11.2
总资产报酬率（%）	5.7	3.1	1.5	-1.1	-7.4
盈余现金保障倍数	3.9	1.7	1.0	-1.4	-3.5
二、资产运营指标					
总资产周转率（次）	1.4	0.9	0.3	0.2	0.1
应收账款周转率（次）	23.0	14.7	7.1	4.1	1.4
流动资产周转率（次）	1.8	1.3	0.7	0.4	0.1
两金占流动资产比重（%）	27.0	33.7	41.1	50.5	57.8
三、风险防控指标					
资产负债率（%）	53.3	58.3	63.3	73.3	88.3
现金流动负债比率（%）	17.5	6.7	1.3	-9.6	-16.1
带息负债比率（%）	24.6	35.0	46.1	57.0	80.3
已获利息倍数	5.1	2.7	1.5	0.1	-0.6
四、持续发展指标					
研发经费投入强度（%）	1.5	1.2	1.1	0.4	0.1
全员劳动生产率（万元/人）	46.2	31.7	17.1	9.2	1.3
经济增加值率（%）	4.1	1.0	-3.0	-6.0	-9.3
国有资本保值增值率（%）	111.0	106.3	100.3	97.5	89.5
五、补充指标					
营业现金比率（%）	28.5	16.4	4.4	-3.7	-11.7
国有资本回报率（%）	9.8	5.1	0.9	-2.2	-9.7
EBITDA率（%）	26.9	14.0	4.9	-1.2	-9.3
百元收入支付的成本费用（元）	93.1	97.1	100.5	104.4	111.6
存货周转率（次）	8.5	6.5	4.0	2.7	1.5
速动比率	1.4	1.1	0.9	0.7	0.6
利润总额增长率（%）	9.6	-6.3	-25.8	-42.7	-56.5
营业总收入增长率（%）	20.9	14.0	5.1	-6.0	-15.7

农林牧渔业

范围：中型企业

项　　目	优秀值	良好值	中等值	较低值	较差值
一、盈利回报指标					
净资产收益率（%）	12.8	6.5	0.9	-3.5	-9.7
营业收入利润率（%）	17.9	8.2	2.4	-6.0	-13.7
总资产报酬率（%）	5.2	3.1	1.0	-1.9	-6.6
盈余现金保障倍数	2.5	1.1	0.3	-1.1	-2.9
二、资产运营指标					
总资产周转率（次）	0.8	0.5	0.3	0.2	0.1
应收账款周转率（次）	24.4	17.1	5.8	3.9	2.0
流动资产周转率（次）	1.5	1.0	0.5	0.2	0.1
两金占流动资产比重（%）	13.2	33.4	47.9	55.6	66.6
三、风险防控指标					
资产负债率（%）	51.0	56.0	61.0	71.0	86.0
现金流动负债比率（%）	16.3	9.0	1.8	-2.7	-12.0
带息负债比率（%）	14.0	22.5	32.8	50.0	73.5
已获利息倍数	6.0	3.3	1.3	-0.6	-3.6
四、持续发展指标					
研发经费投入强度（%）	1.1	0.9	0.8	0.6	0.4
全员劳动生产率（万元/人）	43.7	29.6	15.5	9.1	2.7
经济增加值率（%）	7.7	2.2	-3.6	-5.9	-9.5
国有资本保值增值率（%）	111.5	107.0	102.0	96.7	90.2
五、补充指标					
营业现金比率（%）	27.3	14.1	0.9	-6.0	-12.8
国有资本回报率（%）	11.4	5.9	1.0	-2.9	-8.4
EBITDA率（%）	26.2	15.9	4.1	-0.8	-7.8
百元收入支付的成本费用（元）	89.5	97.7	101.3	108.3	120.5
存货周转率（次）	16.1	7.7	2.8	1.4	0.5
速动比率	1.5	1.3	1.0	0.8	0.7
利润总额增长率（%）	18.2	3.8	-13.3	-31.6	-46.1
营业总收入增长率（%）	28.8	20.9	11.1	2.3	-4.5

农林牧渔业

范围：小型企业

项　　目	优秀值	良好值	中等值	较低值	较差值
一、盈利回报指标					
净资产收益率（%）	8.5	2.5	0.1	-4.3	-10.5
营业收入利润率（%）	8.7	1.2	-2.0	-8.8	-19.2
总资产报酬率（%）	3.1	1.3	0.1	-2.3	-7.2
盈余现金保障倍数	4.2	1.3	0.0	-1.8	-4.2
二、资产运营指标					
总资产周转率（次）	0.7	0.5	0.3	0.2	0.1
应收账款周转率（次）	17.1	10.7	2.9	2.0	0.9
流动资产周转率（次）	1.3	0.6	0.4	0.2	0.1
两金占流动资产比重（%）	1.6	14.8	32.6	38.7	51.5
三、风险防控指标					
资产负债率（%）	50.1	55.1	60.1	70.1	85.1
现金流动负债比率（%）	9.9	4.0	0.0	-5.9	-12.6
带息负债比率（%）	18.9	30.0	40.8	56.8	79.4
已获利息倍数	3.7	2.7	0.8	-2.6	-7.6
四、持续发展指标					
研发经费投入强度（%）	0.8	0.7	0.6	0.5	0.4
全员劳动生产率（万元/人）	32.5	22.6	12.7	5.5	-1.6
经济增加值率（%）	4.9	0.1	-4.8	-7.0	-11.8
国有资本保值增值率（%）	106.9	103.8	101.1	95.0	86.9
五、补充指标					
营业现金比率（%）	22.0	11.0	0.0	-7.2	-14.4
国有资本回报率（%）	7.6	2.3	0.2	-3.6	-9.1
EBITDA率（%）	12.3	4.3	-0.4	-8.3	-19.9
百元收入支付的成本费用（元）	94.1	99.3	103.4	117.5	131.1
存货周转率（次）	12.6	6.0	1.6	0.9	0.3
速动比率	1.9	1.5	1.0	0.8	0.6
利润总额增长率（%）	29.4	5.2	-21.6	-32.1	-45.5
营业总收入增长率（%）	31.4	24.3	11.5	-0.4	-7.4

农业

范围：全行业

项 目	优秀值	良好值	中等值	较低值	较差值
一、盈利回报指标					
净资产收益率（%）	8.8	3.8	0.8	-3.6	-9.8
营业收入利润率（%）	13.1	5.5	2.0	-3.7	-13.6
总资产报酬率（%）	3.9	1.7	0.8	-2.1	-5.0
盈余现金保障倍数	2.9	1.8	0.8	-0.9	-2.5
二、资产运营指标					
总资产周转率（次）	0.6	0.4	0.3	0.2	0.1
应收账款周转率（次）	18.8	11.1	4.6	2.1	0.5
流动资产周转率（次）	1.1	0.7	0.4	0.2	0.1
两金占流动资产比重（%）	9.7	26.9	38.8	44.9	58.4
三、风险防控指标					
资产负债率（%）	53.3	58.3	63.3	73.3	88.3
现金流动负债比率（%）	13.7	7.4	1.9	-7.4	-13.7
带息负债比率（%）	19.1	28.9	42.8	61.0	79.4
已获利息倍数	5.2	3.4	1.2	-0.8	-4.2
四、持续发展指标					
研发经费投入强度（%）	1.4	0.9	0.7	0.4	0.3
全员劳动生产率（万元/人）	37.7	25.3	12.8	6.4	0.0
经济增加值率（%）	5.2	-0.8	-4.1	-7.4	-11.5
国有资本保值增值率（%）	107.3	104.2	102.0	98.1	90.4
五、补充指标					
营业现金比率（%）	27.0	13.5	0.0	-7.5	-15.0
国有资本回报率（%）	7.7	3.3	0.7	-3.2	-8.6
EBITDA率（%）	34.4	18.6	6.0	-1.7	-11.2
百元收入支付的成本费用（元）	93.5	98.3	101.8	111.2	122.8
存货周转率（次）	10.8	6.5	2.8	1.5	0.6
速动比率	1.8	1.3	1.0	0.9	0.7
利润总额增长率（%）	15.7	8.2	1.2	-17.6	-26.9
营业总收入增长率（%）	23.9	16.6	11.1	-5.5	-20.0

农业

范围：大型企业

项　　　目	优秀值	良好值	中等值	较低值	较差值
一、盈利回报指标					
净资产收益率（%）	17.0	8.9	2.5	-1.0	-8.8
营业收入利润率（%）	18.9	11.3	5.2	-0.8	-4.4
总资产报酬率（%）	8.2	5.6	2.4	0.0	-4.3
盈余现金保障倍数	3.2	1.9	0.8	-0.9	-2.6
二、资产运营指标					
总资产周转率（次）	1.0	0.6	0.3	0.2	0.1
应收账款周转率（次）	28.6	19.6	10.4	7.5	4.8
流动资产周转率（次）	1.7	1.1	0.8	0.4	0.1
两金占流动资产比重（%）	16.8	27.7	40.0	50.3	55.7
三、风险防控指标					
资产负债率（%）	53.0	58.0	63.0	73.0	88.0
现金流动负债比率（%）	15.1	9.7	4.2	-7.9	-16.3
带息负债比率（%）	21.0	34.7	44.3	69.3	88.4
已获利息倍数	5.0	3.3	1.7	-0.7	-2.7
四、持续发展指标					
研发经费投入强度（%）	1.4	0.9	0.6	0.3	0.2
全员劳动生产率（万元/人）	50.6	33.9	17.2	10.9	4.6
经济增加值率（%）	8.2	3.6	-2.0	-5.3	-6.7
国有资本保值增值率（%）	107.6	104.2	101.7	98.2	90.7
五、补充指标					
营业现金比率（%）	37.6	21.3	5.0	-3.4	-11.8
国有资本回报率（%）	15.2	8.1	2.5	-0.6	-7.4
EBITDA率（%）	26.7	18.8	6.0	0.2	-4.4
百元收入支付的成本费用（元）	89.9	94.2	99.6	107.7	114.3
存货周转率（次）	9.6	7.2	4.1	3.2	2.0
速动比率	1.5	1.3	1.0	0.8	0.6
利润总额增长率（%）	30.7	24.8	15.6	-3.5	-23.8
营业总收入增长率（%）	19.2	12.7	8.8	-1.3	-10.4

农业

范围：中型企业

项　目	优秀值	良好值	中等值	较低值	较差值
一、盈利回报指标					
净资产收益率（%）	13.9	7.6	0.8	-3.6	-10.7
营业收入利润率（%）	18.0	8.1	2.4	-6.8	-15.7
总资产报酬率（%）	5.4	3.7	1.0	-1.4	-4.2
盈余现金保障倍数	2.9	1.8	0.9	-0.8	-2.3
二、资产运营指标					
总资产周转率（次）	0.7	0.4	0.3	0.2	0.1
应收账款周转率（次）	31.2	16.5	4.2	2.9	1.3
流动资产周转率（次）	1.4	1.0	0.4	0.3	0.1
两金占流动资产比重（%）	6.7	20.3	41.5	49.0	54.5
三、风险防控指标					
资产负债率（%）	51.0	56.0	61.0	71.0	86.0
现金流动负债比率（%）	19.6	12.6	3.4	-4.3	-9.5
带息负债比率（%）	15.8	26.3	42.4	60.6	76.7
已获利息倍数	6.8	4.3	2.1	0.1	-3.4
四、持续发展指标					
研发经费投入强度（%）	1.1	0.9	0.8	0.7	0.6
全员劳动生产率（万元/人）	47.9	30.9	14.0	8.6	3.2
经济增加值率（%）	9.6	4.1	-3.8	-5.8	-8.8
国有资本保值增值率（%）	111.2	106.3	102.7	95.7	89.7
五、补充指标					
营业现金比率（%）	35.7	19.5	3.2	-5.6	-14.3
国有资本回报率（%）	12.3	6.7	0.8	-3.1	-9.3
EBITDA率（%）	31.1	17.9	4.0	-2.0	-8.2
百元收入支付的成本费用（元）	88.3	96.5	101.0	109.7	120.9
存货周转率（次）	7.1	5.3	2.0	1.1	0.4
速动比率	1.6	1.3	1.0	0.9	0.7
利润总额增长率（%）	8.9	1.1	-10.5	-29.2	-37.7
营业总收入增长率（%）	24.8	17.3	9.9	1.4	-4.8

农业

范围：小型企业

项　　目	优秀值	良好值	中等值	较低值	较差值
一、盈利回报指标					
净资产收益率（%）	8.2	2.1	0.1	-4.2	-11.1
营业收入利润率（%）	9.3	-0.3	-3.0	-9.8	-19.2
总资产报酬率（%）	3.2	1.3	0.2	-2.1	-5.2
盈余现金保障倍数	3.5	2.5	1.1	-0.1	-2.0
二、资产运营指标					
总资产周转率（次）	0.5	0.4	0.3	0.2	0.1
应收账款周转率（次）	15.7	8.8	2.8	2.0	0.5
流动资产周转率（次）	1.0	0.7	0.3	0.2	0.1
两金占流动资产比重（%）	4.7	21.6	32.6	40.7	61.7
三、风险防控指标					
资产负债率（%）	55.8	60.8	65.8	75.8	90.8
现金流动负债比率（%）	13.1	6.1	0.0	-7.4	-15.6
带息负债比率（%）	16.7	27.9	39.4	54.6	74.7
已获利息倍数	5.9	3.0	0.9	-1.1	-4.3
四、持续发展指标					
研发经费投入强度（%）	0.7	0.6	0.4	0.3	0.2
全员劳动生产率（万元/人）	34.7	23.2	11.8	5.0	-1.8
经济增加值率（%）	4.4	-1.4	-4.9	-8.0	-12.9
国有资本保值增值率（%）	105.6	103.0	101.1	94.4	86.9
五、补充指标					
营业现金比率（%）	24.1	12.1	0.0	-8.0	-15.9
国有资本回报率（%）	7.2	1.9	0.1	-3.6	-9.7
EBITDA率（%）	34.5	14.7	-1.4	-11.8	-29.7
百元收入支付的成本费用（元）	93.7	100.4	104.9	116.7	124.6
存货周转率（次）	11.4	6.0	1.7	1.0	0.5
速动比率	1.8	1.3	1.0	0.8	0.6
利润总额增长率（%）	6.0	-7.8	-19.8	-37.6	-49.5
营业总收入增长率（%）	33.6	25.8	13.9	-5.6	-20.6

林业

范围：全行业

项目	优秀值	良好值	中等值	较低值	较差值
一、盈利回报指标					
净资产收益率（%）	5.3	2.2	0.6	-2.7	-7.7
营业收入利润率（%）	16.1	6.7	0.5	-12.9	-19.8
总资产报酬率（%）	2.9	1.7	0.5	-0.5	-2.6
盈余现金保障倍数	2.7	1.0	0.0	-2.2	-4.2
二、资产运营指标					
总资产周转率（次）	0.5	0.4	0.3	0.2	0.1
应收账款周转率（次）	16.8	8.2	2.8	1.3	0.6
流动资产周转率（次）	1.6	0.8	0.3	0.2	0.1
两金占流动资产比重（%）	7.4	17.1	37.2	50.9	60.4
三、风险防控指标					
资产负债率（%）	50.4	55.4	60.4	70.4	85.4
现金流动负债比率（%）	10.4	6.9	2.4	-4.8	-8.7
带息负债比率（%）	20.6	30.7	42.0	53.0	72.8
已获利息倍数	5.1	3.3	1.4	-0.6	-3.6
四、持续发展指标					
研发经费投入强度（%）	0.9	0.7	0.6	0.5	0.4
全员劳动生产率（万元/人）	25.7	18.9	12.0	7.1	2.2
经济增加值率（%）	0.5	-2.6	-4.1	-6.4	-8.8
国有资本保值增值率（%）	104.5	102.4	100.5	95.7	87.8
五、补充指标					
营业现金比率（%）	20.6	10.3	0.0	-4.7	-9.4
国有资本回报率（%）	4.6	1.9	0.5	-2.4	-6.8
EBITDA率（%）	34.9	21.7	11.2	2.0	-12.6
百元收入支付的成本费用（元）	87.5	96.0	100.2	111.6	121.2
存货周转率（次）	6.0	2.9	0.7	0.3	0.2
速动比率	2.1	1.7	1.3	1.1	0.9
利润总额增长率（%）	-1.6	-11.3	-23.8	-39.9	-50.6
营业总收入增长率（%）	21.7	12.9	5.1	-8.9	-19.9

畜牧业

范围：全行业

项　　目	优秀值	良好值	中等值	较低值	较差值
一、盈利回报指标					
净资产收益率（％）	5.7	0.3	-1.2	-10.5	-19.3
营业收入利润率（％）	2.9	-1.1	-5.2	-12.3	-20.0
总资产报酬率（％）	4.0	0.6	0.0	-5.8	-9.8
盈余现金保障倍数	3.8	1.8	0.4	-0.8	-2.6
二、资产运营指标					
总资产周转率（次）	0.6	0.4	0.3	0.2	0.1
应收账款周转率（次）	22.7	12.5	8.2	3.7	1.0
流动资产周转率（次）	1.8	1.4	0.9	0.5	0.3
两金占流动资产比重（％）	26.8	39.8	44.8	51.7	70.0
三、风险防控指标					
资产负债率（％）	53.9	58.9	63.9	73.9	88.9
现金流动负债比率（％）	14.3	4.5	0.0	-7.7	-13.1
带息负债比率（％）	17.1	27.4	38.6	55.9	70.3
已获利息倍数	2.8	1.9	-0.1	-3.3	-7.0
四、持续发展指标					
研发经费投入强度（％）	2.5	1.4	0.8	0.6	0.3
全员劳动生产率（万元/人）	30.7	22.6	14.6	5.6	-3.3
经济增加值率（％）	7.2	-0.2	-4.0	-10.7	-17.1
国有资本保值增值率（％）	104.3	102.3	100.4	96.8	89.9
五、补充指标					
营业现金比率（％）	19.8	10.5	1.3	-6.0	-13.4
国有资本回报率（％）	6.1	1.3	-0.1	-8.2	-15.9
EBITDA率（％）	22.7	11.2	3.9	-7.3	-28.3
百元收入支付的成本费用（元）	100.3	104.4	108.3	116.8	132.4
存货周转率（次）	6.2	4.6	3.1	1.5	0.6
速动比率	1.6	1.2	0.6	0.5	0.3
利润总额增长率（％）	-1.9	-14.1	-26.0	-40.1	-48.7
营业总收入增长率（％）	22.3	14.8	7.5	-8.3	-18.9

渔业

范围：全行业

项目	优秀值	良好值	中等值	较低值	较差值
一、盈利回报指标					
净资产收益率（%）	9.0	3.8	0.4	-3.9	-14.0
营业收入利润率（%）	16.9	8.2	0.0	-7.1	-16.2
总资产报酬率（%）	6.2	2.5	0.2	-1.9	-6.3
盈余现金保障倍数	1.5	0.7	0.1	-1.1	-3.0
二、资产运营指标					
总资产周转率（次）	0.6	0.4	0.3	0.2	0.1
应收账款周转率（次）	18.6	13.1	9.8	4.6	2.0
流动资产周转率（次）	1.0	0.7	0.4	0.2	0.1
两金占流动资产比重（%）	9.5	20.9	28.1	39.2	64.9
三、风险防控指标					
资产负债率（%）	51.0	56.0	61.0	71.0	86.0
现金流动负债比率（%）	10.7	3.0	0.0	-6.0	-14.9
带息负债比率（%）	25.8	37.4	46.1	67.5	86.8
已获利息倍数	4.2	2.3	1.0	-1.2	-3.2
四、持续发展指标					
研发经费投入强度（%）	1.0	0.8	0.7	0.6	0.4
全员劳动生产率（万元/人）	34.0	25.0	16.1	8.8	1.5
经济增加值率（%）	5.2	0.9	-4.5	-7.3	-14.5
国有资本保值增值率（%）	106.2	103.6	100.7	95.9	89.9
五、补充指标					
营业现金比率（%）	23.7	11.8	0.0	-6.2	-12.3
国有资本回报率（%）	8.1	3.5	0.5	-3.3	-12.1
EBITDA率（%）	45.2	28.4	12.9	3.1	-15.1
百元收入支付的成本费用（元）	90.1	98.6	106.4	116.7	122.8
存货周转率（次）	6.9	3.8	2.1	1.1	0.3
速动比率	1.8	1.6	1.2	1.0	0.7
利润总额增长率（%）	-7.6	-16.3	-25.9	-38.5	-47.4
营业总收入增长率（%）	22.6	13.1	5.9	-6.8	-19.3

第二部分

企业绩效评价国际标准值（2024）

石油石化工业

范围：全行业

项　　目	优秀值	良好值	中等值	较低值	较差值
一、盈利回报指标					
净资产收益率（%）	16.9	11.3	7.3	3.1	-13.6
营业收入利润率（%）	22.7	9.7	3.7	0.9	-7.4
总资产报酬率（%）	13.1	9.3	6.4	3.3	-5.9
盈余现金保障倍数	2.5	1.9	1.5	1.0	-0.5
二、资产运营指标					
总资产周转率（次）	1.8	1.0	0.6	0.4	0.2
应收账款周转率（次）	16.8	11.3	8.8	6.9	3.9
流动资产周转率（次）	4.9	3.5	2.6	1.8	0.8
两金占流动资产比重（%）	24.6	35.1	47.0	60.7	72.7
三、风险防控指标					
资产负债率（%）	23.2	37.4	48.4	56.7	68.3
现金流动负债比率（%）	110.5	57.1	35.8	16.6	-6.8
带息负债比率（%）	11.4	26.8	40.7	51.6	64.0
已获利息倍数	14.8	8.0	3.8	1.5	-6.2
四、持续发展指标					
研发经费投入强度（%）	0.7	0.4	0.2	0.1	0.0
全员劳动生产率（万美元/人）	155.5	53.0	19.2	5.2	0.1
经济增加值率（%）	9.3	5.9	2.6	-0.9	-11.7
资本保值增值率（%）	115.6	108.4	103.7	98.2	81.2
五、补充指标					
营业现金比率（%）	37.0	16.1	7.2	3.1	-2.1
归母净资产收益率（%）	17.0	11.5	7.2	3.1	-19.0
EBITDA率（%）	48.7	21.7	8.5	4.0	0.2
百元收入支付的成本费用（元）	56.6	76.7	91.3	96.4	99.2
存货周转率（次）	32.3	18.0	11.7	8.5	4.5
速动比率	1.3	1.0	0.8	0.6	0.3
利润总额增长率（%）	2.9	-8.2	-30.4	-57.5	-139.7
营业总收入增长率（%）	3.1	-5.4	-11.9	-20.0	-41.5

黑色金属冶炼

范围：全行业

项　　目	优秀值	良好值	中等值	较低值	较差值
一、盈利回报指标					
净资产收益率（%）	11.3	7.3	3.6	0.3	-17.1
营业收入利润率（%）	8.4	4.9	2.2	0.1	-6.7
总资产报酬率（%）	9.8	6.4	3.8	1.3	-5.0
盈余现金保障倍数	2.4	1.6	1.1	0.5	-2.0
二、资产运营指标					
总资产周转率（次）	1.3	1.1	0.9	0.7	0.4
应收账款周转率（次）	14.1	9.6	6.8	4.8	3.0
流动资产周转率（次）	2.6	2.1	1.7	1.4	0.8
两金占流动资产比重（%）	35.6	51.2	61.1	72.1	83.6
三、风险防控指标					
资产负债率（%）	22.2	33.0	42.8	51.6	59.8
现金流动负债比率（%）	44.2	24.2	12.3	2.5	-17.1
带息负债比率（%）	21.4	35.7	48.2	59.9	69.5
已获利息倍数	12.8	5.6	2.7	1.0	-4.3
四、持续发展指标					
研发经费投入强度（%）	2.7	0.8	0.4	0.3	0.1
全员劳动生产率（万美元/人）	6.1	3.7	2.2	1.1	-2.1
经济增加值率（%）	6.0	2.7	-0.6	-3.3	-11.4
资本保值增值率（%）	113.0	105.8	102.2	98.9	82.1
五、补充指标					
营业现金比率（%）	11.3	7.4	4.2	0.8	-6.9
归母净资产收益率（%）	11.5	7.4	4.1	0.3	-21.7
EBITDA率（%）	13.7	9.2	5.5	2.8	-2.2
百元收入支付的成本费用（元）	80.7	90.9	95.2	97.6	99.8
存货周转率（次）	6.9	5.1	4.0	3.2	2.2
速动比率	1.5	1.1	0.8	0.6	0.3
利润总额增长率（%）	8.3	-6.9	-23.5	-60.0	-168.6
营业总收入增长率（%）	7.3	-0.9	-7.6	-15.6	-29.2

有色金属业

范围：全行业

项　　目	优秀值	良好值	中等值	较低值	较差值
一、盈利回报指标					
净资产收益率（%）	12.9	8.5	5.4	1.0	-14.0
营业收入利润率（%）	17.7	9.5	3.8	0.9	-11.0
总资产报酬率（%）	9.0	6.5	3.5	-0.3	-9.6
盈余现金保障倍数	2.6	2.0	1.5	1.1	-1.6
二、资产运营指标					
总资产周转率（次）	1.0	0.7	0.6	0.4	0.2
应收账款周转率（次）	24.6	18.3	10.2	6.5	3.3
流动资产周转率（次）	2.7	2.1	1.7	1.3	0.7
两金占流动资产比重（%）	23.3	40.2	52.2	62.7	73.8
三、风险防控指标					
资产负债率（%）	20.7	29.7	38.8	49.6	57.8
现金流动负债比率（%）	76.1	52.4	28.6	8.7	-16.5
带息负债比率（%）	16.7	28.9	46.4	60.4	70.5
已获利息倍数	11.0	5.5	2.9	-0.2	-11.6
四、持续发展指标					
研发经费投入强度（%）	3.4	1.8	0.8	0.4	0.1
全员劳动生产率（万美元/人）	10.0	6.0	3.6	2.0	0.5
经济增加值率（%）	8.0	3.9	0.9	-2.3	-15.6
资本保值增值率（%）	114.4	107.4	102.5	95.1	74.5
五、补充指标					
营业现金比率（%）	26.9	16.4	8.8	3.0	-9.4
归母净资产收益率（%）	11.9	8.1	4.2	-2.5	-24.7
EBITDA率（%）	35.6	21.7	11.4	6.1	-3.8
百元收入支付的成本费用（元）	71.2	86.9	92.9	97.2	102.5
存货周转率（次）	7.5	5.4	4.2	3.5	1.9
速动比率	1.5	1.1	0.8	0.6	0.3
利润总额增长率（%）	5.1	-9.5	-27.6	-61.2	-183.2
营业总收入增长率（%）	13.3	4.5	-4.8	-13.0	-30.7

煤炭工业

范围：全行业

项　　目	优秀值	良好值	中等值	较低值	较差值
一、盈利回报指标					
净资产收益率（%）	24.1	17.5	11.5	4.0	-19.8
营业收入利润率（%）	23.5	12.3	4.7	1.0	-18.4
总资产报酬率（%）	17.8	11.4	7.3	2.0	-11.5
盈余现金保障倍数	1.8	1.3	1.0	0.6	-1.6
二、资产运营指标					
总资产周转率（次）	1.1	0.8	0.6	0.4	0.3
应收账款周转率（次）	18.4	11.8	9.9	6.9	4.0
流动资产周转率（次）	3.2	2.5	2.0	1.5	0.9
两金占流动资产比重（%）	11.4	22.6	36.3	47.2	60.8
三、风险防控指标					
资产负债率（%）	23.2	33.7	44.5	53.0	64.8
现金流动负债比率（%）	66.1	37.0	20.2	4.8	-21.1
带息负债比率（%）	10.2	21.1	36.2	47.4	60.5
已获利息倍数	20.3	11.5	4.4	1.5	-14.3
四、持续发展指标					
研发经费投入强度（%）	2.4	1.4	0.6	0.3	0.0
全员劳动生产率（万美元/人）	14.4	7.2	3.5	1.1	-0.9
经济增加值率（%）	21.6	11.5	6.0	-0.4	-18.4
资本保值增值率（%）	115.1	108.9	103.8	98.2	76.8
五、补充指标					
营业现金比率（%）	23.9	15.5	8.7	3.2	-6.8
归母净资产收益率（%）	22.9	17.8	10.1	2.3	-32.2
EBITDA率（%）	33.1	23.8	11.5	5.5	-2.1
百元收入支付的成本费用（元）	66.8	74.7	86.3	94.8	99.1
存货周转率（次）	24.9	19.6	13.0	8.9	3.5
速动比率	1.6	1.1	0.8	0.5	0.2
利润总额增长率（%）	6.6	-14.5	-32.1	-50.7	-120.1
营业总收入增长率（%）	5.3	-5.9	-15.3	-23.9	-43.0

电力生产业

范围：全行业

项　　目	优秀值	良好值	中等值	较低值	较差值
一、盈利回报指标					
净资产收益率（%）	12.4	9.7	7.5	4.1	-8.2
营业收入利润率（%）	18.3	12.2	8.2	4.3	-6.0
总资产报酬率（%）	8.3	6.0	4.6	3.2	-2.8
盈余现金保障倍数	2.6	2.1	1.6	1.1	0.0
二、资产运营指标					
总资产周转率（次）	0.6	0.4	0.3	0.2	0.1
应收账款周转率（次）	9.7	7.2	5.6	4.0	1.7
流动资产周转率（次）	2.8	2.1	1.6	1.1	0.5
两金占流动资产比重（%）	16.8	32.1	42.3	51.4	64.2
三、风险防控指标					
资产负债率（%）	33.8	50.6	60.0	67.3	73.5
现金流动负债比率（%）	57.8	39.7	26.3	14.2	-12.6
带息负债比率（%）	22.3	46.0	58.4	69.1	78.7
已获利息倍数	5.6	3.7	2.7	1.8	-1.0
四、持续发展指标					
研发经费投入强度（%）	0.8	0.5	0.2	0.1	0.0
全员劳动生产率（万美元/人）	40.4	28.8	17.2	8.7	1.4
经济增加值率（%）	4.6	3.1	1.6	-0.2	-5.4
资本保值增值率（%）	112.7	107.5	103.7	99.7	82.6
五、补充指标					
营业现金比率（%）	31.5	21.1	14.8	8.7	-3.0
归母净资产收益率（%）	12.5	9.8	7.2	3.5	-10.1
EBITDA率（%）	41.1	29.8	21.3	12.6	2.3
百元收入支付的成本费用（元）	65.9	79.5	86.5	91.0	95.6
存货周转率（次）	40.5	22.9	16.7	9.9	4.2
速动比率	1.3	1.1	0.8	0.6	0.3
利润总额增长率（%）	24.9	3.4	-3.1	-18.6	-112.9
营业总收入增长率（%）	12.1	6.6	0.4	-7.2	-26.4

电力供应业

范围：全行业

项　　目	优秀值	良好值	中等值	较低值	较差值
一、盈利回报指标					
净资产收益率（%）	16.0	11.8	8.7	4.6	-6.9
营业收入利润率（%）	15.8	11.6	7.8	4.0	-5.4
总资产报酬率（%）	9.3	6.3	4.5	2.9	-1.6
盈余现金保障倍数	2.6	2.0	1.5	1.0	0.0
二、资产运营指标					
总资产周转率（次）	0.8	0.5	0.4	0.3	0.2
应收账款周转率（次）	11.3	8.8	7.0	5.3	3.2
流动资产周转率（次）	3.3	2.7	2.3	1.7	0.8
两金占流动资产比重（%）	25.9	33.4	43.7	52.2	64.6
三、风险防控指标					
资产负债率（%）	38.5	52.7	60.1	69.6	75.1
现金流动负债比率（%）	57.6	42.3	27.5	13.9	-5.5
带息负债比率（%）	15.3	35.7	50.3	57.6	68.4
已获利息倍数	7.7	3.8	2.7	1.8	-0.9
四、持续发展指标					
研发经费投入强度（%）	0.5	0.3	0.2	0.0	0.0
全员劳动生产率（万美元/人）	39.1	29.1	16.3	7.4	1.0
经济增加值率（%）	8.2	4.3	2.3	0.0	-6.2
资本保值增值率（%）	113.6	108.0	104.6	101.2	87.8
五、补充指标					
营业现金比率（%）	24.3	17.6	12.1	5.2	-1.8
归母净资产收益率（%）	17.0	11.5	8.8	4.6	-9.3
EBITDA率（%）	31.4	25.0	18.0	10.2	1.2
百元收入支付的成本费用（元）	73.4	84.1	88.6	92.1	95.9
存货周转率（次）	51.2	24.7	15.3	8.4	5.3
速动比率	1.1	0.9	0.7	0.5	0.4
利润总额增长率（%）	16.8	1.7	-4.9	-16.1	-121.5
营业总收入增长率（%）	13.2	6.9	2.1	-5.3	-24.0

通信业

范围：全行业

项　　目	优秀值	良好值	中等值	较低值	较差值
一、盈利回报指标					
净资产收益率（%）	15.7	11.4	6.6	-0.7	-17.4
营业收入利润率（%）	16.7	11.8	6.2	0.4	-18.9
总资产报酬率（%）	9.4	7.0	4.7	1.7	-8.0
盈余现金保障倍数	3.9	2.7	2.2	1.7	0.5
二、资产运营指标					
总资产周转率（次）	0.6	0.5	0.4	0.3	0.1
应收账款周转率（次）	12.0	8.5	6.4	4.7	2.4
流动资产周转率（次）	2.9	2.3	1.8	1.4	0.6
两金占流动资产比重（%）	15.0	26.0	35.2	43.2	54.7
三、风险防控指标					
资产负债率（%）	32.3	48.8	56.9	64.5	72.9
现金流动负债比率（%）	70.9	54.0	40.4	24.6	-0.8
带息负债比率（%）	16.9	38.6	53.5	61.9	70.7
已获利息倍数	7.7	4.0	2.3	0.7	-8.5
四、持续发展指标					
研发经费投入强度（%）	3.7	2.4	1.4	0.6	0.2
全员劳动生产率（万美元/人）	21.0	13.3	9.1	4.2	0.1
经济增加值率（%）	8.2	4.8	1.1	-2.3	-15.9
资本保值增值率（%）	110.3	105.3	101.1	96.3	82.0
五、补充指标					
营业现金比率（%）	35.4	28.3	22.2	12.8	-0.5
归母净资产收益率（%）	15.9	11.2	6.1	-0.9	-25.9
EBITDA率（%）	42.5	36.7	28.9	19.5	2.1
百元收入支付的成本费用（元）	73.0	83.9	88.3	94.5	99.8
存货周转率（次）	73.0	42.1	30.9	19.9	6.1
速动比率	1.2	0.9	0.8	0.6	0.3
利润总额增长率（%）	18.2	0.6	-8.6	-22.4	-141.3
营业总收入增长率（%）	9.6	5.0	2.4	0.3	-9.2

商贸业

范围：全行业

项　　目	优秀值	良好值	中等值	较低值	较差值
一、盈利回报指标					
净资产收益率（%）	14.0	9.3	5.6	1.7	-17.7
营业收入利润率（%）	9.6	5.5	3.1	0.9	-9.3
总资产报酬率（%）	10.5	7.3	4.8	2.2	-8.0
盈余现金保障倍数	2.5	1.8	1.3	0.9	-0.5
二、资产运营指标					
总资产周转率（次）	1.5	1.2	0.9	0.7	0.3
应收账款周转率（次）	26.4	15.6	10.4	7.0	4.1
流动资产周转率（次）	3.3	2.6	2.0	1.5	0.8
两金占流动资产比重（%）	25.1	43.9	56.8	67.4	78.2
三、风险防控指标					
资产负债率（%）	21.5	36.8	47.9	57.3	67.0
现金流动负债比率（%）	47.9	31.7	19.3	7.9	-13.6
带息负债比率（%）	14.4	30.6	45.2	55.9	67.0
已获利息倍数	12.5	7.6	3.6	1.4	-5.7
四、持续发展指标					
研发经费投入强度（%）	1.8	0.9	0.5	0.2	0.0
全员劳动生产率（万美元/人）	4.6	2.9	1.9	0.9	-0.9
经济增加值率（%）	8.2	4.1	1.2	-1.8	-14.7
资本保值增值率（%）	111.7	106.6	103.0	98.5	74.0
五、补充指标					
营业现金比率（%）	12.6	8.7	5.5	2.4	-4.9
归母净资产收益率（%）	14.2	9.4	5.5	1.4	-22.4
EBITDA率（%）	15.6	10.9	7.5	4.4	-1.6
百元收入支付的成本费用（元）	82.2	89.9	94.3	96.8	99.1
存货周转率（次）	10.0	7.2	5.4	4.0	1.9
速动比率	1.4	1.0	0.7	0.5	0.2
利润总额增长率（%）	24.4	1.4	-0.3	-31.5	-152.3
营业总收入增长率（%）	12.2	6.7	2.5	-3.5	-18.0

航空航天

范围：全行业

项　　目	优秀值	良好值	中等值	较低值	较差值
一、盈利回报指标					
净资产收益率（%）	11.1	7.1	3.0	0.0	-17.4
营业收入利润率（%）	10.9	7.5	4.4	0.0	-15.6
总资产报酬率（%）	7.8	5.3	3.1	0.7	-12.5
盈余现金保障倍数	1.7	1.2	0.7	-0.2	-2.5
二、资产运营指标					
总资产周转率（次）	0.7	0.6	0.5	0.4	0.2
应收账款周转率（次）	7.7	5.6	3.7	2.5	1.0
流动资产周转率（次）	1.4	1.0	0.7	0.5	0.3
两金占流动资产比重（%）	28.0	43.7	53.5	62.8	73.6
三、风险防控指标					
资产负债率（%）	20.0	34.3	47.1	58.3	68.4
现金流动负债比率（%）	23.9	14.6	5.2	-7.3	-36.1
带息负债比率（%）	9.5	19.2	33.5	42.8	53.9
已获利息倍数	14.2	7.7	3.9	1.0	-10.9
四、持续发展指标					
研发经费投入强度（%）	8.0	6.0	3.7	2.0	0.6
全员劳动生产率（万美元/人）	4.5	3.3	1.8	0.8	-4.7
经济增加值率（%）	5.6	1.9	-1.7	-4.5	-14.3
资本保值增值率（%）	118.1	109.5	102.8	99.0	79.2
五、补充指标					
营业现金比率（%）	13.3	8.2	3.1	-4.8	-27.0
归母净资产收益率（%）	11.9	7.5	3.9	-0.5	-29.4
EBITDA率（%）	17.6	12.5	9.7	4.9	-16.2
百元收入支付的成本费用（元）	74.8	88.1	92.0	95.1	99.8
存货周转率（次）	4.2	3.1	2.2	1.6	1.0
速动比率	1.8	1.3	1.0	0.8	0.5
利润总额增长率（%）	33.2	2.0	-7.3	-22.3	-130.4
营业总收入增长率（%）	27.1	16.5	8.9	2.7	-27.8

船舶工业

范围：全行业

项　　目	优秀值	良好值	中等值	较低值	较差值
一、盈利回报指标					
净资产收益率（%）	9.4	5.4	0.5	-6.6	-26.4
营业收入利润率（%）	7.4	4.4	0.6	-4.2	-29.5
总资产报酬率（%）	6.1	3.6	1.0	-0.8	-16.8
盈余现金保障倍数	4.5	2.5	1.4	0.7	-3.2
二、资产运营指标					
总资产周转率（次）	0.8	0.7	0.6	0.4	0.2
应收账款周转率（次）	14.0	10.4	6.8	4.5	2.3
流动资产周转率（次）	1.7	1.4	1.0	0.8	0.4
两金占流动资产比重（%）	12.7	23.1	29.8	40.8	52.3
三、风险防控指标					
资产负债率（%）	29.1	39.7	54.9	61.6	71.3
现金流动负债比率（%）	31.5	17.8	9.0	-3.6	-32.5
带息负债比率（%）	9.2	21.4	30.1	40.9	52.4
已获利息倍数	6.3	3.8	0.9	-1.1	-12.9
四、持续发展指标					
研发经费投入强度（%）	1.7	1.0	0.6	0.3	0.0
全员劳动生产率（万美元/人）	2.7	2.3	0.8	0.1	-1.6
经济增加值率（%）	2.5	0.3	-3.0	-7.2	-24.5
资本保值增值率（%）	111.8	107.4	104.9	99.7	73.4
五、补充指标					
营业现金比率（%）	19.4	11.0	5.6	-3.1	-41.8
归母净资产收益率（%）	10.2	5.4	0.3	-7.2	-94.3
EBITDA率（%）	14.9	9.3	4.7	1.5	-34.7
百元收入支付的成本费用（元）	83.7	92.0	95.2	99.5	103.4
存货周转率（次）	16.6	9.1	5.2	3.3	1.8
速动比率	1.5	1.1	0.9	0.7	0.4
利润总额增长率（%）	59.5	20.1	-6.0	-25.8	-88.6
营业总收入增长率（%）	32.2	22.8	11.7	-0.7	-19.5

航空运输业

范围：全行业

项 目	优秀值	良好值	中等值	较低值	较差值
一、盈利回报指标					
净资产收益率（%）	21.3	14.3	9.5	3.0	-26.8
营业收入利润率（%）	9.1	5.5	1.0	-5.0	-20.7
总资产报酬率（%）	8.9	5.8	4.4	0.6	-12.9
盈余现金保障倍数	4.0	3.0	2.4	1.6	0.7
二、资产运营指标					
总资产周转率（次）	0.8	0.7	0.6	0.5	0.3
应收账款周转率（次）	38.9	27.7	20.3	14.9	8.5
流动资产周转率（次）	3.8	3.1	2.5	2.1	1.2
两金占流动资产比重（%）	7.8	13.6	18.5	21.2	31.7
三、风险防控指标					
资产负债率（%）	63.4	71.4	79.4	84.9	91.2
现金流动负债比率（%）	45.3	34.9	25.4	15.3	-15.1
带息负债比率（%）	28.5	42.3	50.0	58.8	66.3
已获利息倍数	3.7	2.4	1.2	0.4	-3.5
四、持续发展指标					
研发经费投入强度（%）	0.7	0.4	0.3	0.3	0.1
全员劳动生产率（万美元/人）	7.7	6.9	4.5	2.1	-5.4
经济增加值率（%）	8.4	5.5	2.3	-1.0	-32.0
资本保值增值率（%）	125.9	112.9	106.1	91.9	71.6
五、补充指标					
营业现金比率（%）	25.1	18.9	13.9	6.6	-6.9
归母净资产收益率（%）	18.3	13.1	7.2	-3.2	-138.9
EBITDA率（%）	23.4	20.3	16.3	8.9	-8.0
百元收入支付的成本费用（元）	85.4	90.1	93.7	98.0	101.5
存货周转率（次）	77.3	61.4	38.6	28.8	15.0
速动比率	1.0	0.7	0.6	0.4	0.2
利润总额增长率（%）	14.6	4.1	-8.2	-22.6	-48.3
营业总收入增长率（%）	71.4	32.0	22.6	13.7	-0.4

水上运输业

范围：全行业

项　　　目	优秀值	良好值	中等值	较低值	较差值
一、盈利回报指标					
净资产收益率（%）	12.1	8.8	6.2	2.8	-15.5
营业收入利润率（%）	10.5	6.6	3.9	2.0	-6.6
总资产报酬率（%）	9.6	6.7	4.9	2.9	-3.3
盈余现金保障倍数	2.8	2.0	1.5	1.1	-0.3
二、资产运营指标					
总资产周转率（次）	1.2	0.9	0.6	0.4	0.2
应收账款周转率（次）	10.8	8.2	6.7	5.5	3.4
流动资产周转率（次）	3.5	2.7	2.2	1.6	0.8
两金占流动资产比重（%）	12.9	24.4	35.5	44.8	57.1
三、风险防控指标					
资产负债率（%）	21.9	36.5	45.2	52.8	62.4
现金流动负债比率（%）	70.9	46.4	31.2	15.2	-10.4
带息负债比率（%）	19.7	43.2	55.0	65.0	76.2
已获利息倍数	17.4	7.5	3.8	2.0	-2.2
四、持续发展指标					
研发经费投入强度（%）	0.8	0.4	0.2	0.1	0.0
全员劳动生产率（万美元/人）	10.2	5.0	2.8	1.5	0.1
经济增加值率（%）	6.5	3.4	1.4	-1.0	-10.2
资本保值增值率（%）	111.8	107.0	103.9	99.5	79.6
五、补充指标					
营业现金比率（%）	19.9	12.6	8.5	5.0	-3.5
归母净资产收益率（%）	12.6	8.9	6.1	2.7	-15.9
EBITDA率（%）	22.7	14.8	10.2	7.1	2.1
百元收入支付的成本费用（元）	77.1	88.0	93.0	95.4	97.5
存货周转率（次）	175.9	65.2	32.3	21.7	8.4
速动比率	1.9	1.4	1.1	0.9	0.5
利润总额增长率（%）	6.8	-2.1	-27.0	-59.0	-115.4
营业总收入增长率（%）	6.8	-0.5	-7.1	-20.4	-45.3

建筑业

范围：全行业

项　　目	优秀值	良好值	中等值	较低值	较差值
一、盈利回报指标					
净资产收益率（%）	11.8	7.9	5.1	1.3	-21.6
营业收入利润率（%）	7.0	4.9	2.9	0.7	-12.2
总资产报酬率（%）	7.7	5.3	3.4	1.8	-5.1
盈余现金保障倍数	2.2	1.4	0.7	-0.2	-5.9
二、资产运营指标					
总资产周转率（次）	1.2	1.0	0.7	0.5	0.2
应收账款周转率（次）	7.2	5.4	3.7	2.4	1.3
流动资产周转率（次）	1.9	1.5	1.2	0.8	0.4
两金占流动资产比重（%）	18.9	32.5	42.4	53.9	65.3
三、风险防控指标					
资产负债率（%）	30.9	46.7	57.0	65.2	74.7
现金流动负债比率（%）	20.9	10.9	4.0	-3.2	-27.4
带息负债比率（%）	8.8	16.4	27.6	37.9	50.8
已获利息倍数	15.7	6.6	3.2	1.3	-5.3
四、持续发展指标					
研发经费投入强度（%）	3.2	2.4	0.7	0.2	0.0
全员劳动生产率（万美元/人）	3.3	2.2	1.3	0.7	-1.6
经济增加值率（%）	6.7	3.0	0.7	-2.2	-16.6
资本保值增值率（%）	111.9	107.7	103.9	99.8	76.9
五、补充指标					
营业现金比率（%）	8.9	5.4	2.5	-2.0	-14.9
归母净资产收益率（%）	12.5	8.1	5.3	1.1	-31.6
EBITDA率（%）	11.1	8.0	5.6	3.3	-5.0
百元收入支付的成本费用（元）	86.4	92.3	94.8	96.6	98.7
存货周转率（次）	53.5	24.2	11.3	5.7	1.9
速动比率	1.6	1.3	1.1	0.9	0.6
利润总额增长率（%）	30.1	7.7	-5.1	-18.2	-132.1
营业总收入增长率（%）	21.3	11.6	5.0	-2.4	-22.3

汽车工业

范围：全行业

项　　目	优秀值	良好值	中等值	较低值	较差值
一、盈利回报指标					
净资产收益率（%）	12.1	8.7	6.1	2.9	-13.2
营业收入利润率（%）	8.8	5.9	3.7	1.5	-9.2
总资产报酬率（%）	9.0	6.6	4.7	2.4	-5.0
盈余现金保障倍数	2.6	1.8	1.4	0.9	-0.5
二、资产运营指标					
总资产周转率（次）	1.2	1.0	0.8	0.6	0.4
应收账款周转率（次）	8.3	6.4	5.3	4.3	2.9
流动资产周转率（次）	2.4	1.9	1.5	1.2	0.6
两金占流动资产比重（%）	34.0	47.2	57.7	65.9	74.6
三、风险防控指标					
资产负债率（%）	21.4	35.0	46.5	54.8	64.0
现金流动负债比率（%）	39.7	26.0	17.6	8.5	-9.8
带息负债比率（%）	12.5	30.8	41.6	52.1	61.6
已获利息倍数	16.7	9.0	4.2	1.9	-5.9
四、持续发展指标					
研发经费投入强度（%）	4.5	3.6	2.5	1.4	0.3
全员劳动生产率（万美元/人）	3.1	2.2	1.5	0.9	-1.3
经济增加值率（%）	6.2	3.7	1.4	-1.0	-10.9
资本保值增值率（%）	115.2	109.4	105.4	101.1	86.6
五、补充指标					
营业现金比率（%）	12.6	9.4	6.8	3.7	-5.8
归母净资产收益率（%）	11.9	8.8	6.2	2.7	-11.8
EBITDA率（%）	14.4	11.2	8.9	6.5	-1.0
百元收入支付的成本费用（元）	84.3	90.2	93.5	95.9	98.3
存货周转率（次）	8.0	6.2	5.0	3.9	2.5
速动比率	1.5	1.2	0.9	0.7	0.4
利润总额增长率（%）	43.1	13.6	2.0	-12.3	-96.9
营业总收入增长率（%）	17.0	10.6	5.8	-0.3	-15.9

化学工业

范围：全行业

项　　目	优秀值	良好值	中等值	较低值	较差值
一、盈利回报指标					
净资产收益率（%）	10.5	7.0	3.9	0.6	-15.7
营业收入利润率（%）	11.0	7.0	3.8	0.4	-12.6
总资产报酬率（%）	9.2	6.1	3.6	1.2	-6.2
盈余现金保障倍数	2.4	1.7	1.3	0.9	-0.5
二、资产运营指标					
总资产周转率（次）	0.9	0.8	0.6	0.5	0.3
应收账款周转率（次）	9.2	6.8	5.3	4.1	2.7
流动资产周转率（次）	2.1	1.7	1.4	1.0	0.6
两金占流动资产比重（%）	22.5	37.9	50.8	62.9	72.8
三、风险防控指标					
资产负债率（%）	16.3	28.2	37.8	46.7	56.4
现金流动负债比率（%）	51.5	31.7	19.3	7.8	-13.5
带息负债比率（%）	15.7	38.0	50.8	61.3	70.8
已获利息倍数	14.6	8.4	3.8	1.2	-7.1
四、持续发展指标					
研发经费投入强度（%）	4.1	3.2	2.1	1.0	0.2
全员劳动生产率（万美元/人）	6.1	3.8	2.4	1.4	-1.2
经济增加值率（%）	5.1	2.2	-0.5	-3.3	-13.2
资本保值增值率（%）	111.0	106.2	102.4	97.8	81.6
五、补充指标					
营业现金比率（%）	14.9	11.0	7.7	3.6	-6.1
归母净资产收益率（%）	10.7	7.1	3.9	0.7	-18.8
EBITDA率（%）	17.3	12.8	9.0	5.3	-3.3
百元收入支付的成本费用（元）	80.0	88.1	92.6	95.9	99.4
存货周转率（次）	7.6	6.1	4.9	3.7	2.3
速动比率	2.0	1.4	1.1	0.8	0.4
利润总额增长率（%）	3.6	-10.9	-37.9	-72.8	-214.4
营业总收入增长率（%）	3.9	-3.0	-9.9	-18.4	-32.9

机电设备制造业

范围：全行业

项　　目	优秀值	良好值	中等值	较低值	较差值
一、盈利回报指标					
净资产收益率（%）	12.3	8.7	5.6	2.4	-14.3
营业收入利润率（%）	11.7	8.0	5.3	2.2	-8.5
总资产报酬率（%）	9.6	6.8	4.6	2.4	-4.7
盈余现金保障倍数	1.9	1.4	1.0	0.5	-1.3
二、资产运营指标					
总资产周转率（次）	1.0	0.8	0.6	0.5	0.3
应收账款周转率（次）	6.4	5.0	3.9	3.0	1.8
流动资产周转率（次）	1.7	1.3	1.0	0.8	0.5
两金占流动资产比重（%）	30.1	45.0	55.4	64.3	73.2
三、风险防控指标					
资产负债率（%）	18.4	30.9	41.2	49.7	59.5
现金流动负债比率（%）	38.9	23.8	13.0	3.6	-15.9
带息负债比率（%）	7.5	23.7	35.9	47.7	58.6
已获利息倍数	24.0	14.9	6.7	2.6	-5.5
四、持续发展指标					
研发经费投入强度（%）	5.4	4.1	3.1	1.6	0.4
全员劳动生产率（万美元/人）	3.8	2.5	1.7	1.0	-0.5
经济增加值率（%）	7.2	3.8	1.1	-1.8	-10.1
资本保值增值率（%）	114.3	109.2	105.3	101.6	89.7
五、补充指标					
营业现金比率（%）	14.0	9.6	6.1	1.9	-9.7
归母净资产收益率（%）	12.2	8.6	5.5	2.4	-15.1
EBITDA率（%）	15.9	12.3	9.3	6.2	-2.0
百元收入支付的成本费用（元）	80.8	87.6	91.3	94.3	97.4
存货周转率（次）	5.7	4.5	3.6	2.7	1.5
速动比率	2.0	1.5	1.2	0.9	0.6
利润总额增长率（%）	29.5	7.0	-8.1	-30.1	-123.7
营业总收入增长率（%）	15.9	8.5	2.6	-4.9	-22.2

通信设备制造业

范围：全行业

项　目	优秀值	良好值	中等值	较低值	较差值
一、盈利回报指标					
净资产收益率（%）	11.4	7.5	3.7	-1.0	-18.7
营业收入利润率（%）	10.8	6.1	3.0	-0.7	-17.2
总资产报酬率（%）	8.5	5.6	3.0	-0.1	-10.6
盈余现金保障倍数	2.4	1.7	1.2	0.7	-1.2
二、资产运营指标					
总资产周转率（次）	1.0	0.8	0.6	0.5	0.3
应收账款周转率（次）	6.8	5.4	4.3	3.4	2.0
流动资产周转率（次）	1.6	1.3	1.0	0.8	0.4
两金占流动资产比重（%）	25.7	38.7	48.3	58.3	67.6
三、风险防控指标					
资产负债率（%）	15.4	27.3	37.4	46.5	56.7
现金流动负债比率（%）	47.4	29.3	15.8	3.0	-27.2
带息负债比率（%）	7.7	23.6	36.9	49.2	60.7
已获利息倍数	23.0	11.7	4.1	0.0	-8.4
四、持续发展指标					
研发经费投入强度（%）	10.0	6.5	4.5	2.8	0.6
全员劳动生产率（万美元/人）	4.1	2.4	1.4	0.6	-3.6
经济增加值率（%）	6.3	2.5	-0.8	-4.3	-17.2
资本保值增值率（%）	112.5	106.4	102.1	97.3	80.1
五、补充指标					
营业现金比率（%）	17.1	11.3	6.6	1.7	-13.1
归母净资产收益率（%）	11.7	7.6	3.8	-1.2	-24.3
EBITDA率（%）	16.6	11.5	7.5	3.4	-9.7
百元收入支付的成本费用（元）	78.6	88.1	93.4	96.8	100.6
存货周转率（次）	6.7	5.1	4.0	3.0	1.7
速动比率	2.3	1.7	1.3	1.0	0.6
利润总额增长率（%）	6.2	-3.6	-24.5	-57.1	-228.7
营业总收入增长率（%）	9.3	1.1	-7.1	-16.3	-32.9

建材工业

范围：全行业

项　　目	优秀值	良好值	中等值	较低值	较差值
一、盈利回报指标					
净资产收益率（%）	11.0	7.6	4.7	0.9	-13.3
营业收入利润率（%）	13.2	8.7	5.4	1.6	-9.7
总资产报酬率（%）	10.0	6.8	4.9	2.7	-4.3
盈余现金保障倍数	2.3	1.7	1.4	0.9	-0.7
二、资产运营指标					
总资产周转率（次）	0.9	0.7	0.6	0.4	0.2
应收账款周转率（次）	12.1	8.2	6.0	4.3	1.6
流动资产周转率（次）	2.5	2.0	1.6	1.0	0.6
两金占流动资产比重（%）	26.9	45.6	57.5	67.5	77.7
三、风险防控指标					
资产负债率（%）	18.5	32.4	41.5	49.2	58.6
现金流动负债比率（%）	54.9	36.3	21.2	9.9	-6.2
带息负债比率（%）	6.5	30.1	45.8	57.3	66.9
已获利息倍数	14.2	6.8	3.7	1.5	-3.8
四、持续发展指标					
研发经费投入强度（%）	2.1	1.1	0.5	0.2	0.0
全员劳动生产率（万美元/人）	5.9	4.1	2.6	1.3	-0.7
经济增加值率（%）	5.4	2.7	0.5	-2.7	-11.3
资本保值增值率（%）	111.3	106.8	103.4	98.3	85.3
五、补充指标					
营业现金比率（%）	16.9	13.2	9.2	5.3	-6.0
归母净资产收益率（%）	12.1	7.9	5.0	1.1	-14.4
EBITDA率（%）	20.6	16.1	12.3	7.6	0.0
百元收入支付的成本费用（元）	74.8	85.2	90.6	93.9	97.7
存货周转率（次）	9.2	7.2	5.4	3.7	1.6
速动比率	1.5	1.1	0.8	0.6	0.3
利润总额增长率（%）	33.0	5.4	-4.9	-19.7	-102.1
营业总收入增长率（%）	13.5	7.2	1.0	-7.9	-24.4

医药工业

范围：全行业

项　　目	优秀值	良好值	中等值	较低值	较差值
一、盈利回报指标					
净资产收益率（%）	12.4	8.0	4.7	0.5	-23.6
营业收入利润率（%）	16.7	10.1	4.7	0.8	-22.1
总资产报酬率（%）	10.3	6.8	4.0	0.9	-14.6
盈余现金保障倍数	1.6	1.2	1.0	0.7	-0.6
二、资产运营指标					
总资产周转率（次）	0.8	0.6	0.5	0.4	0.2
应收账款周转率（次）	7.4	5.7	4.5	3.6	2.2
流动资产周转率（次）	1.6	1.3	1.1	0.8	0.4
两金占流动资产比重（%）	19.6	36.8	48.6	60.4	71.6
三、风险防控指标					
资产负债率（%）	13.0	23.0	33.9	43.1	54.3
现金流动负债比率（%）	51.5	27.5	12.9	2.3	-20.8
带息负债比率（%）	10.6	22.7	40.5	54.1	66.3
已获利息倍数	21.4	11.0	4.4	0.8	-12.1
四、持续发展指标					
研发经费投入强度（%）	10.2	6.7	4.1	2.2	0.3
全员劳动生产率（万美元/人）	5.0	3.3	2.2	1.1	-6.3
经济增加值率（%）	7.4	3.4	0.1	-3.2	-21.7
资本保值增值率（%）	111.9	106.8	102.9	98.4	78.4
五、补充指标					
营业现金比率（%）	18.3	11.3	6.0	1.2	-19.7
归母净资产收益率（%）	12.8	8.3	4.7	0.8	-29.9
EBITDA率（%）	23.3	17.1	11.5	5.2	-22.9
百元收入支付的成本费用（元）	71.3	83.2	89.4	95.3	99.7
存货周转率（次）	6.8	5.3	4.2	3.3	1.9
速动比率	2.5	1.6	1.1	0.8	0.5
利润总额增长率（%）	17.9	6.1	-5.8	-23.0	-115.2
营业总收入增长率（%）	14.9	9.2	3.6	-2.9	-19.7

第三部分

企业绩效评价工作应用实例

构建"智驱·精效"绩效评价体系 赋能高质量发展
——国家电网有限公司

一、基本情况

国家电网有限公司（以下简称国家电网）以投资建设运营电网为核心业务，是关系国家能源安全和国民经济命脉的特大型国有重点骨干企业。经营区域覆盖我国26个省（自治区、直辖市），供电范围占国土面积的88%，供电人口超过11亿人，20多年来持续保持全球特大型电网最长安全纪录。位列2024年《财富》世界500强第3位，连续12年获标准普尔、穆迪、惠誉三大国际评级机构国家主权级信用评级（标普A+、穆迪A1、惠誉A+），连续10年获中国500最具价值品牌第一名，连续8年位居全球公用事业品牌50强榜首，是全球最大的公用事业企业，也是具有行业引领力和国际影响力的创新型企业。

2024年，国家电网营业总收入稳居央企第一，利润总额突破千亿元、增加值突破万亿元，"一利五率"持续优化，"五个价值"全面提升，为国资央企稳增长创价值作出积极贡献。截至2024年底，国家电网累计建成38项特高压输电工程，并网发电装机容量达到26.3亿千瓦，跨区跨省输电能力达到3.4亿千瓦，风光新能源总装机容量达到11.4亿千瓦，建成全球技术水平最高、配置资源能力最强、并网装机规模最大、安全运行时间最长的交直流混联特大型电网。

二、绩效评价体系

国家电网始终立足经济社会高质量发展需要，坚定瞄准世界一流，结合公司规模体量庞大、核心业务突出、产权层级复杂等特征，坚持价值目标驱动、考核评价引导、数智转型赋能，探索构建具有电网特色的"智驱·精效"三级多维穿透经营绩效评价体系。第一层级是对标国际先进，围绕经营绩效和电网发展指标，全方位对标对表15家国际能源电力企业，支撑国家电网建设世界一流企业。第二层级是对标中央企业，围绕4个维度、16项经营业绩指标，构建分维度分层级评价体系，定期开展经营绩效评价，支撑国家电网高质量发展。第三层级是对标企业内部，围绕电网运营效率指标，汇集全量全域全链数据，构建经营主体、电网业务与末级单元"三位一体"评价体系，逐级穿透、实时监测、精准衡量每级经营主体、每类业务活动、最末管理单元、最小经营要素的资源消耗、业绩贡献和风险隐患，支撑国家电网提质增效。

开展三级多维绩效评价，系统挖掘全量业财数据价值，全面穿透全链条业务，深入洞察全级次主体，推动经营绩效评价"集团整体—经营主体—业务条线—末级单元"立体呈现，深化经营活动质效"行为—业务—价值"精准洞察，实现"每一笔业务活动都有精准的价值反映、每一个价值记录都有鲜活的业务支撑、每一个组织都能看清自己的价值贡献、每一个要素都能定位准提升方向"，实现各类主体经营绩效穿得透、基层价值贡献看得清、前端业务管理质效评得准、资源优化配置管得好，促进国家电网高质量发展。

三、绩效评价实践

（一）对标国际先进，全面建设世界一流企业

围绕"产品卓越、品牌卓著、创新领先、治理现代"的世界一流企业建设总体要求，以增强核心功能、提升核心竞争力为导向，落实"一利五率"考核指标和"五个价值"全面提升要求，结合《企业绩效评价标准值》，考虑城网用户平均停电时间、"获得电力"指数、综合供电可靠性、品牌价值等功能价值指标，构建涵盖盈利回报、资产运营、风险防控、持续发展、电网功能5个维度的世界一流电网企业对标体系，按照同业可比、业务相似、功能相近等原则，重点选取《财富》世界500强和国际著名电网企业中共计15家国际能源电力企业开展对标，精准定位优势劣势，对标对表世界一流，定期编制发布年度、季度对标简报，全面支撑战略决策，统筹年度经营目标，优化调整经营策略，推动建设世界一流企业。通过对标对表对齐、全面系统推进，核心功能不断增强，核心竞争力明显提升，规模实力始终保持国际领先水平，品牌价值、电网运营能力位居世界第一，"获得电力"指数快速提升，从2018年国际排名近100名前进到15名以内，服务质量明显提升。

（二）对标中央企业，保持经营业绩整体领先

全面对照《企业绩效评价标准值》，充分衔接中央企业经营业绩考核要求，构建涵盖盈利回报、资产运营、风险防控、持续发展4个维度、16项关键指标的绩效评价体系，依托智慧财务共享平台，推动绩效评价规则与模型标准化、自动化、智能化，打造公司经营绩效评价看板，全面、完整、及时呈现公司经营绩效评价结果，精准定位短板弱项，自动开展动因溯源分析，及时制定优化策略，动态推送业务前端，支撑战略策略调整，推动公司经营绩效全面提升。2024年，国家电网净资产收益率、全员劳动生产率等持续改善，经营绩效继续保持行业领先。

（三）对标企业内部，推动公司高质量发展

1. 开展主体级对标，促进提质增效举措落地

围绕推动提质增效，聚焦生产经营核心指标，全量覆盖分子公司、法人主体，全面开展全息式经营画像，立体呈现发展质量和经营特点，支撑落实提质增效各项举措。健全分类绩效评价场景，建立31个领导决策类场景（56项指

标)、24个精益管理问效类场景（71项指标）、8个基层应用创效类场景（9项指标），穿透式洞察薄弱业务、风险环节和后进单位，更好服务科学决策、服务业务管理、服务基层发展。创新打造投入产出评价矩阵，聚焦资本性和成本性投入，聚合20项产出指标，按照投入、产出两个维度和高、中、低三档细分九个象限，形成投入产出坐标矩阵图景，完整呈现各单位经营长短优劣，比一比、晒一晒，督促各单位以对标促达标，以达标促创标，实现以多维精益洞察引导资源配置、以多维精益评价衡量质效提升。

2. 开展业务级对标，促进精准高效配置资源

围绕资源优化配置，更加注重资源投入与业务提升联动，坚持"业务流、价值流、数据流"深度融合，全面贯通财务业务系统，自动获取业财指标，服务全级次、各环节对标找差、靶向施策、优化改进。如国家电网某省公司以客户投入产出比、价值贡献度等经济型指标为核心，形成客户经济附加值，为营销客户价值评价和分级提供数据支撑；针对高价值客户，制定23类个性化服务策略，进一步增强客户黏性。国家电网某省公司通过勾画"项目全程一张图"，开展"全投入、全产出、全效益"的多维立体评价，依据项目类型设定不同的产出贡献权重指标，选择267个已完工项目开展投入产出后评价，并将分析结果用于后续相关类型投资的产出效益设定，为优化公司资源配置、提高投资决策水平提供价值支撑。

3. 开展单元级对标，促进基层单位创新创效

围绕资源消耗和价值创造，推动对标评价逐级划小、逐层穿透到末级经营单元（如台区、班组等），全面开展对标对表、比学赶超，及时发现短板弱项，快速推动异常单元治理，夯实经营发展基础。穿透至台区，聚焦台区投入产出，利用数据中台贯通资本性投入、成本性投入、购售电业务链路，构建台区投入产出效益在线分析场景，通过分析评价、常态化扫描台区"万元资产售电收入""万元资产运维成本""线损率""电压合格率""月末预存电费余额占比"等关键指标，引导业务部门将预算资源向提升台区供电能力、提高供电可靠性倾斜。穿透至班组，依托业务活动、成本中心等数据标签，将价值贡献与效率评价逐级细化至班组，可视化呈现每一个基层班组、每一位员工同类业务价值贡献、同等规模资源消耗创效对标情况，基于对标结果，实施"业绩考核＋薪酬奖励＋资源配置"等激励措施，引导全员树立"花钱算账、事前算赢"意识，促进低质效班组和员工自动查缺补漏、改善提升，通过"与标杆比、与平均比、与历史比"，营造比学赶超的竞争氛围。

四、取得成效

（一）赋能业务创新发展，实现数字化转型新突破

创造性地构建"管理对象＋业务标签"，彻底打通业财信息链路，使业务

与价值有序连接、全面融合，根据管理需求灵活拓展应用场景，唤醒海量沉睡数据资源，赋能业务创新发展。

（二）创新价值管理机制，汇聚提质增效新合力

全面及时将经营责任和压力下沉传导到市县公司、供电所、班组，将质效理念根植贯穿于电网投资、建设、运营各环节，有力推动全员预算、全员核算、全员成本管理，经营质效稳健提升。

（三）穿透最小评价单元，服务精益管理迈上新台阶

物资和服务采购100%在线审批与记录，100%记录至实际消耗项目和部门，100%执行资金收支管控流程，全面降低资金合规风险。通过线上办电、现场移动作业终端应用等服务举措，压缩办电环节和平均办电时间，客户满意度不断提高。

五、经验启示

（一）高质量开展数据治理，筑牢绩效评价基础

数据是多维穿透式绩效评价的基础对象。通过加强源端数据治理，形成数据治理长效闭环机制，提升数据可用、可信、可流通、可追溯水平，夯实穿透式绩效评价体系基础。

（二）高水平打造智慧平台，构建绩效评价中枢

平台是多维穿透式绩效评价的技术载体。国家电网依托智慧财务共享平台，集成智能诊断、趋势推演等功能模块，开发多维绩效评价模型，打造绩效评价体系智慧中枢。

（三）完善全链条协同机制，培育穿透评价生态

生态是多维穿透式绩效评价的效果保障。国家电网建立健全与监督、风控等部门协调联动机制，以评价促整改，以整改创价值，推动绩效评价体系管理闭环。

构建分层分类绩效评价体系　引领创建世界一流现代化清洁能源企业

——中国华能集团有限公司

一、基本情况

中国华能集团有限公司（以下简称中国华能）是经国务院批准成立的国有重要骨干企业，是国内最大的供热企业，资产遍布英国、澳大利亚、东南亚等国家或地区，在国内发电企业中率先进入世界企业 500 强。拥有 57 家二级单位、480 余家三级企业、5 家上市公司。中国华能全面贯彻落实党中央决策部署，坚持稳中求进工作总基调，以能源安全新战略为指引，以增强核心功能、提升核心竞争力为重点，以改革创新为动力，实干为要、创新提质、奋勇登高，聚焦扛牢保障国家能源安全、加快绿色低碳发展、争当科技创新排头兵、深化国资国企改革、推动高质量稳增长、全面从严治党的六大责任，加快建设世界一流企业。

2024 年，中国华能利润总额跃上 500 亿元新台阶，"五率"持续优化，有力发挥国民经济稳定器、压舱石作用；绿色转型提质增速，新能源装机突破 9800 万千瓦，低碳清洁能源装机占比超过 51%；能源保供坚实有力，机组非停次数同比下降 40 次，供热面积达到 10.6 亿平方米，煤炭产能超 1.2 亿吨/年。对照 2025 年版《企业绩效评价标准值》，中国华能净资产收益率、全员劳动生产率、国有资本保值增值率等 12 项指标大幅提升，企业经营绩效保持行业优秀水平。

二、绩效评价体系

为有效解决产业板块多元、集团上下对标评价一般粗等挑战，中国华能着眼建设世界一流企业，以质量第一、效益优先、对标先进、建设一流、分类指导、持续改进为原则，立足企业经营发展现状，以价值创造为核心目标，结合行业特点和不同层级管理提质需求，构建了涵盖集团统领对标一流、产业板块一业一策、二级单位三强三优的分层分类对标一流绩效评价体系。集团公司以世界一流企业对标为牵引，建立世界一流现代化清洁能源企业绩效评价体系，直观分析集团在各领域各维度的优劣，为集团公司国际竞争提供参考；产业板块一业一策、一业一评，分业构建评价体系，细化评价指标，挖掘产业短板，业财融合找原因，解难点促改进，提升产业竞争力；二级单位一企一表、一企一图，构建创新引领能力强、价值创造能力强、资产质量优、管理水平优、经营业绩优的三强三优绩效评价体系。通过绩效评价形成"集团—产业—企业"经营绩效画像，深度发掘短板不足，剖析经营管理症结，针对性提出改进优化建议，为实现高质量发展注入强劲动能。

三、绩效评价实践

（一）集团公司对标世界一流

通过对国内外先进企业特别是世界一流企业关键成功领域、要素最佳实践的提炼、概括和总结，凝练一流企业的内涵要素和基本特征，结合发展现状、面临突出问题，构建"1+4+10+14"（1个目标、4个维度、10个子维度、14个指标）世界一流现代化清洁能源企业绩效评价指标体系（见表1）。即聚焦在行业中率先建成具有全球竞争力的世界一流企业目标，将更高质量、更有效率、更为安全、更可持续4个维度分解为规模、效益、创新、绿色、海外经营等10个子维度，细化为营业收入、净资产收益率、规模、清洁能源占比、碳排放强度、技术投入比率等14个指标。

表1　世界一流现代化清洁能源企业绩效评价指标体系

维度	子维度	指标	维度	子维度	指标
更高质量	规模经济	营业收入	更高效率	价值贡献	劳动生产率
		资产总额	更为安全	供应保障	装机容量
		利润总额			发电量
	跨国经营	海外收入占比	更可持续	绿色发展	清洁能源装机占比
更有效率	资本获利	净资产收益率			CO_2排放强度
	现金获取	营业现金比率		创新布局	技术投入比率
	高效运营	资本保值增值率		风险防控	资产负债率

开展世界同类能源企业对标10余年，选取15家国内外同类能源企业开展跟踪对标，每半年发布《世界同类能源企业动态跟踪报告》跟踪行业动态，每年发布《世界同类能源企业对标报告》，总结评价成果并提出行业发展建议，为管理提升提供支撑。2024年，15家世界同类能源企业中，中国华能排名第三，综合排名创历史新高，转型发展效果明显，海外收入占比、营业现金比率、资本保值增值率三个指标国内排名第一，装机容量和发电量国际领先。

（二）产业板块一业一策、一业一评

为深入了解各产业板块所处行业位置，把握产业发展现状及趋势，中国华能从资产价值、市场评估和发展潜力等方面，开展产业对标及绩效评价，科学分析各产业板块资源配置能力，评价产业竞争格局，判断资源投向、资产规模是否与价值创造能力相匹配，资产结构是否与经营效率相协调，进而综合评价各产业板块的经营发展质量和竞争能力。

1. 煤电产业

依据价值引领战略，建立生产经营量本利日分析、周会商、月总结的煤电绩效对标评价机制，有效缩短PDCA循环周期，实现了生产资源最优调配。在设置营业收入、利润总额、经济增加值、净资产收益率、资产负债率、总资产报酬率等关键经济指标的基础上，强化效益导向，将转型发展（如清洁能源占比、新能源开发容量）、科技创新（如研发投入强度、成果转化率）、产业协同、风险防控等纳入评价，提升绩效评价的全面性和战略牵引力。建立对标数据库和运营跟踪平台，定期组织运营分析、专项评估和对标研讨，推动管理从经验驱动向数据驱动、从粗放模式向精益运营转变，将评价结果与薪酬分配挂钩，强化结果反馈和整改提升机制，推动管理短板持续改进，2022~2024年，所属北方公司利润年均增长10亿元以上，年均增长率达37.78%，五率指标持续改善。

2. 水电产业

搭建"7+3"的水电评价体系（7类绩效：安全、效益、前期工作、基建、新能源、科技、企业治理；3个专项：特殊贡献、征地移民、档案），通过激励约束推动解决难点痛点。精准定位，在体系上做变革，在指标上做调整，突出压实责任，创新各类关键指标，提出动态联动寻优概念，通过评价指标的联动，把整个业务链条的部门、单位串联起来，形成利益和责任的共同体，提升业务效率。针对性解决难点痛点，发挥考核和奖惩的联动作用，制定特殊贡献奖励方案，按季度进行任务完成的清算兑现，全力推进各项任务目标完成。2024年，所属澜沧江公司效益效率创历史新高，利润突破96亿元，集团内排名第一；全员劳动生产率超过600万元/人，大幅领先行业优秀水平；市值持续上涨，突破1600亿元，连续5年获上交所信披A级，充分巩固澜沧江流域华能水电产业地位，体现一流企业治理效能。

3. 煤炭产业

围绕价值创造，结合企业经营发展实际和管理提升需求，搭建"12345"煤炭成本评价体系，推动煤炭产业管理采用规范标准代替经验数据，使生产过程控制有据可依，推动各单位提高工作落实颗粒度，由注重管结果向注重管过程转变，提升煤炭企业成本竞争力，实现煤炭产业高质量发展。所属煤业公司实践"12345"成本管理评价模型，即一个经营目标，在有限的资源约束下，实现效率、效益最大化；两级管理对象，将6户涉煤二级企业及所属22户生产矿井分别作为标准成本定额的核算主体；三大类标准定额，按照可控变动成本、不可控变动成本和固定成本三类分别制定标准成本定额；四大应用类型，将标准成本定额体系应用到全面预算、成本管控、对标管理和绩效评价；五类对标模块，从不同的五大维度对二级单位和基层煤矿分别进行全方位的绩效评价，运用多维对标识别价值创造关键环节，聚焦精益化煤炭生产成本管理，吨煤成本同比大幅下降。

（三）二级单位三强三优评价

聚焦内部管理提升需求，从经营业绩、价值创造、运营效率、风险管控、管理水平、科技创新 6 个维度，细分业绩增长、经营结果、市场份额、产业结构、人员工效、成果转化等 13 项评价内容，结合"一利五率"管控要求及企业实际形成了装机规模、净资产收益率等 53 项具体评价指标，构建了三强三优绩效评价指标体系。

在全面对照《企业绩效评价标准值》的基础上，按照行业分类自主编制《上市公司标准值》，从企业、区域和专项等方面开展全方位、多维度的绩效评价，一企一表、一企一图编制绩效评价报告，形成各单位竞争力画像（见图1）。通过雷达图、对标排名等方式直观分析企业在各领域维度的优劣，提出改进方向和措施建议。2021 年以来，累计梳理数据近 10 万条，一企一策提出改进建议并形成分析报告 130 余份，精准引导企业争创世界一流。

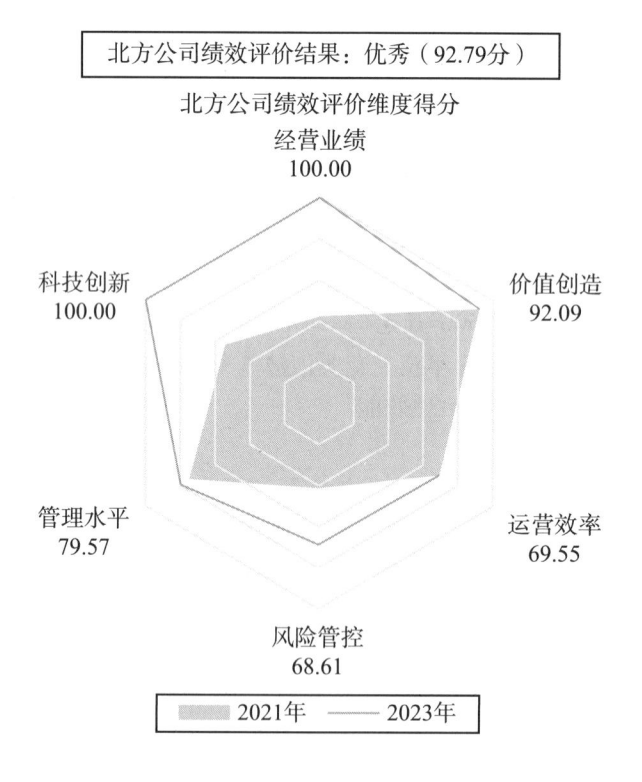

北方公司绩效评价结果：优秀（92.79分）

北方公司绩效评价维度得分

经营业绩 100.00
价值创造 92.09
运营效率 69.55
风险管控 68.61
管理水平 79.57
科技创新 100.00

2021年　　2023年

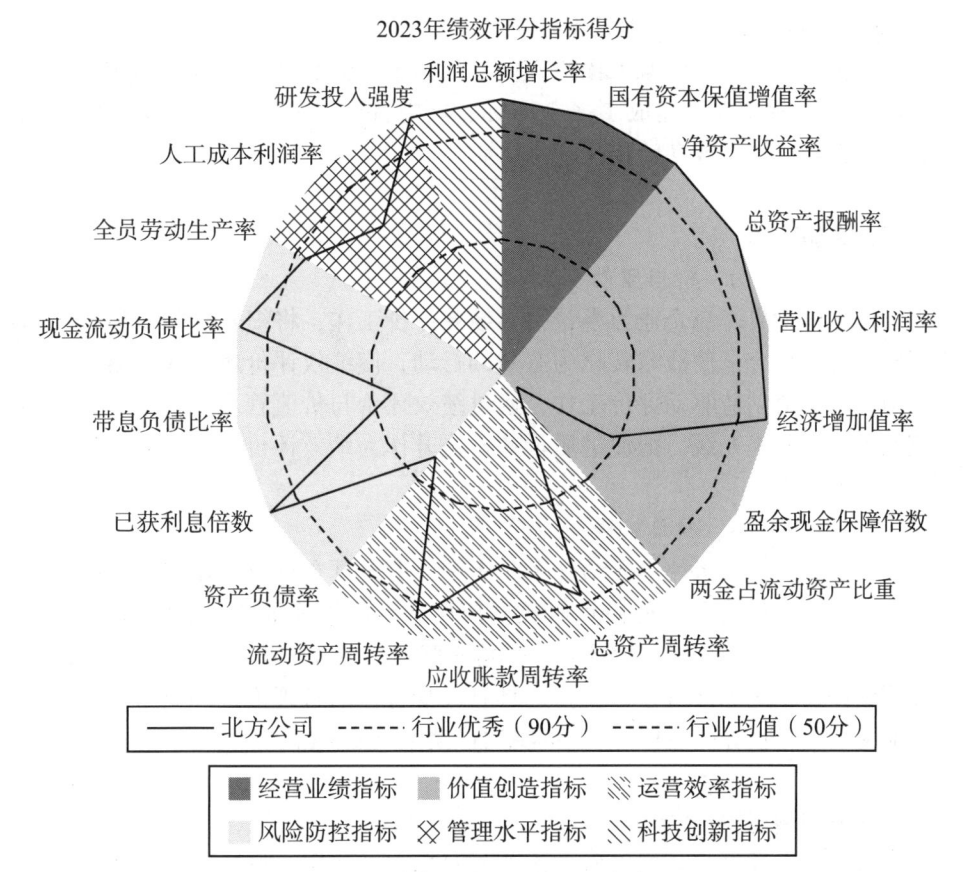

图 1 三强三优绩效评价分析雷达图

四、取得成效

近年来，持续深入推动分层分类绩效评价，找差距、补短板、强弱项，盈利能力持续提升、经营成果持续积累、产业结构持续优化、管理水平持续提高。

（一）经营效益创新高

2024年，经济效益再创新高，各产业板块盈利能力不断提升，各项成绩均处于行业领先地位。四个百亿级产业经营成果持续巩固，火电、新能源、水电盈利分别同比增长59.8亿元、12.7亿元和8.6亿元，煤炭产业盈利连续三年破百亿元。

（二）绿色低碳转型效果显著

低碳清洁能源装机占比突破50%，其中新能源装机突破9800万千瓦，占比超过35%，同比提升5.7个百分点，新能源核准（备案）、投产容量再创历史新高。

（三）科技创新工作硕果累累

全国重点实验室、国家工程研究中心等国家级创新平台建设取得突破，自主创新能力不断增强，建成了多个国际、国内首台（套）标志性重大示范工程，部分创新成果已成功转化并产业化推广。

五、经验启示

（一）战略导向，价值驱动

要以创建世界一流企业为愿景引导绩效评价工作，将绩效评价改进措施与管理提升有机结合，使战略转化为有效的行动，使绩效评价成为战略落地的有力保障。以价值创造驱动评价工作，通过绩效评价与价值管理有机结合，明确价值驱动因素及优先级，把促进质量效益提升作为绩效评价工作的着力点，不断改善经营绩效。

（二）分层分类，持续改进

集团公司、产业板块等要结合企业实际，形成具有行业企业特点的指标体系，研究选取标杆对象，积极克服数据信息难以收集等困难，采取由主及次、由浅到深的方式逐步推进绩效评价工作落实落细。结合企业发展阶段不断改进、动态调整评价维度和评价指标，打造具有自身特色的管理模式和竞争优势，引导企业持续追赶世界一流标杆，逐步缩小差距甚至赶超。

六、未来展望

为进一步发挥好绩效评价管理诊断和对标引导作用，将从三个方面进一步推动绩效评价工作。一是进一步深化绩效评价管理工作。不断加强工作细度、穿透维度、推动力度和见效程度，锐意进取、真抓实干，以全周期、多维度绩效评价促进效率效益与管理水平双重提升，确保实现高质量发展。二是进一步贯彻落实监管要求。加大穿透评价力度，将基层企业作为最小评价单元，进一步细化评价维度和评价体系，做实做细电力、煤炭两大板块评价分析体系，通过数智化手段，健全产业竞争力分析模型，编制50余家二级单位、1200余家三级单位的竞争力分析评价报告，更好发挥绩效评价对标引领作用。三是进一步强化评价结果应用，通过评价结果识别企业短板，不断强化评价精准性，推动一企一策差异化评价在各个层级落实落地，逐户提出改进提升建议，为企业高质量发展贡献智慧力量；加强工效联动，逐步将绩效评价结果应用于薪酬分配以及人才选拔等各个方面，调动全员参与提升经营质效的积极性。

突出实用实效　聚焦价值创造
以数智化绩效评价赋能高质量穿透监管

——中国铝业集团有限公司

一、基本情况

中国铝业集团有限公司（以下简称中铝集团）成立于2001年，承担着保障国家重要矿产资源安全和重要金属材料安全的重要使命，主营业务遍布全球20多个国家和地区，产业链涉及20余种有色金属元素，拥有中国铝业、中铝国际、云铝股份、云南铜业、驰宏锌锗、银星能源6家上市公司，形成了铝、铜、铅锌、高端制造、工程技术、矿产资源、资产经营、产业金融、新型环保、智能科技等协同发展格局。铝、铜、铅锌产业以及镓、锗等关键金属材料产销规模位于行业前列，其中铝、铜等有色金属具有全产业链优势。

中铝集团坚持以习近平新时代中国特色社会主义思想为指导，以国务院国资委"一利五率"和"五个价值"为牵引，聚焦科技创新、矿产资源、高端先进材料、绿色低碳低成本数智化的四个特强主攻方向，高效运行"4+4+N+年度重点专项①"战略规划执行体系，狠抓以"成本+融资+现金流"为核心的"1+3+N"极致经营财务指标体系，扎实开展绩效评价，深化全要素对标，坚持补短铸长锻新，持续提升产业链供应链韧性。2024年，中铝集团有色金属产品总量突破1000万吨，营业总收入超过4800亿元，利润总额超过300亿元。对照2025年版《企业绩效评价标准值》，中铝集团净资产收益率、流动资产周转率、全员劳动生产率等8项指标全面提升，企业经营绩效跃升至行业优秀水平，资产运营质效和财务结构持续优化。

二、绩效评价体系

中铝集团面临着主业处于完全竞争市场，主导产品兼具商品属性和金融属性，所处行业具有明显周期性波动等挑战。为穿越行业周期，遵循价值创造规律，探索形成了以高质量的盈利、稳定的经营现金流和高水平的资本回报为核心的经营价值理念，在此基础上进一步结合产业链、价值链发展规律，坚持问题导向和目标导向，构建了包含创利能力、创现能力、创值能力、资产运营能力、持续发展能力和风险防控能力6个维度的绩效评价体系，如图1所示。

---

① "规划、生产经营白皮书、全面预算管理、绩效分配体系"四大基本文件，"投资计划、科研项目计划、数智化项目计划、安全环保计划"四大专项计划，N个重点计划安排和年度重点专项。

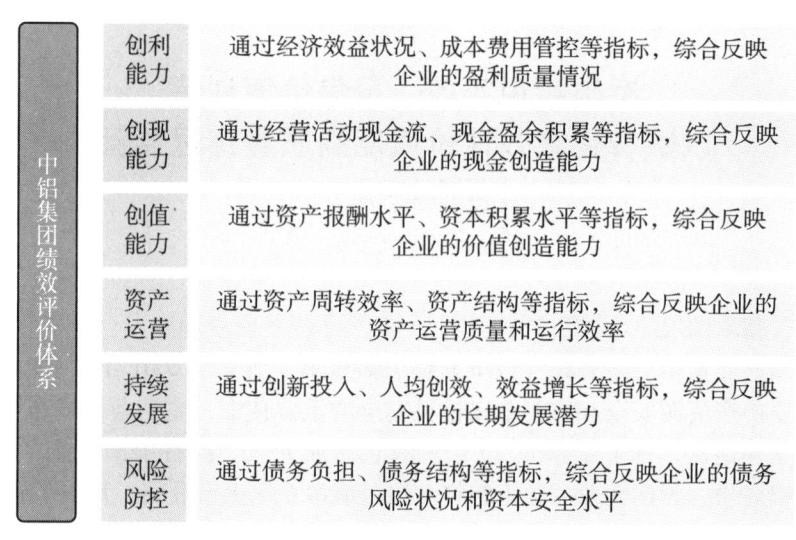

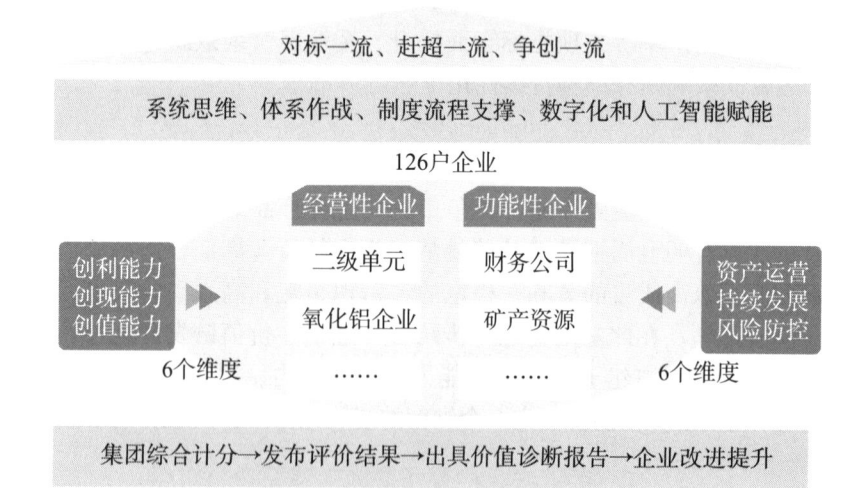

中铝集团绩效评价体系	创利能力	通过经济效益状况、成本费用管控等指标，综合反映企业的盈利质量情况
	创现能力	通过经营活动现金流、现金盈余积累等指标，综合反映企业的现金创造能力
	创值能力	通过资产报酬水平、资本积累水平等指标，综合反映企业的价值创造能力
	资产运营	通过资产周转效率、资产结构等指标，综合反映企业的资产运营质量和运行效率
	持续发展	通过创新投入、人均创效、效益增长等指标，综合反映企业的长期发展潜力
	风险防控	通过债务负担、债务结构等指标，综合反映企业的债务风险状况和资本安全水平

图1　中铝集团绩效评价体系

中铝集团绩效评价体系聚焦价值创造，落实要有利润的收入和要有现金流的利润要求，兼顾资产运营、持续发展和风险防控，统筹质的有效提升和量的合理增长，引导企业跑赢行业、跑赢大市，实现高质量发展。突出实用实效，运用系统思维、体系作战、制度流程支撑、数字化和人工智能赋能，按照穿透监管思路，将绩效评价对象下沉到三、四级基层企业，对企业按照经营性和功能性进行分类，一业一策、一企一策差异化设置评价指标和权重，按照各企业规模及所在行业分类，动态开展绩效评价，引导企业对标一流、赶超一流、争创一流，如图2所示。

图2　中铝集团绩效评价体系特点

三、绩效评价实践

（一）维度多元，推动高质量发展

根据子企业所在行业特点、发展阶段以及内部功能定位，聚焦其做强主责主业、服务集团战略，在6个评价维度内设置差异化指标和权重，突出评价重点，引导企业实现六边形全面发展，避免出现指标的此消彼长。如在创利能力维度下，对经营性企业设置营业收入利润率、成本费用占营业总收入比重和EBITDA率指标，既关注整体利润情况，又关注成本费用管控能力；在资产运营能力维度下，对财务公司设置银行账户监控比例、结算收支比指标，对资源开发企业设置总资产周转率、应收账款周转率和合同准时执行率指标，突出功能定位。

（二）纵向到底，立足穿透监管

按照管住二级、看清三级的穿透监管思路，对二级经营单元、直管企业以及重点三级和部分四级实体企业（共计126户，动态调整）开展绩效评价，强化末梢管控，及时发现基层企业经营发展中苗头性和趋势性问题，形成挖掘动因的刚性机制，及时查漏纠偏。如在债务管控方面，梳理了10项债务风险问题表现形式，盘点了主要风险管控点，通过对标，科学设定阈值，完善穿透监管分析模型，实现了前置强控和智能预警。

（三）全面对标，力求客观公允

绩效评价共性指标，全面对照《企业绩效评价标准值》进行评价计分。个性指标，主要经营单元横向与市场同行业且规模相当的标杆企业进行对标，纵向按照可比价格条件下与自身历史数据对标；生产企业与内部同类型企业对标完全成本，实行成本竞争力"内部赛马"。通过标准客观，实现结果公允。

（四）数智赋能，为基层企业减负

自上而下线上开展绩效评价工作，包括"集团综合计分→发布评价结果→出具价值诊断报告→企业改进提升"四个环节，工作流程短平。将绩效评价体系内嵌到财务数据管理平台中，实现了绩效评价所需的基础数据与财务数据的互联贯通，通过批量运算，一键生成绩效评价结果。各级企业6个维度项下的绩效评价指标得分与所处行业位置清晰可视，自身优劣势的量化结果一目了然，企业根据评价结果着力实施针对性改进提升工作。如在创利能力方面，组织开展三年降本计划专项行动，集团整体以成费比为统领，经营单元重点关注技术经济指标，生产企业着力提升作业指标，实现了提质增效在基层一线的有效落地。

（五）评价结果量化，突出实用实效

针对共性短板指标制定专项工作方案，作为专项工作纳入子企业经营业绩考核；个性短板指标作为设置年度考核指标的重要参考。同时将绩效评价得分纳入对所属企业领导班子和领导人员任期综合考核评价。如通过绩效评价发现个别企业应收账款周转率指标劣于行业平均水平，集团从遏存量、控增量两个方面引导企业加强两金管控，并将存量应收款项清收额指标纳入对企业经营业绩考核，引导企业降低应收款项占用。

四、取得成效

（一）推动经营理念转变，更加关注发展质量

中铝集团绩效评价体系6个维度的16个指标量质比重均衡，引导企业既关注量的合理增长，又侧重质的有效提升，逐步由注重规模效益向质量效益转变，由注重短期利润向长期价值转变，集中精力补短板、锻长板，牢牢端稳主业饭碗，增强核心功能，集中优势资源做强做优主责主业，不断增强核心竞争力，实现六边形的高质量发展。

（二）激发基层企业活力，从要我干转变为我要干

基于量化的绩效评价体系，各级企业清晰看到成绩单。静态对标方面，企业可以直观地看到当前年度所处行业位置和得分情况；动态同比方面，企业可以感受到跑赢行业的情况，从而量化自身的改进提升度。同时，也在适当范围内将内部同行业企业的绩效评价结果进行多维度排名，实行内部赛马。为各级企业跑赢行业、提升管理带来紧迫感，形成良性竞争机制。

（三）助力企业提高经营质效，夯实高质量发展基础

近年来，中铝集团以绩效评价为抓手，强化价值创造，高效推进"4＋4＋N＋年度重点专项"战略规划执行体系和极致经营体系运行，经营质效进一步提升，盈利回报、资产运营、风险防控及持续发展等绩效评价方面主要指标呈向好趋势。2024年净资产收益率同比提升3.05个百分点，总资产周转率同比提升0.05次，全员劳动生产率同比提升22.70%，资本结构和债务结构得到进一步优化。

五、经验启示

在"十四五"向"十五五"衔接转换的关键时期，经济金融和产业发展形势复杂多变，地缘政治、关税贸易、技术创新、境外产能和绿色转型对有色行业的供需格局产生深远影响，行业周期迭代转换加速。绩效评价工作，通过完整科学的多元立体指标体系，将企业与所处行业进行量化、动态对标，能够直观反映企业所处行业分位，精准发现企业的短板弱项，为企业的高质量发展提供清晰的路径，助力企业穿越行业周期。中铝集团将继续用好绩效评价这一重要管理抓手，夯实基层企业高质量发展的底座，落实守住底线、追求高线、穿透监管的具体要求，将绩效评价体系与上下贯通、实时在线、智能预警的智能化穿透式监管系统相融合，加快传统产业转型升级，积极培育布局战新产业和

未来产业，大力发展新质生产力，加快建设具有全球竞争力的世界一流优秀有色金属集团。

（一）进一步突出守住底线

不断优化完善绩效评价体系，进一步下沉穿透开展绩效评价，实现"集团战略图—单元实施路径图—企业执行穿透图"的纵向穿透及从财务到业务的横向穿透，确保管住二级、看清三级。探索运用数字化手段，及时评估成本、债务、现金流等指标异动情况，延伸发现各级企业存在的经营薄弱环节，及时作出风险预警，坚决守住不发生重大风险的底线。

（二）始终坚持追求高线

以体系作战深化绩效评价结果的运用，建立完善价值地图，将绩效评价指标延伸至产供运销研等业务领域，实现由财务到业务，由资金到合同，深挖动因，以财务视角穿透运营、用业务数据反哺决策。优化完善一企一策绩效评价体系，对企业落实经济责任、政治责任和社会责任进行差异化评价，兼顾经营质效与社会责任、兼顾稳增长和可持续发展，以绩效评价结果的优化推动治理体系的完善。

（三）提高效率和效果

加快人工智能在绩效评价工作中的应用，构建"大数据分析＋智能模型"双轮驱动，利用中铝坤安大模型、DeepSeek等人工智能大模型打造绩效评价多维场景应用，将绩效评价场景链接到生产经营的各项环节中，通过信息化智能化手段，构建优化标准统一、动态监测、流程溯源的绩效评价体系。

创新绩效评价管理　打造大国重器名片
——中国中车集团有限公司

一、基本情况

中国中车集团有限公司（以下简称中国中车集团）是经国务院同意，国务院国资委批准的国有独资企业，是我国轨道交通装备领域唯一的产业化集团。2015年完成南车集团与北车集团战略整合，现已成为全球规模领先、品种齐全、技术一流的高端装备制造商和系统解决方案提供商。旗下拥有中国中车、沃顿科技、时代电气、时代新材4家上市公司，产品和服务覆盖全球116个国家和地区。

新中车成立以来，锚定"一核两商一流"战略定位，聚焦轨道交通装备与清洁能源装备双赛道双集群产业布局，坚持科技自立自强，拥有自主掌握高速列车、智能动车组、大功率机车等全谱系轨道交通装备核心技术，自主研制的复兴号动车组、时速600公里高速磁浮列车等标志性产品树立全球高铁技术标杆，并在风电、光伏、新能源等清洁能源装备领域形成差异化优势，被誉为国家制造业金名片，在服务交通强国、制造强国等国家战略中彰显大国重器的使命担当。2024年，中国中车集团的利润总额再创历史新高，五率指标持续改善；技术攻坚持续突破，自主研发的复兴号动车组获国家科学进步奖特等奖。对照2025年版《企业绩效评价标准值》，中国中车集团盈利回报、资产运营、风险防控和持续发展全面提升，经营绩效跻身行业优良水平。

二、绩效评价体系

面对传统评价体系中指标与业务脱节、对标可比性不足、管理提升导向模糊等难题，中国中车集团创新构建了具有特色的价值创造绩效评价体系：以经营计划为引领，锚定世界一流，将战略目标转化为可量化、可追溯的年度目标和任务；以绩效评价为抓手，结合业务实际丰富绩效评价维度和指标，并将指标系统分解至具体业务目标；以业绩考核为指挥棒，通过对标识别短板，聚焦关键指标定向提升，并与考核相结合保障提升效果。中国中车集团的绩效评价体系有效打通了战略目标向价值实现的转化路径，既通过资源配置优化与业务协同发展持续释放全域价值潜能，又依托靶向改进机制精准提升战略执行效能，实现子企业经营成效与集团整体价值创造同频共振、双向赋能。

同时，依托数字化平台搭建了"实时监测—智能预警—快速响应—持续改进"的动态管理链条，并配套实施"分类考核+动态调整"的弹性激励约束机制，以此引导子企业聚焦价值创造主线，持续优化资源配置效率、提升运营效能、增强核心功能，助力企业从传统制造模式向智能制造典范升级，为服务国家重大战略、保障国民经济稳定、引领产业转型升级、维护市场秩序稳定提供了强有力的系统性支撑。

三、绩效评价实践

（一）以绩效评价与计划管理融合筑牢战略执行根基

聚焦目标设定与实际执行脱节、资源配置效率不足等问题，通过强化绩效评价推动计划科学编制、过程动态管控、资源精准配置，实现战略目标高效落地。

1. 科学设定目标

锚定世界一流战略坐标，科学制定集团年度经营目标，将集团整体经营目标分解至各业务板块、各子企业，配套形成年度经营计划，明确各层级绩效评价的核心指标。

2. 联动提质增效

通过上年绩效评价结果精准对标锁定管理差距，聚焦制约经营质效的关键环节靶向攻坚短板弱项，将攻坚任务转化为可量化、可追踪的提质增效专项；建立重点项目清单制管理机制，将全局性、突破性议题纳入年度总盘子重点突破。

3. 强化过程管控

基于数字化平台建立月度跟踪、季度对标动态管理机制，对核心绩效指标进行监控并动态优化调整执行计划；对绩效滞后单位实施专项督导与改进约谈，同步引入行业标杆对比分析校准管控路径，针对阶段目标达成率低于阈值的单位实施红黄牌警示机制，构建"预警—反馈—优化"闭环链条。

4. 推动资源协同

根据子企业的绩效表现实施差异化资源分配，优先保障承担国家重大专项、战新业务发展单位的资源投入；对效率低下、效益长期靠后的子企业，通过减少非必要资源投入、严控费用等方式倒逼转型，实现资源向高价值领域集中。

（二）以绩效评价与业务管理融合驱动运营效率提升

针对产业多元、业务复杂的特点，以分类细化评价标准破解"一刀切"弊端，构建"板块分类对标＋指标精准穿透"的融合机制，强化绩效评价靶向指导，推动管理向精细化升级。

1. 丰富评价指标

在 16 项基础指标和 8 项补充指标基础上，新增毛利率、战略目标达成率、订单充足率、资本回报率等 11 项自选指标，构建涵盖盈利回报、资产运营、风险防控等 5 个维度、35 项指标的特色评价体系。

2. 开展分类评价

将一级子公司按主营业务划分为机车、动客车、货车、通用机电、现代服务等业务板块，开展同板块企业内部对标，提升评价结果的可比性；运用数字化手段细化业务板块颗粒度，推进评价标准与业务特性紧密契合。

3. 促进精准评价

通过一个指标一张表和一个企业一张表精准对标，横向对比同板块企业，纵向穿透业务单元识别短板指标。如每年选取毛利率偏低的产品开展专项成本对标，建立覆盖研发、采购、制造的全流程成本管控模型。

4. 强化业务改善

依据评价结果实施短板指标靶向治疗。如针对存货周转效率下降，依托司库系统实施三项资产全流程穿透管控，优化产供销衔接；针对清洁能源产业技术竞争优势不足，推动高铁技术管理体系向战新产业深度转移，建立先进技术标准。

（三）以绩效评价与考核管理融合强化激励约束效能

立足破解考核与评价脱节、短板指标改善动力不足等问题，将绩效评价结果深度嵌入考核体系，推动考核从重结果向重过程、重质量转变。

1. 强化关键指标牵引

在绩效评价和考核管理体系中重点强化"一利五率"指标的战略牵引作用，将35项绩效评价指标作为衡量业绩的核心依据，系统升级高目标引领机制与保障体系，构建业绩导向鲜明、价值创造优先、激励约束并重的长效管理机制。

2. 实施差异化评价

在制定子企业年度考核方案时，建立以企业绩效评价指标标准值为基准的参照体系，系统构建以绩效评价结果为核心要素的业绩评估四梁八柱，并针对业务板块特性实施差异化分类考评，突出发展导向，对关键短板指标精准施策、动态跟踪，通过考评指标迭代持续提升管理效能。

3. 推进评价与分配深度绑定

构建子企业绩效评价与薪酬分配深度绑定机制，实现中层管理团队与基层员工薪酬兑现的强相关性，形成全员参与价值创造的氛围。如聚焦应收账款管理，专项设计考核评价指标，将评价结果关联至部门月度组织绩效评分，激活组织内部创新动能与业务攻坚积极性。

四、取得成效

通过构建以价值创造为导向的绩效评价体系，实现战略规划执行效能、资源配置精准程度和全员价值创造活力显著提升，全面赋能高质量发展。对内实现管理流程的精细化重构与资源配置战略性优化，对外加速产品技术壁垒突破与市场响应效能升级，系统性支撑全球竞争新优势。

（一）运营质效跃升，构建新质生产力发展矩阵

经营业绩持续提升，2024年营业收入和利润总额均创历史新高，五率指标持续改善；技术成果引领发展，自主研发的时速600公里高速磁浮列车填补全球空白，CR450动车组达到450公里试验时速，实现从技术跟随到标准输出的跨越；产业生态持续优化，成功实现高铁技术向清洁能源装备领域的技术迁移，开发出国内首台自主化风力发电机，形成完整的风电产业链，累计交付风电整机超3万台，实现风光储氢协同发展，创新驱动效能显著增强。

（二）管理能级跃升，打造精益制造中国范式

管理模式实现迭代，构建"目标制定—计划分解—过程管控—价值评估"的管理体系，实现从目标管理向价值流管理转变，年度精益改善增利超20亿元；数字赋能效果显现，动车组生产能力提高100%，客车生产能力提升200%，机车生产能力提升50%，铁路货车生产能力提升60%，产线节拍兑现率达到95%以上；质量管控效果升级，融合ISO9001、GJB/Z9001、IRIS等国际质量标准打造中车质量管理标准体系，成为全球首批IRIS银牌认证企业，质量管控标准达到国际先进水平，质量损失率逐年下降。

（三）品牌价值跃升，塑造全球高端装备新标杆

品牌矩阵价值显现，大国重器金名片效应加速释放，中国中车集团的品牌价值突破2000亿元，稳居中国机械设备制造领域品牌价值榜首，旗下时代新材（品牌价值31.96亿元）、沃顿科技（品牌价值12.08亿元）同步入选中国自主创新领域品牌价值排行榜，形成母子品牌同频共振的良好发展局面；品牌渗透率提升，通过精益管理文化手册和品牌行为示范视频，将品牌建设嵌入研发、生产、服务全流程，提升运营环节的品牌渗透力；标准话语权提升，主持修订国际标准近100项，高速列车、重载货车、风电装备等产品的技术指标达到全球领先水平，轨道交通装备国际标准研究获评"交通强国建设试点成效突出任务"，在第二十五届中国专利奖评选中取得1金、1银、4优秀的成绩。

五、经验启示

（一）理念先行，应积极构建战略执行与绩效评价融合闭环体系

管理变革需以理念革新为起点，应积极推动战略执行与绩效评价从单向传导向双向赋能跃升。形成"战略解码—目标锚定—过程管控—评价考核—迭代优化"的管理闭环，促进长期战略规划与短期经营目标的有机统一。应探索建立市场敏捷感应机制，前瞻校准评价维度，确保与高质量发展要求同频共振，破解指标碎片化、战略空心化的管理困境。

（二）组织赋能，应积极塑造顶层统筹与基层创新结合治理模式

理念落地需依托科学的组织架构与管控模式，应秉持顶层设计与基层创新

相结合的原则，构建纵向贯通、横向协同的治理体系。在集团层面强化战略统筹能力，在业务单元释放市场创新活力，形成战略定力与经营张力的动态平衡。横向基于产业特性设计差异化绩效评价标准，纵向围绕战略优先级设置阶梯式目标体系，通过刚性目标约束与柔性资源配置相结合，激活组织价值创造内生动力，打造权责清晰、执行高效的治理体系。

（三）价值导向，应积极打造绩效评价与业务发展协同互动机制

绩效评价体系需以业务链价值创造为核心，推动绩效评价从结果评价向价值管理转型。构建多维动态绩效评价模型，运用量化分析工具精准识别价值创造差距，引导资源向关键战略领域和价值高地集聚。强化评价结果与资源配置、激励分配深度耦合，形成目标导向、过程优化、价值实现的良性循环，全面提升企业全要素生产率与核心竞争力。

（四）数智驱动，应积极建立智能决策与效能转化新型管理生态

顺应数字化转型趋势，建立数据驱动、智能决策的新型管理生态。依托数智化平台打造"实时监测—智能预警—快速响应—持续改进"的动态管理链条，实现绩效指标动态跟踪、智能诊断。推动管理决策从经验驱动向数据驱动转变，以敏捷响应机制提升市场应变能力，为企业参与全球竞争提供精准化、智能化的决策支撑，塑造数智时代管理新优势。

覆盖全级次　贯通全过程
以绩效评价推动基层企业精益管理
——中国海洋石油集团有限公司

一、基本情况

中国海洋石油集团有限公司（以下简称中国海油）是经国务院批准成立的特大型国有企业，是国内最大的海上油气生产商。近年来，中国海油认真落实做强做优做大国有资本和国有企业的发展要求，聚焦主责主业，将绩效评价作为提升核心竞争力、实现高质量发展和加快建设世界一流企业的重要抓手。积极健全完善绩效评价指标体系，引导推动经营绩效和发展质量不断提升。对照2025年版《企业绩效评价标准值》，中国海油营业收入利润率、已获利息倍数、全员劳动生产率等6项指标持续提升，连续多年盈利回报高、风险防控好、持续发展优，综合实力和经营绩效迈入国际同行先进行列。在实现集团公司绩效对标提升的同时，积极推动绩效评价工作向基层延伸，指导推动所属单位有效运用绩效评价，改善提升经营管理质效，进一步激活基层生产经营神经末梢，形成了以所属中海石油（中国）有限公司深圳分公司（以下简称深圳分公司）绩效评价管理为代表的一批优秀基层实践。

深圳分公司以绩效评价为抓手，发挥评价诊断和对标提升引导功能，推动南海东部海域油气勘探、开发和生产精益管理。2022年油气当量上产2000万吨并持续稳产，2022~2024年原油增产量占全国原油总增量约1/3，桶油五项成本逐年下降，行业内低成本优势持续巩固，已发展成为我国海上第二大油气生产基地，建有中国规模最大的深水油气田群。

二、绩效评价体系

深圳分公司高度重视绩效评价工作，将绩效评价作为加强经营管理的重要手段，结合生产经营实际，聚焦关键业务领域，秉承全面覆盖、重点管控和动态调整的原则，建立健全覆盖生产经营全要素、业务管理全流程的对标评价体系（见图1）。企业绩效指标与业务经营融合、转化分解为一线生产经营指标，贯通勘探、开发、生产、工程、钻完井、后勤、科技、财务、人力、采办等生产经营全过程，贯穿"核心层—业务层—支撑层"；核心层指标承接企业绩效评价指标，业务层指标聚焦各业务领域关键指标，支撑层指标对核心层和业务层指标起细分支撑作用。同时突出关键绩效指标牵引，分层对标挖短板，业务源头管理抓提升，过程管控抓落地，持续迭代更新，有效激发活力，以"指标穿透+业务解剖"推进穿透式精益管理，引导促进企业经营绩效和竞争能力持续提升，实现国有资产保值增值。

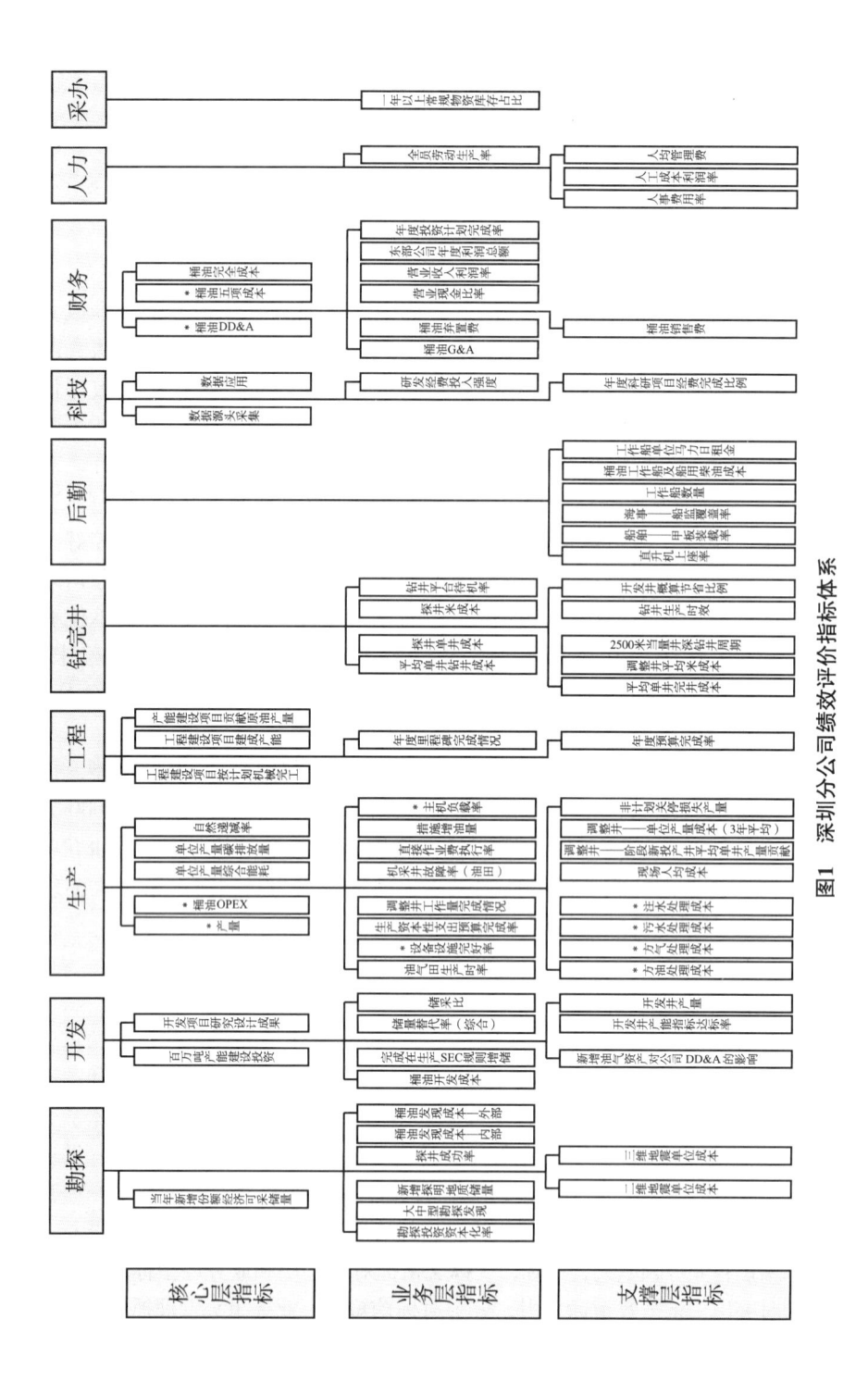

图1 深圳分公司绩效评价指标体系

三、绩效评价实践

（一）围绕跟谁对、对什么、怎么对，建立健全分层对标机制

1. 对标国内国际，瞄准世界一流明晰定位

深圳分公司坚持国际标准、高点定位，核心层指标对照《企业绩效评价标准值》优秀值，业务层指标对照埃克森美孚、壳牌、英国石油、雪佛龙等同业世界一流企业，从战略和战术两个方面明确公司优劣势，为公司持续改进提升生产经营管理提供方向和思路。

2. 对标集团内部，找准重点短板靶向攻坚

深圳分公司依托业财一体化平台，定期与中国海油国内 5 家海上勘探开发业务兄弟单位对标，及时掌握各分公司情况及变化趋势，联合兄弟单位不定期深入开展油田或业务对标，挖掘公司相对表现优异指标和提请关注指标，找准重点管控方向，补短板，强弱项，推动指标优化改善，促进公司经营绩效提升。

3. 对标油气作业，下沉基层自我革新

深圳分公司下辖 7 个作业基层，年初将公司绩效考核指标如成本费用、产量等指标层层分解至作业区甚至下沉至油气田或者设施，有效发挥指标引导作用。按季度组织开展作业区产量、桶油五项成本、桶油作业费、桶油净利润、油气水处理成本等指标横向对标，引导各作业区明确自身位置，发现劣势，主动应对，刀刃向内自我革新。通过作业区指标跟踪及评价，夯实基层主体责任，提升基层管理质效。

（二）聚焦抓源头、补短板、优管理，建立健全全流程管控机制

1. 突出源头管理，抓准绩效提升重点

深圳分公司充分发挥绩效评价指标体系引领作用，通过"指标穿透＋业务解剖"，从源头做好经营绩效指标分析和提升。如针对成本费用上升，选取桶油 DD&A（油气开采项目在开始商业性生产前发生的费用以及有关固定资产的折耗、摊销和折旧）作为关键业务指标，层层分解剖析，识别管理重点、精准施策，有效促使桶油 DD&A 成本持续下降，2024 年桶油 DD&A 创 10 年来最低。

2. 加强过程管控，抓好绩效指标落地

以季度分析会为抓手，开展各层级指标对标和监控，月度跟踪绩效类核心指标、季度跟踪业务及支撑类指标，及时识别短板弱项。针对表现不佳或波动较大的指标，专项分析治理，形成发现问题、分析问题、解决问题的闭环管控机制，将绩效评价融入日常、抓在经常、落在平常。

3. 聚焦短板弱项，抓实落后指标提升

根据上一年度指标对标排名情况，从指标排名和绝对值两个维度遴选相对落后的指标，作为当年提升重点。通过业财融合剖析问题，设定改善目标，针对性提出具体举措，压实管控责任。2024 年设置的覆盖勘探、开发、生产三大

领域的6项待提升落后指标，采取有效措施专项治理，整体得到改善。

4. 持续迭代更新，实施全生命周期管理

随着绩效评价指标体系的构建完善，保持指标体系"全准新"成为现实需求，深圳分公司深入实施指标体系全生命周期精益化管理，建立指标制定、运营、管控闭环流程（见图2），密切跟踪公司业务动态，及时拆、改、增、删，确保指标体系符合生产经营需求。如油气水处理成本类指标由最初只关注单位原油处理成本、方水处理成本，到新增方气处理成本、细化单位污水/注水处理成本，指标精益化水平不断增强。

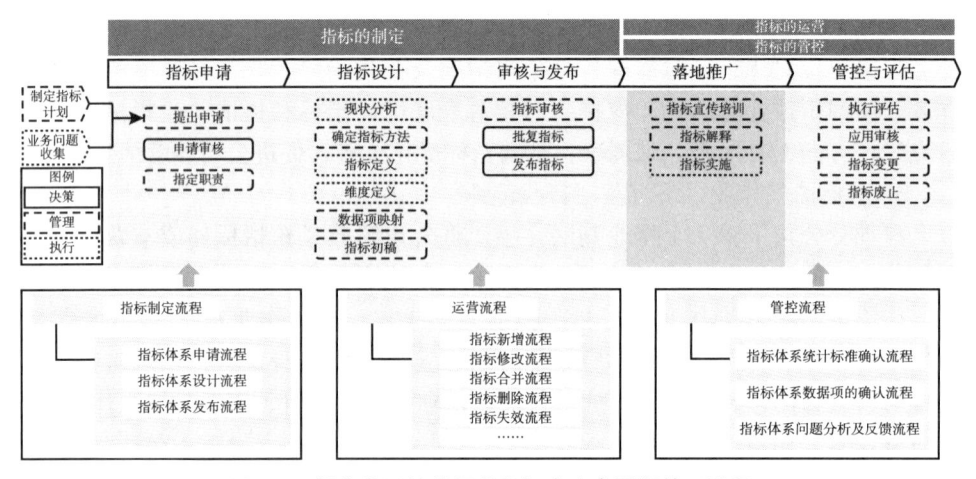

图2　深圳分公司绩效评价指标全生命周期管理流程

（三）坚持数智赋能、全员参与，建立健全多要素支撑机制

1. 推进数智赋能转型，提升核心领域成本管控效率

积极拥抱数字化转型，推动指标体系的信息化建设。聚焦关键领域，自主开发Fine BI大屏15个、Python应用4项、EPL应用3项，推动费用精益化管理，提升成本管控效率。如针对钻完井类监控指标，运用"Python + FI + 费控大师软件"等技术手段，打造钻完井成本分析、探井预算编制和超预算预警、权责发生制检查等钻完井费用精细化管控六大核心应用场景，有效提升成本指标监控和分析效率。相关数智应用成果获管理会计行业数字化创新奖，为公司精益管理注入数智动能。

2. 构建精准激励机制，激发基层一线创新创效活力

围绕公司绩效目标和管控重点，建立以质量效益、价值贡献为导向，以绩效指标为引领的差异化精准激励体系。基于业务领域，精准设计激励条件和重点，通过"评优—激励—推广"机制，鼓励全员参与提质增效活动，营造人人关心成本、人人减少浪费、人人贡献价值的浓厚氛围。2024年公司组织提质增

效标兵评比，鼓励基层积极参与，评选出 12 个优秀标兵和案例。

四、取得成效

（一）分层指标体系引领作用凸显，公司经营绩效提升

通过将绩效目标转化为可量化、可评价指标，贯通"核心层—业务层—支撑层"，实现关键经营绩效指标全级次、全过程监控，形成"指标牵引—过程激励—指标提升"的良性循环。2024 年，公司油气增储创历史最高水平、油气产量再攀新高，利润总额连续 3 年超 400 亿元，公司持续发展能力大幅增强，经营绩效稳步提升。

（二）常态化对标机制驱动业财融合，推动基层深化精益管理

通过指标细分及对标分析，促进业务与财务深度融合，推动基层从规范管理转向精益管理。如牵头组织实施"124＋"作业成本管控，通过指标拆解，紧盯后勤费、维修费、油井作业费、油气水处理 4 项指标，向统筹协调、精益管理要效益，大力推动国产化替代、台风模式升级改造等重点工作，作业成本持续 5 年保持低位运行。

（三）全过程管控机制初见成效，巩固核心竞争力

依托绩效指标体系开展常态化对标和闭环管理，引领公司全过程精益管理，持续夯实竞争优势。制定挖潜降本行动方案，2024 年挖潜降本近 24 亿元，桶油五项成本为 2022 年以来最低，位居行业前列，营业收入利润率超 55％，核心竞争力得到有效巩固。

五、经验启示

经过近年来的探索实践，中国海油深刻认识到绩效评价的核心就是以更高目标为牵引实现更高质量发展。实践中不能盲目照搬，要因企制宜，探索符合自身实际的管理模式。

（一）坚持系统观念

绩效评价涵盖多方面要素且相互关联，必须兼顾多方面因素，注重多目标平衡，系统推进。如需要统筹考虑上级要求与自身实际、长期发展与短期目标、业务指标与财务指标的共性和个性管理需要，因企制宜构建并推动指标体系在本单位落实落地。

（二）坚持问题导向

绩效评价的目的是发现不足，改进提升。必须以关键绩效指标差异为切入点和突破口，深入分析标杆对象指标先进的因果关系、途径措施，以及自身绩效差异的内在原因，针对性地制定措施，破解发展瓶颈，推动实现更高质量的发展。

（三）坚持守正创新

绩效评价指标的生命力在于匹配企业发展实际。一方面要坚守行业通用的关键绩效指标，避免因盲目创新而导致评价混乱或失真；另一方面要随着环境变化和发展所需，与时俱进更新优化指标体系，准确反映阶段目标和工作重点。

（四）坚持数智赋能

当前，数智化已经成为企业转型升级的重要驱动力。相较传统方式，通过数智化可以对绩效进行实时动态的监控和全面深入的分析，及时发现并解决运营中的问题，实现更精准的绩效评价和针对性改进提升。

（五）坚持全员参与

创效在基层，全员参与是改善绩效指标的有效方式之一。必须坚持约束与激励双向发力，既要自上而下传递绩效压力，也要自下而上激发创效活力，形成全员对标、追标、创标的良好氛围。

第四部分

附 录

附录一

企业绩效评价指标计算公式

一、盈利回报指标

1. 净资产收益率（%）= 净利润/平均所有者权益 × 100%
   平均所有者权益 =（年初所有者权益合计 + 年末所有者权益合计）/2
2. 营业收入利润率（%）= 营业利润/营业总收入 × 100%
3. 总资产报酬率（%）= 息税前利润/平均资产总额 × 100%
   平均资产总额 =（年初资产总额 + 年末资产总额）/2
4. 盈余现金保障倍数 = 经营活动产生的现金流量净额/净利润

二、资产运营指标

1. 总资产周转率（次）= 营业总收入/平均资产总额
2. 应收账款周转率（次）= 营业总收入/平均应收账款余额
   平均应收账款余额 =（年初应收账款余额 + 年末应收账款余额）/2
   应收账款余额 = 应收账款 + 应收账款坏账准备
3. 流动资产周转率（次）= 营业总收入/平均流动资产总额
   平均流动资产总额 =（年初流动资产 + 年末流动资产）/2
4. 两金占流动资产比重（%）=（应收账款 + 存货）/流动资产 × 100%

三、风险防控指标

1. 资产负债率（%）= 负债总额/资产总额 × 100%
2. 现金流动负债比率（%）= 经营活动产生的现金流量净额/年末流动负债 × 100%
3. 带息负债比率（%）= 年末带息负债总额/负债总额 × 100%
4. 已获利息倍数 = 息税前利润/财务费用下的利息费用

四、持续发展指标

1. 研发经费投入强度（%）= 本年研发（R&D）经费投入合计/营业总收入 × 100%
2. 全员劳动生产率（万元/人）= 劳动生产总值/本年平均从业人员人数
   劳动生产总值 = 劳动者报酬 + 固定资产折旧 + 生产税净额 + 营业盈余
3. 经济增加值率（%）= 经济增加值/调整后资本 × 100%
   经济增加值 = 税后净营业利润 − 调整后资本 × 平均资本成本率

税后净营业利润＝净利润＋（利息支出＋研究开发费用调整项）×（1－25%）
调整后资本＝平均所有者权益＋平均带息负债－平均在建工程
平均资本成本率＝债权资本成本率×平均带息负债/（平均带息负债＋平均所有者权益）×（1－25%）＋股权资本成本率×平均所有者权益/（平均带息负债＋平均所有者权益）
债权资本成本率＝利息支出总额/平均带息负债

4. 国有资本保值增值率（%）＝扣除客观因素后的年末国有资本及权益/年初国有资本及权益总额×100%

扣除客观因素后的年末国有资本及权益 ＝ 年末国有资本及权益总额 － 本年国有资本及权益客观增加额 ＋ 本年国有资本及权益客观减少额

五、补充指标

1. 营业现金比率（%）＝经营活动产生的现金流量净额/营业总收入×100%

2. 国有资本回报率（%）＝归属于母公司所有者的净利润/平均归属于母公司所有者权益×100%

平均归属于母公司所有者权益＝（年初归属于母公司所有者权益合计＋年末归属于母公司所有者权益合计）/2

3. EBITDA率（%）＝（净利润＋所得税＋利息支出＋固定资产折旧＋无形资产摊销）/营业总收入×100%

4. 百元收入支付的成本费用（元）＝成本费用总额/营业总收入×100

成本费用总额＝营业成本＋税金及附加＋销售费用＋管理费用＋研发费用＋财务费用

5. 存货周转率（次）＝营业成本/平均存货余额

平均存货余额＝（年初存货余额＋年末存货余额）/2
存货余额＝存货＋存货跌价准备

6. 速动比率＝速动资产/流动负债

速动资产＝流动资产－存货

7. 利润总额增长率（%）＝本年利润总额增长额/上年利润总额×100%

本年利润总额增长额＝本年利润总额－上年利润总额

8. 营业总收入增长率（%）＝本年营业总收入增长额/上年营业总收入×100%

本年营业总收入增长额＝本年营业总收入－上年营业总收入

附录二

企业绩效评价行业基本分类与代码对照表

行业分类	标识代码	范　围
一、工业	06～46	包括采矿业、制造业、电力、热力、燃气及水生产和供应业
（一）煤炭工业	06	包括煤炭开采和洗选业
（二）石油石化工业	07、25	包括石油、天然气开采，精炼石油产品、煤炭加工、核燃料加工、生物质燃料加工
1. 石油和天然气开采业	07	
2. 石油加工及炼焦业	25	
（三）冶金工业	08、09、31、32（不含0933）	包括黑色、有色金属矿采选、冶炼等
1. 黑色金属矿采选业	08	包括铁、锰、铬和其他黑色金属矿采矿、选矿等
2. 有色金属矿采选业	09（不含0933）	包括铜、铅锌、镍钴、锡、锑、汞等采矿、选矿等
3. 黑色金属冶炼业	31	包括炼铁、炼钢、钢压延加工和铁合金冶炼业
4. 有色金属冶炼业	32	包括重、轻、贵等有色金属冶炼、加工业
（四）建材工业	10、30、331、335（不含102、103）	包括非金属矿采选、建筑用金属制品等
1. 建筑用矿石采选业	101、109	包括石灰石、建筑装饰用石、耐火土石等的开采业和石棉、云母、石墨、滑石、宝石、玉石等的采选业
2. 水泥及石膏制造业	301	
3. 水泥及石膏制品业	302	包括水泥管、电杆、轨枕、坑柱支架、水泥船、水泥砖、商品混凝土、水磨石等的生产
4. 砖瓦、石材等建筑材料制造业	303	包括砖瓦、石材、建筑陶瓷、隔热保温材料等的生产

续表

行业分类	标识代码	范 围
5. 平板玻璃制品业	3041	
6. 结构性金属制品制造业	331	包括建筑用金属结构、金属门窗等的制造
7. 建筑、安全用金属制品制造业	335	包括建筑小五金、水暖管道零件制造业
（五）化学工业	102、26、28、29	包括化学矿采选、化学原料及化学制品制造、化学纤维制造、橡胶及塑料制品制造
1. 基础化学原料制造业	261	包括无机酸、无机碱、无机盐及其他有机化工原料的制造业
2. 肥料制造业	262	包括氮磷钾复合肥料等制造业
3. 农药制造业	263	包括化学农药、生物农药制造
4. 日用化学产品制造业	268	包括肥皂、合成洗涤剂制造，香料、香精、化妆品、口腔清洁用品、火柴等的制造业
5. 化学纤维制造业	28	包括纤维素、纤维合成、纤维渔具及渔具材料制造业
6. 橡胶制品业	291	包括轮胎、力车胎、橡胶板、管、带、日用橡胶制品等制造业
7. 塑料制品业	292	包括塑料薄膜、板、管、棒材、丝、绳及编织品等制造业
（六）森林工业	20	包括锯材、木片加工、人造板制造、木制品、竹藤制品业
（七）食品工业	13、14	包括农副食品加工业、食品制造业
1. 农副食品加工业	13	包括粮食及饲料加工、植物油、制糖、屠宰及肉类蛋类、水产品、蔬菜水果等加工业
2. 食品制造业	14	包括糕点、糖果、乳制品、罐头食品、方便食品、发酵制品、调味品等制造业
（八）纺织工业	17	包括纤维原料加工、棉、毛、麻、丝绢等纺织业

续表

行业分类	标识代码	范围
1. 棉化纤纺织业	171、175	包括棉纺、化纤纺织与印染加工
2. 毛纺织业	172	包括毛条加工、毛织、毛染等
3. 麻纺织业	173	包括苎麻、亚麻等纺织业
4. 丝绢纺织业	174	包括缫丝、绢纺、丝印染、丝制品、棉、毛、丝等针织品业
（九）医药工业	27	包括化学药品原药、化学药品制剂、中药、兽药、生物制品、医用品制造业
1. 化学药品制造业	271、272	包括进一步加工化学药品制剂、生物药品制剂所需的原料药生产活动及直接用于人体疾病防治、诊断的化学药品制剂的制造
2. 中药材及中成药加工业	273、274	
（十）机械工业	33～38、40、43	
1. 金属制品业	33	包括结构性金属制品制造、金属工具、集装箱及金属包装容器、金属丝绳及其制品、建筑安全用金属制品、搪瓷制品、金属制日用品等的制造，金属表面处理及热处理加工
金属工具制造业	332	包括切削、手工具、农用及园林用金属工具、刀剪及类似日用金属工具等的制造
2. 通用设备制造业	34	包括锅炉及原动设备，金属加工机械，物料搬运设备，泵、阀门、压缩机及类似机械，轴承、齿轮和传动部件，烘炉、风机、包装等设备，文化、办公用机械，通用零部件等的制造
（1）锅炉及原动设备制造业	341	包括锅炉、内燃机、汽轮机、水轮机等的制造
（2）金属加工机械制造业	342	包括金属切削机床、成形机床、铸造机械、金属切割及焊接设备、机床功能部件及附件等的制造
（3）其他通用设备制造业	343、344、346	包括在工厂、仓库及其他场地进行起重、输送等作业的机械设备及车辆、泵、风机、气体压缩机及气体分离设备、冷冻设备、风动工具、电动工具等的制造

续表

行业分类	标识代码	范　围
（4）轴承制造业	345	包括轴承、齿轮及齿轮减、变速箱等传动部件的制造
3.专用设备制造业	35	包括采矿、冶金、建筑，化工、木材、非金属加工，食品、饮料、烟草及饲料生产等专用设备的制造
（1）冶金矿山建筑设备制造业	351	包括矿山机械、石油钻采专用设备、深海石油钻探设备、建筑工程用机械、建筑材料生产专用机械、冶金专用设备、隧道施工专用机械制造
①矿山机械制造业	3511	指用于各种固体矿物及石料的开采和洗选的机械设备及其专门配套设备的制造
②建筑工程用机械制造业	3514	指建筑施工及市政公共工程用机械的制造
③冶金专用设备制造业	3516	指金属冶炼、锭坯铸造、轧制及其专用配套设备等生产专用设备的制造
（2）化工、木材、非金属加工设备制造业	352	包括炼油、化工生产，橡胶、塑料、木竹材加工等专用设备的制造
（3）轻纺设备制造业	355	包括纺织专用设备，皮革、毛皮及其制品加工专用设备，缝制、洗涤机械的制造
（4）电子和电工机械专用设备制造业	356	包括电工机械和电子工业专用设备制造
（5）农林牧渔专用机械制造业	357	包括拖拉机、机械化农机具、营林机械、畜牧机械、渔业机械、棉花加工机械等的制造
（6）医疗仪器设备制造业	358	包括医疗诊断、监护及治疗设备，口腔科用设备及器具，医疗实验室及医用消毒设备和器具，医疗、外科及兽医用器械，机械治疗及病房护理设备，康复辅具，眼镜等的制造
4.交通运输设备制造业	36、37	包括汽车、铁路、船舶、航空航天和其他运输设备制造业

续表

行业分类	标识代码	范　围
（1）汽车制造业	36	包括汽车整车、汽车用发动机、改装汽车、低速汽车、电车、汽车车身、挂车、汽车零部件及配件的制造
①汽车整车制造业	361	包括汽柴油车和新能源车整车制造
②汽车零部件及配件制造业	367	指机动车辆及其车身的各种零配件的制造
（2）铁路运输设备制造业	371	包括高铁车组、铁路机车车辆及配件、窄轨机车车辆、高铁设备及配件、铁路专用设备及器材等的制造
（3）船舶制造业	373	包括船舶、船用配套制造，船舶改装，海洋工程装备、航标器材等装备的制造
（4）摩托车制造业	375	包括摩托车整车、零部件及配件的制造
5. 电气机械和器材制造业	38	包括电机、输配电及控制设备、电工器材、电池、家用电力器具、照明器具等的制造
（1）电机制造业	381	包括发电机、电动机、微特电机等的制造
（2）输配电及控制设备制造业	382	包括变压器、整流器、电感器、电容器、配电开关控制设备、电力电子元器件、光伏设备及元器件等的制造
（3）电工器材制造业	383、384	包括电线电缆、光纤、光缆、绝缘制品等电工器材以及锂、镍氢、铅蓄等电池的制造
（4）家用电力器具制造业	385	指使用交流电源或电池的各种家用电器的制造，包括家用制冷电器、空气调节器、通风电器、厨房电器等的制造
（5）照明器具制造业	387	包括电光源、照明灯具、舞台及场地用灯、智能照明器具、灯用电器附件等的制造
6. 仪器仪表制造业	40	包括通用仪器仪表、专用仪器仪表、钟表与计时仪器、光学仪器、衡器等的制造

续表

行业分类	标识代码	范　　围
（1）通用仪器仪表制造业	401	包括工业自动控制系统装置，电工仪器仪表，绘图、计算、测量仪器，实验分析仪器，试验机等的制造
（2）专用仪器仪表制造业	402	包括环境监测专用仪器仪表，运输设备及生产用计数仪表，导航、测绘、气象及海洋专用仪器，农林牧渔专用仪器仪表等的制造
（3）钟表制造业	403	
（十一）电子工业	39	
1. 计算机制造业	391	包括计算机整机、零部件、外围设备、工业控制计算机及系统、信息安全设备等的制造
2. 通信设备制造业	392	包括通信系统设备、通信终端设备制造
3. 广播电视设备制造业	393	包括广播电视节目制作、发射、接收设备、广播电视专用配件、专业音响设备等的制造
4. 家用影视设备制造业	395	包括电视机、音响设备、影视录放设备等的制造
5. 电子元、器件制造业	397、398	包括电子真空器件、半导体分立器件、集成电路、电阻电容电感元件、电子电路等的制造
（十二）电力热力燃气工业	44、45	包括电力、热力、燃气的生产、供应业
1. 电力生产业	441	火力、热电联产、水力、核力、风力、太阳能、生物质能等电力生产
（1）火力发电业	4411	
（2）水力发电业	4413	
（3）风力发电业	4415	
（4）太阳能发电业	4416	
2. 电力供应业	442	
3. 热力生产和供应业	443	
4. 燃气生产和供应业	45	
（十三）水生产与供应业	46	

续表

行业分类	标识代码	范围
1. 自来水生产和供应业	461	
2. 污水处理及其再生利用业	462	
（十四）轻工业	103、15、18、19、21~24、305、404	包括采盐，酒、饮料和精制茶制造，服装服饰制造，皮革、毛皮、羽毛及其制品制造，制鞋，家具制造，造纸，印刷和记录媒介复制，文教、工美、体育和娱乐用品、玻璃制品、光学仪器制造等
1. 采盐业	103	包括海盐、湖盐、井盐、矿盐业
2. 酒、饮料和精制茶制造业	15	包括各种酒类、碳酸饮料、天然矿泉水、果菜汁饮料等制造
（1）白酒制造业	1512	
（2）啤酒制造业	1513	
（3）精制茶加工业	153	
3. 纺织服装服饰业	18	包括机织服装、针织或钩针编织服装、服饰的制造
4. 皮革毛皮羽绒及其制品业	19	包括皮革鞣制加工、皮革制品制造、毛皮鞣制及制品加工、羽毛（绒）加工及制品制造、制鞋等
5. 家具制造业	21	包括木质、竹藤、金属、塑料等家具的制造
6. 造纸及纸制品业	22	包括纸浆、纸制品等的制造及造纸
7. 印刷和记录媒介复制业	23	包括印刷、装订、记录媒介复制等
8. 文教体育用品制造业	24	包括文教办公用品、乐器、工艺美术及礼仪用品、体育用品、玩具、游艺器材及娱乐用品等的制造
9. 工艺品及其他制造业	305、404	包括技术玻璃制品、光学玻璃、玻璃仪器、日用玻璃制品等玻璃制品以及光学仪器的制造
（十五）其他工业		
二、建筑业	47~50	
（一）房屋和土木工程建筑业	47、48	包括房屋、矿山、铁路、公路、隧道、桥梁建造业

续表

行业分类	标识代码	范围
1. 房屋建筑业	47	
2. 土木工程建筑业	48	包括铁路、道路、隧道、桥梁、水利和港口工程建筑
（二）建筑安装业	49	包括电气安装、管道和设备安装等建筑安装业
（三）建筑装饰业	50	
三、交通运输仓储及邮政业	53~60	包括铁路、道路、水上、航空、管道运输业，多式联运和运输代理业，装卸搬运和仓储业，邮政业
（一）铁路运输业	53	包括铁路客、货运输
（二）道路运输业	54（不含541）	包括公路旅客运输、道路货物运输、道路运输辅助活动
高速公路		
（三）城市公共交通业	541	包括公共电汽车客运、城市轨道交通、出租车客运、公共自行车服务等
1. 公共电汽车客运业	5411	
2. 城市轨道交通业	5412	
（四）水上运输业	55	包括水上旅客、货物运输
港口业	553	包括客运、货运港口以及其他水上运输辅助活动
（五）航空运输业	56（不含5631）	包括航空客货运输、通用航空服务、航空运输辅助活动，不含机场
机场	5631	
（六）仓储业	59	包括专门从事为货物储存和中转运输业务等提供服务的企业
四、信息技术服务业	63~65	包括电信、广播电视和卫星传输，互联网和相关服务，软件和信息技术服务
（一）电信业	631	
（二）软件和信息技术服务业	65	包括计算机服务和软件业
五、批发和零售业	51、52	

续表

行业分类	标识代码	范围
（一）商业贸易	51、52（不含511、516~519、5221、526、527）	
1. 食品、饮料及烟草制品批发与零售	512、522（不含5221）	
2. 纺织、服装及日用品批发与零售	513、523	
3. 文化、体育用品及器材批发与零售	514、524	
4. 医药及医疗器材批发与零售	515、525	
5. 综合零售	521	
（二）物资贸易	516、517、519、526、527	
1. 矿产品、建材及化工产品批发	516	
2. 机械设备、五金及电子产品批发	517	
3. 汽车、摩托车、燃料及零配件专门零售	526	
（三）粮食业	511、5221、595	
1. 粮油批发与零售	511、5221	包括经营粮食及其制品、食用油的批发与零售
2. 粮油仓储	595	包括谷物、棉花等农产品仓储
六、住宿和餐饮业	61、62	包括住宿和专门从事餐饮服务的饭馆、菜馆、冷饮店等
（一）住宿业	61	
（二）餐饮业	62	
七、房地产业	70	
（一）房地产开发经营业	701	

续表

行业分类	标识代码	范　　围
（二）物业管理业	702	包括对房屋及配套的设施设备和相关场地进行维修、养护、管理，维护环境卫生和相关秩序的活动
八、社会服务业	71~84	
（一）投资公司	7212	
（二）信息咨询服务业	723、724	
（三）人力资源服务业	726	
（四）大旅游	7291、786、611	包括旅行社、旅游饭店、游览景区管理
（五）科研设计企业	73、748	包括研究与试验发展、工程技术与设计服务
工程管理服务业	7481	
（六）地质勘查业	747	
（七）公共设施管理业	78（不含786）	包括市政设施、环境卫生、城乡市容、绿化、城市公园管理
（八）汽车维修与维护服务业	8111、8112	
九、文化、体育和娱乐业	86~90	
（一）出版业	862	
（二）广播电影电视业	87	
（三）文化艺术业	88	
十、农林牧渔业	01~05	包括农业、林业、畜牧业、渔业
（一）农业	01	
（二）林业	02	
（三）畜牧业	03	
（四）渔业	04	